世界とつながるハプスブルク帝国

海軍・科学・植民地主義の連動

大井知範
Tomonori Oi

彩流社

目次

略語一覧

A. Z. : *Augsburger Allgemeine Zeitung*

H. C. : *Staats und Gelehrte Zeitung des Hamburgischen unpartheischen Correspondenten*

K. Z. : *Kölnische Zeitung*

L. I. Z. : *Leipziger Illustrirte Zeitung*

MAGW : *Mitteilungen der Anthropologischen Gesellschaft in Wien*

MGG : *Mittheilungen der kaiserlich-königlichen Geographischen Gesellschaft*

MGGW : *Mittheilungen der kaiserlich-königlichen geographischen Gesellschaft in Wien*

N. Z. : *National Zeitung*

V. Z. : *Vossische Zeitung*

We. Z. : *Weser Zeitung*

W. Z. : *Wiener Zeitung*

序章

博物館コレクションの謎

ウィーンを初めて訪れたのは二〇〇五年のことであった。このハプスブルク帝国の旧都には世界中から毎年多くの観光客が訪れ、現代に遺された旧跡や宮廷文化の名残に人々は魅了される。当時大学院生であった私も、こうした往時の遺産の数々に酔いしれた一人であった。街の中心にそびえる荘厳なシュテファン大聖堂に圧倒され、シェーンブルン宮殿やホーフブルクの王宮が放つ華やかな光彩を目の当たりにして、昔この地に特別な王朝が存在した事実を肌で感じた。

ウィーン自然史博物館（著者撮影）

ところが、王宮前のブルク門を出た先に立つ建物へ足を踏み入れた私は、思いがけず不思議な気分を味わった。そこには二つの巨大な博物館が向い合わせで並び立っている。いずれも風情あるドーム屋根を持つこの「双子の博物館」のうち、私が訪れたのは観光客に人気がある美術史博物館（美術史美術館）ではなく、その対面に立つ自然史博物館（Naturhistorisches Museum Wien）の方であった。館内には、鉱石、化石、珊瑚、多種多様な動植物の標本、恐竜や人類の歩みを物語る模型などが展示され、確かにその内観は世界中のどの大都市にもある自然史博物館と同じであった。ただ、その同じということ

表1　ヨーロッパの主要な自然史博物館

博物館	所在地	収蔵コレクション総数
ロンドン自然史博物館	ロンドン	約8,000万
フランス国立自然史博物館	パリ	約6,800万
ナチュラリス生物多様性センター（旧国立自然史博物館）	ライデン	約3,700万
ベルリン自然誌博物館	ベルリン	約3,000万
ウィーン自然史博物館	ウィーン	約3,000万
ゼンケンベルク自然博物館	フランクフルト	約2,200万
デンマーク自然史博物館	コペンハーゲン	約1,400万
スウェーデン自然史博物館	ストックホルム	1,000万超
スペイン国立自然科学博物館	マドリード	約600万

出典：各館公式HPに掲載の公表コレクション数より（2016年2月6日閲覧現在）

がある意味奇妙なのである。ウィーン自然史博物館の収蔵品は、展示・非展示合わせて約三〇〇〇万点におよび、これは欧米の主要な自然史博物館に匹敵する規模である[1]（表1）。さらには、これらの膨大なコレクションは、オーストリア国内や旧帝国領内から集められただけでなく、世界各地にルーツを持つことが各所で明示されていた。なるほど、ハプスブルク家の歴史には、スペインやネーデルラントといったグローバルな海洋国家を統治した時期があった。となれば、近世に栄えたこの王朝が財力と海運力に物をいわせて世界中から万物をかき集めたのだろうと私は勝手に推測した。

だが、館内の各所に掲げられたプレートや案内文を見ると、これら世界規模のコレクションの大部分は帝国末期の一九世紀に拡充されたとある。そもそも自然史博物館の建設が一八七〇年代（一八八九年一般公開）であったことにも、収集品がこの時代に世界中からウィーンへ流入していたことを予感させる。しかしハプスブルク帝国といえば、ヨーロッパの内陸部に広がる多民族帝国として我々は記憶している[2]。一九世紀のハプスブルク帝国からイメージされるのは、まさにこの国内の民族問題に手を焼く姿であり、アジアやアフリカなど海外世界との関係ではない。帝国主義が全盛を迎える一九世紀から二〇世紀にかけて、この大国は列強のなかで例外的に海外植民地を持たず、海を越えた経済活動も他の西洋列強に比べ活発なものではなかったはずである。つまり、ハプスブルク帝国はイギリス、フランス、ドイツなどの西欧諸国とは異質の帝国であるものと私はそれまで思い込んでいたのである[3]。

ではなぜ、西欧の列強に比肩する大量の海外コレクションが植民地を持たないこの国の帝都に蓄積され、しかも一九世紀の帝国末期に拡充の動きが見られたのか。我々の歴史認識を揺さぶるこの謎を解く一つの鍵は、博物館内の随所で名前を目にする過去のある遠征に潜んでいた。オーストリア海軍が一九世紀中葉に実施した世界一周の航海事業「ノヴァラ号遠征（Novara-Expedition）」である[4]。

オーストリア海軍フリゲート艦ノヴァラ号
（出典：*Leipziger Illustrirte Zeitung*, 6. 6. 1857 Nr.727）

帆走フリゲート艦ノヴァラ号（S. M. S. Novara）の遠征は、一八五七年四月からおよそ二年四か月かけて完遂された同国史上初の世界周航であった。遠征には、海軍将兵の航海演習や通商調査などの任務が課せられていたが、何よりも主要な使命とされたのが世界各地の学術調査であった。それゆえ、ノヴァラ号には海軍の軍人三四五名の他に七名の科学者・スケッチ画家が随行しており、航海中は彼らの調査収集活動に最高度の優先順位が与えられた。一八五七年四月三〇日にトリエステを出港したノヴァラ号は、地中海を抜け大西洋を南下し、ブラジル、ケープ植民地、インド、東南アジア、中国、太平洋島嶼、オーストラリア、ニュージーランド、タヒチ、チリなどを経て、一八五九年八月末にトリエステに帰港した。遠征隊はこの間に世界各地でさまざまな物品を収集しており、それらが自然史博物館の所蔵コレクションにグローバルな彩りを添える一助となったのである。

海軍国ハプスブルク帝国？

とはいえ、たった一度の世界遠征だけでそれほど多くの収集物を入手できるとは思えない。むしろ、長期にわたって何らかの収集活動が継続していたと見る方が自然であろう。そしてその手がかりは、軍艦ノヴァラ号の情報を求めて立ち寄ったウィーンの軍事史博物館（Heeresgeschichtliches Museum Wien）で目にすることになった。同館の奥の一角には、帝国時代のオーストリア海軍の歴史を回顧する常設コーナーがあり、そのなかにノヴァラ号遠征の偉業を顕彰する展示物が配置されている。現在では小国の地位に甘んじるオーストリアも、かつては広大な版図と海に面する領土を有し、海洋に接する帝国であったことを来訪者はそこで思い出すことになる。そして、海軍の活動の範囲がド

ウィーン軍事史博物館（著者撮影）

ナウ川やアドリア海にとどまらず、世界の大海におよんでいたことを各種の展示物が我々に教えてくれる。ハプスブルク帝国は、海軍という公的組織を通じて海外への遠征を繰り返した帝国でもあったのである（巻末付録参照）。そのため、軍事史博物館を訪れた人々は、ノヴァラ号という帆船の世界一周事業だけでなく、ハプスブルク帝国が西欧諸国と同様に外洋海軍を保有していた国であることに気づかされる。自然史博物館で遭遇した世界的なコレクションは、この海軍の歴史とも関係していたのではないか。

こうして、ウィーンの博物館における体験は自然史コレクションのルーツに対する好奇心にとどまることなく、ハプスブルク帝国そのものの歴史を問い直す思索へと私を導いた。ハプスブルク帝国がヨーロッパの内陸部に広大な領土を有し、強力な陸軍を抱える「大陸帝国」であったことは論をまたない。しかし、上記のような博物館散策からはこの帝国の歴史に潜む別の一面が見えてくる。すなわち、ハプスブルク帝国が世界一周を実行するだけの海軍力を備えていたこと、加えて、この国の人々の目は必ずしも帝国の内部だけに向いていたわけではなく、海の外の世界にも開かれていた可能性があること、こうした姿が一六〇年前の遠征の事実から浮かび上がってくるのである。近代のハプスブルク帝国は、西欧が支配する外部の植民地世界と無関係に存立していたわけでなく、おそらく何らかの形で接点を持っていたのであろう。いうなれば、ハプスブルク帝国は我々が思っていたような単に陸地を主体とする内向きの帝国ではなく、海を越え世界全体と関係を保ち続けた帝国なのではないか。ウィーンに残る自然史博物館の膨大なコレクションは、忘却されているハプスブルク帝国のもう一つの顔を我々に示してくれているのかもしれない。

ところが、膨大な蓄積を擁するハプスブルク帝国の歴史研究のなかで、こういった非西洋世界とのつながりを主題に据えた実証研究はこれまで十分に進んでいない。たとえば、その主軸となる海軍史の研究動向について概観してみよう。ハプスブルク帝国の海軍をめぐっては、帝国崩壊とともにオーストリアが海から切り離されたことで、一部の軍事史専門家を除きこの研究領域に関心を向ける論者は少なかった。(5) その流れは、スタンフォード大学教授であるゾコル著の『海軍国オーストリア　帝国海軍一三八二―一九一八』が登場したことによって変わり始める。(6) 旧帝国海軍の少尉であった彼は、政治や国家といった全体像のなかに海軍の歴史を置き直し、同書刊行によりオーストリア海軍史研究の新境地が開かれた。その後、欧米の学界では体系的な研究や一般向けの概説書が次々と発表され、ハプスブルク帝国の歴史を「海軍国（Seemacht）」の側面から掘り起こす試みが続いた。(7) この研究の潮流は、ソンドハウスの二書によって一つの到達点に達し、軍事の狭い枠を超えた包括的な議論が歴史学に提示されることになった。(8) しかし、ハプスブルク帝国の海軍は、軍事史研究が活発なドイツ語圏の学界でも傍流に位置し、なかでもヨーロッパ外への展開については実証研究が不足している。(9) 研究者の視線は「中心」のヨーロッパ水域に集中しており、建艦問題や軍事戦略には高い関心が寄せられる一方で、アジア太平洋やアフリカなど「周辺」へ派遣された軍艦の活動が閑却された状態が今日まで続いているのである。(10)

海軍史研究に見られるこのような「中心」への偏重は、単に軍事史の内部に歪みをもたらしたにとどまらず、ハプスブルク帝国の歴史研究そのものを内向きにする一因になったかもしれない。というのも、この帝国は海外で植民地を支配せず、遠方への経済的膨張も旺盛ではなかったゆえ、帝国主義やグローバル・ヒストリーといった研究枠組みの蚊帳の外に置かれてきた。(11) ヨーロッパ外を活動の舞台とした海軍の歴史は、こうしたハプスブルク帝国と海外世界とのつながりに一石を投じる可能性を秘めていたが、その方向での研究は今日まで進んでいない。ハプスブルク帝国は、海外で広がる帝国主義やグローバル化の波とは無関係に存在していたわけではなく、そこから何らかの影響を受けて近代を歩んでいたのではないか。しかもこの国は、外部で起こる変化にただ受け身で向き合っていたわけではなく、自ら主体的にそこへ関わろうとする動きがあったのではないか。それを確かめる鍵は、国家の意志で海外へ派遣された海軍の行動に潜んでいるかもしれない。

世界遠征と植民地主義

かくして、ウィーンでの体験とそこで得た知的な刺激は、私の学問探究の道をこの未開拓分野へと導いた。本書は、一九世紀中葉から二〇世紀初頭のいわゆる帝国主義の時代に、ハプスブルク帝国と海外世界をつないだ各種の糸をたどり、そこから浮かび上がる両者のつながりの意味を明らかにする。ハプスブルク帝国と海外の間には、西欧列強のような太い糸、つまり領土的、経済的な膨張がはっきりと見てとれない。それゆえ本書は、当時この国のグローバルな活動体であった海軍と科学をとり上げ、両者が絡み合って海外世界と交わる様子に注目する。

そこで格好の具体例を提供するのが、前述のノヴァラ号の世界遠征である。ドイツ連邦内で初となるこの世界一周航海は、西欧諸国の世界周航の歴史に比べ我が国ではほとんど知られていない[12]。しかし欧米の学界、なかんずく当事国であるオーストリアにおいては、在りし日の帝国の大事業として歴史家の関心は高い。それゆえ、関連するさまざまな著作がこれまで刊行されており、それらは大まかに以下の三つの傾向に分けることができる。第一に、遠征一五〇年を記念して事業全体を振り返る試みが進展し、大量のカラー図版を付した概説書やカタログが相次いで刊行された[13]。第二に、遠征隊の司令官や随行した科学者個人に焦点を当て、遠征との関わりとその功績を称える伝記的な著作類が出されている[14]。そして第三に、遠征隊の調査活動やその学術分野にもたらした成果を検証し、科学史の各分野における意義を探る研究論文が多数発表されている[15]。

ノヴァラ号遠征の史実は、こうして多様な観点から掘り起こされ、今日明確な輪郭を伴ってその実像が再現されている。ところが各著作を読み進めるなかで、そこには共通するある志向が潜んでいることに気づく。遠征隊の勇敢さや業績を顕彰し、かつての海との関わりや帝国時代を懐かしむノスタルジーである。そのため、客観性が求められる歴史研究者といえども、輝かしい遠征の偉業や成果そのものに目を奪われる傾向が強く、一定の距離を保って巨視的、および批判的にこの遠征にアプローチを試みた研究はこれまでほとんどなかった。ワイスとシルトドルファーの最近の共著は、科学事業という看板を掲げたノヴァラ号遠征の背後に隠された政治性、つまり植民地獲得の野心に注目しており、栄光物語としての「神話」に疑問を投げかける新たな試みといえよう[16]。

このように、ノヴァラ号遠征の事例からハプスブルク帝国と海外のつながりを読み解くためには、何よりもそれを覆っているノスタルジーの固い殻を破る必要がある。そこで本書は、ノヴァラ号遠征の陰に潜む植民地主義という問題を掘り起こし、批判的な視座からこの遠征の性格を跡づける。植民地主義は、海外領土の統治を実践していなかったハプスブルク帝国とはあまり馴染みがない概念のようにも思える。しかし、この言葉を広義に捉えた時、植民地を領有しているか否か、暴力や搾取を実践したかどうかだけでなく、人々の精神や文化的な性向、社会の風潮もそこでは問われることになる[17]。実際、ドイツ語圏の植民地主義研究では、人間や社会の内面に焦点を当てた議論が広く展開されており、植民地を持たない西洋国家の位置づけも再検討を迫られることになった[18]。ゆえに本書は、一九世紀後半の世界遠征に光を当てるなかで、それを送り出した本国の社会や文化に潜む植民地主義も照らし出すことになる。その結果、西洋の植民地支配体制が確立する当時の世界においてハプスブルク帝国がどのような立ち位置にあったのかを問う機会となろう。こうして、海軍、科学、植民地主義という三者の連動のなかからこの国の歴史を覗いた時、そこに映し出されるのはもはや内陸部に閉じこもった「陸の帝国」の姿ではないはずである。我々の前には、海外世界とグローバルな関係を構築するハプスブルク帝国の実像が輪郭を現し始めるであろう。

なお、本書においては、この植民地主義の対象となる地域を主としてアジア太平洋の海域世界に設定する。この地をとり上げる理由は、一八六〇年代以降、ハプスブルク帝国が遠征や軍艦配備に力を注いだ場であったこと、それに呼応して植民地問題がたびたび浮上しており、遠征と植民地主義がリンクする舞台であったためである。また、これまで欧米の学界では、ハプスブルク帝国とアフリカのつながりを問う研究は多く見られるものの、アジアや太平洋の海域世界との関係をとり上げたものは極めて少ない。それゆえ、学術研究における空白域を埋めることも本地域を主題に設定する理由である。

本書の構成

本書は内容の面で大きく二つに分けられる。前半の第一章から第四章では、ハプスブルク帝国のノヴァラ号遠征を題材として、この国の海外世界とのつながり方をさまざまな角度から検証する。冒頭の第一章では、一九世紀中葉にドイツ語圏で開始された世界遠征の性格と意味を同時代の歴史的文脈のなかで考える。一八世紀後半より欧米諸国の間で繰り広げられていた世界周航の競争に、なぜオーストリアは乗り遅れたのか。そしてまた、一八五〇年代後半にそれが開始されるに至った理由は何だったのかを吟味する。第二章では、ノヴァラ号遠征に内包されていた植民地獲得問題をとり出し、政府やエリート層に見られた構想と政策を通じてハプスブルク帝国の海外へのまなざしを考える。世界遠征に参加した海軍将校が、東アジアでどのような現実に直面し、そこから何を悟り、自国にどのような行動を促したのか、遠征隊を率いた人物の政策提言を手がかりに探ってみたい。とはいえ、待望された植民地の獲得は、各種の事情に阻まれ実行に移されることはなかった。しかし、植民地を求める心性そのものは本国社会の底部に堆積し、人々の世界観や他者認識を規定し続けていたのではないか。そこで次の第三章では、ノヴァラ号遠征に際して表れた言説を拾い上げ、背後に潜む植民地主義の思想やイデオロギーを批判的に考察する。また、言説や思想の存在を確認するにとどまらず、これらが時代や国境を越えて広がっていく様子にも目を配り、言説に表れたオーストリアの植民地主義を広い視野から見ていく。さらには、当時の非西洋人（マオリ）がオーストリアに向けた視線を盛り込むことで、この国の植民地主義が有した特性を解き明かしてみたい。第四章では、ノヴァラ号遠征を学術事業として捉え直し、そこから当時のオーストリア科学の変容、ならびに西洋を覆う人種主義との関係性を描き出す。そこでは、前章で見た植民地主義のイデオロギーが科学の力に支えられ、強化されていく過程が照らし出されることになろう。また、ノヴァラ号遠征を通じて、オーストリアの科学界は西洋の大きな学問体系とそのネットワークのなかに組み込まれ、他国の植民地支配へ主体的に関与する様子が本章の議論から明らかになる。

後半の第五章と第六章では、ノヴァラ号遠征を離れ、それ以後の時代における海外世界とのつながりへ議論が移される。第五章では、一九世紀末から二〇世紀初頭にかけて太平洋の海域世界で活動した科学者と海軍の行動を追い、ハプスブルク帝国が同時代の帝国主義世界へ直接関わる姿を観察する。海軍や科学を通じた非西洋地域との交わりは、ノヴァラ号遠征の際の単発的な現象ではなく、その後の帝国主義時代においてもハプスブルク帝国で広く見られたことが本章のなかで明らかになる。最後の第六章では、二〇世紀初頭に東アジアに常駐した軍艦の日常を追うなかで、ハプスブルク帝国がグローバルな帝国主義世界とどのような形で関係を保とうとしていたのか探る。この国の軍艦は、軍事の領域を越えたさまざまな活動を通じて現地の西洋コミュニティと一体化し、独自の方法で存在感を示そうとする姿勢がそこから読みとれる。以上の一連の歴史描写を通じて、西洋の世界支配体制にハプスブルク帝国が領土支配とは別の手段で主体的に加わろうとしていた様子を目にすることになる。

本論に入る前に、以下で用いる国名表記についてここで簡単に触れておこう。本書では、「オーストリア」「オーストリア＝ハンガリー」「ハプスブルク帝国」の三つの呼称が併用される。その使い分けは以下の通りである。まず、一八六七年のアウスグライヒにより政治体制が変化する以前の帝国を「オーストリア」と呼び、アウスグライヒから第一次世界大戦までの二重君主国の時代を扱う際には「オーストリア＝ハンガリー」の呼称を使う。アウスグライヒによる国制の変革に関係なく、通時的、総称的にこの帝国を指す場合には、正式な国名ではないが「ハプスブルク帝国」という語句を便宜上用いる。帝国以後のオーストリア共和国に関しては「オーストリア」という表記をそのまま使用する。

なお、本書は筆者が二〇一〇年に提出した博士学位論文を土台としているが、今回の公刊に際して全体の構成に大きな変更を加えている。それに伴い、博士論文に必須の学術的な導入手続き（問題の所在、先行研究の整理と課題の発見、分析レヴェルの設定など）は必要な個所を除き本書から割愛した。当該分野の先行研究の詳細、ならびに本研究の学術的な立ち位置と意義に関心のある方は、明治大学図書館所蔵の博士論文原本を参照していただければ幸いである。

第一章　世界遠征の開始

一五二二年にマゼランの船隊が世界一周航海に成功して以降、スペインやポルトガル、オランダやイギリスの間で世界周航と遠方への航海が次々に繰り広げられ、やがて、一八世紀後半には太平洋を舞台とする英仏の探検競争の時代を迎える。一九世紀に入るとロシアやアメリカがこの競争の列に加わり、領土の獲得、未知の領域の地図製作、珍品や学術対象品の収集などをめざした華々しい世界一周の航海事業が西洋諸国により展開された[1]。しかし、一九世紀中葉に至るこの世界周航の歴史のなかでは、ハプスブルク家のスペイン統治時代を除き、ドイツの領邦国家が登場することはほとんどない。ドイツ諸邦、特に大国であるオーストリアやプロイセンは、なぜこの競争に後れをとったのか、そしてどのような経緯から一八五〇年代後半に突如遠征が相次いで開始されたのだろうか。

本章では、「ドイツ」[2]の世界遠征の歴史が切り開かれる一九世紀中葉に焦点を合わせ、事業が企画されるに至った背景と動機を探り、一九世紀のドイツ史において世界遠征の開始が持つ意味を考える。ただし、ここでいうドイツ史とは、プロイセンによる統一のプロセスを中心に描いたいわゆるドイツ帝国の「正史」ではない。この時代、一八六〇年代の末葉に至るまで「ドイツ」という呼称は多数の領邦国家の緩やかな集合体（ドイツ連邦）や文化的紐帯を指すにとどまり、強固な統一体は未だ形成されていなかった。そして、それらの邦国の政治関係は複雑に交錯していたのであり、プロイセン主導の帝国建設は決して必然の一本道ではなかった[3]。それゆえ、ここで扱う「ドイツ」の世界遠征の幕開けも、当時の時代状況や歴史的文脈のなかで理解されなければならず、プロイセン中心主義の視点から後知恵的に解釈することはできない。また、長らく「ドイツ」の盟主の地位にあったのはオーストリア帝国であり、その存在を無視して一九世紀中葉のドイツ史を語ることもできない。こうした「ドイツ」の歴史の複雑性やオーストリアの役割を念頭に置きながら、ここでは、ノヴァラ号遠征こそ「ドイツ」の世界遠征の出発点であったと捉え、これをドイツ統一問題のなかに位置づける。つまり、その直後に続くプロイセンの東アジア遠征との比較や関係性の考察、さらには遠征に対する他のドイツ諸邦の反応を探るなかで、ノヴァラ号遠征を「ドイツ」最初の世界遠征という観点から再検討し、その歴史的意味を探るのが本章の目的である。

第一節　海軍の建設と世界遠征

1　一九世紀前半のオーストリアとプロイセンの海軍

一八世紀から一九世紀中葉に至るまで、オーストリアとプロイセンの間には海軍の歩みにおいて歴然とした差があった。**表2**左側に挙げたプロイセンは、一九世紀前半には「海軍」「艦隊」と呼べるような近代的な軍事組織を備えておらず、一八四〇年代に沿岸防衛用として小規模な戦力の整備に着手したにすぎない。プロイセンでは、伝統的に軍事力の重心が陸軍に置かれ、国際環境や通商政策の点でも海軍を建設する差し迫った必要性がなかった。しかし、政府が海外にまったく関心がなかったわけではないのも事実である。つまり、国王の特許と出資を得た国策商社が存在し、その所有船は通商活動のかたわらで海外におけるプロイセンの存在感をわずかながらも示していたのである。(4)

次に、**表2**右側のオーストリアに目を転じてみよう。一八世紀前半のカール六世の時代、同国は小規模ではあるもののアドリア海に艦隊を保持していたことが分かる。その後、ヨーゼフ二世もトリエステからの懇請を受けて小型軍艦の配備を承認しており、同国では一八世紀からすでに海軍の整備に対する一定の関心は見られた。(5)とはいえ、領内

表2　19世紀前半のプロイセンとオーストリアの海軍

プロイセン王国	オーストリア帝国
	18世紀前半　アドリア海艦隊　後半　トリエステ海軍　＊いずれも限定的な戦力（政府の無関心による）
	1798 ヴェネツィア海軍を継承　戦列艦10、中型艦7、他数十隻
	1801 海軍改革（海軍本部の設置、艦隊整備計画）
	1803 − 1805 私掠船対策のためモロッコへ示威行動
	1805 ヴェネツィア海軍放棄（イタリア王国へ）
	1809 沿岸領土喪失
	1814 イタリア王国の海軍を継承　戦列艦10、中型艦8、他多数
ナポレオン戦争後スウェーデンが放棄した郵便船1隻と砲艦6隻取得（実用化されず・砲艦売却）	＜規模を大幅に制限（売却・格納）＞ 沿岸防衛用（中型艦10程度＋警備艇）の限定保持・郵便船や周遊船としての任務主体
1816 スクーナー艦シュトラールズント号建造（航海学校の練習船）	
1817 ダンツィヒ航海学校設立（外国人教官招聘）	1817 − 1818 フリゲート艦オーストリア号、アウグスタ号の南米遠征（皇女エスコートと科学調査）
1819 スクーナー艦の追加建造を政府が却下（財政的理由）	1820 − 1822 フリゲート艦カロリーナ号の東アジア遠征（総領事と輸出用水銀などの輸送）
	1821 ナポリ・サルディニアの革命派鎮圧のために出撃（無力露呈） ギリシア独立戦争下の東地中海に艦隊派遣
	＜1820年代東地中海で通商保護・対ギリシア示威行動＞
	1822 海軍増強計画却下
1825 沿岸砲艦ダンツィヒ号建造（航海学校の練習船）	1827 − 1832 海軍増強（→フリゲート4、コルベット5、ブリグ4、他小型艇多数）
	1829 − 1830 私掠船対策のためモロッコへ艦隊出撃
	1833 − 1837 ポーランド亡命者の北米輸送任務
1835 − 1836 ライヒェ委員会による海軍拡張案提出　長期整備計画案（蒸気艦6、コルベット1、スクーナー1、小型砲艦60）	1837 フリードリヒ大公の海軍入隊 1839 − 1840 近東危機に際してレヴァントへ艦隊増派　英墺土連合艦隊結成（大公の活躍と英による賞賛）
1840 ライヒェ案を国王が承認　コルベット1、砲艦4の建造に着手	
1843 コルベット艦アマツォーネ号（350t）進水 ＊平時は大蔵省の管轄	1845 レヴァント派遣艦隊撤収（財政的理由）
航海学校生のために地中海や大西洋へ練習航海	＜蒸気艦導入に慎重（財政的理由）＞
1848年初頭の事実上の海上戦力　コルベット1	1848年初頭の海軍力　フリゲート3、コルベット6、ブリグ6、スクーナー3、外輪蒸気艦2、他沿岸艇多数（全157隻）、兵士約5000
《1848年　三月革命・対デンマーク戦争勃発》 ↓ 「ドイツ艦隊」建設	

艦の規模：戦列艦＞フリゲート艦＞コルベット艦＞ブリグ＞スクーナー＞砲艦

出典：Sondhaus, *1797-1866;* Id., *Preparing for Weltpolitik* 等を参照して筆者が作成

に有するエルベ、オーデル、ドナウという三つの航行河川は、その河口がいずれも他国の領土にあったため大洋への進出を妨げられていた。また、大西洋への出口たる墺領ネーデルラントも、その経済的独立性や本国との距離により

海軍発展の基盤とはなり得ず、地中海とつながるアドリア海沿岸部も内陸部との接続に難があった。これらの地理的な制約は、本国の伝統的な陸軍偏重姿勢とあいまってオーストリアの海軍建設を阻む要因となり続けた。[6]

しかし一九世紀になるとオーストリアの海軍をとり巻く環境が大きく変わる。ナポレオン戦争の結果、ヴェネツィア海軍、続いてイタリア王国海軍を継承することになったオーストリアは、建造中を含め戦列艦一〇隻とその他多数の中小艦艇を引き継ぐことになり、海軍国へと飛躍する機会を得たのである。[7] ところが、オーストリア首脳部の間に根強く残る陸軍中心志向によって、大型艦の多くが他国に売却され、自ら海軍大国への道を閉ざしてしまうことになる。[8] こうして、オーストリア海軍の飛躍の機会は失われるのだが、その一方で、ヴェネツィアやダルマチアを獲得し長い海岸線を国土として有することになった以上、沿岸防衛用の艦艇配備は避けて通れない課題となった。また、ギリシア独立戦争時の東地中海での商船保護や北アフリカでの海賊対策、ナポリやサルディニアの革命派鎮圧、ポーランド亡命者の北米輸送など海軍投入の機会が増えるにつれ、フリゲート艦やコルベット艦といった中型艦を中心に海軍力の整備が進められた。[9] このように、一九世紀前半のオーストリア海軍は、そのハード・ソフト両面においてプロイセン海軍をはるかにしのいでおり、事実上ドイツ諸邦で唯一の海軍保有国として君臨していた。それゆえ、当時海軍を保持していなかったドイツの諸邦は、海賊対策や商船保護に従事するオーストリア海軍へ期待を高めるようになる。その結果、ドイツ連邦の盟主として海洋での最低限度の面目は保たれていたといえる。[10] とはいえ、一九世紀前半のオーストリア海軍をヨーロッパ全体のなかに位置づけてみると、英仏露といった同じ五大国を構成する列強の海軍には遠くおよばず、デンマークやサルディニア、両シチリアなどの中堅海軍国と同等、あるいはそれ以下の規模にすぎなかったのも事実である。

以上のように、一九世紀前半のオーストリア海軍は、陸軍重視の伝統や財政的配慮に阻まれて保有する軍艦数を限られ、「大陸国家の愛情薄き継子」[11] としての存在に甘んじなければならなかった。一方の強国プロイセンも、当時は海軍と呼べるような実体すら備えていなかった。それらの理由として、両国とも艦隊決戦や沿岸封鎖を伴うような差し迫った危機に直面することがなく、平時の公海における警備の面でも「国際公共財」たるイギリス海軍の能力に依存することができた。[12] こうして海軍増強は、プロイセン、オーストリア両国において重大な政策課題とはならず、ましてや世界遠征を敢行する必要性も、またそれを実行するだけの遠洋航海能力も持ち得なかった。このような海軍増強へのドイツ内の消極的姿勢、および、連邦内でのオーストリア海軍の絶対的優位という状況を劇的に変化させた出来事こそ、一八四八年の革命とその際の対デンマーク戦争であった。

2　一八四八年革命と「ドイツ艦隊」

一八四八年、革命のさなかにあったドイツ連邦は、シュレスヴィヒ＝ホルシュタインの帰属をめぐってデンマークと交戦状態に入った。その際、プロイセン軍を主体とするドイツ側は陸上で優勢を保ちつつも、デンマーク海軍による海上封鎖を受けて北海沿岸部は危機的な状況に陥る。[13] 前述したように、プロイセンの海軍力は当時きわめて弱小であったためこの事態に対処することができなかった。頼みのオーストリア艦隊は、中核を担うイタリア系将兵の離反とヴェネツィア革命軍への呼応ゆえアドリア海で機能麻痺の状態にあった。この窮地を打開するため、一八四八年春にドイツ連邦議会で「ドイツ艦隊」の建設が打ち出され、以後ドイツ諸邦の代表者や専門家を招集した会議において具体的なプラン設計が進められた。アーダルベルト親王（Prinz Heinrich Wilhelm Adalbert von Preußen：プロイセン国王の甥）を筆頭とするドイツ諸邦の海軍専門家一四名で構成される「海軍技術委員会（Technische Marinekommission）」は、一八四九年二月にデンマークへの対抗を主眼とした艦隊建設案を提出し、翌月ザクセン出身のカール・ブロミィ（Karl Rudolf Brommy）を司令官とする「ドイツ艦隊（Reichsflotte）」の編成が開始された。[14] 以降、英米に発注した最新鋭の軍艦が次々と到着し艦隊建設は順調に推移するが、この統一海軍をとり巻く環境は次第に大きく変わり始めていた。宿敵デンマークとの講和が成立し、さらには革命の終息により艦隊の保有主であるフランクフルト国民議会と臨時中央政府が姿を消したのである。これにより、「ドイツ艦隊」は存在意義を失ってしまうことになった。再建されたドイツ連邦によりこの主を失った艦隊を引き継ぐ案も検討されたが、連邦構成国の意見は折り合わなかった。最終的には、購入したばかりの軍艦が民間に払い下げられるなどして「ドイツ艦隊」は一八五二年に消滅する運命をたどったのである。[15]

このように、「ドイツ艦隊」は活躍の場を与えられないまま短命に終わったが、革命時の対デンマーク戦争と同艦隊の編成は、ドイツの海軍史において三つの点で重要な意味を残した。第一に、北海・バルト海水域で歴史上初めて本格的な「ドイツ」の艦隊が編成されたという事実である。[16] それまで「ドイツ」の軍事的プレゼンスがゼロに等しかった北海とバルト海に、たとえ短期間とはいえナショナルな統一艦隊が出現した現実は、ドイツ諸邦の人々を熱狂させその存在は心に刻まれた。ヴィルヘルム時代に「艦隊」や「海軍」がナショナリズムの象徴となることはよく知られているが、そのドイツ帝国海軍の出発点として「ドイツ艦隊」のエピソードは後に神話化されるのである。[17]

第二に、「ドイツ艦隊」問題を機に、プロイセンがドイツ・ナショナリズムにおける海上防衛の意義を悟り、海洋の問題に積極的な姿勢を示すようになった意味は大きい。これにより、それまでドイツ連邦内で保たれていたオーストリア海軍の優位が崩れ始めることになる。オーストリアは自身の海軍をすでに保持していたため、ドイツ統一海軍の新設には消極姿勢を示していた。また、自国海軍の主戦場がアドリア海でのイタリア革命の鎮圧にあったことから、対デンマーク戦を想定した「ドイツ艦隊」の建設はオーストリアにとって安全保障上の優先順位が低かった。対照的にプロイセンは、フランクフルト国民議会において艦隊建設費用の負担と自国海軍の「ドイツ艦隊」への編入を公言し、全面的な協力姿勢を示した。[18] 確かに、プロイセンは一八四九年春の帝冠拒否とともに「ドイツ艦隊」からも次第に距離を置くようになったが、艦隊問題がドイツ内で持つ意味自体は十分認識していた。たとえば、一八五三年のオルデンブルク大公国からの北海沿岸領土(後のヴィルヘルムスハーフェン)の購入もそのような文脈で考えることができる。同地獲得により、プロイセンは北海を航行するドイツ商船の保護や沿岸部の防衛を自国海軍の任務として世論にアピールし、ドイツ内での地位向上につなげることができたのである。[19] 民間でも、プロイセン主導の「小ドイツ」

主義的統一を掲げるドイツ国民協会（一八五九年設立）が海洋安全保障の問題において積極的な役割を演じることになった。統一問題における艦隊の意義を理解する同協会は、プロイセン海軍主体の「ドイツ艦隊」を再建すべく基金集めに奔走したのである。[20]こうして、革命時の「ドイツ艦隊」問題を機に、海上の守護者としてプロイセン海軍がドイツ世論の注目を浴びるようになり、海洋をめぐるドイツ政治の力学は大きく変わろうとしていた。

第三に、革命と対デンマーク戦争を契機として、伝統的な陸軍国である普墺両国が海上戦力充実の必要性を痛感し、その後に海軍拡充へと舵を切ったことはドイツの海軍史にとって重大な転機となった。小国デンマークによる海上封鎖に太刀打ちできずに事実上の敗北を喫したプロイセンは、この屈辱を晴らすべく、解体された「ドイツ艦隊」から主力艦二隻を引きとったのを手始めに、海軍力の増強へと歩み出す。[21]革命時の「海軍技術委員会」のトップであったアーダルベルト親王がプロイセン海軍の総司令官に就任すると、英仏露に次ぐヨーロッパ第二級海軍の建設をめざして大規模な軍備拡張計画が推し進められた。確かに、一八五五年に国王の承認を得た野心的な建艦計画（最新鋭のスクリュー式汽走艦一八隻の建造：内訳は戦列艦九隻、フリゲート艦三隻、コルベット艦六隻）は指針にとどまり現実化することはなかった。しかし、それでも一八五〇年代後半には、東アジア遠征やその後の東アジア巡航の任につくスクリュー式の汽走軍艦が次々と進水した。当初、海軍本部はデンマークへの対抗を目的として戦列艦主体の戦闘艦隊整備を計画として策定していた。しかし政府首脳部は、通商保護を目的とした中型艦重視の方策をとり、これが後の東アジア遠征や軍艦の世界展開の基盤となる。[22]また、将校団の養成と拡充も同時に進められ、ソフト・ハードの両面においてプロイセン海軍は実体を伴う海軍へと成長を遂げる態勢を整え始めたのである。[23]

同様の変化はオーストリア海軍でも見られた。一八四〇年代前半の革命思想の蔓延とイタリア系将校の反逆行動に幾度となく悩まされていたオーストリア海軍は、一八四八年革命時のヴェネツィア蜂起の衝撃によってその脆弱な基盤を一気に露呈してしまった。革命によって水兵と将校の三分の二が離反し、さらには、自身の二倍の海軍力を擁するナポリ・サルディニア・ヴェネツィア連合艦隊にトリエステを封鎖されたのである。こうしてオーストリアは、一八五〇年代にイタリア依存体質からの脱却と艦隊増強へと進み出すことになった。[24] その一連の改革を主導したのが、一八五四年に二二歳の若さで海軍総司令官に就任した皇弟マクシミリアン大公（Erzherzog Ferdinand Maximilian Joseph）であった。一八五六年、海軍を陸軍から切り離し、独立機関化することに成功したマクシミリアン大公は、手始めに制度や教育の改革を断行する。また、兄である皇帝の信任と蔵相の後押しを受けた彼は、最新鋭のスクリュー式汽走艦を次々と導入し、戦列艦を有する本格的な戦闘艦隊の整備に着手した。[25] 艦名のドイツ化や海軍内でのドイツ語使用の徹底、ドイツ系将校の登用促進など海軍の脱イタリア化を図る動きも同時に進められ、こうして人事の面においても、一八四八年の危機を二度と招かない体制が整えられようとしていたのである。[26]

以上のように、一八四〇年代末のデンマーク、およびイタリア系諸国との対決は、ドイツ諸邦の海上における脆弱性を露呈させ、艦隊建設や沿岸防衛をめぐる議論が本格化する契機となった。また、「ドイツ艦隊」の出現と屈辱的な解体過程を目の当たりにしたドイツの民衆は、海軍問題を以前にも増してナショナリスティックな心情で捉え始め、そこに目をつけたのが拡張段階にあるプロイセン海軍であった。一方、海軍内部の脱イタリア化とドイツ化を進め、イタリア独立派への対抗心を燃やすオーストリア海軍は、アドリア海の制海権確保を至上課題に据えた。こうして、遠方世界への出口たる北海・バルト海水域において、ドイツ諸邦の自由主義者の視線はおのずとオーストリアよりもプロイセンへ向かう傾向が強まる。連邦内の覇権をめざすプロイセンも、その期待に応じる形で海軍拡張へと転じたのであった。[27]

しかし、いかにデンマーク艦隊の北海封鎖やイタリア連合艦隊のトリエステ封鎖の衝撃が大きかったとはいえ、普墺両国において海軍拡張への合意形成は一筋縄ではいかない課題であった。大

マクシミリアン大公（出典：*Leipziger Illustrirte Zeitung*, 6. 6. 1857 Nr.727）

規模な予算措置を伴う軍備拡張を遂行するため、海軍は政府内の反対派や陸軍、そして世論に対し目に見える効用を示す必要があった。また、いくら物質的な規模を拡大したところで、急仕立ての将兵には十分な訓練が施されておらず、航海を通じたマンパワーの育成も急務であった。このように、普墺両国の海軍は成長の途上で共通の課題を抱えており、その解答として双方で浮上したプロジェクトこそが世界遠征という大事業だったのである。

第二節　オーストリアとプロイセンの世界遠征

1　一九世紀中葉の遠征競争

一八四八年の革命からおよそ一〇年後、オーストリアとプロイセンは相次いで世界遠征の事業に乗り出した。各々の遠征の動機や具体的な中身に入る前に、ここではこの時代に欧米諸国が実施した世界遠征の性質について簡単に確認しておこう。(28) 船舶を利用した外海への探検の歴史は、はるか昔にまでさかのぼることができるが、この事業が世界史においてより大きな意味を持ち始めたのは、一五世紀から一六世紀のいわゆる大航海時代のことであった。コロンブス、ヴァスコ・ダ・ガマ、マゼランの名でよく知られるこの時代の探検航海は、当初、既知の地をめざす新ルート開拓の試みであったが、結果として未知の地を偶然「発見」することで、人類の歴史に大きな変化をもたらしてきた。この冒険の過程で生み出される好奇心や欲望は、やがて意識的、計画的にまだ知らぬ土地をめざす新たな探検事業の原動力となった。そして一八世紀には、南太平洋にあるとされる「未知の南方大陸（Terra Australis Incognita）」の発見が探検家や彼らを送り出す国家を大海原へと駆り立てた。しかし、太平洋に点在する島々やオーストラリア、ニュージーランドなどの存在は確認されたものの、ついに未踏の巨大大陸は発見できなかった。そのため、莫大な費用と人的コストに見合わないこうした大規模な探検は次第に計画の見直しを迫られ、人々の耳目を集めるような華やかな航海事業は徐々に下火になっていく。とはいえ、一八世紀後半から一九世紀前半に行なわれた国家的な世界遠征は、二つの点で次なる時代を準備していたといえよう。第一に、イギリスとフランスの抗争を軸に、スペイン、オランダ、ロシアなどが追走するこの探検航海のレースは、「無主の地」の発見というその後の植民地獲得競争の様相をはらみつつ展開されていたことである。第二に、探検航海に従事する海軍の艦艇に博物学者が乗艦することで、訪れる土地の自然や住民が学識者の視点から調査記録され、科学という要素が遠征に新たな方向性を与えることになった。ダーウィンが加わったビーグル号の航海（一八三一—一八三六年）はその代表例といえよう。

一九世紀も半ばに近づくと、軍艦に同行するこうした民間の学者は、ゼネラリスト（博物学者）から次第にスペシャリスト（学問分野別の専門家）に移行し、未知の発見と既知の精査を通じた継続的な学術活動が航海事業へ組み込まれていった。とりわけ、当時の西洋科学の牽引者であるアレクサンダー・フォン・フンボルト（Alexander von Humboldt）に象徴されるように、ミクロとマクロ、地域と地球全体の連関的・総合的洞察が科学の使命として位置づけられたこの時代、広域の調査収集と比較考査をめざす世界一周の科学遠征が重要度を増していく。こうして、世界の隅々まで科学的に調べ上げるという西洋科学共通の大望を果たすため、外洋航海の実力を有する国々は世界一周の組織的探査を推し進めていくことになる。[29]

ただしこの事業に乗り出したのは、世界の海への先進者である西欧の海洋列強にとどまらなかった。一八三八年、アメリカ政府は帆走軍艦六隻、乗員三四六名からなる世界一周の探査遠征隊（The U. S. Exploring Expedition: 一八三八—一八四二年）を組織し、海のフロンティア開拓をめざして歩み出した。同艦隊には、博物学者二名、植物学者二名、鉱物・地質学者、剥製製作者、貝類学者、言語学者、計器製作者、通訳、画家で構成される科学調査団が同行し、南極沿岸一五〇〇マイルの測量、北米大陸西岸八〇〇マイルの測量、太平洋二八〇の島々の探査、一八〇の海図作成という多大な学術成果を残した。この世界一周航海の過程で収集された標本や民族学コレクションは、およそ四〇トンにもおよび、二〇〇〇の未確認種を含むこれらの持ち帰り品は、直後に設立されるスミソニアン学術協会の礎となった。[30]また、海洋や天文、気象といった航海に関係する調査は、遠征に参加する海軍将校にゆだねられ、科学の識見を持った軍人の養成や航海用学術データの蓄積という点で、その後のアメリカ海軍の世界進出を準備することになった。

アメリカの遠征隊の帰国から三年後、海洋国という面ではアメリカよりも歴史が古いデンマークが世界一周の学術遠征に乗り出した。一八四五年、デンマーク政府は、自国が領有権を主張するベンガル湾のニコバル諸島に植民地としての適性や価値があるかどうかを判定するため、現地に調査隊を派遣することを決定した。やがてこの計画は世界一周の学術航海へと構想が拡大し、派遣される海軍の大型コルベット艦ジャラスィア号（Galathea）には、動物学者二名、植物学者、地質学者、昆虫学者、画家、自然誌画家からなる学術調査団が乗り込むことになった。出発前、コペンハーゲンの科学界からは、地球物理学、地質学、植物学、動物学など各分野の詳細な指示書が遠征隊に送られており、それに基づいて各地での計器観測データや多くの標本が本国に持ち帰られた。なお、遠征隊の調査する対象には、寄港した各地の住民も含まれており、与えられた手引書と資金をもとに民族学博物館のための収集活動も行なわれた。帰国後、遠征を主導した国王の死去と一八四八年の戦火によって報告書の編纂は難航したが、この三年間におよぶ世界一周航海は、海洋国家、学術国家としてのデンマークの威信を高めることにつながった。[31]

このように、一九世紀中葉のアメリカやデンマークによる世界一周の科学遠征は、自らの海軍と科学の実力を世界に誇示する格好の舞台であったといえる。人類社会が西洋と非西洋、支配者と被支配者に切り分けられていく当時、世界的規模での探検航海や植民地進出に出遅れていた国々は、自らも西洋文明を構成する支配者側の一員であることを積極的に示す必要があった。「文明国」による共同の知的営みへの参与、さらにはその地球規模でのグローバルな遠征事業は、西洋国家としてのアイデンティティや一体感を確認し、内外に自己の存在をアピールする千載一遇の機会であったといえる。

一方、学術調査を掲げる一九世紀中葉の世界一周遠征には、自由貿易時代の到来を見越した通商開拓という実利への欲求も見てとれる。たとえば、先述のアメリカ探査遠征隊に対する同国海軍省の指示書（一八三八年八月一一日付）では、この遠征の目的は太平洋の捕鯨船や商船の活動を支える地理データと商業情報の収集にあると繰り返し強調されている[32]。デンマークのジャラスィア号遠征でも、本国からの指示に基づきカルカッタで複数の商業専門家を遠征隊に加えており、ブラジルに至るまでの統計データや商況情報の調査に力が注がれた[33]。とりわけ、通商開拓を前面に打ち出し科学と商業の融合を体現していたのが、スウェーデン海軍のフリゲート艦エウゲーニア号（Eugenie）の世界一周学術遠征（一八五一―一八五三年）である。この遠征の目的は、自国の海外貿易の保護と領事の活動状況の視察、他国と同等の通商特権の獲得など商業問題に重心が置かれていた。だがその一方で、同遠征にはストックホルムの科学アカデミーも深く関与し、専門家帯同のもと、航海天文学、地球物理学、動物学、植物学の世界規模での調査任務が課せられていた[34]。

以上のように、従来ヨーロッパ西部の国々が中心となって推し進めていた世界一周事業は、一九世紀の中葉になると、アメリカ、デンマーク、スウェーデンといった新たな国々の参入を受けてその裾野が拡大していた。これら各国の世界遠征に共通する必要条件が一定の海軍力とその遠洋航海能力にあったことは論をまたない。しかしこうした事業の核心には、海軍のみならず、科学の振興ならびに世界貿易の拡大を見据えた国益の追求という側面があったことも見逃せない。今まさにこの列に加わろうとしていたオーストリアとプロイセンは、自身の世界遠征にいかなる意味づけを与えようとしていたのであろうか。

2 オーストリアのノヴァラ号世界遠征（一八五七―一八五九年）

表3は、両国初の国策世界周航となったノヴァラ号遠征（一八五七―一八五九年）と東アジア遠征（一八五九―一八六二年）を比較したものである。両遠征の詳細については、すでにドイツとオーストリア双方の歴史学者によって史実の掘り起こしが長年進められてきた。また、プロイセンの東アジア遠征に関しては、日独関係史の起点として「オイレンブルク使節団」の呼称とともに日本では広く知られている。ところが、オーストリアのノヴァラ号遠征は、

日本が寄港地に含まれていなかったこともあり我が国でその事実を知る者は少ない[35]。しかしこれらの遠征は、本当に二つの別個の出来事として捉えたままでいいのだろうか。両者を対比し重ね合わせて検討することで、そこに複雑なつながりを見出すことができるのではないか。こうした問題関心のもと、以下では普墺それぞれの世界遠征の性質を探り、さらには、両者を一九世紀中葉の「ドイツ」という枠組みのなかにとり込むなかでその歴史上の意味を明らかにしてみたい。

表3　オーストリアのノヴァラ号遠征とプロイセンの東アジア遠征

遠　征	オーストリア帝国　ノヴァラ号遠征	プロイセン王国　東アジア遠征
期　間	1857年4月－1859年8月	1859年10月－1862年（順次出国・帰国）
航　路	トリエステ―ジブラルタル―ブラジル―ケープ植民地―南インド洋島嶼―セイロン―マドラス―ニコバル諸島―シンガポール―ジャワ―フィリピン―清国―太平洋島嶼―オーストラリア―ニュージーランド―タヒチ―チリ―ジブラルタル―トリエステ	（ダンツィヒ―英国―ブラジル―）シンガポール―江戸―上海―天津―北京―天津―長崎―広東・香港・マカオ―バンコク―シンガポール（別路で各艦帰国）
艦　船	帆走フリゲート艦ノヴァラ号（2107墺t／2630英t）	汽走コルベット艦アルコーナ号（2320t）、帆走フリゲート艦テーティス号（1533t）、スクーナー艦フラウエンロープ号（95t）、輸送艦エルベ号（740t）
目　的	①学術調査・収集、②海軍将兵育成、③通商基盤の整備、④威信と名誉、⑤（非公式）植民地予備調査・獲得	①清国・日本・シャムとの条約締結、②海軍将兵育成、③通商調査、④自然科学調査・収集、⑤威信と名誉、⑥（非公式）植民地予備調査・獲得
構成国	オーストリア単独	関税同盟、ハンザ諸都市、両メクレンブルクを代表
発案者 推進者	海軍総司令官マクシミリアン大公（皇弟）、蔵相ブルック、海軍将校ヴュラーシュトルフ＝ウルバイル	商相ハイト、商務省高官デルブリュック
司令官	ベルンハルト・フォン・ヴュラーシュトルフ＝ウルバイル海軍大佐	ヘンリック・ズンデヴァル海軍大佐
使節全権	（調査団主任シェルツァーに南米諸国との条約交渉権）	フリードリヒ・ツー・オイレンブルク伯
使節・調査団の構成	地質学者1名、植物学者2名、動物学者2名、民族誌学者1名、画家1名	外交官4名、地質学者1名、植物学者1名、動物学者1名、園芸師1名、農業専門家1名、商業専門家2名、画家2名、写真師1名、医師1名
乗組員	艦長フリードリヒ・ペック海軍少佐（遠征中、中佐に昇進）以下、海軍将校9名、軍医4名、従軍司祭1名、士官候補生14名、技師1名、他水夫、海兵隊、砲兵、給仕、船楽隊含め　計344名	テーティス号艦長エドゥアルト・ヤッハマン海軍大佐　以下、740名
遠征経費	推定58万フローリン	推定42万ターレル

出典：公式遠征記等の各種史資料を用いて筆者が独自に作成

　ノヴァラ号による世界周航計画の端緒については複数の説が存在する。まず、海軍総司令官のマクシミリアン大公が発案したインド、中国方面への航海計画を起源と捉える見方がある。貿易の振興に主眼を置いたこの構想を大公が部下であるベルンハルト・フォン・ヴュラーシュトルフ＝ウルバイル（Bernhard von Wüllerstorf-Urbair）大佐に打ち明けたところ、ヴュラーシュトルフは科学調査の任務を計画に付加し、世界一周という形で拡大案が提示されたとされる。そして、この考えに賛同した大公が兄である皇帝を説得し、帝国の国家プロジェクトとして世界周航が実現したという説である。[36] しかし、ディーンシュトルの説明はこれとはいくらか異なっている。彼によると、マクシミリアン大公が当初計画していたのは軍艦二隻による南米への科学遠征であったという。一八五六年一〇月、南米遠征の素案を練る大公が政府に現地情報の提供を求めたところ、蔵相カール・フォン・ブルック（Karl Ludwig von Bruck）は世界一周の航海を逆提案し、これがノヴァラ号遠征の発端になったとされる。つまり、南米からの帰国時に往路と同じ航路で戻るのではなく、オーストラリア、日本、中国、東インド地域を経由して世界を一周してはどうかとブルックが提案したというのである。これに賛意を示したマクシミリアン大公が皇帝に同案を上奏し、一八五六年末に勅令が発せられる経緯に至ったというのがディーンシュトルによる説である。[37] なお、この南米遠征計画を起源とする議論は、科学者カール・フォン・シェルツァー（Karl von Scherzer）の関与（ブルックとの会談と意見書提出）を指摘したオポルツァーにより補強されている。[38] 近年では、ワイスが文書館史料をもとに遠征の発端を探っているが、史料の散逸も影響してやはり明確な起源にたどりつくことはできていない。[39]

このように、世界一周計画案の出所と勅令発布に至る経緯に関しては研究者の意見は分かれる。しかし、世界一周航海の事業計画を大陸国家のオーストリアでたやすく実現させた政治力の源泉については各論者の意見に一致が見られる。つまり、海軍総司令官である皇弟マクシミリアン大公が果たした役割である。すでに触れたように、遠征計画の推進者は政権内の実力者である蔵相ブルック、科学的識見に長けた海軍将校ヴュラーシュトルフ、米大陸への探検旅行で名を馳せた学者のシェルツァーであった。だが、この三者がいくら計画の実現へ向けて奔走したところで、莫大な予算措置を要するこのような発案は国内の保守派によって簡単に潰されていたであろう。海軍の全権を掌るマクシミリアン大公が計画を推進し、皇弟としての政治力を巧みに利用したからこそ遠征計画は成就したのである。前節で示した通り、陸軍からの独立と軍拡を推し進める海軍にとって、世界周航という衆目を集めるイベントは格好の宣伝材料であり兵員養成の面でもまたとない機会であった。ただし、マクシミリアン大公が世界一周計画に乗り気であった理由はそれだけではない。彼が兄とは対照的にロマン主義者であり、幼い頃より自然科学や海外に関心を寄せていたことも、異世界への学術遠征を海軍が推進したゆえんであった。(40)

ノヴァラ号遠征隊の中心メンバー（出典：*Leipziger Illustrirte Zeitung*, 16. 1. 1858 Nr.759）

こうした経緯に見られる通り、ノヴァラ号の世界一周航海には立案の段階から科学調査の任務が高く位置づけられており、詳しくは第三章と第四章で論じる。また、公表された遠征の目的には、海軍将兵の航海演習、海軍の威信高揚とならび、遠隔地におけるオーストリア帝国旗の顕示、および通商路の開拓も掲げられていた。実際、ノヴァラ号の遠征隊には、チリ、ペルー、アルゼンチン、ウルグアイとの間で通商条約を交渉する全権委任状が外務省と商務省から付与された。(41) 後述するように、アジア進出を求めるトリエステ商業界の請願運動もノヴァラ号遠征を機に高まることから、オーストリアにとってこの遠征は、海外世界の学術研究に新たな道を開いたのみならず、通商政策の点でも少なからず意義を有していたのである。

オーストリアにおける世界遠征の開始と通商問題の密接な関係を象徴するのがコルベット艦カロリーネ（S. M. S. Caroline）号の南米遠征（一八五七—一八五八年）である。指揮官イガンツ・コーエン（Iganz Kohen）少佐のもと、海軍将校七名、海軍軍医二名、士官候補生八名を含む乗組員一九二名によって構成されるカロリーネ号遠征隊は、一八五七年四月末にノヴァラ号とともにトリエステを出港し、ジブラルタル、マデイラ、ブラジルのペルナンブコ、バイア、リオ・デ・ジャネイロ、およびその南方のリオ・デ・ラプラタ（モンテヴィデオ、ブエノスアイレス）に立ち寄った。ノヴァラ号とはブラジルで別れを告げ、以降は単独で行動している。南米を後にしたカロリーネ号は、大西洋を再び横断してケープ植民地、アフリカ西岸のベンゲラ、ルアンダ（アンゴラ）、カーボ・ベルデを経て、一八五八年五月一六日にトリエステに帰還した。この軍艦には、オーストリア各地から送られてきた輸出用の商品サンプルが積まれており、通商専門家として遠征に参加したフェルディナント・ファーベル（Ferdinand Fabel）が各貿易港でオーストリア製品の流通量や将来的な可能性を探った。[41] ノヴァラ号とカロリーネ号の両事業を重ね合わせると、当時のオーストリアを外洋の遠征へと向かわせる原動力として、海軍の成長、科学的な探究心、ならびに商業上の関心があったことが分かる。

そして、こうした関心が向かう対象地域は、南米やアジアの沿岸部だけではなかった。従来の研究は、ノヴァラ号が実際に立ち寄った港湾のみに目を奪われ、当初の事業計画に盛り込まれていた幻の寄港地の存在とその意味を見逃している。遠征開始前にヴュラーシュトルフが科学アカデミーに送った書簡（四月二三日付）には、当初計画されていた寄港予定地が以下のように記載されている。

（一八五七年四月）トリエステ→ジブラルタル→マデイラ→リオ・デ・ジャネイロ→リオ・デ・ラプラタ→モンテヴィデオ、ブエノスアイレス→喜望峰→セント・ポール島、アムステルダム島→セイロン島→マドラス→ニコバル諸島→スマトラ島、ジャワ島、ボルネオ島、シンガポール→マニラ→香港→広東→厦門、上海→マリアナ・カロリン→ニューカレドニアまたはニューギニア→シドニー→ニュージーランド→タヒチ→サンドウィッチ諸島→ガラパゴス諸島→パナマ、グアヤキル、リマ、バルパライソ→ホーン岬→ブエノスアイレスもしくはリオ・

デ・ジャネイロ→ジブラルタル→トリエステ（一八五九年八月予定）[43]

この寄港予定地は、科学界の要望や諸般の事情をもとに海軍が策定したものである。しかし、限られた費用と時間のなかで航海しなければならないため、遠征の最中に航路の変更や修正が随時加えられ、出発前の計画と実際の寄港地（表3を参照）との間にはズレが生じていた。特に顕著な違いは遠征の後半に見られる。航海中に遭遇した悪天候と艦体の修理、イタリア独立戦争の勃発による遠征切り上げなどが重なり、傍点を引いた訪問予定地が寄港とり止めになっていたのである。そこには、ミクロネシア、メラネシア、ポリネシアの太平洋島嶼部やハワイ、そして、ダーウィンの調査で有名なガラパゴス諸島の名前が見てとれる。つまり、最短経路での世界一周ではなく、太平洋の南北縦断と東西横断、および各島嶼への上陸による現地調査が想定されていたのである。遠洋航海に未熟なオーストリア海軍にとって、広大な太平洋は危険を伴う大海であった。しかもノヴァラ号は、蒸気船ではなく帆走の軍艦であった。実際、ノヴァラ号は西太平洋を南下中に暴風雨に遭遇して艦体が破損し、シドニーで長期間の修理を余儀なくされた。しかし、あえてそのリスクを冒してまで太平洋の縦・横断が航程に入れられていた背景として、海軍将兵の遠洋航海技術を磨く意図があったであろう。さらには、科学遠征というノヴァラ号遠征の性格から考えて、オーストリアにはこの時代から太平洋の島嶼部への学術的関心があり、それが植民地領有の願望と結びついていた事実を見落としてはならない。この問題は次章で再び立ち戻ることにする。

3　プロイセンの東アジア遠征（一八五九―一八六二年）

次に、プロイセンに視線を移し、この国が東アジアに遠征隊を派遣することになった背景と動機を探ろう。特に、当時ドイツ系の商人が東アジアで置かれていた状況とそれに対するプロイセンの認識を吟味し、ノヴァラ号遠征との性質の違いを考えてみたい。また従来の研究では、商業問題や条約交渉に関心が向かうあまり、東アジア遠征の「使節団」としての側面に重きが置かれ、プロイセンで初となる世界規模での「遠征」であった事実が見落とされていた。[44]この点に注意して、ここでは外交や通商面だけではなく、海軍と科学の側面にも光を当てる。[45]

プロイセンの中国貿易の歴史は、一八世紀中葉までさかのぼることができる。当時、プロイセン国王フリードリヒ二世から特許を得たエムデンの貿易会社が、広州へ貿易船を派遣し、茶、生糸、絹織物、陶磁器の取引に従事していた。また、シュレジエンで製造された毛織物は、ロシアを経由する陸上のルートを通り中国北部へ輸出されていた。[46]ところが、この時代のヨーロッパ・アジア間の海上貿易は、イギリスの東インド会社により実質的な支配権を握られており、陸上交易路もロシアから度重なる妨害を受けたため、プロイセンのアジア貿易は長く低迷していた。[47]

その一方で、ハンザ諸都市、とりわけハンブルクの中国進出は着実に進んでいた。一八一六年以来、広州で荷積みされた茶がハンブルクへ直接輸入されるようになり、一八三〇年にはハンブルクの旗が広州で公式に認められている。[48]また、イギリスが東インド会社の貿易独占権を廃止し、貿易監督官の配置による自由貿易の推進を図り始めたことは、ハンザのさらなる中国進出を後押しした。[49]この傾向を一層加速させたのが、一八四二年の南京条約による中国市場の対外開放であった。また、一八四八年にイギリスが東インドで活動するすべての外国船に対し自国船と同等の権利（塩、阿片取引は除外）を保障したため、海運業に参入する際の障壁がとり除かれた。こうした新たな展開を受けて、ドイツ系の商人や製造業者は「三億六〇〇〇万人の消費人口を擁する」[50]中国市場での成功に期待を膨らまし、ハンザの商船が広州や上海などの開港場で活躍する姿が盛んに見られるようになった。[51]しかし、当時の独中間の海運は大部分がイギリス経由の間接貿易であり、現地のドイツ系商社が必ずしも独中貿易に直接携わっていたわけではなく、英米系商社の影響下に置かれるケースも多かった。[52]とはいえ、イギリスのアジア貿易体制に従属的に組み込まれていたからこそ、強力な国家ではないハンザが商業的に成功を収めることが可能であったともいえる。つまり、イギリスが武力によって中国から勝ち得た特権をドイツ系の商人も同様に享受することができ、国籍に関係なくその保護を受けていたからである。こうした環境のもと、中国沿岸で活動するハンザの海運業は一八五〇年代に急成長し、とりわけ短距離の沿岸海運では主要国を押しのけて主役の座に就きつつあった[53]。

このように、一九世紀前半においてプロイセンとハンザの東アジアに対する関与姿勢は対照的であった。しかしこの流れを変える出来事が一八五四年に起こる。アメリカによる日本の開国である。この報に接したプロイセン政府は、ヨーロッパ各国に駐在する外交官に日本問題に関する情報を求め、使節艦隊の派遣による条約交渉の着手を検討し始めた。プロイセン政府が迅速な動きを見せた背景として、世論が日本の開国に敏感に反応し新聞が政府の行動を促したという事情があった[54]。もっとも、このときはプロイセン海軍に艦隊派遣能力がなかったため遠征計画は実現には至らなかった。

しかし、これにより日本という新たな市場に対する経済界の期待が消失したわけではなかった[55]。その後、一八五八年の天津条約と安政の五カ国条約を通じ東アジアの一層の開放が見込まれると、前年以来の不況に苦しむドイツの産業界の目は再び東アジアに向かうことになる[56]。また、こうした希望的観測だけでなく「バスに乗り遅れる」ことへの焦りも、ドイツ諸邦を東アジアに向かわせる心理的作用として働いた。中国と英仏米露の間で結ばれた一連の天津条約が、非条約国であるドイツ系商人の排除を招く恐れがあったからである。加えて、ドイツ系商社が中国の沿岸海運で他国を押しのけて利益を上げれば上げるほど、イギリス商人の嫉妬の対象となり現地で活動するドイツ人の立場は不安定になりかねなかった。それゆえ、東アジア在住のドイツ人は、自身を確実に保護してくれる母国の外交官の配置、および中国や日本との間の条約締結による経済活動の法的保障を強く求めるようになるのである[57]。一方では東アジア貿易の将来性に対する期待が、他方では条約体制再編のなかでドイツ系商人が疎外されていくことへの不安感が折り重なり、この時期何らかの行動が必要とされていたのである。

こうして一八五九年八月、通商条約の締結を目的とした東アジアへの外交使節の派遣、ならびに軍艦の随行がプロイセン政府により閣議決定された。当時、東アジアの条約体制を主導する英仏米露蘭は、いずれも軍艦派遣による軍事的圧力を背景に日本や中国と特権的な通商関係を構築していた。それゆえ、新規の参入国が列強と同様の通商条約を結ぼうと考えるならば、外交使節団は軍艦に乗船して現地に赴く必要があった。前節で見たように、当時ドイツ連邦内で一定規模の軍艦を保有していたのは普墺両国のみであり、オーストリアはイタリア独立の動きに手を縛られ身動きがとれない状態に置かれていた。オーストリア以外のドイツ諸邦中で唯一海軍力を有するプロイセンは、これら「ドイツ」すべて（オーストリアを除く）の利益を代表してフリードリヒ・ツー・オイレンブルク（Friedrich Albrecht zu Eulenburg）を全権とする使節団を編成し、これをエスコートする軍艦四隻の東アジア派遣を決定したのである(58)。

プロイセンの東アジア遠征艦隊（出典：*Leipziger Illustrirte Zeitung*, 14. 1. 1860 Nr.863）

ただ、遠征隊派遣をめぐっては、プロイセン国内から異論も唱えられていた。東アジア諸国との条約締結により利益を得るのはもっぱらハンザ諸都市であり、遠征コストを負担するプロイセンには恩恵が少ないという批判である。また、海軍の実力不足に関する疑問も上がっていた(59)。これらの政界保守派や一部新聞の反対論は、一定の根拠に基づくものであったが、プロイセン政府首脳部は派遣の意志を曲げることはなかった。なぜならこの問題は、数字上の費用対効果の問題に押しとどめられない大きな意味を含んでいたからである。つまり、単に東アジア諸国との国交樹立や通商条約の締結、およびそこから得られる経済的な実益に局限されない、より広範な利益をプロイセン政府は見込んでいたのである。公式遠征記に掲げられた遠征目的を見ると、①東アジアで列強と同等の権利を獲得すること、②王国の軍艦旗を誇示して遠方の人々にプロイセンの存在感を示すこと、③海軍将兵に遠洋航海の実務経験を積む機会を与えること、④海外の科学的および商業的調査、⑤修好通商航海条約の締結、以上の五点が目的として明記されている[60]。そこから見えてくるのは、随行する軍艦が単に使節団をエスコートし交渉相手に圧力をかけるためだけに派遣されたわけではないという事実である。海外での「ショー・ザ・フラッグ[61]」や遠洋訓練は、プロイセンの国際的な地位と海軍の人材力を同時に高める可能性を秘めていた。また、数年前のノヴァラ号が示した遠征モデルに従い民間の専門家集団が遠征メンバーに名を連ねており、そこで得られた科学や商業面での調査収集の成果は、後にプロイセンがこの地へ関与を深めていく際に必須の知的基盤となる。もちろんそこには、学術分野におけるプロイセン科学界の名声を高めるという別の思惑もあった。遠征事業がこうした威信高揚や人材育成、知識や情報の取得といった金銭では計れないさまざまな複合的な利益をもたらすことをプロイセン政府は認識していたのである。

このように、プロイセンの東アジア遠征は、外交史の観点からだけでは説明できない広範な意味を含んでいた。しかし、この事業をめぐる従来の研究は、ドイツと日本・中国の国家間における初めての対峙、ならびに国交樹立という点に関心を集中していた。つまり、外交や通商を切り開く「使節」の側面に力点が置かれるあまり、海軍や科学の意味づけを含んだ「遠征」という側面には十分考慮が払われていなかったのである。それゆえここでは、この事業が「遠征」の点で有する意義を確認し、東アジア遠征をめぐる我々の歴史解釈を補完したい[62]。

まず、海軍の遠征という側面に注目し、東アジア遠征が創成期のプロイセン海軍にもたらした宣伝効果について、刊行された公式遠征記をもとに考えてみよう。これまで公式遠征記や遠征隊員が著した旅行記は、もっぱら日清両国との条約交渉の経緯や当時のドイツ人の東アジア観を知る史料として歴史研究者により用いられてきた。そしてそこで扱われていたのは、政治や経済をめぐる問題、街中の観察や体験談、現地人の風俗習慣など、遠征隊の「到着地」に関わる事象であった。しかし、使節団（学術調査団）は、シンガポールから日本、中国、タイを経て再びシンガポールへと戻る際の移動手段としてプロイセン海軍の軍艦を用いていた。つまり、その際の詳細な航海記録と海上生活の様子が公式遠征記に収録されていた事実も見落としてはならない。そこでは、艦内での将校と水兵の役割分担や連絡命令体系、艦の構造や内部の設備、そして日常の艦内業務や衣食住の様子が具体的に紹介されている。とりわけ目を引くのが、乗組員の激務と閉ざされた空間内での辛苦を伴う暮らしぶりである。作業中の事故や悪天候との闘い、暴風雨に見舞われ消息を絶った同行艦フラウエンロープ号（Frauenlob）の悲劇など、海軍の軍人が遠征中にどのような困難に直面したのか、そして、その任務をいかに勇敢に全うしたかについて公式遠征記は詳細に扱っていた。[63] こうした軍艦、およびその内部での船員の日常生活と航海の内実は、近代海軍の歴史が浅い当時のドイツ語圏の市民にとって馴染みが薄いテーマであった。ゆえに、東アジア遠征の公式遠征記は、読者が海軍に関する理解を深め、併せてドイツ内でのプロイセン海軍の評価を高める役割を果たすことになったといえる。

次に、東アジア遠征の科学遠征という側面に注目してみよう。当時のベルリンの学術雑誌を見渡して気づくことは、この遠征の科学的な成果に関する論文や記事の掲載量が少ないという点である。これは、ウィーンの自然科学系の各誌を賑わせたノヴァラ号遠征とは大きく異なる。[64] それゆえ、東アジア遠征をとり上げた後世の膨大な歴史研究の成果のなかで、科学を主題に据えたアプローチはほとんど見当たらず、ノヴァラ号遠征の研究史が示す傾向とは好対照である。しかし、実際には前掲の**表3**を見ても分かる通り、東アジア遠征には陣容の面でもノヴァラ号遠征にひけをとらない学術調査団が同行していた。そして彼らは、遠征後には自らの調査報告や旅行記を相次いで公刊している。[65] ここではその一例として、海軍軍医助手フリーデル（Carl Friedel）が出版した気象・疾病調査の報告書に目を向けてみよう。[66] この学術領域においては、それ以前から現地に渡ったヨーロッパの医師や軍人たちにより多くの調査が積み重ねられていた。それゆえ一見すると、フリーデルの記録はそこにいくらかの新しい識見とデータを加えたにすぎないと感じるかもしれない。しかしながら、フリーデルによる調査報告書には、そうした先人の観測データや医学報告が数多く引用・転載（独訳）され、それは東アジアに興味を抱くドイツ語圏の読者や医学の専門家、とりわけ現地に赴くドイツ人にとって貴重な母国語の情報源となった。またフリーデルは、西洋諸国が東アジアで信頼や成功を勝ち得るために医師団の果たす役割がいかに重要であるかを力説し、この主張はベルリンの学界からも賛同を受けた。[67] エルヴィン・ベルツ（Erwin von Bälz）に代表されるお雇い外国人の使命を先どりする主張であったといえる。こうして、東アジア遠征を外交使節ではなく「遠征」として捉えると、海軍の経験や科学知識といった広範な成果が蓄積される様子が見てとれ、それらは後にドイツ帝国が世界に進出する際に効果を発揮することになる。[68]

では、プロイセンが一八五九年に世界遠征の開始に着手した理由は、海軍と科学の振興や通商外交上の必要性だけで説明づけられるのであろうか。プロイセンの東アジア遠征の意義は、その二年前に敢行されたオーストリアのノヴァラ号遠征とつなげて考えることで明確になるかもしれない。つまり、当時のドイツ統一をめぐる政治的な情勢やドイツ・ナショナリズムの問題と重ね合わせることで、費用対効果を度外視したプロイセン政府の真意を捉えることができるはずである。既述の通り、プロイセンの東アジア遠征が浮上してくる過程を追うと、在外ドイツ人や「ドイツ」の産業をめぐるナショナリズムの高揚が垣間見えた。現に、これまで多くの研究者がドイツの統一国家建設をめぐる普墺の覇権争いを念頭に、その文脈のなかでプロイセンによる東アジア遠征の政治的意義を指摘している。[69]プロイセン政府の意図は、単に東アジア貿易の拡大に向けた通商政策に向けられていたのではなく、遠征を通じたドイツ諸邦のとり込み、すなわち対オーストリアを意識した政治的な思惑があったという見方である。この観点に立てば、オーストリアによるノヴァラ号遠征の成功は、「ドイツ」のリーダーとしての要件に世界遠征の実行力という要素を加えることになりプロイセン側を焦らせた。こうして、ノヴァラ号遠征とそれに対するドイツ諸邦の反響は、プロイセン政府に東アジア遠征を決心させる一因になったと多くの論者が解釈している。[70]しかしながら、ノヴァラ号遠征の「反響」を実証的に論じた研究はこれまで存在せず、それゆえ普墺両遠征の因果関係は明らかになっていない。ノヴァラ号遠征は本当にドイツ諸邦で大きな反響を呼び、プロイセンに遠征事業の実施を迫る要因となったのだろうか。次節では、二つの遠征をめぐるドイツ世論の反応を探り、ノヴァラ号遠征が持った意味をドイツ統一問題の文脈のなかで検証してみよう。

第三節　世論の反響とドイツ統一問題

1　ドイツ諸邦のノヴァラ号遠征報道

一九世紀半ば、ヨーロッパの中央部において「ドイツ」は三九の領邦国家に分立していた。イギリス、フランス、ロシアといった大国に挟まれ、分裂状態のまま熾烈な国際競争にさらされる現状を前に、「ドイツ」の市民層や商業界からドイツ諸邦の統一を唱える声が高まりつつあった。とりわけ、一八四八年革命でナショナリズムの炎が燃え上がって以降、統一国家建設をめぐるヴィジョンがより具体性を帯びるようになる。そこでは、ドイツ関税同盟の領域からなる「小ドイツ」的統一、ドイツ連邦の領域を基盤とする「大ドイツ」的統一、そして普墺それぞれの非ドイツ人地域をも包含する中欧「七千万人の帝国」という三つの主たる統一モデルが並び立っていた。(71) 当時この統一の主導権をめぐって、プロイセンとオーストリアの間で激しい抗争が展開していたことに鑑みれば、両国が一八五〇年代後半に相次いで開始した世界遠征もこの「ドイツ問題」と無関係でなかったことは容易に想像できる。

実際、プロイセンの東アジア遠征は、オーストリアを除くドイツ諸邦すべての利益を代表して実施され、ドイツ内の自由主義陣営がこれに好意的な反応を示していた事実は先行研究ですでに明らかにされている。(72) ところが、プロイセンの遠征に先立つドイツ諸邦初の国家的な世界遠征、つまりオーストリアのノヴァラ号遠征を世論がどのように受け止めたかについてはこれまで明らかになっていない。オーストリアやプロイセン、さらにはバイエルン、ザクセンなどの有力諸邦やハンザ諸都市の新聞メディアがオーストリアの世界一周事業をどのように報じ、ドイツ統一問題のなかでそれがどのような意味を持ったのか以下で考察してみたい。(73)

まず、一九世紀中葉のウィーン新聞界の双璧であった『ウィーン新聞（Wiener Zeitung）』(74) と『プレッセ（Die Presse）』(75) のノヴァラ号遠征に関する報道を見ておこう。両紙ともこの自国の輝かしい大事業を随時報じている。遠征準備が本格化する一八五七年一月中旬以降、およそ五ヶ月にわたって準備作業の進捗状況や計画の詳細、隊員やノヴァラ号の紹介、各界から寄せられる期待、そして四月末の出港の様子が計二五回『ウィーン新聞』の紙面を飾った。[76]一方、自由主義系の『プレッセ』の関連記事掲載数は『ウィーン新聞』に劣るものの、個々の記事で準備状況を丁寧に報じていた。そこでは、世界への飛躍に対する期待感を一面社説で表明するなど、遠征への高い関心がうかがえる。[77]

それでは、オーストリア以外のドイツ市民層のもとにはノヴァラ号遠征の情報はどのくらいもたらされ、またどのような内容が伝えられたのであろうか。オーストリア国外でノヴァラ号遠征に一貫して大きな関心を示していた新聞は、南ドイツを代表する自由主義系の新聞『アウクスブルク一般新聞（Augsburger Allgemeine Zeitung）』[78]であった。同紙では、遠征の準備段階から市井の期待感や出発の様子が報じられ、さらにはノヴァラ号がヨーロッパを離れた後も遠征報道は途絶えなかった。[79]これに加えて、ノヴァラ号遠征隊から送られてくる旅行記が数年にわたり『アウクスブルク一般新聞』の紙面に連載された。世界各地の最新情報を伝える媒体として、あるいは世界一周に挑む勇敢な遠征隊の記録を綴った読み物として、隊員の旅行記が読者に提供されていたのである。[80]こうした掲載記事の多さと内容の充実ぶりは、遠征に対する南ドイツ自由主義者の関心の高さを示しているといえよう。

次に地域の対象をバイエルンからザクセンに移し、当地の有力な新聞のノヴァラ号に対する姿勢を探ってみよう。『アウクスブルク一般新聞』同様、旅行記を掲載しノヴァラ号の遠征に高い関心を示し続けていたのがドイツの挿絵入り新聞のパイオニア『ライプツィヒ絵入り新聞（Leipziger Illustrirte Zeitung）』[81]であった。同紙は、一八五八年一月から一八六〇年三月にかけて、遠征隊員から送られてくる絵入り旅行記を三〇回にわたって連載し、教養に飢えた市民層を文字と視覚の双方で刺激し続けた。[82]週刊新聞である『ライプツィヒ絵入り新聞』の性格に鑑みれば、これはかなり高い頻度での掲載であり、遠征が終了して半年経ってもなお挿絵入り旅行記の連載は続いていた。

このように、『プレッセ』『アウクスブルク一般新聞』『ライプツィヒ絵入り新聞』といった当時のドイツ語圏の有力な自由主義系メディアは、ノヴァラ号遠征に高い関心を向けていた。それでは、「ドイツ」の自由主義陣営のすべてがオーストリアの世界遠征に注目していたのだろうか。これを検証するために、視線を「ドイツ」の西部と北部に向け、これらの地域で発行された三つの有力な自由主義新聞の紙面に目を向けてみよう。

まず、ライン自由主義派の代表紙である『ケルン新聞(Kölnische Zeitung)』[83]を見ると、ノヴァラ号遠征に関する報道がかなり控えめなトーンであったことが分かる。[84]ところが、一八五〇年代後半のこの当時、同紙はアジアを中心とする世界の動きや貿易動向を逐一伝えており、特にスエズ運河問題に関する特集記事を頻繁に掲載していた。つまり、刻一刻と変化する世界情勢に「ドイツ」がどう関わっていくかに高い関心を向けていたものの、ノヴァラ号遠征に象徴されるようなオーストリアを先導者とする「ドイツ」の対外進出には前向きではなかったと推測することができる。プロイセン内でのノヴァラ号に対するこうした冷淡な姿勢は、ベルリンの二大自由主義新聞を見ればより明確になる。プロイセン最大級の発行部数を誇る『フォス新聞(Vossische Zeitung)』[85]は、『ケルン新聞』と同様、ノヴァラ号の出発と帰国の際に簡潔な事実報道を掲載するのみでさしたる関心を示していない。[86]また、新興の自由主義新聞である『国民新聞(National Zeitung)』[87]は、前二者の自由主義紙よりは関連記事の掲載数が多いものの、曳航やセレモニーの様子などあくまで最低限度の事実をオーストリアの新聞から転載しているにすぎない。[88]これらの自由主義メディアは、その後のプロイセンの東アジア遠征に関してはかなり熱心な報道を繰り広げていることから、世界の出来事や海外と「ドイツ」の間の関係に決して無関心であったわけではない。問題なのは、彼らにとって「ドイツ」を世界へ導く先導役はプロイセンが務めなければならなかったのであり、それゆえ「ドイツ」初の世界遠征であったにもかかわらず、ノヴァラ号の航海事業に冷淡な姿勢を示したといえる。

以上のように、海外事情に関心が高い自由主義系の新聞であっても、プロイセンではノヴァラ号に関してわずかな記事しか掲載されなかった。一方で、オーストリア(『ウィーン新聞』、『プレッセ』)、バイエルン(『アウクスブルク一般新聞』)、ザクセン(『ライプツィヒ絵入り新聞』)の主要紙は、ノヴァラ号遠征のニュースを大きくとり上げ持続的に報じていた。ここに、バイエルンやザクセンのオーストリアに対する親和性とドイツ統一問題におけるスタンスを垣間見ることができよう。つまり、ドイツ統一問題におけるプロイセンの突出したイニシアティヴを警戒し、オーストリアにバランサーとしての役割を期待する心情がそこに投影されていた。逆にプロイセンにとっては、内陸諸邦の自由主義陣営で沸き起こったノヴァラ号に対する反響は、自身がドイツ統一の主導権を握るうえで座視できない現実であった。前節で見た東アジア遠征敢行の背景には、こうしたノヴァラ号遠征への対抗心が潜んでいたと考えることができる。実際、一八五九年八月の東アジア遠征公式決定の報道は、ドイツ諸邦を瞬時に駆けめぐり、同月に帰港したノヴァラ号の偉業に関する報道を脇に追いやる効果をもたらしたのである。(89)

2　ハンザ諸都市のノヴァラ号遠征報道

ノヴァラ号の遠征は、世界進出に後れをとる「ドイツ」が地球を一周するだけの海軍力を持ち始めた事実を内外に発信する一つの契機となった。ドイツ諸邦で初めて敢行されたこの公式の世界一周航海は、バイエルンやザクセンの自由主義系の新聞から熱狂的に歓迎される一方で、プロイセンの自由主義新聞は冷淡な姿勢に終始した。つまりこうした各紙の報道には、ドイツ統一の主導権をめぐるプロイセンとオーストリアの対立、およびそれに対する有力諸邦のスタンスが投影されていたといえる。ただし、遠征事業を通じた「ドイツ」の海外進出そのものに関しては、経済発展やナショナリズムと結びつけて自由主義陣営は肯定的に評価していたことも忘れてはならない。

しかしながら、我々はここで一つの重要な事実関係に目を向けておかなければならない。ドイツ連邦を構成する大部分の領邦国家は、当時、海外において差し迫った利害を有していなかったという現実である。つまり、遠方の国との通商条約締結や軍艦の世界展開は、ドイツ工業界の輸出市場確保に道を開く可能性を有していたにしても、当面直接的な利益を享受するのはハンブルクやブレーメンといったハンザ諸都市に限られた。とりわけ、東アジアと太平洋の沿岸部に関していえば、前節でも確認した通り、ハンブルクとブレーメンの通商利害こそが「ドイツ」の通商利害を意味していた。(90)それゆえプロイセンは、現地における「ドイツ」の象徴的存在であるハンザを東アジア遠征に参加させるため、関税同盟諸国の不興を買ってまでもこれら都市国家の要求を大幅に受け入れたのである。[91] このことから、普墺両国や有力諸邦の世論を検証するだけでなく、ハンザ諸都市の世論がノヴァラ号遠征にどのような反応を示し、それがドイツ統一問題とどのような関連性を有していたのかを考える必要がある。

一八五七年のノヴァラ号遠征の開始に際して、ブレーメンの代表的な新聞『ヴェーザー新聞（Weser Zeitung）』は、出港と帰国の事実をそれぞれ簡潔に伝えるのみで遠征に対する関心は低かった。[92] さらに二年後、同紙のノヴァラ号帰国をめぐる報道は、ちょうど同時期に公表されたプロイセンの東アジア遠征計画の大ニュースに打ち消される格好となった。[93] この時の東アジア遠征に対する『ヴェーザー新聞』の熱狂は、ノヴァラ号遠征を報じる際には見られなかった過熱ぶりである。ブレーメンの親プロイセン的な傾向を差し引いても、同市住民の両遠征に対するスタンスの違いが如実に示されているといえよう。普墺の二つの遠征に対する対照的な反応は、同じハンザ都市のハンブルクでも見られた。ハンブルクの有力紙『ハンブルク政治教養公正通信（Staats und Gelehrte Zeitung des Hamburgischen unpartheiischen Correspondenten）』は、ノヴァラ号の出港と帰国に関してごくわずかしか報じていない。また、一八五九年八月のノヴァラ号の帰国と成果についての論評は、やはりプロイセンの東アジア遠征への熱狂的な報道によってかき消されていた。[94] ドイツ諸邦の代表として派遣される東アジア遠征隊に関心が傾くのは当然としても、プロイセンの覇権に警戒心を抱くハンブルクの有力紙においてすら、両遠征に対する態度にはっきりとした温度差が出ていたのである。

ハンザ諸都市に見られる二つの遠征に対するまなざしの違いはどのように説明すればよいのだろうか。その鍵はまず、当時ハンザ諸都市を覆った危機意識のなかに見出すことができる。一八四八年革命の際にデンマーク海軍による海上封鎖を経験したハンザ諸都市にとって、有事におけるフランスやロシアからの攻撃の懸念も重なり、北海沿岸部の防衛問題が最大級の関心事となっていた。つまり、共同防衛体制であるドイツ連邦がもっぱら陸の防衛に傾き、ハンザにとって死活問題である沿岸防衛への危機意識が低い現状にハンザ市民は憤りを感じていたのである。[95] こうした不満は、海外で活動するドイツ商人（実質ハンザ商人）への保護の欠如に対する懸念が拍車をかけ、新たな「ドイツ艦隊」の建設を訴える声となっていた[96]。しかも、沿岸部の防衛というこの切実な問題は、アドリア海の制海権確保に専心するオーストリアではなく、北海に接する領土を持つプロイセンによって解決策がもたらされると考えられた[97]。加えて海外の遠隔地においても、ドイツの通商利益を保護するのはオーストリアでもイギリスでもなく、プロイセンこそを守護者とすべきだという論説を『ヴェーザー新聞』は掲載していた[98]。イギリスやオーストリアに比べはるかに弱小なプロイセン海軍に期待が集まったのは一見すると奇異に感じる。しかし、一八四八年革命において「ドイツ艦隊」結成を主導する姿勢を示し、一八五八年に「新時代」の自由主義政権を誕生させたプロイセンにドイツ商業界の期待が集まり始めていたのも確かである。それゆえ、通商開拓を第一の目標に掲げた東アジア遠征は、「ドイツ」の保護者にならんとするプロイセンの意志を示す象徴的な出来事とハンザの目には映ったのである。それに対して、以前「ドイツ艦隊」の編成に消極的な姿勢を示したオーストリア海軍は、ドイツ内最大の海軍力を持ちながらも、それをもっぱらイタリア・ナショナリズムの抑圧に使っていた。ハンザにしてみれば、北海防衛や海外貿易の保護をこの古き盟主に期待することはできなかったのである。

それでは、ハンザはこぞってプロイセン主導の「小ドイツ」による統一国家に自身の未来を託そうとしていたのだろうか。この問題がそう単純ではないことは、ブレーメンのナショナル・リベラル紙『ブレーメン商業新聞（Bremer Handelsblatt）』の論説が示している。前述の『ハンブルク政治教養公正通信』や『ヴェーザー新聞』と異なり、同紙はドイツ・ナショナリズムを社説で前面に打ち出し、ドイツ統一と海外進出問題を親プロイセンの立場から広く論じていた[99]。しかし同紙は、プロイセンを偏重しオーストリアを完全に排除していたわけではなかった。そのことは一八五〇年代後半の一連の論説に示されている。『ブレーメン商業新聞』は、ブレーメンとオーストリアの通商関係が近年深まっている事実を統計資料に基づいて説明し、大西洋貿易に強みがあるブレーメンと地中海貿易を得意とするオーストリアの連携を期待する[100]。この願望は、オーストリア内においてトリエステと内陸部を結ぶ鉄道が開通したことによって一層強まった。つまり、ライバハ・トリエステ間の鉄道の開通（一八五七年）は、北海沿岸部から地中海へヨーロッパを南北に貫く陸上交通路の完成を意味し、そのうちの一端に位置するブレーメンの商業界にとっては大きな関心事であったのである。[101]「ドイツの東への門」たるトリエステが整備され、来るべきスエズ運河の完成により「地中海貿易にとって新しい時代が容易に開け、トリエステ港は世界貿易において卓越した地位を占め、ドイツにとっても西ヨーロッパ（ないしアメリカ）と東アジアの間の人や物資の巨大な道を我が物にする機会が生じる」[102]ことが期待されたのである。[103]

この墺領トリエステと「ドイツ」の結びつきを説く論調は、一八五九年のイタリア独立戦争の帰趨が明らかになった後により顕著になる。同紙によれば、商港都市トリエステの運命は「ドイツ」との連携にかかっており、ドイツ系商人のこの地への進出こそ同市の運命を左右するのである。[104]また、『ブレーメン商業新聞』が関心を寄せていたのは、単にブレーメンとトリエステの結びつきにとどまらず、全ドイツとオーストリアの関係にまでおよぶ。つまり、普墺両国いずれも全ドイツにとっては欠かせない存在であり、現在の連邦改革運動も決してオーストリアを排除したものではないことを強調する。[105]同紙は「ドイツ」におけるオーストリアの役割を重視し、その存在を好意的に見ていたのである。ここに、オーストリアを排除した形での「小ドイツ」主義的統一ではなく、北海からアドリア海に至る「ドイツ」の大連合を視野に入れた「革命後の大ドイツ主義」による統一のイメージを見てとることができる。[106]

このように、ブレーメンではドイツ内でのプロイセンの主導権を認めつつも、海外貿易の促進や海軍建設問題においては、オーストリアを含む「大ドイツ」的な思想が根強く残っていた。そして、これが一八六〇年代初頭に沿岸防衛、ならびに通商保護問題におけるプロイセンのヘゲモニー確立を阻む一因であったのである。[107]とはいえブレーメン市民にとって、オーストリアとの関係は将来への漠然とした期待感のなかにあるのに対し、プロイセンが主導する関税同盟との関係は、精密な経済統計に裏づけられた実体を伴う共存関係であった。[108]また、長らく待ち望んでいた東アジアとの通商関係の構築も、オーストリアのノヴァラ号遠征ではなく、プロイセンの東アジア遠征によってもたらされることを予感していた。前記の通り、『ブレーメン商業新聞』は「ドイツ」が海外に飛躍するうえでのオーストリアとトリエステが果たす役割を認識していたものの、ノヴァラ号関連の記事や論説は掲載していなかった。つまり、「ドイツ」にとっての商業的な意味合いの薄いノヴァラ号遠征にハンザの関心は向かなかったのである。それを象徴するのが、プロイセンの東アジア遠征計画の決定を報じる社説のなかにノヴァラ号遠征に対する失望を盛り込んだ一事であった。(109)

3　ノヴァラ号遠征のイメージ

すでに述べたように、バイエルンやザクセンの有力新聞がドイツ初の世界一周航海としてノヴァラ号遠征に多大な関心を寄せていた一方で、プロイセンの主要な自由主義新聞は無関心を貫いた。また、ハンザ諸都市の各紙は、スエズ運河開通による新たなアジア航路への期待感からオーストリアやトリエステの「ドイツ」における役割に関心を示していた。このように見てくると、ノヴァラ号遠征に向けた北ドイツ商業界や自由主義者の冷めた視線の背後には、単に保守的なオーストリアに対する反感や親プロイセンの心情だけでなく、何か別の原因が潜んでいたのではないか。つまり、二つの遠征が同時に行なわれていたわけではなかったという点に注意すべきである。両者が同時併行で行なわれていたならば、商業面でより魅力的な目標を掲げた東アジア遠征に関心が傾くのは当然であろう。しかし、ノヴァラ号が出発し世界を航行している途上では、未だプロイセンの東アジア遠征は現実味を帯びていなかったため、ドイツ諸邦初の世界一周航海であるノヴァラ号遠征にもっと関心が集まってもよかったはずである。ノヴァラ号遠征の反響が全ドイツ的な広がりを見せなかった背景には、当時の人々が抱いたノヴァラ号に対するイメージそのものに実は原因があったのではないか。この点を探るために、ここで再度ウィーンに視線を移し、現地から発信されたノヴァラ号遠征のイメージを再検証してみよう。

ノヴァラ号の遠征隊が出発する数か月前から、『ウィーン新聞』がその準備状況を逐一報道していたことはすでに述べた。ところが、それらのほとんどが政治経済欄ではなく「学術欄（Wissenschaft, Gewerbe, Kunst, Leben）」に掲載されていた事実に注目したい。つまり、この事実こそ同遠征の性格を物語っていた。そこでは、遠征に随行する学術調査団の準備作業や各国の学者との打ち合わせ、西欧の学界からの助言や機器の提供などがとり上げられていた。こうした記事の連載は、ノヴァラ号遠征が「学術遠征」であることを印象づける結果となった。もう一つの有力紙『プレッセ』についても同様のことがいえる。調査収集の対象となる動植物の紹介や博物館の設置問題など、「学術遠征」としての報道に同紙は主眼を置いていた。二年後のノヴァラ号のトリエステ帰港を報じる記事のなかでも、何よりも学術的成果が誇示されており、そこには「ドイツ初の世界一周」という偉業を連想させる表現はなかった。つまりこの遠征は、あくまで世界各国の協力のもと進められた「オーストリア」の学術事業として人々の印象に残ることになったのである。

このような遠征の本質を明示していたのが、遠征出発の直前に行なわれたマクシミリアン大公による激励のスピーチである。第一節で見たように、彼は当時オーストリア海軍の拡張を推進していた。海軍の総司令官である彼にとって、この遠征は海軍拡張計画の妥当性をアピールするとともに、人材を実地で教育する絶好の機会であった。そしてもう一つ、「世界に科学的素養の高さを証明する活動」によって「祖国に栄誉と利益をもたらす」ことを彼は遠征の目的に掲げ、「遠征の成果は、オーストリアの科学が他の国々と同様の水準にあることを示す証左となろう」と語っている。[110] つまり、イタリア・南スラヴ系民族に支えられたオーストリア海軍とウィーンの学術界との共同作業たる世界一周の学術航海こそ、遠征の発案者・最高責任者である大公がこの事業にかけた思いであった。また、彼がここでいう「祖国」とは、未だ統一体となり得ていない抽象的な「ドイツ」などではなく、諸民族の統合体たるハプスブルク帝国を意味していた。このことを如実に表すのが、一八六〇年二月九日に開催された帰国祝賀会での列席者のスピーチである。蔵相、文相、ヴュラーシュトルフは、「オーストリアの行動（eine Oesterreichische That）」、「オーストリア意識（das Oesterreichische Gesamtbewusstsein）」、「オーストリアの統一性（die Einheit Oesterreichs）」といった表現を用い、オーストリアの統合を象徴する事業としてノヴァラ号遠征を捉えていた。[111]とりわけ、ヴュラーシュトルフの以下の発言は、イタリア独立戦争の敗北により帝国が動揺を来たした当時の状況に鑑みても興味深い。

また我々の艦には、ドイツ人、ハンガリー人、ボヘミア人、イタリア人が乗り込み、お互い同志として一つの大きな目標のために突き進んだのであります。この統一体たる一団は、世界各所で堂々とオーストリアを代表し、荒れ狂う波と戦い、その戦いから勝利を引き寄せたのでありました。[112]

それゆえ、ノヴァラ号遠征による商業開拓への期待は、もっぱらオーストリア国内の事業家たちから寄せられるだけで、「ドイツの道徳的征服」を掲げてドイツ全体の経済界に目配りしたプロイセンの東アジア遠征とは対照的であった。[113]この普墺のスタンスの違いは、遠征メンバーの選定にも表れている。プロイセンは、ザクセン王国の商業会議所から選任されたグスタフ・シュピース（Gustav Spieß）を東アジア遠征の民間隊員に加えているのに対し、オーストリアは、バイエルン国王から申し出のあった同国の自然研究者モーリッツ・ヴァーグナー（Moritz Wagner）のノヴァラ号遠征参加を謝絶していたのである。[114]オーストリアは、ドイツ統一問題を有利に運ぶための絶好の宣伝機会を十分にいかしていなかったといえよう。[115]

このようなウィーン各紙に示された遠征の性格づけやイメージは、ウィーン発の報道を転載、参照したドイツ諸邦の新聞紙面にもそのままの形で投影された。通信員制度や情報ネットワークの整備が未だ十分整っていなかった当時、新聞相互間の記事の転載は日常的な慣行となっており、それゆえ情報発信地の新聞の役割は大きかった。ウィーンから発せられた「オーストリアの単独遠征」としてのノヴァラ号イメージは、当時のドイツ系市民層が描いた「大ドイツ」主義や「中欧」的統一構想と結びつくものではなかったのである。[116]また、「学術遠征」に重きを置き経済的な実利を伴わないノヴァラ号遠征は、産業振興や海外での「ドイツ」の飛躍を夢見る市民各層にとっては空虚なイベント行事にしか見えなかったといえる。このことから、オーストリアのノヴァラ号遠征は、プロイセンにとっては「圧力」というよりも逆に「チャンス」と映ったかもしれない。つまり、オーストリアがドイツの世論に与えた失望をくみとり、自身がその新たな希望の対象となるべく、プロイセン海軍の四隻の軍艦は東アジアへ漕ぎ出したと見ることができよう。

以上のように、本章ではオーストリアとプロイセンの世界遠征がどのような歴史的背景から実現し、それがドイツ統一問題でどのような意味を持ったのか、オーストリア側（ノヴァラ号遠征）に重点を置いて検証した。本章で得られた成果を整理すると以下の三つのポイントにまとめられる。第一に、世界遠征はドイツの自由主義世論によって概ね歓迎されていた。確かにその歓迎の度合いは、地域や「ドイツ問題」におけるスタンスの差によって異なっていたが、一八四八年革命以来の世論の艦隊問題に対する関心や期待は持続し、その後の海軍拡張や海外遠征事業の継続にとって支えとなるものであった。第二に、東アジア遠征は「オイレンブルク使節団」という別称が示す通り、従来から「使節団」としてのイメージが先行し、世界「遠征」としての側面が曖昧にされていた。本章では海軍と科学の切り口から「遠征」の性格に迫ることで、次の時代へとつながっていく一筋の糸の存在を確認することができた。第三に、こうして始まったオーストリアとドイツの世界遠征が遠い異国の話ではなく、市民にとって身近なテーマであったことは新聞報道の様子から伝わってくる。つまり、自国の政府によって派遣された自分たちの国の軍艦が世界をめぐる現実は、人々のナショナリズムを一層刺激し、世界大国としての心性を高める契機となったであろう。さらには、遠征と市民の橋渡しをした新聞の役割（とりわけ紙面における旅行記の連載）は重要で、それを手にとったドイツ語圏の読者は、クックやブーガンヴィルら他国の英雄にまつわる航海記を読むのとはまた違ったナショナルな感慨を覚えたであろう。

第二章　植民地獲得政策――世界遠征から拠点植民地構想へ

前節で見てきたように、オーストリアのノヴァラ号遠征はドイツ語圏初の世界一周事業であったにもかかわらず、連邦内の広範な市民層から注目を浴びたわけではなかった。学術的な世界航海というイメージが広がり、ドイツ・ナショナリズムや商業的な意味づけがこの遠征には欠けていたからである。そのため、ドイツ統一を希求するナショナルな感性の強い市民、とりわけ各地の自由主義者や商業界は、直後に行なわれたプロイセンの東アジア遠征に関心と期待を寄せることになった。不況下にあった一八五〇年代末の時代状況に鑑みても、科学より通商を前面に出した遠征の方が世論受けしやすかったといえよう。

ところが、学術遠征というイメージを一変し得るような計画が、実はノヴァラ号遠征隊の任務には含まれていた。遠征隊に随行する調査団の主任カール・シェルツァーは出発前に以下のようにこの企図をほのめかしていた。

ノヴァラ号遠征によって意図された無主〔西洋の支配がおよんでいない―筆者註〕の島々の領有ということに関する世間の大きな注目、さらにそれ以上に遠征の主要任務として知れ渡っている件に関して、おそらくここで伝えておく必要があると思われる。無主の土地の取得は、たとえそれが華やかになされようとも、はじめから確保の意図を持っていないのであれば、常にそれは空虚なセレモニーにすぎぬものである。そもそも入植者をそこに残していくことなしには何も達せられない。とはいえ、植民地の建設は、確かにノヴァラ号遠征の究極的な任務には属する。もっとも、遠征隊は南半球の各地点や無主の島々に特別な関心を向け、それらの根本的かつ徹底的な調査を責務とすることになるが、それらの場所は、地理的位置、良好な気候条件、肥沃な土壌によって、将来、とりわけスエズ地峡の開削――天然の障害と思われていたものの大胆な是正――が達せられた場合には、オーストリアのみならず我々共通の祖国ドイツ、ならびにその急速に興隆する貿易にとって確かな意義を持ち得るものとなるであろう![1]

この講演録に見られるように、ノヴァラ号が植民地の候補地調査を任務として抱えており、遠方での植民地の領有がオーストリア一国ではなく、「我々共通の祖国ドイツ」の海外貿易に資することをシェルツァーは公言していたのである。そしてこれは単なる予備調査にとどまるものではなかった。後述するように、遠征途上での占領・獲得に着手する権限が遠征隊司令官に対して極秘に付与されていたのである。仮にこのような全ドイツ的性格を持つオーストリア主導の植民地が誕生していたならば、ドイツ世論のノヴァラ号遠征やオーストリアに対するイメージにも何らかの変化をもたらしたであろう。また、この拠点植民地の獲得計画が、ノヴァラ号遠征のみならずプロイセンの東アジア遠征でも極秘に進められていた事実はよく知られている[2]。海外植民地問題は、一九世紀中葉の「ドイツ」においては重大な関心テーマとなっており、統一問題や海外政策とも深く結びついていたのである。本章ではまず、当時のオーストリアの海外遠征に内包されていた植民地獲得問題の存在を明らかにする。さらには、遠征隊の指揮官が帰国後に発表した政策構想に注目し、そこに潜むアジア太平洋へ向かう帝国主義思想の萌芽を読みとってみたい。

第一節　ノヴァラ号遠征と植民地獲得計画

1　オーストリアの海外植民地問題

国土の大部分がヨーロッパの内陸部に位置するオーストリアにとって、大海を越えた海外事業の展開は、その地理的な制約をいかに克服するかにかかっていた。とはいえ、この国の歴史を顧みると、海外進出の阻害要因は単に地理的な問題のみに帰せられない。たとえば、一八世紀のオーストリアは大西洋への出口となるネーデルラントを獲得し、この飛び地を拠点に東インド貿易の開拓をめざしたものの、事業は短命に終わっていた。その要因は、海外貿易に対する国内の関心の低さ、貿易構造の変化、度重なる戦乱や西欧諸国との外交上の軋轢といった多様なものであった(3)。また、ヴェネツィアを国土に編入し近代的な海軍の建設が開始された一九世紀前半においては、イギリスの海上覇権への挑戦を避けるウィーン政府の外交的配慮、ならびに保守派や陸軍に根強い大陸重視の政策志向が帝国の海外展開を阻んでいた。

このように、地理的な問題のみならず帝国をとり巻く国内外の情勢もオーストリアの海外進出のゆくえを左右する重要な要素であった。そのため、情勢が変わるとこの大陸帝国を外の世界へ向かわせる力学にも変化が訪れる。とりわけ一九世紀中葉、オーストリアの海外進出には追い風が吹き始めていた。革命の鎮圧とクリミア戦争の終結により国内外の情勢が落ち着きをとり戻した一八五〇年代後半、長年構想段階にあったスエズ運河建設問題が実現へ向けて動き出したのである。ヨーロッパ・アジア間の最短航路を現出させるスエズ運河の開通は、その地理的位置に鑑みて、帝国の外港であるトリエステに大きな発展の可能性を期待させるものであった(4)。さらにはこの時期、トリエステの汽船会社オーストリア・ロイド社が政府の手厚い保護を支えに東地中海最大の汽船会社へと成長し、事業規模の拡大をめざしているさなかであった(5)。それゆえ、スエズ運河の開通により同社は帝国の海外進出を支える民間の推進母体となる可能性を秘めていた。オーストリア・ロイド社以外にも、この頃オーストリアの商船（一八五一―五九年スプレンディド号、一八五九―一八六二年ジョヴァンニ号、一八五〇年代後半ロレンツォ号など）が次々と世界規模で活動を開始しており、オーストリア商業界の明るい未来を予感させた[6]。とりわけ、ブリッグ船スプレンディド号の八年におよぶ通商航海は国内外で高い注目を浴び、商船長への叙勲、名誉旗の授与という形で宮廷からも惜しみない賞賛が寄せられた。

ヴィズィン船長の航海は、オーストリアの商船隊の歴史に間違いなく新時代を切り開いた。彼は八年におよぶ航海の間、時価三万一〇〇〇フロリンの船によって一四万フロリンの収益を上げた。そのような事業に立ちふさがるあらゆる危険や困難、障害は、必要な知識を持ち、勇気、忍耐、巧みな手腕を備えた人物によって克服され、目的を達成することができるということを彼は証明して見せたのである[7]。

こうして、海外への道が開け始めた一八五〇年代後半、ウィーン政府の中枢にあって海外政策を推し進めた一人の政治家がいた。蔵相（在任一八五五―一八六〇年）の要職に就くカール・フォン・ブルックである。彼は、オーストリア・ロイド社の創立メンバーであり、トリエステ商業界の声を代弁する立場で国政に携わっていた。さらには、彼のブレーンとして政策の具体案を提示し、スエズ運河問題を植民地獲得計画へとつなげるうえで重要な役割を果たしたのが、ウィーン大学教授で政府顧問でもあったローレンツ・フォン・シュタイン（Lorenz von Stein）であった。シュタインはブルックに宛てた意見書のなかで、スエズ経由のアジア新航路の開設はオーストリアにとって海外貿易拡大の絶好の機会であると説いた。そして、そのための手段として彼が提案した企画こそ、海軍力強化とアジア方面での拠点植民地の獲得であった。シュタインの提案の骨子は、第一に、海軍力を強化し新航路で一定の存在感を示すこと、第二に、その強化された海軍力によってスペイン、ポルトガル、オランダといった中堅国のアジア貿易を保護し、これらの諸国（およびその保有する東インドの領土）と連携してアジアへの進出を果たすこと、第三に、自らの拠点植民地として、紅海沿岸部、インド洋のモルディヴ・ラッカディヴ諸島、ニューギニアなどを模索することの三点である。[8] この意見書は、ブルックによって海軍総司令官マクシミリアン大公に転送され、ここに政財界（ブルック）、海軍（マクシミリアン大公）、学界（シュタイン）を横断する海外進出に積極的なサークルの形成につながっていく。[9]

このように、スエズ運河建設問題の進展を契機としてアジアの通商路に貿易と艦隊の拠点を築き、世界進出において西欧列強の後塵を拝している状況を打開しようという考えが一八五〇年代後半のオーストリア中枢に浮上した。さらには、シュタインやブルックの考えに表れているように、アジア進出の先陣を切りドイツ諸邦を牽引することで、連邦の盟主としての威信を高め、「ドイツ問題」における自身の構想（「七千万人帝国」構想や「中欧関税連合」構想）を後押しする意図もあった。[10] つまり、オーストリアにおけるこの時期の植民地問題は、世界帝国の構築や海外領土の獲得自体に重きが置かれていたわけではない。あくまでも、拠点となる島嶼植民地を確保して海外貿易を促進することが第一の目的であり、ひいてはドイツ連邦内における政治的な地位の強化につなげる意図が内包されていたのである。

2　海軍のインド洋植民地計画

とはいえ、こうして発案された拠点植民地計画の成否は、それを実行に移す海軍の能力と態度にかかっていた。伝統的に、オーストリアの海軍は陸軍に従属し、その主たる活動の場はアドリア海や東地中海に限られ外洋での活動は想定されていなかった。しかし前述のように、一八五四年に皇弟マクシミリアン大公が海軍総司令官に就任したことで、海軍をとり巻く環境が一変していた。兄から海軍の全権をゆだねられた大公は、その政治的影響力を梃子に多額の海軍予算を獲得し、一八五〇年代後半には海軍の大規模な拡張が進められた。陸軍からの独立を確固たるものにしたい海軍にとって、海外植民地の獲得やその防衛任務は自身の役割を周知させる絶好の機会となり得ることから、植

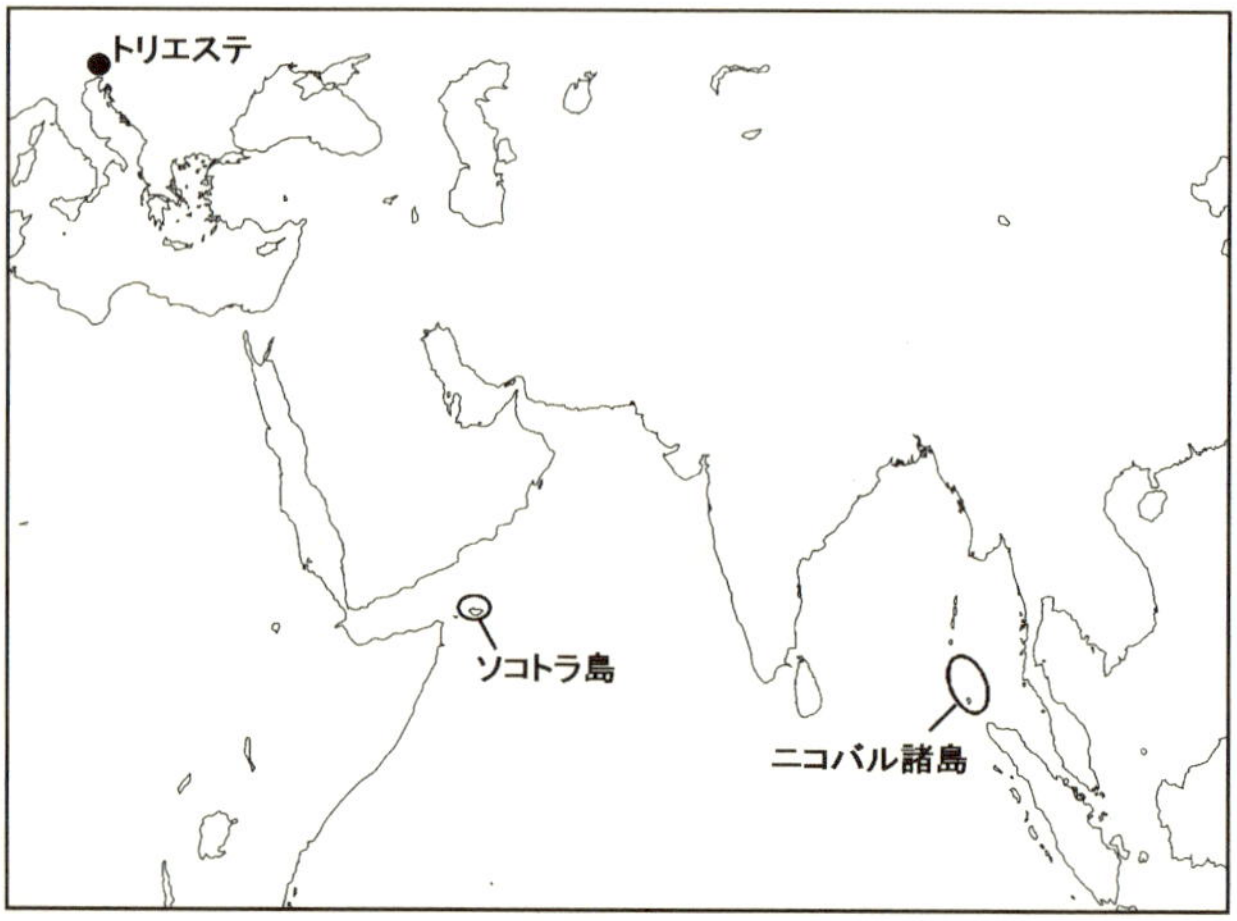

ニコバル諸島とソコトラ島

民地問題に対する大公の反応は迅速であった。一八五五年のエジプト訪問以来、スエズ運河問題と紅海周辺の事情に関心を抱き続けていた大公は、一八五七年三月に海軍将校ヴィルヘルム・フォン・テゲットフ（Wilhelm von Tegetthoff）を紅海沿岸部へ極秘に派遣し、植民地候補地の調査に当たらせた。[11] 現地の事情に明るいハルツーム副領事テーオドール・ホイクリン（Theodor Heuglin）が同行したこの隠密調査の結果、貿易中継地、補給基地、流刑地としてソマリア沖のソコトラ島が最適であり、現地のスルタンの反応から交渉がうまくいく可能性の高いことがマクシミリアン大公に報告された。[12]

一方、紅海極秘調査が開始されたのとちょうど同じ時期、ブルックは前述のシュタインの意見書を念頭に、目前に迫ったノヴァラ号の世界一周航海に植民地問題を絡めるようマクシミリアン大公に進言した。[13] この考えに賛同した大公は、ノヴァラ号遠征隊の司令官ヴュラーシュトルフにベンガル湾東方に位置するニコバル諸島への立ち寄り調査を指示し、さらには領有に着手する権限を与えた。指令書では、ノヴァラ号遠征隊による調査活動の過程で領有が可能かつ有益と判断されたならば、オーストリア帝国皇帝の名でニコバル諸島の領有を宣言し、武器や食料とともに兵員四四名を残留させ、本国からの増援を待つことになっていた。[14]

では、なぜニコバル諸島が植民地の候補地として選ばれたのだろうか。ニコバル諸島は一八世紀にオーストリアが一時的に領有を宣言した経緯があり、すでにノヴァラ号出発の前年、マクシミリアン大公はベルギー（旧墺領ネーデルラント）やウィーンの文書館における記録の調査を命じていた。[15] 大公が想起した一八世紀後半のニコバル諸島領

表4　オーストリア東インド事業さなかの海外取得地

	デラゴア湾 （アフリカ南東部）	マラバル海岸 （インド南西部）	ニコバル諸島 （ベンガル湾）
取得年	1777 年	1778 年	1778 年
前領有者	現地部族 （かつてポルトガル・蘭）	ハイダル・アリー （マイソール）	現地部族 （かつてデンマーク）
取得手段	現地部族から土地を購入	武器との交換により土地取得	4 島の島民と譲渡協定の締結
所有地	墺旗を掲げた要塞・居住地	3港に商館	高台に墺旗・小屋・倉庫
駐留者	総督と兵 10 名（砲 9 門）	商館員	総督と兵 5 名
意図・計画	欧・印間貿易の中継基地 200 名の墺人の入植・プランテーション	東インド貿易の現地拠点	入植・開拓
その後	1778 年インドから派遣された2隻の補給船が到着 1781 年 4 月　ポルトガルのフリゲート艦(兵 500 名･砲 40 門)が来航　→要塞の破壊・2隻の墺船押収・駐留兵拘束	英と現地勢力の争乱の渦中で一部商館閉鎖・館員拘束 フランス革命とナポレオン戦争のさなか活動終息（存続期間不明）	1781 年総督から政府へ支援要請（真水・食料欠如、劣悪な環境・人手不足） 1783 年総督死去　1784 年デンマーク再占領時の残存墺人 2 名

出典：Pollack-Parnau, *Eine österreichisch-ostindische Handelscompagnie* の内容を参照して筆者が作成

有とはいかなるものだったのか、ここで簡単に振り返っておこう。

一七七五年、イギリス東インド会社の元社員ヴィルヘルム・ボルツ（Wilhelm Bolts）という人物が東インドへの貿易計画をオーストリア政府に持ちかけた。この案に興味を示した王室とカウニッツ宰相（Wenzel Anton von Kaunitz-Rietberg）は、彼に事業後援の勅許を与え貿易特権と兵士を供与した。将校の階級が与えられたボルツは、派遣第一号船のヨーゼフ・ウント・テレジア号（Joseph und Theresia：六八〇トン・乗組員一五五名）に帝国旗を掲げ、一七七六年九月にアジアへ向けて出立した[16]。そしてその航海の途上、ボルツはデラゴア湾（アフリカ南東部）、マラバル沿岸（インド南西部）、ニコバル諸島においてオーストリア帝国の名で土地を獲得し、商業と軍事上の拠点を構築した。ボルツのこれらの行動は、後にウィーン政府から追認され、上記の獲得地は公式に帝国の在外拠点として認められた[17]。しかし、マリア・テレジアの跡を継いだヨーゼフ二世は、植民地建設に対して熱意を示さず、混迷を極める国際情勢や海軍力の欠如のためにこれらの拠点はまもなく放棄される。ニコバル諸島では、過酷な気候や物資の不足から総督を含む駐留兵の多くが死亡し、植民地化の計画は六年余りで挫折した[18]（**表4**）。このような過去の史実から、オーストリアにとってニコバル諸島は特別な思い入れのある土地であったのである。

ニコバル諸島にねらいを定めた理由は他にもある。同諸島は、アジアの重要な貿易路への近接にもかかわらず当時領有権を明確に主張する国がなく、他の列強と係争を起こす危険性が低かった。[19] つまり、植民地進出の後発国であるオーストリアにとって都合のよい環境がニコバル諸島には整っていたのである。このような経緯から、ノヴァラ号遠征隊は一八五八年二月にニコバル諸島に立ち寄り、およそ一ヶ月間の調査活動を行なった。ところが、世界一周事業の指揮官という重責を担ったヴュラーシュトルフは、自身の手による領有には結局踏み出すことはなかった。彼は、占領に着手することによって生じる旅程の遅れや兵員の疲労・損失を危惧し、今後の継続調査と他の列強との事前調整の必要性を主張してこの地を離れたのである。[20]

こうして、ノヴァラ号の遠征を活用した植民地獲得は成就しなかった。とはいえ、これにより植民地保有国になる大望が完全に破綻したわけではなかった。一八六〇年の年初、前年に帰国したヴュラーシュトルフとマクシミリアン大公は、テゲットフやノヴァラ号遠征隊の調査結果をもとにソコトラ島とニコバル諸島の獲得案を皇帝に提出した。[21] しかし、当時イタリア独立戦争における敗北により、オーストリアが積極的な対外行動をとれる余地はすでになくなっていた。さらには、スキャンダル発覚に起因する一八六〇年四月のブルックの失脚（その直後に自殺）により、政府内における植民地推進派の支柱が失われることになる。最後の望みの綱であったマクシミリアン大公は、日々深まりつつあった兄（皇帝）との溝を埋められないまま次第に政治的影響力を失い、やがてメキシコ皇帝となるべくヨーロッパを去った。[22] その結果、帝国の対外政策は外相ヨハン・ベルンハルト・フォン・レヒベルク（Johann Bernhard Graf von Rechberg und Rothenlöwen）ら植民地慎重派の意向が強く反映されるようになり、ウィーンにおいて植民地問題はもはや真剣に顧みられることはなかった。[23]

それでは、もしノヴァラ号遠征隊があの時点で実際にニコバル諸島の占領を決行し、オーストリアが拠点植民地の建設に乗り出していたら、その後にどのような展開が待ち受けていたであろうか。一つ重要な前提を挙げておけば、一八五九年のイタリア独立戦争に敗北したオーストリアは、以後、財政的にも外交的にも植民地獲得を実現する基盤を欠くことになった。それゆえ後知恵を承知で振り返れば、獲得のタイミングは戦争前年、すなわち一八五八年のノヴァラ号遠征時しかあり得なかったといえる。この時に海軍が植民地としてニコバル諸島を獲得していたならば、たとえ財政的困難に直面していようとも、名誉や威信を重んじる皇帝フランツ・ヨーゼフ一世が果たして一度獲得した植民地を自ら放棄するような挙動に出たであろうか。また、一八六〇年代前半のオーストリアの立憲主義体制（シュメアリング政権）がドイツ諸邦の自由主義派から好感を得ているなか、トリエステ―ニコバル諸島―東アジアという貿易ルートが開拓されたならば、「ドイツ」の自由主義者や産業界の目はプロイセンではなくオーストリアに向いたのではないか。そして、プロイセンがノヴァラ号遠征に刺激を受けて世界遠征を開始した事実に鑑みれば、拠点植民地獲得という面でもプロイセンはオーストリアの後に続き何らかの行動に出たのではないか。

以上はあくまで仮定や推論にすぎない。しかしながら、世界遠征やスエズ運河の開通、および東アジアへ向けられたドイツ内世論の関心と不安、こうした当時の動向を念頭に置くならば、海外植民地獲得の持つインパクトが決して小さなものではなかったという点は確かだと思われる。

第二節　ヴュラーシュトルフの東アジア進出構想

1　東アジアでの現状に対する警告

一八五〇年代後半に浮上したオーストリアの海外進出計画は、同時期に開始された世界遠征と連動するなかで、植民地獲得という選択肢を現実的な課題としてとり込んでいた。しかしこの構想は、ブルックとマクシミリアン大公のパーソナリティに強く依存していたため、彼らが政府の中枢から去るやいなや政策としての推進力を失った。しかしそれ以前に、イタリア独立戦争の敗北という想定外の現実が海外へ向かう動きに歯止めをかけることになった。こう

ベルンハルト・フォン・ヴュラーシュトルフ＝ウルバイル（出典：*Leipziger Illustrirte Zeitung*, 4. 11. 1865 Nr.1166）

して、オーストリアによる海外島嶼獲得の試みは、珍奇な歴史上のこぼれ話としてわずかな研究書にその痕跡をとどめるだけとなっている。

では、一九世紀中葉に見られたオーストリアの植民地問題は単なる歴史の挿話にすぎなかったのだろうか。確かに植民地の獲得は実現せず、以後オーストリアは植民地保有国になることもなかった。しかし、領土獲得の動きや挫折という事実にだけ目を向け、オーストリアの植民地問題を特異なエピソードとして片づけていいのだろうか。この時期に現れた植民地獲得計画は、オーストリアの未来を構想する者たちが案出した政策理念であり、同時に、彼らが海外世界に対して抱く認識がそこには反映されていたはずである。従来の研究では、こうした底流に潜む思想や理念の部分が置き去りにされ、政策という表に出た形だけが注目されていた。オーストリアを植民地獲得に駆り立てた深部の主義思想はいかなるものであったのか。その精神的な構造を解き明かすため、ここでは海外進出論の主唱者の一人であるヴュラーシュトルフをとり上げてみたい。前述のように、彼はブルック、マクシミリアン大公とともに対外積極策を唱え、前二者が政権を離れた後も国家の要職にとどまり海外進出を訴え続けた。ノヴァラ号遠征を指揮した彼の言説に注目することで、世界遠征の開始と帝国主義イデオロギーの関係性を紐解く糸口が見えてくるものと思われる。

ベルンハルト・アロイス・ライヒスリッター・フォン・ヴュラーシュトルフ＝ウルバイルは、一八一六年一月二九日にヴェネツィアの地方行政官であった父カールと伯爵家出身の母ユーリエの長男としてオーストリア帝国領トリエステに生まれた。当初彼は陸軍の軍人を志していたが、一七歳の時に海軍に志願し、士官候補生として海軍でのキャリアをスタートさせる。ウィーン天文台やヴェネツィア海軍学校で科学部門の専門家としてキャリアを積み上げた彼は、一八四八年革命時のヴェネツィア包囲戦の功績で少佐に昇進する。一八五〇年代の半ば、フリゲート艦の艦長として拡張期のオーストリア海軍を支えていたヴュラーシュトルフは、四一歳の時に世界一周航海の司令官に抜擢されノヴァラ号遠征を成功に導いた。帰国後、少将に昇進した彼は、戦隊司令官や軍港司令官、議会対策責任者の要職に就いた後、一八六四年のデンマーク戦争時にオーストリア艦隊の司令官として北海に出撃する。さらには、一八六五年に成立したベルクレディ内閣の商務大臣に任命され、二年間この職にとどまった。退職後、政界と海軍の第一線から退いた彼は、一八八三年に南チロルで六七年の生涯を閉じた(24)。

以上のヴュラーシュトルフの経歴のなかで、何よりも歴史に名をとどめる偉業として称えられているのは、これまで詳細に論じてきたノヴァラ号世界一周航海の指揮である。一八五〇年代末、彼は三五一名の部下とともに二年四ヶ月かけて世界を一周し、当時活況を呈していた世界各地の重要な貿易港を実見する機会を持った。その際、ヴュラーシュトルフは各地で現地の役人や商人たちと接触し、通商問題に関する最新の情報を耳にするとともに、多数の関連資料を持ち帰っていた。その成果は、帰国直後に編纂されたノヴァラ号『遠征記』や同遠征シリーズの『統計・商業編』に盛り込まれている。

またそれとは別に、一八六〇年と六一年にヴュラーシュトルフは相次いで論文を発表し、遠征の過程で見聞した通商問題の内実を公にしている。論文の主題は、世界の貿易情勢、とりわけアジア太平洋貿易の重要性とそれに未だ参入していないオーストリアの通商政策に対する警鐘であった(25)。彼によれば、地球上で最大の産物と人口を抱えるアジア太平洋地域は、「最も多くの工業製品を必要とし、最も多くの原材料を供給する最も重要な地帯(26)」であった。それゆえ、世界貿易を扱った彼の論文はこの地域を対象とする記述で網羅されている。さらにヴュラーシュトルフは、アジア太平洋地域を四つの水域に細分化し議論を整理している。その水域とは、①インド水域（アデン—シンガポール）、②マライ・インドシナ水域（ビルマのネグレイス岬—シャム湾—コーチシナ沿岸の大陸沿岸部とインドネシア、フィリピンなどの島嶼）、③中国・日本水域、④オーストラリア水域である。ここでは、③の中国・日本水域に関する記述をとり上げ、ヴュラーシュトルフの東アジア認識と政策提言の中身を検討してみよう。

一八五八年七月、世界一周航海の途上にあったノヴァラ号は中国に寄港し、香港と上海に約二週間ずつ滞在した。このおよそ一ヶ月間の視察経験こそ、以下に挙げるヴュラーシュトルフの主張の根底をなしている。現地で第二次アヘン戦争（アロー号事件）の結末を目撃した彼は、「あらゆる国の船が中華帝国の心臓部に至る巨大な大河を航行し、少し前まで世界交通から完全に閉ざされていた何百万もの人々と接触するようになるのは、もはや遠い先の話ではない」[27]と述べ、中国の対外開放がもはや止めようもない流れであることを悟った。また、隣国の日本に関しても、ヨーロッパ国家系の全世界への拡大という時代潮流のなか、この国もその波に逆らうことができずやがて外に開かれると確信していた。[28]このような東アジアの現状を目の当たりにして、ヴュラーシュトルフは祖国オーストリアにとって絶好の商業機会が到来している事態を感じとった。つまり、東アジア地域の市場の大きさのみならず、東アジアの庶民の生活上の特性がオーストリアの貿易にとって好都合である点を彼は以下のように指摘する。

中国沿岸で増している貿易活動、期待の大きい日本との交通、可能性のあるフィリピンでの収益力といったものは、この地域をきわめて重要なものにしている。そこに住む種族が、高価で洗練されたヨーロッパの工業品をまったく必要とせず、むしろ安価で品質の落ちる製品の購買者である事実は、この地域を我々にとってなおさら重要なものにしているように思われる。とりわけ、そのような製品こそ、我がオーストリアが容易に輸出できる代物だからである。[29]

しかし、このような期待とは裏腹に、ヴュラーシュトルフが現地で目にしたオーストリアの地位は、「列強」と呼ぶにはふさわしくないものであった。

現下の状況において、中国、シャムで活動するオーストリア商船は、時折なされる現地官憲の過大な要求に立ち向かうためのいかなる保護をも欠いており、それのみならず、他の海洋諸国と同様の扱いを求めるために必要な法的基盤を持っていない。日本国との通商については、その地がオーストリアのために開かれておらず、他の海洋列強のように立ち入ることができないので、完全に蚊帳の外に置かれている。(30)

つまり、東アジア諸国と通商条約を結んでいなかったオーストリアは、公使館はもちろんのこと、領事館すら香港を除いて設置していなかった。そのためオーストリア商人は、他の列強の出身者とは異なり自国政府の保護や後援を受けられない状況下に置かれていた。こうしたオーストリアの希薄な存在感と立場の脆弱性は、数か月前に寄港したインドにおいてヴュラーシュトルフはすでに経験していた。

この通商地域〔アデン・シンガポール間のインド水域—筆者註〕でもまた、オーストリア商船が訪れることはきわめて稀で、さらにここでは、わずかなオーストリアの製品・産物が外国船によって持ち込まれ、コーヒー、セイロンニッケイ〔シナモンの原料—筆者註〕、ココヤシなどが、我々の祖国に届けるために——第三者を経由することは珍しくはないが——ヨーロッパへ搬送される。あらゆる国旗を掲げた各国船があの水域で競い合い走り回っているなか、たとえば、マドラスに停泊していた何百という船のなかでオーストリア船をただの一隻も見つけることができなかったことは、我々にとって悲しい出来事であった。なぜ他の小国の船でさえ獲得している利益を、我々は手にすることができないのか理解できない。(31)

インドで彼が受けたこうした衝撃は、中国寄港によってさらに強められるに至ったのである。

このような現状を憂えたヴュラーシュトルフは、「適切な措置を講ずべき時が来た」として、東アジアにおける領事館の設置に最初の突破口を求める。(32)具体的には、貿易中継地・貨物集散地であるシンガポールを在外公館設置の最有力候補として挙げ、さらには、絹や茶のヨーロッパ向け輸出港である上海を領事駐在の適地として提言している。また、アクセスが可能になった場合には、シャムや日本にも領事、もしくは領事代理を置くべきであるとしている。いずれにせよ、領事駐在の法的基盤となる通商航海条約の締結をまず急ぐ必要があり、このような条約こそ、現下の国際貿易において国家間の最初の結合点となるべきものであると彼は考えていた。(33)

2 「力」に基づく東アジア政策構想

前述のように、オーストリアが東アジアで置かれていた状況を目の当たりにしたヴュラーシュトルフは、これを打開するために、領事館の開設、およびその前提となる通商条約の速やかな締結を提言した。しかし、東アジア諸国との条約締結に際して、平和的な外交交渉では何の成果も得られないことを彼は十分認識していた。それゆえ、条約交渉に臨む使節団をエスコートするために大型の軍艦からなる艦隊を編成し、軍事力を背景に交渉を側面支援する必要性を彼は強調する。大砲の数に応じて（比例して）懸案は有利、かつ迅速に解決するとヴュラーシュトルフは信じていたのである。(34) 彼の念頭にあったのは、ライバルであるプロイセンの先例であろう。つまり、オーストリアと同様に東アジアで無条約の状態にあったプロイセンは、通商条約締結をめざして軍艦四隻からなる使節団（オイレンブルク使節団）を派遣し条約締結を成功させた。ヴュラーシュトルフは、帝国の威信や現地の情勢を勘案してそれを上回る規模の遠征隊派遣を説いた。艦隊を構成するのは、砲三一門搭載のスクリュー式汽走フリゲート艦二隻、砲二二門搭載のスクリュー式汽走コルベット艦一隻、スクリュー式汽走スクーナー一隻、輸送船一隻の計五隻であった。また、最低限の武装兵力として重砲七〇〜八〇門、乗組員一一〇〇〜一二〇〇名が必要であると見積もっている。(35) ヴュラーシュトルフの提言は、世界一周航海を指揮した自らの経験に基づき具体的な艦隊の構成員や任務にまでおよび、細かく緻密な指針が示されていたのである。

一方、この東アジア遠征と条約締結により得られる利益として彼が特にとり上げているのは、輸出市場の開拓、海軍将兵の精神的・実務的能力の向上、収集された現地情報の有効活用の三点である。[36] ヴュラーシュトルフには、使節艦隊の遠征が帝国の通商や国内産業の振興、海軍の発展、さらには今後の東アジア政策に大きな利益をもたらすという確信があった。そして、そこにはノヴァラ号遠征がやり残した課題の穴埋めという自責の念もあったであろう。プロイセンの東アジア遠征について彼は明確な言及をしていないが、遠征の開始自体はオーストリアが先行しながら、東アジア政策においてはプロイセンに「先を越された」という思いが強かったのではないだろうか。

とはいえ、条約締結によって通商上の権利を獲得したとしても、条文自体がその権利を保障してくれるわけではない。こうした認識は、東アジアに駐在する欧米外交官の間で共有されており、駐日イギリス総領事オールコックの次の言葉がそれを象徴している。

われわれの条約の目的が貿易であることはいうまでもない。貿易こそは第一かつ主要な目的である。〔中略〕力か圧力で強要した条約は、一般に同じ手段によってのみ保たれる。東洋におけるわれわれのあらゆる経験が、この結論を示している。[37]

軍艦の継続駐留の意義は、列強に後れて東アジアに登場したプロイセンでも即座に認識されるようになった。たとえば、東アジア遠征隊に随行した輸送艦エルベ号の艦長ヴェルナー（Reinhold Werner）大尉は、『ドイツ一般新聞（Deutsche Allgemeine Zeitung）』に投稿した連載旅行記（後に単行本として出版）のなかで次のように軍艦常駐の必要性を説いていた。

中国におけるプロイセンの在外公館には、同時に、その水域におけるプロイセン艦隊の駐留が伴わなければならない。それどころか、これこそが中国政府に対峙するうえで前提となるものである。大砲を持たない公使、あるいは領事は、ハイチにおけるのと同様の意義しか中国では持ち得ず、また、紛争が生じた際、中国のどこかの港に軍艦が姿を現すことで、中国の役人はそれを決して侮ることはできず、軍艦の実践的な価値を証明することになる。はるか遠方のこの地における物理的強制力の不可欠さについては、中国の状況に通じた者なら誰でも確信するものであり、いかなる時もその確かな証拠が見出される。[38]

そもそも、一八四八年に「ドイツ艦隊」の建設を協議した連邦海軍委員会の報告書では、海外における軍艦の常駐は想定されておらず、一隻のフリゲート艦（状況に応じて小艦隊）を世界各地に巡回させれば事足りるとのみ記されていた。[39] しかし、このような楽観的な姿勢は、遠征を通じて東アジア世界の現実が直接目撃されたことで見直しを迫られたといえよう。実際プロイセンでは、東アジア遠征の直後から現地における軍艦常駐体制が常態化され、世紀末にはより強力な艦隊の常置へと発展していくのである。[40]

ノヴァラ号で現地を訪れていたヴュラーシュトルフも、こうした東アジア条約体制の本質を自覚することになった。前述したように、彼は条約交渉を成功させるためには「力」による支援が必要であると悟り、五隻の軍艦から構成される使節艦隊を提起した。彼はそれに加え、「力」の行使が交渉時だけの一時的措置ではなく、永続的な権益追求や保護の手段としても活用されるべきだと考えていた。この主張の根拠として、欧米の領事が武力の裏づけなしに中国当局に要求を提示した場合、列強との貿易を快く思っていない中国側の官憲によって要求が斥けられてしまう事例が挙がっている。[41] つまり彼は、条約締結と領事配置後の現地での外交や商業活動は、物理的強制力の裏づけがあってこそ現実的な意味を持つと考えていた。条約を締結し領事を駐在させたとしても、それだけでは何の効果もない現実を彼は以下のように説くのである。

沿岸部の中国人が——あらゆる半可通の海洋民族と同様に——強国とみなす相手は、軍艦を並べることによって自身の願望や要求を強く押し出すことができる国の国民である。軍事力の展開により、西洋の当該政府がただ単に存在しているのみならず、異国沿岸部においてですらその存在を明確に主張するための手段を保持していることを大部分の人々は常に意識させられ、多かれ少なかれ影響を与えられるのである。そのような国民にとって、敬意という概念はたとえ恐怖という概念と同義ではないとしても、きわめて似通ったものであり、あるいは少なくとも半文明的な地域の沿岸部でイギリス人は恐れられているし、彼らの軍事力がいつ何時でも自国民——たとえ身分が低かろうが——とその利益を守る用意があるという、まさにその理由だけで彼らが尊重されているといっても過言ではないだろう。(42)

このように、東アジアの国民にとって「敬意」は「恐怖」という感情に由来するものであり、軍事力（軍艦）の示威こそが尊敬を得る源泉であるという認識にヴュラーシュトルフは立っていた。換言すれば、ヨーロッパから遠く離れた非西洋諸国において、海軍という「海洋での利益を代表するアクターによって自己の力を証明し、さらに必要な場合には武力を用いて権利を守り、あくまで押し通す意志があるということを証拠づけた場合のみ(43)」、その国の国民は当地で友好的に扱われると彼は考えていたのである。このような考え方は、単に軍人としての性向に発する「力」の信奉のみに由来するのではなく、同時代の多くの者に共通する文明観や世界観に由来するものでもあった。

〔西洋の——筆者註〕文明国との通商航海条約は、国際的な流儀に則って成立させることができ、国家同士の友好関係に基づいて両者の利益のためにとり結ばれる。〔中略〕しかし、そのような友好関係が存在せず、一方の側では自己の貿易拡大の欲求が支配的であり、他方の側が異質な文明、すなわち、外国との交易に関する公法において異なった原理が見てとれ、さらに極めつけは、激しい人種的憎悪や自己の能力への極端な過信と道徳性への本能的な確信がはっきりと現れる中国・日本沿岸部のようなケースでは、達成をめざす目的に応じて力の行使が多かれ少なかれ重要な意味を持つことになり、これによって支えられる場合のみ、国家間交渉は可能であり、将来のために価値を有するのである。[44]

つまり、ヴュラーシュトルフの軍艦常駐思想の根本からは、西洋・非西洋の二項対立の図式が読みとれ、文明や人種を異にする者の間にある宿命的な軋轢や障壁の存在が議論の前提となっている。それゆえ、異なる法秩序を持ち、過信に基づく中華思想や排外思想がとり巻く東アジア世界に西洋人が降り立ち、そこで自身の目的を完遂するためには、「力の行使」以外に頼るべきものはないという信念があった。とはいえ、彼が単に非情な武力発動信奉者、好戦主義者であったとみなすこともできない。論文のなかで、アメリカの海軍長官からペリー提督に宛てられた指令書を引用しているように、ヴュラーシュトルフが模範としていたのは、武力発動なしに目的を達成したアメリカのペリー艦隊であった。また、ヨーロッパ諸国の間でもしばしば見られる事例として、艦隊の相手国への平和的な訪問がそのまま無言の圧力となり、公式の友好関係を傷つけることなしに要求が受け入れられる事実を彼は指摘している。つまり、陸軍が相手国へ入るのは戦争の場合に限られるし、動員や国境へのその集結は深刻な事態をもたらす一方で、艦隊は外国への平和的訪問が可能であり、この硬軟使い分けの利便性こそ「艦隊の大きな長所」であると彼は信じていたのである。[45]東アジアに軍艦を常駐させても現地国との衝突を招くことはなく、むしろ逆に、平和的な関係の礎になるという彼の確信がそこからは読みとれる。

このように、ヴュラーシュトルフが軍艦の効能を強調した背景には、もちろん軍人として海軍の有用性をアピールしたいという心理もあったであろう。とはいえ、海軍という狭い枠にとらわれず、外交官と海軍の連携による経済利益の保護増進、および威信の保持という大局的な国家戦略が彼の東アジア政策観を貫いていたことはすでに見た通りである。[46]これが単にヴュラーシュトルフ個人の思想にとどまらず、後にオーストリア＝ハンガリーがアジア太平洋世界で活動する際の基本精神となっていたことは第六章で見ることになる。

3　拠点植民地構想

こうして、東アジアへの政治的進出の意義を説いたヴュラーシュトルフは、使節艦隊の派遣→通商条約の締結→領事館設置／軍艦の配備というシナリオを描いた。その具体的方策を示すことで、彼は政府に行動を促し、自らの知名度を利用して世論も喚起しようと試みたのである。ヴュラーシュトルフにとって、通商条約、領事配置、軍艦常駐は一体のものとみなされ、このうちの一つとして東アジア政策においては欠かすことができなかった。ところが、当時のオーストリアにはこのすべてが欠けていた。それゆえ、上記の二論文のなかで彼が訴えた最優先すべき当面の課題は、条約締結交渉の任にあたる外交使節の派遣、およびそれをエスコートする東アジア遠征艦隊の編成であった。しかしながら、遠征が成功した後、条約を担保し自国商人の経済活動を保護するためには引き続き軍艦の現地常駐が必要となる。ただしそこには新たな課題が待ち受けていた。つまり、その常駐軍艦はどこで定期的に補給を受け、どこのドックで毎年修理を受けるのか。[47]また、海軍と外交官の後押しにより現地へ進出したオーストリアの商人は、どの港を貨物集散地や通商拠点に定めればいいのか。このような条約締結後に現れる問題を予測して、ヴュラーシュトルフの構想には植民地獲得も当然視野に入れられていた。

それでは、世界航海の機会を利用して各地を実地に調査した経験から、ヴュラーシュトルフはどのような植民地観を持つに至ったのであろうか。まず根本的な前提として、彼はシュタインやブルックと同様、ヨーロッパによるアジア・熱帯地方の支配は「必然的」であるという認識を持ち、弱者の生存領域を欧米人が強制的に開発する大義を信じていた。フェンスケの言葉を借りれば、ヴュラーシュトルフにおいては「帝国主義的行動、海外における世界帝国の建設、他の大陸への経済的・軍事的浸透、弱小民族の征服、これらすべてが無条件にひとつの自然法則として肯定されていた[48]」のであり、植民地支配の道義性については何の迷いも見られなかった。このことは、次章で詳述する『遠征記』に見られた植民地主義のイデオロギーと合致しており、ノヴァラ号遠征をとり巻く思想空間のありようを示している。

一方、植民地の形態に関しては、ヴュラーシュトルフが思い描いていたのは流刑植民地の姿であり、これこそがオーストリアにとっての植民地発展の鍵と考えられた。つまり、海外で獲得した植民地内へ囚人施設の一部を移転することにより、国内の囚人施設の諸経費が削減され、この削減分はそのまま植民地建設の初期投資に回されることになる。自国植民地へ人員や物資を輸送するオーストリアの貨客船は、帰路に植民地産品を持ち帰ることで同時に貿易業務に携わり、オーストリアの貿易活性化にもつながる。また、現地では自発的移住者と刑期を終えた囚人が住民の核となり、植民地開発のさまざまな分野に関与することが期待された。こうして自立した植民地は、帝国の貿易根拠地としての役割も担い、国家全体に利益をもたらす存在となる理想像をヴュラーシュトルフは思い描いていたのである。[49]

このような流刑植民地発展論とノヴァラ号での現地調査に基づいて、彼が獲得候補地として挙げた地名は、①ニコバル諸島、②マレー半島とボルネオ島の間に位置するナツナ諸島・アナンバス諸島、③ソロモン諸島であった。シュタインが提起したニューギニアについては、通商路との位置関係、領土の大きさや自然条件、さらには現地部族との衝突を危惧して不適という判断を下した。[50] つまり彼は、大規模な面積を持つ植民地の獲得は国際問題への発展の恐れがあり、さらには手段と人員の不足ゆえ困難であると考えていたのである。[51]

上記の判断を下す前提として、ヴュラーシュトルフは植民地を二つの類型に分けていた。一方は、高い生産能力と欧州製品に対する一定の消費力を兼ね備えた大規模な「植民地」、他方は、商業・航海上の「貯蔵所（Depôtplätze）」ないし「停留拠点（Anhaltspunkte）」と表現された。とりわけ後者に流刑地や居住地としての機能も含めて、彼は„Niederlassungen"（英語の settlement に相当）と言い表した。[52] ヴュラーシュトルフがオーストリアのために必要と考えた海外領土は、この小規模の„Niederlassungen"を意味していた。つまり、イギリス領のインドやオーストラリア、あるいはオランダ領東インドのような「面」ではなく、シンガポール、アデン、香港と同様の「点」の確保に主眼が置かれていたのである。[53] また、獲得へ向けた外交折衝の観点から見ても、後者は前者に比べ獲得の実現性は高いと推測された。以上をまとめると、彼はオーストリアにとっての海外根拠地の原則として、①重要な通商路に位置し、既存の欧州人支配港と結びつきがあること、②将来の拡大の核となればよく、面積が大きい必要はないこと、③わずかな軍事的手段での保護ならびに艦隊による駐屯兵の支援が可能であること、④獲得に際しては他の列強との紛争を避けること（領有前に合意を得ることが理想）、以上の四点を挙げていた。[54]

なかでも、ヴュラーシュトルフはニコバル諸島を最有力の候補地に挙げていた。その理由は、「女帝マリア・テレジア時代にオーストリアの権利が主張され、今のところココヤシによってのみ重要であるが、位置や収益見込みの点から見ても大きな発展を遂げる能力を持っており、インド・マレー系の住民がわずかに暮らし、いずれの文明国によっても占領・要求されていない[55]」点にあり、彼はその潜在性と獲得の実現性を高く評価していた。ノヴァラ号遠征の途上でこの諸島の占領に着手することはなかったが、彼の調査報告が政府中枢の植民地計画を進展させた様子はすでに見た通りである。獲得のタイミングとしては、東アジア使節艦隊の派遣が実現した際の遠征をヴュラーシュトルフは考えていた。つまり、その途上で遠征隊がニコバル諸島に立ち寄り、綿密な調査や居住地・商館の設営がなされることを彼は希望していたのである。[56]

しかしながら、ヴュラーシュトルフが提唱した海外領土の獲得は実現しなかった。イタリア独立戦争やデンマーク戦争、普墺戦争といった戦乱が立て続けに勃発し、国内外の政局の不安定化からオーストリアは積極的な外交政策をとることができなかったからである。そもそも、東アジアに向かう使節遠征の実施自体、実現したのは彼の提言から一〇年近く経た後のことであり、その間ニコバル諸島はすでにイギリスの流刑植民地になっていた。とはいえ、ヴュラーシュトルフが描いた未来像が空虚な幻想だったかというと必ずしもそうではない。その後、オーストリア＝ハンガリーは東アジアで軍艦の常駐体制を始動し、軍事力を媒介とした帝国主義への関与に乗り出していた。義和団戦争への参戦と天津専管租界の獲得、そして第一次世界大戦まで継続された軍艦の東アジア常駐は、ヴュラーシュトルフが構想した海外政策と合致していた。オーストリアが東アジアに関わる際の精神や行動原理は、実のところ半世紀を経ても大きく変化していなかったのではないか。東アジアの帝国主義世界に対するこの国のスタンスについては第六章で再び立ち返ることにしよう。

かつてイギリスの政治批評家レナード・ウルフ（Leonard Woolf）は次のように語った。人間の歴史はその信念と欲求によって決定されてきたのであり、それゆえ、近代帝国主義の真の原動力も「人の信念と欲求」にあると。ヨーロッパの海外拡張の本質をこのように捉えたウルフは、その根本要因として、軍事的、経済的動機と並び、道徳的、感情的動機を挙げている。(57) そして彼がとりわけ重きを置いたのが、経済的利益に根ざす「人の信念と欲求」であった。本章で見てきたオーストリアによる一連の海外進出構想も、楽観的な経済予想や内的な欲求に端を発しており、現実的な利益勘定を度外視した大国としての自負心と焦りがそれに加わっていた。(58) その結果、既存の経済活動の後に帝国主義が続いた西欧列強とは異なり、この国では経済進出の開始前にすでに植民地獲得や軍艦配備が真剣に語られることになった。こうして考えてみると、人間の行動を駆り立てる内的なエネルギーの源泉に我々は目を向ける必要があるのかもしれない。つまり、特定の認識や世界観に基づく思想やイデオロギー、心性といったメンタリティの働きこそが、オーストリアの海外世界に対するまなざしや行動を基礎づけていたのではないか。そこで次章では、いま一度ノヴァラ号の遠征に立ち戻り、遠征の様子を伝える大衆向け刊行物に潜む言説を探るなかで、当時のオーストリア社会で受容されていた非西洋認識の一端をのぞいてみたい。

第三章　言説とイデオロギー――ノヴァラ号遠征と「植民地なき植民地主義」

通常我々は、ハプスブルク帝国の歴史を「大陸国家」という枠組みで解釈し、海を越えた世界との関係が希薄であったと想像しがちである。しかし、前章で見てきたように、遠方世界との商業的なつながりにこの国が無関心であったわけではない。実際、こうした海外へ向かう欲求は、西欧列強に対する競争意識によって強められ、政府内で植民地の領有が計画されることもあった。一八世紀後半、西欧に倣って東インド事業を開始したオーストリアは、その過程でインド洋沿岸やベンガル湾（ニコバル諸島）に通商拠点を獲得し、商館と要塞を構築して疑似的な植民地を保有した。また一八五〇年代後半には、トリエステ商業界の急成長やスエズ運河建設計画の進展を背景にアジア太平洋をめざす機運が高まり、航路上の島嶼を植民地として獲得する試みが帝国上層部で進められた。アジア貿易路に拠点植民地を築くこれらの構想の他に、一九世紀後半には北東アフリカ、ケニア、スペイン領西サハラ、ボルネオ島、中国、南太平洋などに領土を求めるさまざまな動きが政府や民間レヴェルで見られた[1]。つまり、海外に植民地を領有しなかったからといって、ハプスブルク帝国が植民地獲得や海外進出の意志を持たなかったと断じることはできないのである。この国が決して植民地に無関心であったわけでも反植民地の立場をとっていたわけでもなく、海外植民地獲得への意欲を絶えず持ち続けていたことは留意されなければならない。

とはいえ、ハプスブルク帝国の植民地獲得問題を扱った従来の研究では、その主たる関心が指導者層の思惑や政策決定の過程に向けられ、政治という枠を越えた社会史的、文化史的なパースペクティヴに欠けていた。それゆえ、植民地獲得問題の存在自体は明らかにされたものの、それがエリート層の単発的な思いつきや政策論議として捉えられ、その歴史的意味が深く問われることはなかった。しかし植民地に関する問題は、集団間の支配―被支配の事実関係および政策の領域にとどまらず、そのような支配や政策を正当化する教条やイデオロギー、文化的優劣への確信や思想をも含むものとして捉えられなければならない。(2)ハプスブルク帝国で散見された植民地獲得の意志は、こうした広く社会を覆った基層のメンタリティや他者認識の具現化であったのではないか。

このような課題認識のもと、ここではハプスブルク帝国の海外世界に対するまなざしや外洋展開の意図をより深く掘り下げるために、広義の「植民地主義」という分析の枠組みを設定してみたい。(3)「帝国主義（imperialism）」という用語に加え、「植民地主義（colonialism）」という概念が頻繁に用いられるようになった昨今の現状を顧みれば、本来この語の使用に際してより精密な定義が求められるが、それが難儀な試みであることに関しては多くの論者の一致するところである。本書では、「植民地主義」に幅広い意味を含ませることで、これが「植民地」という実体や「支配」という実践を必ずしも不可欠の前提にしないという立場に立つ。このような視角を明示するため、あるいは「植民地のない」ハプスブルク帝国から浮かび上がる広義の植民地主義を問題化するために、以下では「植民地なき植民地主義」(4)という言葉を用いる。その検証を図る具体的な題材として、本章の議論では再びノヴァラ号の世界一周航海をとり上げ、思想史的な側面からこの遠征の本質を読み直す。遠征隊メンバーは、植民地化を企図したニコバル諸島をはじめとする非西洋世界をどのように認識し、そして現地で得られた彼らの知見や経験は、いかなる形で国内社会に持ち込まれることになったのか、同国初の世界遠征事業から読みとってみよう。(5)

第一節　ハプスブルク帝国の「植民地主義」？

本章では、一九世紀後半に始まる帝国主義の全盛期ではなく、世紀中葉のハプスブルク帝国における植民地主義の問題にアプローチするが、その時代設定の理由を予め示しておきたい。既述の通り、一八五〇年代に始まるスエズ運河の建設は、オーストリアの商業界を活気づかせ、東方に広がるアジア太平洋との距離感を心理的にも縮めつつあった。一方同じ時期、帝国海軍はマクシミリアン大公のもとで大規模な拡張期を迎えており、外洋への活動領域の拡大をめざす動きが始まっていた。ノヴァラ号の世界遠征は、こうした時代の精神が形に示されたイベントであった。このようにして、一九世紀半ばのオーストリアでは視界を海外に向ける人や集団が増え、それに伴い異世界との関わり方について各所で思索がめぐらされることになった。前章のヴュラーシュトルフの提言に示される通り、そうした未来展望のなかには植民地保有国への飛躍も内包されており、一九世紀中葉は同国の歴史のなかで植民地獲得が最も現実味を帯びた時期であったといえる(6)。特に、ニコバル諸島の領有計画は実現の一歩手前まで至っており、当然そのような計画や政策を正当化する言説が関係者の間で構築されていたことが予想される。

また、啓蒙やロマン主義をはじめとする近代の思想・価値体系の強い影響下にあったドイツ語圏において、早い段階からすでに植民地への願望やファンタジーが広がっていた事実は、序章でも触れた通り先行研究によって明らかにされている。こうした一八世紀から続くドイツ社会のメンタリティが国家の植民地獲得政策と初めて結びついたのは、一八五〇年代後半のオーストリアであった。国家が植民地に食指を伸ばす試みは、前述のように同時期のプロイセンでも見られた。そしてその際、両国に共通していたのが世界遠征の開始と植民地問題の結合であった。それゆえ、領土獲得計画の背後にあった植民地主義の思想は世界遠征の折に顕著に表れてくるものと推察される。

では、ノヴァラ号遠征の事例を用いてオーストリアの植民地主義を明らかにするためには、どのようなアプローチが有効であろうか。ここでは、近年新しい境地が開拓されつつあるハプスブルク植民地主義の多彩な研究にその手がかりを求めてみたい。このハプスブルク帝国の植民地主義をめぐる問題は我が国ではほとんど紹介されていない。それゆえ、ここではまず欧米の学界における近年の研究動向をたどり、そこから浮かび上がる成果と課題を認識したうえで本論の議論につなげていきたい。

ハプスブルク帝国と非西洋世界の関係をめぐっては、前述の通り、これまで植民地獲得政策や経済進出構想を中心に帝国主義の観点から論じられることが多かった。(7) しかし近年、帝国史研究やポストコロニアル研究の興隆を受けて、別の角度から示唆に富む研究が数多く登場している。ヨーロッパにおけるハプスブルク帝国の多民族支配を植民地主義という観点から捉え直したファイヒティンガーらの研究は、これまで同国には無縁と思われた植民地主義が「内部(国内)植民地主義」という形をとって存在していた様子を浮かび上がらせる。(8) そこでは、ポストコロニアル研究の諸概念や方法論を多民族国家であったハプスブルク帝国に応用することで、中・東欧やバルカンを舞台としたハプスブルク帝国の植民地主義の存在が浮き彫りにされた。ただし、そこでの主眼はもっぱら帝国の「内部(国内)植民地化」に限定され、ヨーロッパの外へも向けられた植民地主義の問題は俎上に載せられていない。(9) また、文芸批評の側面からハプスブルク帝国のポストコロニアルの問題にとり組んだミュラー＝フンクらの論文集もこの分野で重要な成果を上げている。(10) とりわけ、海外世界に対する植民地主義を主題とする本書の趣旨からすれば、ホノルトの論稿が注目される。そこでは、一九世紀のハプスブルク帝国におけるメキシコや極地地域との関わり、および国内で催された「人間の展示」に文学的な観点から切り込み、同国とコロニアルな世界との結びつきが読み解かれている。(11) 視覚的な表象という点では、今日残されている造形芸術を手がかりに、黒人やオリエントに対するオーストリア人の認識や表象が変化していく過程をたどった研究も近年登場している。(12)

このようなヨーロッパ外の有色人種に向けられたハプスブルク帝国の植民地主義の所在は、一九世紀中葉におけるマオリ人のウィーン滞在を描いたG・ザウアーの研究やウィーンにおける「人間の展示」を扱ったシュヴァルツの研究からも確認できる。[13]とはいえ、G・ザウアーは、マオリの滞在のエピソードに主眼を置いていたため、新聞の言説の背後に潜むオーストリア人の植民地主義的なまなざしに深く踏み込むことはなかった。一方のシュヴァルツの研究は、「人間の展示」の具体的様子や反響をとり上げ、ウィーン市民の他者認識や人種観を知る重要な手がかりを与えてくれるが、その背景や構造、西洋一般の植民地主義との関係性は問われていない。また、ニコバル諸島とハプスブルク帝国との歴史的関係（二度にわたる植民地化の試み）を民族学の観点から振り返ったカスパーの学位論文も、植民地主義の外向きのベクトルを示唆する研究といえる。[14]一方、一九〇〇年の義和団戦争へのハプスブルク帝国の関与を跡づけたレーナーの大著やこの戦乱を直接体験したオーストリア人の手記を収録したカミンスキーの著書も、非西洋世界への植民地主義的まなざしの様子を知る手がかりを与えるものといえよう。[15]なお、ハプスブルク帝国が多民族国家であることに鑑みれば、当然外の世界をまなざす主体は、ウィーンなどのドイツ系地域の住民にとどまらない。チェコ語の旅行記に映し出された非西洋世界像とチェコ人のナショナル・アイデンティティ確立の関係性に迫ったレメンの最近の研究は、中欧「植民地主義」研究における裾野の広がりを象徴するものといえる。[16]

さらには、非西洋支配におけるオーストリアの「加担」という側面からオーストリアとアフリカの歴史的関係に見直しを迫ったのがW・ザウアーらの研究である。[17]一九世紀後半におけるオーストリアとアフリカのさまざまな個人的・組織的な関わりを個別にとり上げたこの論文集は、オーストリアがヨーロッパのアフリカ進出や分割と無関係ではなかったことを教える。ただし、このようなオーストリアとアフリカの関係は、アフリカに渡ったオーストリア人の問題に収斂されるものではない。近年では、オーストリアに移り住んだアフリカ人の歴史を掘り起こし、何世代にもわたる融合や差別の状況、およびその現代的意味を問うとり組みが進みつつある。[18]学界におけるこのような新たな動きは、アフリカ系の国民が増加する昨今のオーストリアの現状を反映したものといえよう。また、一九五〇年代にオーストリアで製作された映画を題材に、アフリカの表象やナレーションに組み込まれた言説、さらには社会におけるその受容をとり上げ、ナチズムやセクシュアリティの問題と絡めてオーストリアの植民地主義を論じる研究も登場している。[19]

このように、従来はもっぱら政策的観点から顧みられてきたハプスブルク帝国の植民地主義をめぐる問題は、最近の多彩な研究によってその裾野が広がり、進展の著しい研究分野となっている。しかしその一方で、帝国内やオリエントを越えた海外の世界、および有色人種（なかんずくアフリカ以外）に向かう植民地主義の思想やイデオロギーに関しては、他の西欧諸国のそれに比べ未だ深く論議されるには至っていない。植民地非支配国であるハプスブルク帝国と植民地主義の関係性、いうなれば「植民地なき植民地主義」の実態は、未だ曖昧なまま取り残されているといえよう。また、W・ザウアーらの研究によって明らかにされた植民地支配への「加担」という問題も、アフリカでの特殊事情に由来するものであったのか、それとも他の海外地域との関係のなかにも見出せるのか、考察の対象を広げていく必要性がある。こうして先行研究を吟味したなかで浮かび上がる課題として、①この国が植民地の領有に最も近づいた一九世紀中葉の植民地獲得政策にはいかなるイデオロギーが内在していたのか、②中近東やアフリカ以外の海外世界に向けられたハプスブルク帝国の植民地主義はいかなるものであったのか、③またそれを言説レヴェルにとどまらず実践という側面から問うことは可能か、という三点が浮かび上がる。

本章では、これらの課題を検証するためにノヴァラ号の遠征を具体的な事例としてとり上げるが、その際に用いる史料を簡単に紹介しておこう。ここで考察の中心となるのは、遠征の公式報告書として出版され爆発的な売り上げを見せた『オーストリア・フリゲート艦ノヴァラ号の世界遠征記』（以下、『遠征記』と略記[20]）の記述である。一八六一—六二年に刊行された『遠征記』初版（全三巻）は、発行早々五〇〇〇部を完売し、その直後に改訂出版された廉価普及版（Volks-Ausgabe：全二巻）は、一〇年間で五版を数え、およそ三万部という当時としては異例の売り上げを誇った。本論ではより多くの読者に読まれたという観点から、初版ではなくこの廉価普及版を史料として活用する。ちなみに、当時ドイツ語圏において、ゲーテやシラーの著作でも一〇〇〇部を超えるのは容易なことではなく、短期間で数万部を売り上げた『遠征記』は、一九世紀中葉で最大の刊行部数（聖書を除く）を誇ったアレクサン

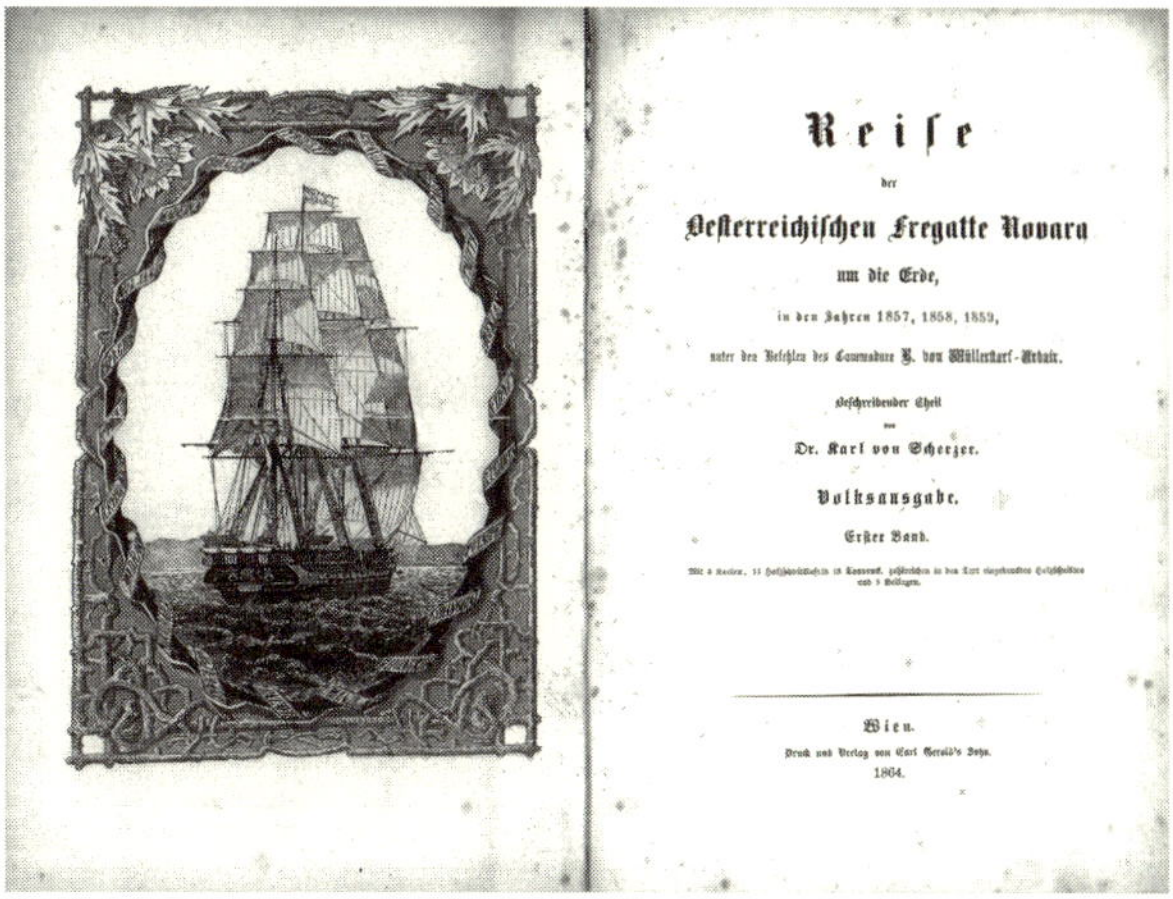

『ノヴァラ号遠征記』中表紙（出典：Karl von Scherzer (Bearb.), *Reise der österreichischen Fregatte Novara um die Erde, in den Jahren 1857, 1858, 1859, unter den Befehlen des Commodore B. von Wüllerstorf-Urbair*. Beschreibender Theil, Volksausgabe, Bd. 1 (Wien, 1864) ＜中表紙＞

ダー・フォン・フンボルト著の『コスモス』（全五巻：一八四五—一八六二年）に次ぐベストセラー書籍となった。[21] なお執筆者シェルツァーは、既述の通り随行科学調査団の主任として招聘されたオーストリアの学者・探検旅行家で、遠征中は主に経済、統計、民族学調査を担当した。[22]

この公式『遠征記』と並び本章で特に注目する史料は、遠征随行学者フェルディナント・フォン・ホッホシュテッター（Ferdinand von Hochstetter）が著した『フリゲート艦ノヴァラ号の世界一周旅行記集成一八五七—一八五九年』（以下、『旅行記』と略記）[23]である。地質学調査の担当者として遠征に加わっていたホッホシュテッターは、ニュージーランドで遠征隊から離脱するまで、各寄港地から旅行報告を本国に送り続け、この寄稿は『ウィーン新聞』の夕刊で「帝国フリゲート艦ノヴァラ号の遠征」という表題で連載された。一八五七年五月一八日付の紙面から一八五九年四月五日付まで不定期に続いた四〇編（各編はそれぞれ概ね数日にわたって掲載）の長編旅行報告は、彼の死後、遺族の意向に基づいて一冊の旅行記にまとめられ出版された。ここではこの単行本版である『旅行記』を史料として用いる。

なお、本章では上記の『遠征記』と『旅行記』を補完する史料として、『アウクスブルク一般新聞』や『ライプツィヒ絵入り新聞』、『プレッセ』など、当時のドイツ語圏を代表する主要紙に掲載された遠征隊員の現地リポートも併用していく。これらの新聞連載旅行記には、まれにシェルツァーの署名が付されることもあったが、たいていは無署名であり、執筆者を特定することはできない。以上の各史料の批判的分析を通じて、大衆向け読み物のなかに潜む植民地主義の言説を分析し、植民地獲得政策を正当化する論理がどのように構築されていたかを本章では検証する。

第二節　ニコバル諸島滞在と遠征記の言説

1　「臆病」で「怠惰」なニコバル人

一八五七年四月末にトリエステを出港したハプスブルク帝国海軍のフリゲート艦ノヴァラ号は、ブラジル、ケープ植民地、インドなどを経由して、一八五八年二月二三日にニコバル諸島の最北端に位置するカール・ニコバル島沖に到着した。『遠征記』と『旅行記』では、島民との最初の遭遇の様子が克明に記されているが、遠征隊員たちにとって何よりも印象的であったのは島民の警戒心と恐怖心の強さであった。隊員が浜辺に上陸すると、海賊の来襲と思い込んだ女性や子どもは森へ逃げ去り、物陰から武装した男たちが"Good friend? We good man, good people"と片言の英語を発しつつ恐る恐るこの「危険な外来者」に近づいて来たという。[24]やがて島民は、飲料としてココナッツを切って差し出すなど親切な応対を見せ始めるが、それとは裏腹に、彼らの態度からは決して気を緩めていない様子が分かる。つまり、彼らが発するフレーズのなかには、「実際のところ何を所望か?」「ココナッツが欲しいのか?」「いつ去るのか?」「すぐに去るのか?」といった警戒の文言がたびたび含まれていた。たとえ表向きは歓迎の意向を示し交流を深めても、島民の警戒心は最後まで消えることはなく、このようなヨーロッパ人に対する恐怖心や警戒心は彼らの最も際立った特徴として描かれている。[25]

もっとも、島民が「臆病」なのにはそれ相応の理由があることも隊員たちは気づいていた。島民が外来者の侵入を警戒する背後には、彼らの生存の源であるココヤシを奪われることへの恐怖心があることは容易に推測できた。[26]また、十数年前に植民地化を目的としてやって来たデンマーク人（コルベット艦ジャラスィア号の遠征隊）を島民が“no good man”、“no good people”と呼んで記憶していることから、軍艦でやって来た白人、とりわけ長期間居座ろうとする白人を島民は極度に嫌がっていたのである。[27]

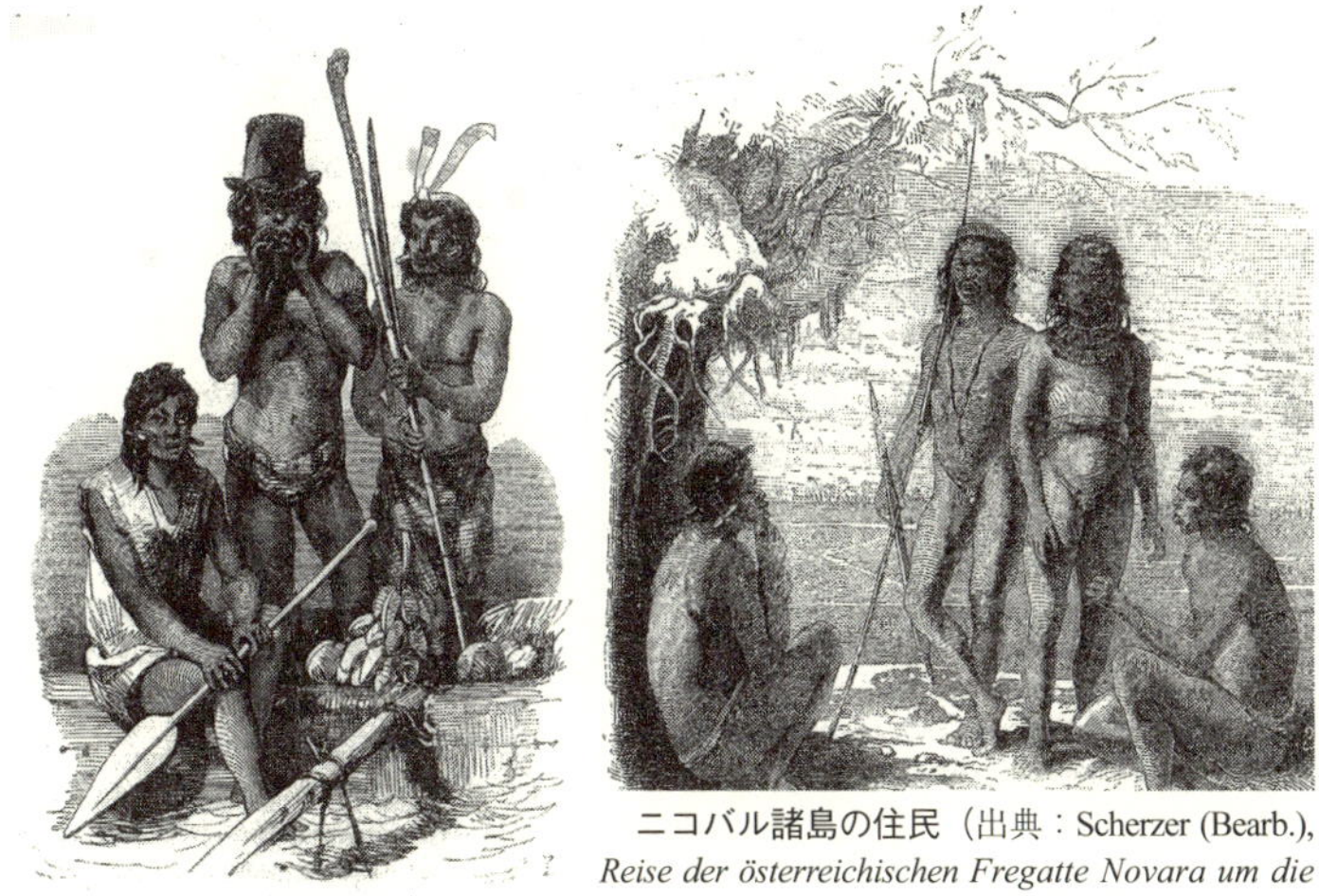

ニコバル諸島の住民（出典：Scherzer (Bearb.), *Reise der österreichischen Fregatte Novara um die Erde,* Bd. 1, S. 352〔左図〕, 432〔右図〕）

それゆえ、ノヴァラ号が島を出立する際、「我々が新たに得た友たちの切なる願いがかなえられた」という皮肉まじりの表現でホッホシュテッターは惜別の情景を描き、「別れを切望する友人」という矛盾した島民像がそこに映し出されていた。[28]

このように、ニコバル島民は「臆病」で警戒心の強い人間として描かれるとともに、そのナイーブな感性は、西洋人が抱く「高貴な野蛮人」像に合致するものであった。『遠征記』や『旅行記』では、カール・ニコバル島民が純真で徳の高い「完全無欠な自然人（die vollkommensten Naturmenschen）」とされ、無知ではあるものの嫉妬心がなく誠実な民族として描かれている。[29]また、隊員が島民の一人に「信義を破った者はどのように罰せられるのか？」と尋ねたところ、「君たちはたいそう大きな大砲とたくさんのセポイを乗せているが、それは君たちのところに悪人がたくさんいるという証拠だ。我が民族はそんなものはまったく持っていないし、そもそも持つ必要もない」という返答を受けたエピソードが紹介されている。[30]文明批判への直接的な言及はないものの、ここに見られるのはルソーやディドロら一八世紀の思想家の著作、および、クック、ブーガンヴィルらの航海記に登場する「自然人」「高貴な野蛮人」の姿であった。[31]つまり、西洋文明への自問が暗に含まれているという点でも、『遠征記』や『旅行記』はヨーロッパで形成されてきた熱帯の島国に対するステレオタイプを継承していることが分かる。

こうしてノヴァラ号の遠征隊は、ニコバル諸島の島民が善良で純真な人間であることを知った。そして彼らが見せる歓待は、早く立ち去ってもらいたいがための表面的なとり繕いにすぎず、島民が西洋人の来航におびえ警戒している様子も遠征隊員は十分悟っていた。それゆえ、島民の純朴な願いに応え、無用な摩擦を生まないためにも西洋人は速やかにこの地を立ち去るのが道理であり、「臆病で善良な野蛮人」との遭遇物語として話は完結したはずである。しかしながら、『遠征記』にはニコバル諸島を西洋とは隔絶した孤島として放置できない理由があった。『遠征記』執筆責任者のシェルツァーと彼を後援する海軍は、自分たちの切り開いた帝国の海外への道を閉ざさないために植民地獲得を希求していたのである。その第一候補たるニコバル諸島を自分たちが植民地化する理由や大義を見出せないまま、同諸島への寄港が束の間のエピソード、エキゾチックな自然誌・民族誌として完結してしまうことは許されない。そこに西洋の価値基準や「未開民族」のステレオタイプを持ち込み、この島々を西洋の主観的な世界観のなかに引き込むことで、文明の側から救いの手を差し伸べるべき憐れな「未開」の地、文明化の対象として西洋との関係性が強引に構築されるのである。

このような方向性のもと、西洋とニコバル島民の間の生活や観念上のズレは、『遠征記』ではすべて島民の「劣等」性をイメージづけるために操作される。たとえば、暦の移り変わりを知る手立てはもっぱら月やモンスーンといった自然の流れに限られ、二〇以上の数字を数えられず自分の年齢すらも認識できないこと、時間に対する価値意識が完全に欠け、"Time is Money!"という世界中に広がっている標語を理解できないことなどが余すことなく紹介される(32)（表5）。つまり、自然のリズムによって行動するニコバル島民の生活や時間感覚は、産業社会の到来によって「時間」に対する考え方が大きな変化を遂げていた一九世紀の西洋人のそれとかけ離れたものであった。ここで問題なのは、自然との関わり方や時間に対する感覚の違いが、単なる価値観の相違として認識されるにとどまらず、勤勉性や規律な

表５　ニコバル島民が「怠惰」「劣等」であるとする根拠

時間を計る手段は月とモンスーンである
毎日が休日であるため、決められた安息日がない
20以上の数字を数えることができず、島民のうち誰も自身の年齢が分からない
時間に対する価値意識が完全に欠け、“Time is Money!” を理解できない
過去の物事を思い出す能力が欠如している
豊富に生育する植物が持つ治癒力についてほとんど知識がない
溶剤やワニスとして利用されるテレビン油を病気に効くと思い体に塗布、および内服している
読むことのできない英語の聖書を魔よけとして所持し、病気の際に枕として利用している
直射日光を防ぐ縁の広い白帽子を贈っても喜ばず、逆に縁の狭い黒のシルクハットを好む
自然の恵みに依存した生活が労働の必要性を低下させ「怠惰」にする

出典：Scherzer, *Reise*; Hochstetter, *Reise-Berichte*.

どの労働倫理、および宗教倫理と組み合わされ、「文明」と「未開」を隔てる指標の構築に利用されることにある。(33)『遠征記』の描写を見ると、自然の恵みに依存した島民の生活は、労働の必要性を低下させ、彼らは小屋を建てたり、カヌーを建造したり、ココナッツを開けるといった最低限必要な労働しか行なわない。(34)こうして、自然の恵みがニコバル島民の労働意欲を低下させ「怠惰」にするという論理が導かれ、島民の特徴は「筆舌に尽くしがたい無気力さ」(35)という表現で示される。『遠征記』に登場するニコバル島民は、自然や慣習にいつまでも縛られ進歩せず、勤労意欲の低い「怠惰で無気力な未開民族」として描かれるのである。(36)

とはいえ、周囲の自然環境と人種、ないしは気候風土と人間の精神・物質文化を結びつける考え方は特段新しいものではない。その因果関係をめぐる考察は、古代ギリシアの時代から自然哲学等を経てヨーロッパ人の間で連綿と受け継がれていた。諸科学の発展や非西洋人との接触が増した一八世紀以降になると、このような環境決定論はモンテスキューやビュフォン、ブルーメンバッハやアレクサンダー・フォン・フンボルトなど、当時を代表する思想家や科学者たちを通じて広く受け入れられており、一九世紀中葉に登場する進化論とも結びついていく。(37)

問題なのは、環境がそこに暮らす住民の衣食住や社会制度、文化を規定するという考え方自体にあるのではない。そこに人間の精神への直線的作用を見出したり、歴史を作る主体としての資格を精神と自然との関係のなかに求めたりする考え方にある。たとえば、外観や頭蓋形状といった旧来の人種区分の指標に自然と人間精神との間の関係性を持ち込んだヘーゲルの思想的影響を汲みとってみよう。ヘーゲルによれば、黒人やアジアの人種は精神と自然が一体化してしまっているのに対し、コーカサス人種（ヨーロッパ人）の精神は自然から離れ、対立し、自立性を自覚して自己統一を果たしているのであり、これが世界史を生み出し前進させる源となるのである。[38]つまり、精神の活動とは、「その本質からして、たんなる自然の生命にとらわれた状態をぬけだし、おのれの自立を獲得し、世界を自分の思考の支配下に置き、世界を概念によって構築することにある」[39]のであり、自然を支配するどころかそれに隷属してしまっているニコバル島民には、精神の活動を認めることも世界史における主体としての資格を与えることもできないのである。一九世紀後半は、こうした観念論や啓蒙思想、諸科学の遺産が継承され、「科学的」人類学として収斂していく時期であり、そこで得られた学術的成果はヨーロッパによる植民地支配を正当化する根拠となる。民族学を含む世界の科学調査を旗印にしたノヴァラ号遠征もまさにこの植民地主義の新たな流れのなかに身を置いていた様子がここに映し出されるが、その詳細は次章で改めて吟味する。

また、『遠征記』のなかでは、「安息日」のような西洋のキリスト教的価値観や経済学上の「勤労」概念が絶対的基準として掲げられることで、ニコバル島民の勤労意欲の低さや「怠惰」な性質がより一層強調される。[40]すでに述べたように、『遠征記』は数や暦に対する認識方法や記憶能力、「時間」に対する価値意識を例としてとり上げて、自分たちとは異質で「完全なまでに人類の幼年期の状態」[41]にある人種というレッテルをニコバル島民に貼った。自分たちと違うニコバル島民の特質を「劣等」性に置き換えていたのである。「未開」人の「幼稚」な特性を際立たせたうえで、白人の祖先、ないしはその幼少期と重ね合わせて発達の遅れや「劣等」性を強調する点は、一九世紀後半に広まる反復説や社会進化論と通じるものがあった。[42]やがてこのような思考体系は、自力で開発や発展の能力のない「幼稚な未開人」を救済する「白人の責務（重荷）」[43]として西洋の植民地支配を正当化する論拠となっていくのである。

2　文明化と植民地化

すでに見たように、ノヴァラ号の遠征隊員が残した記録のなかで、ニコバル島民は「臆病」「怠惰」「幼稚」「未開」といった姿で描写されていた。これらの偏見やヨーロッパ中心主義に基づくネガティヴなステレオタイプの形成は、植民地支配の正当性を確保するうえで不可欠の前提条件となる。つまり、遭遇した「未開」人たちの「劣等」性を次々に列挙し、さらにそれを自分たちの優れた文明と対比させることで自分たちの行動する理由、使命感を見出し、「文明」の名のもとで植民地支配を正当化する論理が引き出されていくからである。[44]『遠征記』が単なる見聞録や民族誌でないゆえんは、以下で示すように、そこに「文明化の使命」という強烈なイデオロギーが介在し、その実践手段として植民地化の論理が導かれているからである。[45]

周知のように、一九世紀中葉のこの時代、英仏などで「文明」が語られる際、それが宗教的な使命感に後押しされて、キリスト教が「文明化の使命」の不可欠の推進力となっていた。[46]それゆえ、キリスト教世界で暮らす者にとって、ニコバル諸島で目撃した教会跡地の惨状や島民の宗教に対する無理解、ならびに宣教師の不在は耐え難く見過ごせないものであり、キリスト教による文明化の必要性を強く感じさせた。[47]シェルツァーは、「文明化の使命」という語句を直接用いてはいないものの、熱心なプロテスタントであり、自由主義者、科学者であった彼にとって、それは「世界最果ての最も未開な種族にさえ、キリスト教文明、政治的自由、知的文化の恩恵を知らしめ、（中略）全人類の大家族に対して、信義・自由・幸福の新しい春の時代が到来したことを告げる特別な使命[48]」を意味した。そして、このようなヨーロッパ文明の優越意識に基づくニコバル諸島の文明化とキリスト教の布教が植民地化と一体になっている様子は、ニコバル諸島の章を締めくくる以下の言葉に如実に表れている。

ヨーロッパのある政府の庇護のもとで入植地が建設されたならば、ニコバル諸島の島民は文明の保護のもとに置かれるであろう。そしてその交わりによって、彼らは外国船の悪巧みや横暴にもはや苛まれることもないであろう。彼らを入植事業の経済的目標の追求に誘い込むのみならず、同時に、寛大で慈悲深い扱いを通して、前世紀、および、今世紀の幾度にわたる崇高な試みにもかかわらず厳しい外的環境によって現地への導入に失敗していたあのキリスト教の原理を受容させるために、未成年に対するのと同じように彼ら島民をいたわらなければならないであろう。しかし同時に、ニコバル諸島は隣接する島々の異教徒に対して、キリスト教の恩恵やヨーロッパの文化を伝えるための最もふさわしい中心地になるであろう。[49]

しかし、いくら崇高な理念が掲げられたとしても、熱帯の過酷な状況下にあるニコバル諸島への入植が現実的に可能かどうかは別問題であった。かつてこの地で布教を試みた数多くの宣教師の命を奪い、デンマークの度重なる植民地化の努力や一八世紀後半のハプスブルク帝国の計画を打ち砕いた熱帯の気候や疾病は、植民地化や文明化の大きな障害となるはずであったからである。[50] そのため、ノヴァラ号の遠征に随行した医師四名には、単なる船医としての役割以外に、寄港地の風土病やその対処法に関する調査が任務として与えられていた。[51]『遠征記』が単なる一旅行家の旅行記でも空想的な植民地計画書でもないゆえんは、遠征に随行した自然科学や医学の専門家たちによる多角的な現地調査の成果が十分に盛り込まれている点にある。彼らによる検証作業をもとに、『遠征記』では読者が熱帯に抱く不安を払拭すべく、科学的論拠でもって以下のように入植の安全性が強調される。まず、寒暖計による測定や各種資料の精査を通じて、ニコバル諸島が西洋人の生活を妨げるほどの酷暑ではなく、真水の確保もそれほど問題とはならないことが明らかにされた。[52] また、熱病の被害は気候そのものが原因なのではなく、外来者の無知や不注意、乱れた生活習慣に起因すると説き、先人の記録や自身の経験に基づいて、ニコバル諸島で暮らすうえでの必要な知識や心構えを列挙している。[53] 生活スタイルと熱病被害の因果関係をこのように理解したシェルツァーにとって、現地人の生活スタイルが非合理的なものとして映るのは当然のことであった。

定期的に吹く風がよく通る場所に住むことを好まず、むしろ湿地帯の沿岸部や森林地帯に囲まれた砂状の湾で暮らし（そこで彼らはわずかな労働でココヤシを育てることができる）、身体を熱帯の雨の猛威や灼熱の太陽光

ニコバルの自然（出典：Scherzer (Bearb.), *Reise der österreichischen Fregatte Novara um die Erde*, Bd. 1, S. 400〔左図〕, 409〔右図〕）

線にさらし、ほとんどもっぱらココナッツやタコノキの実しか食べない。そんな裸の人々に驚かないだろうか？こうして彼らがものすごい割合で病気に屈していることを不思議に思わないだろうか？[54]

こうして『遠征記』では、熱帯でも洋食・洋式スタイルを貫くヨーロッパ人が、現地人よりもずっと健康的で疾病が少ないことを挙げ、ヨーロッパ人の生活スタイルや医療・衛生の優越を説くのである[55]。以上のような思考様式は、現地住民の生活習慣や文化を病気の温床（「野蛮」）とみなし、「文明」的な西洋医学・公衆衛生を現地住民に押しつけ、支配の正統性として掲げる帝国主義者の論理と軌を一にするものであった[56]。このように、ウィーンを含むドイツ語圏の熱帯医学は、植民地拡張の結果として発展したという点にとどまらず、植民地拡張を先導する開拓者として「植民地主義」に積極的に関与していた姿がノヴァラ号の事例からも浮かび上がってくるのである[57]。

とはいえ、『遠征記』が熱病や赤痢の原因をもっぱら居住者の生活習慣に帰し、自然環境の要素を度外視しているわけではない。ニコバル諸島の異常に繁茂した植物、土壌の湿気、広大なマングローブの沼地が原因とされる疾病は、「森が開かれ、生産的な地に生まれ変わるまで、すなわち、進行中の開墾がそれらの瘴気（ミアスマ）を一掃するまで」闘うべき相手であった。[58] こうして、ニコバル諸島の自然はあるがままの状態から、人の手によって切り開かれ、克服、コントロールされるべき対象となり、やがてニコバル諸島の風土環境は「すばらしい変化」[59]を遂げることになるはずであった。

また、原生林を切り開き、マングローブの沼地に排水を施すことは、有害な環境の除去だけを目的とするものではなく、さらにその先をも見据えられていた。ホッホシュテッターは、「もし原生林が間伐され、沼地が乾燥させられたならば、この諸島では何が産出可能で、実際に産出することになるであろうか？セイロンを見よ！プロ・ペナンと比較してみよ！」[60]と、ニコバル諸島の産業開発への期待感を表明している。一方、『遠征記』も開拓の成功例としてペナンを挙げ、さらにはサトウキビ、タバコ、綿花、米など植民地産業の有望性を語っている。[61] このようなシェルツァーの論理に従えば、開発によってニコバル諸島は五〇〇〇人の「野蛮」人が住む「未開」の土地から一〇万人規模の人口を擁する「文明」の土地へと変貌を遂げることになるのである。[62] それゆえ、もしこうした構想が実際行動に移されていれば、ニコバル諸島はオーストリアによる植民地開発の「実験場」となっていたであろう。[63]

では、この開発を担うのは誰か。すでに見たように、「臆病」「怠惰」「幼稚」なニコバル島民は、豊穣な土地を目の前にしながらも、それを開拓する意志も能力もなく、逆に自然の力にその生命のすべてをゆだねているとすでに読者は印象づけられている。つまり、現地に住む島民は、巧妙に主の座から引きずり落とされており、ニコバル諸島は西洋の植民地支配を受け入れるべき「無主（herrenlos）」の地とみなされるのである。[64] こうして、文明を携えた西洋人の後見のもとに入ることによって、住民は自然への隷属から解放され、さらには資本や労働力が組織的、効率的に投入されることで、農耕植民地としてあるいは、オーストラリア型の流刑植民地としてニコバル諸島は新たに生まれ変わることになる。[65] このような理想の未来像において、植民地体制下のニコバル島民は、精神的にも物質的にも文明化の利益を享受するはずであるから、彼らが入植者の障害として立ちはだかることなどあり得なかったのである。[66]

第三節　言説の連鎖と植民地プロパガンダ

1　植民地主義言説の背景

以上見てきたように、『遠征記』ではさまざまなエピソードや観察を通してニコバル島民の「未開」性が強調され、島民を文明化しなければならないという使命感が強く打ち出されていた。さらには、文明化の対象はそこに住む人間に限られるものではなかった。南国の豊かな自然とそこで暮らす「怠惰」で「無気力」な住民を対比させ、この自然の無尽蔵の恵みを自力でいかすことができず、人類の「進歩」に寄与することができない人々に成り代わって科学的な知を備えた西洋人が開発と救済に当たる、いわゆる「自然の文明化（civilizing nature）[67]」が含意されていた。

海外世界の植民地化を西洋文明に課せられた「文化的使命」と捉えるこうした発想は、その後もオーストリア国内の植民地推進論者の間で見られ、植民地獲得のプロパガンダに盛り込まれていく。たとえば、一九世紀末に海外への経済進出と非西洋の植民地化を説いたオーストリア政府の経済官僚リヒャルト・シュロフト（Richard Schroft）は、植民地獲得問題を文化的問題に置き換えていた。つまり、「異国の未開民族の領土を手にする権利を持つ文化国家の道徳的義務」「文明の恵み」「世界の全国民のため」という論理により白人の行動はそこで正当化されている。彼の論考には、三〇年前のシェルツァーやレヴォルテッラの言動も登場しており、植民地主義のイデオロギーが時代を超えて共有されている様子がうかがえる[68]。

また、こうした非西洋認識や信念が時代を超越するだけでなく、地域の壁を越えて同時代人に共有される様子も我々は見てとることができる。ノヴァラ号の世界遠征は、オーストリア人だけでなく、同じく海外植民地を持たないドイツ諸邦の市民からもまなざしを受けていたからである。ここではその空間的な広がりの例として、ザクセン王国で発行された『ライプツィヒ絵入り新聞』の記事内容をとり上げてみよう。ドイツ語圏最大の絵入り新聞であった同紙は、前述のようにノヴァラ号遠征に多大な関心を示し、ニコバル諸島からのリポートを数回にわたって掲載していた(69)。そしてそこでは、当時の西洋社会でステレオタイプ化されていた「未開人」像の典型的な二面性が見られる(70)。一方では、島民を「高貴な野蛮人」、すなわち「自他の所有権の深い尊重、および、ねたみやけちけちした姿勢を見せない驚くべき洗練された誠実性」を持つ人々として登場させ、「完全な共産主義的共同体」を形成するニコバル諸島に理想的な互助社会を見出している。そこで描かれるのは、「まるで天地創造の日のような壮大で見事な原生林」のなかで暮らす島民の純真無垢な気質や助け合いの精神に支えられた社会であった。こうした西洋の近代社会が失った純朴さを映し出すことで、近代化の猛進に対する自戒の念やアンチテーゼが込められていたと思われる。

しかし他方で、その容姿や裸体での生活などを仔細に記述し、さらには挿絵の視覚的効果を十分にいかして、自分たち西洋の白人との違いを読者に印象づける姿勢も垣間見える。しかも、そこでは単に自他の線引きにとどまらず、島民の臆病な性格、キンマを噛む習慣、死者の弔いに関する「奇妙で野蛮な儀式」、「ずる賢いペテン師」である現地人の医者の暗躍などを紹介することで、ニコバル島民を劣った「未開・半未開の民」として描いた。こうして、西洋人との違いは文明・文化を通じた優劣の差、階層差であることを説明するのである。ただし、そこで見出されるのは永遠で不変な差ではない。「文化や文明に対して拒絶的な姿勢を見せるニコバル島民」に対し、時折来航するイギリス人による「文明化」の試みが望ましい方向に進んでいることを伝え、その証拠として、島民の英語力や西洋の物品に対する嗜好の高まりなどが挙げられていた。

このように、遠征隊員のニコバル諸島での観察や実体験は、挿絵入り新聞という新時代の媒体を通じて島民の異質性を顕在化させることにつながり、そこに文明や文化を基準とした西洋―非西洋の間の優劣の差が持ち込まれる。しかも、西洋の商人や宣教師の努力によってもたらされる文明化の兆しを肯定的に描くことで、西洋人の努力次第で「未開人種」を文化の「高い」段階へ導くことが可能であり、それこそが文明の側にある者の責務であるという使命感が生まれるのである。ドイツ語圏の絵入り新聞の読者は、『遠征記』や『旅行記』(ウィーン新聞)の読者と同様の目でニコバル諸島をまなざす方向にいざなわれていたといえよう。

とはいえ、「野蛮」の発見から「文明化の使命」を導く『遠征記』等の論理展開は、決して真新しい発想ではなく、繰り返し述べてきたように当時のヨーロッパで広く浸透していた思考様式であった[71]。ヨーロッパの東に位置するとはいえ、ハプスブルク帝国も西洋の知的世界に身を置いていた事実に鑑みればこうした共通性は当然といえよう。問題とすべきは、『遠征記』に見られる島民観や文明化への使命感が、ニコバル諸島上陸後の実体験や観察から導かれたものであるのかという点である。これまでのノヴァラ号遠征に関する諸研究では、遠征中のエピソードや調査結果を綴った歴史史料として『遠征記』が無批判に利用される傾向が強かった。そのため、執筆者のシェルツァーが自身の観察以外にどのような資料を活用し、他者や先人の記録をどの程度『遠征記』のなかに盛り込んだのかまったく考慮が払われていなかった。そもそも『遠征記』は、シェルツァーがリアルタイムで書き記した日記でも航海日誌でもない。遠征隊の帰国後、持ち帰った資料や各隊員の旅行中の手記、先人の旅行記等を精査参照したうえで、シェルツァーは時間をかけて同書を編纂していたのである[72]。それゆえ、『遠征記』に見られた植民地主義の本質を知るためには、そこに含まれる情報や言説の経路を考えてみる必要がある。

『遠征記』の記述によれば、ニコバル諸島に到着した遠征隊が陸上での調査に費やすことができた時間は半月程度にすぎなかったという[73]。ところが同書には、ニコバル諸島の地勢や自然、歴史や住民に関するあらゆる情報が網羅されていることから、執筆に際してシェルツァーが他の多くの刊行資料を参照していたことは容易に想像がつく。実際、遠征出発前の『ウィーン新聞』を見ると、遠征隊員やウィーンの科学界によるニコバル諸島に関する資料収集の様子が掲載されている。たとえば、一七七六―一七八一年のヨーゼフ&テレジア号遠征の船医による記録やトリエステ在住の研究者による論稿、一八四〇年にアンダマン・ニコバル諸島を調査し、その途上で現地住民に殺害されたドイツ人ヘルファー（Johann Helfer）の日記などが収集された事実が挙がっている。また、シェルツァーとホッホシュテッターは、遠征出発前、赴く地の事前情報となる旅行記や歴史書などの調達を海軍に懇請し、許可された九八点の購入文献がノヴァラ号の艦内図書室に収納されていた[74]。このように、シェルツァーは周囲の力添えですでにニコバル諸島訪問前に多くの資料を入手しており、帰国後『遠征記』を執筆する際にもこれらを活用していたと思われる。

そのなかでも特に注目したい史料がある。『遠征記』の各所でその参照がほのめかされているモラヴィア宣教師ジョン・ヘンゼル（John Gottfried Haensel）の手記とデンマーク海軍コルベット艦ジャラスィア号の遠征記である。一七七九年から一七八七年までのニコバル滞在記録を綴ったヘンゼルの手記は、地形、気候、動植物から島民の社会関係、性格、衣食住、宗教に至るまで詳細な記述が見られる[75]。シェルツァーは南アフリカに寄港した際、ローゼンという宣教師からこの著作を譲り受けていた[76]。一方のジャラスィア号の遠征記は、一八四五―一八四七年のデンマーク海軍による世界周航の公式記録であり、ノヴァラ号同様、ジャラスィア号には科学調査団が同行し各地で調査収集活動が行なわれていた。その途上、同艦は前世紀以来たびたびデンマークが植民地化を試みたニコバル諸島にも立ち寄り、徹底的な調査を行なうとともに、改めてデンマークによるこの地の領有を宣言した。遠征司令官は、島民のなかから行政官を指名したり旗を各所に設置したりするなど、実効支配への道筋をつけたが、やがて国内でのニコバル諸島への関心が薄れ植民地化は進行しなかった[77]。

では、これらの両著作のなかでニコバル諸島はどのように描かれているのであろうか。まずヘンゼルの手記に注目すると、そこで描写される「平和的で温厚な善良人種」「怠惰で不潔な未開人種」というニコバル島民の両面性は、『遠征記』に見られた前記のステレオタイプと完全に重なっていることが分かる[78]。また、ヘンゼルは具体例を挙げて、「悲しむべき無知の状態」にある島民の宗教的無理解を悲嘆し、布教失敗の原因として生活様式に起因する風土病の存在や重労働に耐え得る人手の確保の問題などを指摘していた[79]。この点も、先ほどの『遠征記』の記述と符合しており、『遠征記』ではヘンゼルの訴えに応えるかのようにその具体的な解決策が科学を用いて提示されることになった。

また、ヘンゼルは言語上の障壁を乗り越えた先にある教化の未来像を示して次のように語る。

我々のうちいずれの者も、救済に関する神の意志を現地人にはっきり説明できるくらい完璧にニコバル語を習得することはできなかった。しかし私は、それらがどうしようもなく絶望的なものだとは思わない。もし上述した障害がとり除かれたならば、福音は成功裡に彼らに伝達されるであろう。(80)

布教の前提として現地言語の習得が必要であるというヘンゼルのこの訴えかけも、ノヴァラ号遠征では科学の力によって前へと進められた。というのも、民族学に精通していたシェルツァーは、現地人への聞きとり調査によってニコバル語とドイツ語の対応表を作成していたのである。(81)ヘンゼルの名は『遠征記』にも登場していることから、シェルツァーがヘンゼルの提示した上記の課題や未来像を意識していたことは確かである。こうして、宣教師ヘンゼルが訴えた「文明化の使命」が半世紀の時を経てシェルツァーに受け継がれていく様子が見てとれる。

一方、デンマークのジャラスィア号遠征記でも、ノヴァラ号の『遠征記』『旅行記』と似たようなエピソード描写や認識判断が数多く見られる。たとえば、島民の歓待の背後にある西洋人への警戒心や不信感、「臆病」で猜疑心の強い気質、無知・無関心で「怠惰」な性格、長い数を数えられず記憶力が欠如している「劣等」性、さらには「文明」や「文化段階」という指標を用いた北部と南部の差の解釈は、いずれもノヴァラ号の『遠征記』『旅行記』に見られる内容と大部分で一致する。(82)これらの観察結果からデンマークの遠征隊が結論づけたのは、文明化した国民との接触が少ない「ニコバル人種は、高い精神的資質に欠け、そもそも発展度の低い段階にあることがすべてのことから浮かび上がってくる」(83)というものであった。こうした主観的な価値基準を用いたニコバル島民に対する認識は、ノヴァラ号遠征にも受け継がれており、文明化と植民地化の一体性という点でも両者はきわめて似通った結論に至る。つまり、自然の開発やキリスト教化を通じて「文明の恩恵」に気づかせられたならば、島民は自然の産物の増産とそれによる利益を認識する。そして新たな欲望や需要を掻き立てられた彼らは、不信感や怠惰を改め、キリスト教を施された役に立つ労働者になるとされた。(84)

以上の比較から分かるように、オーストリア初の国家的な世界周航事業であったノヴァラ号遠征は、それ以前の西洋の世界遠征と国の垣根を越えて精神的に結びついていた。公式上も、ノヴァラ号の遠征が掲げていた事業目的のなかには、デンマーク遠征隊によるニコバル諸島での「価値ある仕事」、すなわち十数年前に遂行されたジャラスィア号の科学調査を引き継ぐ旨が謳われていた[85]。実際、ノヴァラ号遠征隊による測量や地図の補正作業は、ジャラスィア号によって作られたニコバル諸島の地図の精緻化につながり、国際的に高い評価を得た[86]。しかし他方で、継承されたのは実用的・科学的な知にとどまらず、非西洋世界に対するまなざし、および植民地化と文明化に対する揺るぎない自信、そして使命感までもが国境と時代を超越していく様子を我々はそこで目にするのである。

2　言説のトランスナショナルな広がり

こうしたニコバル諸島をめぐる言説の連関は、現地に赴いた当事国のデンマークやオーストリアにとどまるものではなかった。それがニコバル諸島とは無縁であったプロイセンの言論界へも波及していった様子は、『フォス新聞』編集者フランツ・マウラー（Franz Maurer）の著作に見られる。マウラーは、プロイセンによるニコバル諸島領有を説いた自著『ニコバル諸島』（一八六七年）のなかで、『遠征記』などノヴァラ号遠征の刊行物に触れているため、シェルツァーの植民地論から少なからず影響を受けていたと思われる[87]。ただし、マウラーはノヴァラ号のニコバル調査はジャラスィア号遠征のそれをなぞったにすぎないと酷評し、論述自体はむしろ後者の遠征記を直接の土台としている。このことは、普墺の抗争が頂点に達していた当時の時代背景を暗示しているともいえるが、彼のノヴァラ号遠征に対する痛烈な批判や個人攻撃は、ノヴァラ号遠征の随行学者フラウエンフェルト（Georg von Frauenfeld：遠征隊動物学担当）との間で激しい論争を引き起こすことになった[88]。いずれにせよ、ニコバル諸島への渡航経験がないマウラーは、その情報をヘンゼルの手記やジャラスィア号、ノヴァラ号の記録に依拠していた。それゆえ、マウラーの言説や植民地化提案は決して彼のオリジナルな発想とみなすことはできない。デンマーク、オーストリアと続いたニコバル諸島への関心、ならびに植民地化の前提として集積された知識は、複数のドイツ語遠征記を通じてプロイセン言論界に流れ込んでいたと見るべきであろう。

一八六〇年代のプロイセンでニコバル諸島に関心を寄せていた著述家はマウラーだけではなかった。歴史研究者で植民地プロパガンディストであったエルンスト・フリーデル（Ernst Friedel）も、ニコバル諸島の植民地化を唱えた論客の一人であった。彼の主眼はあくまでも台湾の領有にあったが、アジア島嶼部へのプロイセン（北ドイツ連邦）の広範な植民地進出を提唱し、そのなかにニコバル諸島も含まれていたのである。しかしながら、やはりフリーデルもニコバル諸島をその身で体験したことはなく、この地の名前が彼の口から出るのはいささか奇妙である。やはりそこには、ジャラスィア号とノヴァラ号遠征の影響をうかがわせる。実際、フリーデルがシェルツァーの植民地構想を認知していた様子は、その著書『インド洋と太平洋におけるプロイセン＝ドイツの植民地建設』（一八六七年）のなかに間接的に見出せる。彼はそこで、「我が民族に対し、理論的、実践的に自前の植民地化への心構えを説こうと努めた当代一流の学者・旅行家」として、ヴィルヘルム・ロッシャー、フリードリヒ・リスト、カール・リッター、カール・フリードリヒ・ノイマンといった名だたる学者と並び、異邦のシェルツァーの名を挙げているのである。[89]

以上の事実関係を踏まえると、一八六〇年代にプロイセンで植民地獲得のプロパガンダを展開したマウラーやフリーデルの著作には、ノヴァラ号遠征が残した植民地問題の痕跡が見てとれる。それゆえここでは、彼らの著述の中身に踏み込み、ノヴァラ号の『遠征記』に見られた植民地主義の言説と比較してみたい。つまり、ともに植民地の非保有国にとどまった普墺両国で流通する著作物を通じて、当時のドイツ語圏を覆った「植民地なき植民地主義」の一端を捉えてみたい。

まず、プロイセンによる植民地進出の矛先としてアジアと太平洋を挙げている点では、フリーデルとマウラーの方向性は一致する。二人の念頭には、五年前にプロイセンの東アジア遠征隊が切り開いた新たな通商路が浮かんでいたものと思われる。また、アジアにおける植民地建設は、一八六六年の普墺戦争による勝利と北ドイツ連邦の成立という時代背景から察するに、今後進められていくべきプロイセン主導による国家統合の象徴としての意味合いも含まれていた。

ドイツ人の勤勉さやドイツ文化に対し実に計り知れない場を開く当地東アジアにおいて、そう、すでにドイツがあの輝かしきイギリスに次ぐ一級の通商国家になっている東アジアにおいて、さらには太平洋とインド洋において、植民地領有への歩みを始めよとの神の思し召しがドイツに向けられているのである。(90)

アジアをプロイセン＝ドイツにとって最初の植民地進出の場として想定するフリーデルの考えは、マウラーによっても共有され、とりわけその目はニコバル諸島に向けられる。マウラーはニコバル諸島を実際に訪れたことはなかったが、一八五一年の自身のデンマーク訪問が彼とニコバルを結びつける契機となっていた。コペンハーゲンの民族学博物館を訪れたマウラーは、そこでデンマークによるニコバル諸島植民地化の歴史を知ることになった。さらには、デンマークが一八四八年にそれを放棄している事実を確認し、プロイセンによるニコバル継承の可能性を探り始めるのである。

この教育しやすく未熟な人間たちは、その土地とともにいま再びヨーロッパ人によって獲得され得るだろうか？　建設過程にある海軍の助けを借りてニコバルを領有することで、プロイセンは植民地支配のキャリアを開始することはできないだろうか。(91)

ドイツ人の海外移住急増による国力低下を危惧し、同時に軍艦の在外基地建設の必要性を感じていたマウラーにとって、ニコバル諸島は海軍との共同歩調によって領有をめざすべき土地として映ったのであった。(92)ただし、デンマークの植民地化失敗の事実を知っていた彼は、熱帯特有の風土病を気にかけ、「二大災厄」であるマラリアと赤痢の原因について医学者の現地記録をもとに細かく分析している。[93] こうした検証によって彼が導き出した結論は、これまでの植民地化失敗の原因が気候にあるのではなく、入植者自身の認識や生活法にあり、それゆえ克服は可能であるという『遠征記』と同様の筋書きであった。[94]

入植の阻害要因をこのようにとり除いたうえで、マウラーは『遠征記』以上に具体的なニコバル植民地化案を描いていく。それでは、その支配の対象となる島民を彼はどのように見ていたのであろうか。ニコバル諸島の島民を「ごくわずかしか文化の恵みに浴していない未開人[95]」と断じたうえで、彼らへの慈悲深い扱いがもたらす効果をマウラーは次のように説く。

寛大で慎重にニコバル人を扱うことで、確実に以下のことが期待され得る。つまり、近いうちに彼らのなかから有能な港湾労働者（荷物運搬人、船頭）、漁師、配達人などを生み出すことが可能であり、そうすれば、黒人や黄色人のプロレタリアートが居つくことを防げるであろう。[96]

このようなマウラーの考え方は、現地住民を排除するのではなく、物質的、道徳的な向上へ導くべきだと訴えるフリーデルの主張と合致し、また、西洋人の監督下で労働に励む島民の未来を描いた『遠征記』の理想像とも通ずるものがある。[97] ただ、ニコバルを占領した後、島民は進んで住居の賃借に応じるであろうとマウラーは楽観視しており、ジャラスィア号やノヴァラ号の碇泊中に島民が見せた困惑ぶりと警戒心を彼は無視している。[98] 自身が描く植民地化の構想や理想像に沿うように事実を都合よく解釈するこうした自己中心性は、すでに見てきたように、ニコバル諸島に関するいずれの著作にも共通して見られる基本姿勢であった。

島民のあり様を自己中心的に解釈するこうした態度が、「文明化」という植民地支配の正当性と結びつくことは

『遠征記』の言説分析で見た通りである。同様の理論装置は、フリーデルの著作のなかで登場する台湾観からも浮かび上がってくる。プロイセン（北ドイツ連邦）による台湾領有を説く彼の著作は、地誌・民族誌とともに政治経済などあらゆる観点から台湾の植民地化の可能性を探っていた。なかでも、植民地化を「善行」と位置づける以下のような論理構築に注目したい。まず彼は、台湾全島のうち中国の支配地域は八分の三にとどまり、残りの八分の五は海賊や「野蛮人」の手にあるか、完全な「無主」の土地であると断定する[99]。つまり、周辺を航海する船乗りや漂着者が被る残忍な仕打ちやカニバリズムなど、島民の「野蛮」性を具体例とともに徹底的に挙げ、この地域一帯が危険極まりない場所であることが印象づけられる[100]。こうして、「プロイセンの軍艦が全ドイツ民族の名で、あのイギリスの見本に倣って台湾南西部の住民に対して責任を追及するのみならず、彼らの土地を永続的に占領し、あの恐るべき悪事にきっぱりと終止符を打つまさにその時期が来たように思われる[101]」という形でドイツによる植民地化が正当化されるのである。

さらに正当性のレトリックは、植民地占領後の統治に向けても準備が施される。「信仰告白なくして宗教などなく、宗教なくして倫理はなく、最高の倫理はキリスト教のなかで体現される[102]」と、フリーデルはキリスト教＝「道徳・倫理」という普遍性への絶対的確信を抱いていた。そのうえで彼は、未開で幼稚なアジアの住民を「異教という暗黒の世界から救済[103]」するドイツの宣教・文明化の使命を説くのである。この文明化と植民地化の論理的結合は、すでにノヴァラ号『遠征記』のなかでも見た通りである。現地人への教化や物質的向上といった「善行」が掲げられることこそ、他者支配への良心の呵責を抑え、莫大なコストへ向けられる国内からの批判をはねつける理論的装置となるのである[104]。こうしてフリーデルは、「植民地化の歴史とは、地球上での文化および人類への道徳倫理の拡散の歴史である[105]」と捉える。そして、「歴史が示すように、道徳や教養の抜きん出た民族こそ最良の入植者[106]」であったとし、ドイツこそがその適性を有する国家であると結論づけるのであった。そこでは、現地住民の「未開性」の強調やキリスト教文明国としての使命感を叫び、植民地支配を正当化する姿勢がうかがえる。これもやはり、オーストリアで見られたノヴァラ号の『遠征記』と深く通ずるところがあるといえる。

以上のように、一八六〇年代のオーストリアとプロイセンの著作物に表れたアジアの島嶼をめぐる言説は似通っていた。国家としての海外進出に後れをとっていたとはいえ、両国とも西洋の思想空間に身を置いていたがゆえに植民地主義的な非西洋観から免れることはできなかったと思われる。さらに我々はここで、第一章で用いた「ドイツ」という広い括りを改めて思い出す必要があるかもしれない。つまり、一八六〇年代の未統一の「ドイツ」、ならびにドイツ語という共通の言語を通じて人や活字媒体が結びつき、海外や植民地に対する見方が共有された現実である。オーストリアとプロイセンの決定的な違いは、前者がその後も「植民地なき」帝国にとどまった一方で、後者は一八八〇年代に積極政策に転じ、世界各地に植民地を有する帝国になったという事実である。とはいえ、別の道を歩む両国の植民地主義は、やがてナチズムによる合邦（Anschluß）を経て同じ軌道に乗り、対外膨張の野心を共有するに至ったことを忘れてはならない[107]。

では、プロイセン＝ドイツ帝国のその後の歴史を考えたとき、一八六〇年代のニコバル領有構想とは何だったのであろうか。マウラーは、著作のなかでニコバル植民地化の意義を次のように指摘していた。

　ニコバルはアジア水域における我が海軍力の枢要な基地となり、東アフリカ、インドシナ、東アジア、スンダ列島、オーストラリアといったあらゆる方面にドイツの植民地拡張が広がるための出発地となるであろう。見事なナンカウリ港［ニコバル諸島随一の良港―筆者註］を有するこの諸島がなければ、スンダ列島以東における将来のあらゆる植民地化の試みはいわば宙に浮いたものにすぎない[108]。

つまり、ニコバル諸島はアフリカからアジア太平洋にかけての広大な植民地進出の前哨基地として想定されていた。プロイセン主導のドイツ統一と国力の増大を背景とした「世界政策」が一八六〇年代の民間の植民地プロパガンダのなかにすでに内包されていたのである。同様の大望はフリーデルのなかにも見受けられる。彼は東アジアの植民地として台湾およびその周辺小島（澎湖諸島など）を獲得した後、リレー・ステーション（中継地）となるべく宮古島、ニューギニア、ニュー・ブリテン島、ニュー・アイルランド島、ニコバル諸島、カロリン諸島、ボルネオ島北部、東アフリカの領有を提起していた。[109]これらのうち、宮古島、ニコバル諸島、ボルネオ島以外はすべて後にドイツ帝国の植民地となることから、インド洋から東アジア、太平洋に至る世紀末の広大な植民地帝国の出現をすでに彼は先読みしていたことになる。このような遠大な構想の背後には、現在進行中の海軍の急成長とプロイセン＝ドイツの経済的伸張への期待、愛国心に燃える自国の役人や軍人のマンパワーへの自信といったものが潜んでいた。[110]ドイツ植民地帝国の萌芽は、精神面だけでなく具体的な対象地をめぐっても一八六〇年代にははっきりとした形を現し始めていたといえよう。[111]

もっとも、ドイツ植民地史の先行研究を見る限りは、マウラーやフリーデルが提起したニコバル諸島獲得案が当時のビスマルク政府や海軍の首脳部において真剣に考慮された形跡は見られない。そもそも、オーストリアやプロイセンの動きを察してか、イギリスはそれまでの無関心な態度から一転して一八六九年にニコバル諸島を併合し、シェルツァーが危惧していた事態が現実のものとなった。[112]そして何よりも、ニコバル諸島の置かれた環境を冷静に見定めた時、この地が植民地として発展する可能性は思い描いていたほど高いものではなかったのかもしれない。ノヴァラ号の遠征からおよそ三〇年後、同地を探訪したあるオーストリア人海軍軍医は次のような評価を下し、植民地化の自重が正しい選択であったと断じている。

私が申し述べたいのは次のことだけである。ニコバル諸島は、東インドにおける唯一のオーストリアの植民地としてそれほどすぐに利潤を生むものではなく、煩わしく費用がかさむことが時間の経過とともに明らかになるに違いなかった。諸島内のいずれの地も、ペナンのジョージタウンないしはシンガポールと似たような商業都市を建設するうえで不向きであり、諸島全体やそのなかの一つの島の将来を見通すこともできない[113]。

いずれにせよ、一八五〇年代末から一八六〇年代に普墺両国で登場したニコバル領有をめぐるプロパガンダは現実世界を変えることはなかった。とはいえ、ニコバル諸島とは異なる場所で、つまりアフリカから太平洋にかけてドイツの植民地帝国が建設されたゆえ、一八六〇年代にプロイセン人が描いた構想はある程度叶えられる結果になった。また一八八一年にシェルツァーは、ノヴァラ号遠征時の現地滞在体験をもとに、ニコバル諸島に代わる植民地候補地としてソロモン諸島の可能性を挙げ、その有望性をドイツ語圏の読者に紹介していた[114]。その数年後、ソロモン諸島の北部はドイツの植民地に組み込まれ、シェルツァーの願望は同じドイツ語圏の友邦の手で叶えられることになった。ノヴァラ号遠征の著作物やマウラーとフリーデルの著書から確認できる「植民地なき植民地主義」は、ニコバル諸島という特定の地に限定されたイデオロギーではなく、時代や状況に合わせて対象を自在に変えられる柔軟性を持っていたといえよう。

第四節　太平洋島嶼をめぐる植民地主義言説

1　ニコバル諸島から西太平洋へ

ノヴァラ号の遠征隊が植民地として獲得を意図していたのは、インドとマレー半島の間に位置するニコバル諸島であった。それゆえ、本章では植民地主義の手がかりをこの諸島に関する言説のなかに求めてきた。確かに、こうした言説は現実を変えるには至らず、政治レヴェルでハプスブルク帝国が植民地化を実行することはなかった。ただし、ニコバル諸島の植民地化計画は極秘裏に進められ、一般国民は関知しなかったとするミュックラーの解釈は正しくない。[115]新聞雑誌に掲載された旅行記や公式『遠征記』をつぶさに見て分かる通り、ニコバル諸島をめぐる記述には植民地化の本意をうかがわせる言説があふれていた。たとえ、オーストリアによる占領を声高に叫ぶ言辞が見られずとも、獲得の正当性と使命感の訴えに刺激された読者は、すでに遠大な計画のなかへとり込まれていたと見るべきではないか。また、『遠征記』が英語版でも公刊されていたことに鑑みれば、その後島の支配者となるイギリスの姿勢に同書の言説がまったく意味を持たなかったと断じることもできないであろう。大衆読み物で再生産されるオリエンタリズムや植民地主義は、一つの国家の枠内にとどまることなく、他国の植民地膨張を誘発するエネルギーを秘めていたからである。[116]

一方、オーストリアで見られた各種の植民地構想にしても、プロイセンにおけるマウラーやフリーデルのプロパガンダにしても、対象とする植民地の候補はニコバル諸島に限定されていなかった。前述の通り、彼らの視線はインド洋や東南アジアを越え太平洋の島嶼部にまで広がっていたのである。このように考えると、そこで見られた植民地主義はニコバル諸島の植民地化に正当性を見出すイデオロギー装置であったばかりではなく、広く太平洋の島々まで包含した遠大な世界観の一部であったと考えられる。[117]というのも、『遠征記』や『旅行記』などノヴァラ号遠征関連の著作は、特定の地域への旅行について記されたものではなく、世界一周の体験記であったからである。それゆえ、今まで挙げてきたニコバル諸島の記述は、遠征途上で立ち寄った他の非西洋地域をめぐる言説と無関係に独立したものではあり得なかった。遠征参加者たちは、立ち寄ったある島とある島を比較したり、無意識に認識を重ね合わせたり、あるいは世界的規模での序列化を試みていた。たとえば、『ライプツィヒ絵入り新聞』に連載された旅行記では、腰巻だけの裸姿であったポナペ島（ミクロネシア・カロリン諸島）の島民は、ニコバル島民と外装が似通っていたため同じ「未開人」として挿絵つきで描写された。それに対して、ヨーロッパ人との交流が盛んな南太平洋のステュアート諸島の島民は、ヨーロッパ式の衣服を身にまとい、遠征隊員とチェッカーゲームの対戦までできる例を引いて「文化の進歩」しつつある民族として描かれている。[118]南国の島々の間にも「未開」の程度差があるというこの認識は『遠征記』にも共通していた。

ソロモン諸島の住民は、全航程で出会った人間のなかで最も未開な人間である一方、シカヤナ［ステュアート諸島─筆者註］の誠実な住民は、我々が遭遇したなかで最も道徳的かつ友好的な未開種族であるという印象を抱いた。(119)

同様にホッホシュテッターも、ソロモン島民との対比のなかでステュアート諸島の島民の様子を好意的に綴っている。彼にとって「ここの住民は、タヒチやサンドウィッチ諸島の発見者によって書き留められたあの美しくて大きい、魅惑的な真の南洋の島民」であり、クックやブーガンヴィル、ディドロやルソーらによって語り継がれてきたステレオタイプに合致する人間像であった。(120) 一方、外見的にも内面の点でもその理想像から外れるソロモンなどの島民は、単に「野蛮人」「食人種」という烙印を押されていた。こうして、自分たちが抱くイメージや美的価値観に合わせ、太平洋の島々は分類されていったのである。

それでは、ソロモン諸島の住民（とりわけマライタ島民）が「最も未開でまったく文明化していない人間（die wildesten, uncivilisirtesten Menschen）」(121) である根拠は何か。逆に、ステュアート諸島の住民のなかに「文化の進歩」を見出すのはなぜか。『遠征記』のなかで描かれる両者の姿から察するに、その差は次の二つに集約される。第一に、ステュアート島民は英語を話し各自がイギリス式の名前を持つのに対し、マライタ島民は英語をまったく話せないというコミュニケーション能力の問題が挙げられる。第二に、ステュアート島民は家畜や野菜を育て、西洋人が来航した際には物々交換を積極的に求める他、西洋式のゲームまで興じることができる外向的な民族とされた。それに対してマライタ島民は、物々交換の品（布、衣類、タバコなど）をこちらから掲げても交易に応じず、そもそも交換物としての生鮮品を彼らが保有していない事実を根拠に、交易能力や知的好奇心が劣るという判断が下された。(122) つまり、西洋人との接触の頻度こそが、原始状態にとどまる「未開人」と進歩の兆しを見せる「半未開人」の違いを生む根本的要因であり、精神的・道徳的な進歩を図るうえで、西洋との交流が不可欠であることを暗にほのめかしているといえる。

もっとも、このように肯定的に評価されるステュアート島民との交流が、ノヴァラ号の遠征隊に対して思いもよらぬ嫌疑をかける事件も起こった。同島滞在中、ノヴァラ号の水兵が現地人に対して働いた暴力・略奪行為をめぐるニュースがシドニーの新聞から発せられたのである。後日、遠征から戻ったホッホシュテッターとフラウエンフェルトは、これが根も葉もない作り話か勘違いであるとして記事の内容を否定している[123]。その真偽のほどは定かでないが、彼らが「未開人」とみなす異質な人間と接触する際の脆さ、および「文明化」の正義を揺るがす行為に対する当時の西洋社会の厳しい目を示す事例であったといえよう[124]。

2　ニュージーランドとタヒチをめぐる言説

我々がすでに見たように、「野蛮人」は西洋の人と文明に触れることにより「未開」から引き上げられるという言説が構築され、その接触は各所で肯定的に捉えられてきた。同様に、『ライプツィヒ絵入り新聞』の連載旅行記でも、西洋文明との接触は「文化の進歩」のための重要な要素と位置づけられ、特に西洋における教育の有無が重視されている[126]。そこでは、中国人や黒人の子息にヨーロッパで教育を受けさせる「実験」の意義が次のように語られる。

学校の授業や教育が黄金海岸の黒人から何を生み出すことができるか、ならびに、抑圧され、キリスト教文明のわずかな影響しか受けていなかったことが現在の黒人種にどれほど惨めな状況をもたらしていたか、その証拠を示すことが肝要であった。そして実験は成功しているのであった[126]。

同様の「文化の進歩」の効果は、ジャワの官営医学学校でも期待され、セレベス島の食人種の子どもが医学校では優等生として西洋医学の修得に励んでいる様子が同紙で紹介される。[127] さらにニュージーランドでは、南太平洋の原住民の子弟を対象としたミッションスクールの状況とその意義を説明するとともに、マオリの首長がイギリス女王に発した感謝の弁を掲載するなどイギリスの植民地統治を好意的に紹介している。[128] ニュージーランドを離れる際の執筆者（署名なし）の次の言葉には、「文明化の使命」の重要性とそれに成功するイギリスの植民地統治への賛辞が込められていた。

我々はしばしばその幸福な地へ思いをはせたのであった。大変喜ばしいことに、そこでは理性的で勤勉でなおかつ寛容な宣教師たちや知性を備えた入植者たちが、未開で無知な民族を動物的な状態から引き上げ、彼らを徐々に文化に慣れさせることに成功したのである。一般には最も難しいことではあるが、このニュージーランドでまさに最もうまくいっているのが、文化を通じてすべてがよくなるということをこの流浪の民に納得させられたことであり、さらには、彼らの新しい主人に感謝の念を抱かせるに至ったことである。植民地化の恩恵、理性的な教育、宣教師たちの道理にかなった信頼できる所業、人道や道徳に基づく指導や束縛、強固な基盤に立った漸進的な建設事業、これらはみな入植者としてのイギリス人に由来するものであることを認めざるを得ず、まさにこの現在の航海において、ニュージーランドからタヒチへと向かうなかで、イギリスとフランスという二つの植民地システムを比較する機会を我々は有するのである。[129]

それでは、ニュージーランドでこのような理想的な植民地統治を目撃したノヴァラ号の遠征隊は、次なる寄港地タヒチにおいて何を観察し、英仏の統治システムの比較から何を学んだのであろうか。『ライプツィヒ絵入り新聞』の旅行記では、ノヴァラ号を迎えるフランス当局の歓待を好意的に受け止めていた。しかし、倫理、礼節、法の遵守を重視するイギリスとは対照的に、フランスが入植地にさまざまな悪習を植えつけ、とりわけニュージーランドで厳重管理されていた飲酒癖の陋習がタヒチにおいて蔓延している現状が批判される。また、英語が普及している英領植民地とは異なり、タヒチでは一五年にわたる統治にもかかわらず現地住民がフランス語を習得していない状況を憂えている。つまり、支配者側の言語を根づかせることが理想的な統治の要件として認識されていたのである[130]。

同様に、『遠征記』もタヒチにおける統治や発展の様子に触れたうえで、「フランス人は植民地化の試みに何ら成功していない。彼らはそもそも実務的な入植者ではない」と手厳しい評価を下している[131]。そしてここでもやはり、その対極にあるイギリス植民地の理想像を挙げ、英仏植民地システムの優劣が論じられるのである。

イギリスは、善良で死にゆく人種が居住する自然に恵まれた島々や大陸をあらゆる通商国家に無制限に開放している。つまり、自由な制度を敷くことによって労働に従事する入植者を惹きつけ、科学や調査によって占領地の天然資源を発掘し、万人の便益のために活用しようと努めている。イギリスは、キリスト教文化の種子を地上のはるか彼方へ運び、活力、勤勉、道徳的誠実さを通して、最も未開な民族に対してさえ、白色人種の精神的優越性、力や偉大さといったものに対する敬意や賞賛の感情を引き起こさせるすべを心得ているのである！[132]

自由であり、かつ道徳的には厳格な法の影響下に置かれたならば、タヒチはすぐにでも南洋の貨物集散地、すなわちオセアニアのシンガポールへと飛躍したであろう。それに反してフランスの庇護下に置かれたことで、淫乱で性的衝動に駆られる住民の住むこの島は、かつてフランスのある船乗りが冗談めかして名づけた「新シテール島」［シテール島：一八世紀初頭のフランスの画家ジャン・アントワーヌ・ヴァトーの作品に描かれた愛の島──著者註］となってしまっている[133]。

このように、イギリス植民地の統治システムを賞賛しつつ、一八世紀末以来の英系プロテスタント・ミッションによるタヒチでの布教や教育的成果を評価する一方で、現在進行中のフランスの統治には疑義が呈されていた。[134]しかし、そこでは統治を受ける側、つまりタヒチ島民へ真摯に目を向ける姿勢は見られない。彼ら住民は、普遍的なキリスト教文明を享受し、科学や勤労の力によって物質的向上がもたらされ、通商世界にとり込まれることで恩恵を被る客体として描かれるだけである。そうした世界観のなかでは、タヒチの島民は主体性のない「未開人」にすぎなかったのである。しかしその一方で、「優等な」人種との接触がもたらす不可避の運命に身をさらす「悲劇の種族」という別の一面も映し出されている。

タヒチ人は彼らの文明の上昇限度に達してしまい、他の多くの有色種族がさらされているのと同じように、不気味な自然法則に従って、彼らの麗しい居住地を活動的で成長能力の高い人種にゆだね、民族のリストから名前を削除される衝撃的な運命にさらされているようである。[135]

自然淘汰の議論や社会進化論が猛威を振るう前の時代とはいえ、アメリカ大陸への私的な調査旅行の経験のあるシェルツァーは、アメリカ大陸やオーストラリアで目にした先住民族の運命をタヒチ島民に重ね合わせたのであろうか。いずれにせよ、一方では西洋との交流が各地の住民に与える便益を説きながら、他方では、それによる必然的な淘汰・絶滅を説くこの矛盾した思考体系のなかに、西洋にとって都合よく解釈される植民地主義イデオロギーの本質が隠されているといえよう。

第五節　マオリから見た「植民地なき植民地主義」

1　ウィーンに渡った二人のマオリ

これまでの議論から明らかなように、一九世紀中葉のオーストリアの世界遠征は、主要紙やベストセラー書籍を通じて「植民地なき」この国の内部に植民地主義のイデオロギーを固定化させる一助となった。その根底にあるメンタリティは、いくつかの条件が重なることで政府の植民地獲得政策を現出させ、同時にそれを支える正当化の論理をも作り出していた。さらには前節でも見た通り、アジア太平洋地域の別個の島々に対する認識が相互に重なり合ったり、比較分類されたりするなかで、一つの強固な信念や思想体系が構築される現象も我々は目にした。つまり、ニコバル諸島は決して「特殊な」まなざしの対象ではなかった。当時のオーストリアにおける植民地主義が発露し表現された舞台の一つだったのである。

こうして、ハプスブルク帝国の「植民地なき植民地主義」は言説そのものを見る限りにおいては、植民地を領有する西欧社会のものとそれほど大きな違いがなかった。植民地を統治せずとも支配者目線で非西洋世界をまなざし、支配者のあるべき姿に考えをめぐらしていたのである。では、我々はこうした植民地支配の有無を超えた共通性を見るだけで十分であろうか。「植民地なき」帝国ゆえの独自性というものもそこには内在していたのではないか。

そこで本節では、逆にハプスブルク帝国を「まなざされる」対象に置き換えて、当時オーストリア社会に直接触れた非西洋人の言動に注目してみたい。具体的には、イギリス統治下の被支配民族であるマオリの訪墺をとり上げ、彼らとオーストリア人との双方向のまなざしを検討する。そのエピソードは、ノヴァラ号がニュージーランドに立ち寄った際、二人のマオリを補充用の水兵として雇用し、彼らがノヴァラ号とともにオーストリアへ渡ったことに始まる。およそ九ヶ月間にわたる彼らのウィーン滞在のエピソードに関しては、日記を英訳収録した著作や学位論文が発表され学術的な関心が高まっている。[136]これらの先行研究は異文化接触のエピソードに重きを置いているが、ここでは、植民地主義の文脈のなかでこのマオリのウィーン滞在やオーストリア観を捉え直し、「植民地なき植民地主義」をとり巻く問題を考える手がかりにしたい。

一八五八年一二月、ニュージーランドに立ち寄ったノヴァラ号の遠征隊は、艦内の労働力不足を解消するために水夫を現地で募集した。この呼びかけに応じたのは、四人のマオリと一人の混血住民であった。ヨーロッパへの航海を望んだこの五名のなかから、イギリスの植民地当局は二名のマオリを選抜し、彼らはノヴァラ号の補充船員として帰国まで同行することになった。[137]ノヴァラ号が世界周航中に非西洋人の船員を雇い入れるのはこれが初めてではない。ケープ植民地に寄港した折、補充用の水夫を必要としていた遠征隊に対して、現地のイギリス総督は五名の服役中の現地人を提供していたのである。彼らには航海終了後の帰郷が保証されていたが、そのうち二名がニュージーランド寄港時に逃亡してしまったことで、新たな船員をマオリのなかから採用する必要が生じたのであった。[138]ちなみに、残った三名の黒人水夫は、航海中に従軍司祭からイタリア語とドイツ語、そしてキリスト教を教授されており、その成果は以下のように語られている。

こうしたさまざまな努力の喜ばしい結果として、この知的情熱を持った人物［従軍司祭エドゥアルト・フォン・マロッチーニ―著者註］は詳細な語彙表、およびカフィルの言語（Kaffernsprache）で彼がまとめたコンパクトな教理問答をヨーロッパへ持ち帰った。同時に、三人の黒人の信徒（Schwarzen Zöglinge）たちがキリスト教世界で受け入れられるだけの準備を施したことで、彼らはオーストリア帰還からわずか数ヶ月で、トリエステのメキタル教会において洗礼を受けることができたのであった。[139]

シェルツァーのこの言葉に示されている通り、非西洋人を乗艦させるメリットは労働力の補完だけではなかった。

一方では、その人物と日常生活をともにするなかで、彼が話す言語への通暁、およびキリスト教理の現地語への翻訳が成果としてもたらされた。また他方で、非西洋の人間が西洋の言語やキリスト教を習熟し得ることを示す明瞭な「生き証人」を生み出すことができた。こうして、彼ら黒人の異教徒がノヴァラ号のなかで教化され、渡欧後もオーストリアで暮らすことが可能となった様子が『遠征記』では誇示されるのである。ニコバル諸島で語られた「文明化」が決して絵空事などではないことを証明する意図があったといえよう。(140)

それでは、ノヴァラ号に乗艦した前記二名のマオリはその後どうなったのか。一人は、推定三二歳の部族の有力者で名をウィレム・トエトエ・トゥモへ(Wiremu ToetoeTumohe)といい、一五歳の時にイギリス人宣教師から洗礼を受け、管区の郵便業務に携わっていた。もう一人は、トエトエの親戚の子で名をテ・ヘマラ・レレハウ・パラオネ(Te Hemara Rerehau Paraone)といい、一二歳から一八歳までイギリス系のミッションスクールに通った推定二〇歳の青年であった。二人はホームシックや船酔いに苛まれながらも無事航海を終え、一八五九年八月末にノヴァラ号でオーストリアに入国すると、ウィーンの国営印刷所に勤務して印刷技術を学ぶことになった。トエトエとレレハウは、シラー生誕百周年祭やノヴァラ号遠征の祝賀会に列席した他、皇帝への「拝謁」、科学アカデミーへの招待、シェーンブルン動物園や工場を見学するなどさまざまな異国体験をし、一八六〇年五月末にロンドン経由で帰国の途についた。(141)なおウィーン滞在中、彼らはシェルツァーやホッホシュテッターらかつてノヴァラ号内で懇意になった隊員たちとも交流を続けており、帰国時には、ホッホシュテッターがロンドンまでつき添った。その途上、シュトゥットガルトでヴュルテンベルク国王に謁見した後、ホッホシュテッターの生家に数日宿泊し、イギリスでも三人そろってヴィクトリア女王に「拝謁」している。(142)ロンドンでホッホシュテッターと別れを告げたトエトエとレレハウは、イギリスの連絡船に乗り、一八六〇年一〇月、およそ二〇ヶ月ぶりに再び故郷の地を踏んだのであった。

それでは、このノヴァラ号の帰還とともにやって来た二名のマオリに対して、ウィーンの社会はいかなる反応を示したのであろうか。マオリを迎え入れたオーストリアの人々は、彼らの流暢な英語や愛想のよさに目を奪われつつも、「未開」の地からやってきた「野蛮人」の本性に目を向けることを忘れなかった。つまり、今では茶や牛肉を好む彼らマオリが、以前は人肉をたいそう好んで食していたことを紹介し、エキゾチックで自分たちとは異質なこの訪問者を好奇な目で見ている。[143] ウィーン滞在中のマオリを映し出した新聞報道は、G・ザウアーの研究で紹介されており、そこでは当時のウィーンの各紙が「半未開人（Halbmenschen）」、「カナカ人（Kanake）」、「野蛮人（Wilde）」、「食人種（Menschenfresser）」といった表現でマオリの客人を描写し、カニバリズムや外見をめぐるカリカチュアが新聞の題材になっていた。[144] また、新聞報道は二人のマオリの変化にも関心を向けている。つまり、トエトエとレレハウがウィーンに滞在するうちに人肉嗜食から家畜肉の嗜食へ変わり、洋服を着用し笑顔あふれる表情を見せるようになったこと、さらには、敬虔なキリスト教徒になって日曜礼拝に通う様子など「文明化」の様子が報じられた。[145] しかし、両名ともすでに少年時代からキリスト教や西洋式の学問に触れていたことを考えると、「半文明人（Halbzivilisierten）」がウィーンで「文明化」していくというストーリーの描き方にはフィクションや誇張が混ざっている。こうしたレトリックは、ウィーン社会の文明度の高さとその感化能力を示すために用いられていたと考えることもできるだろう。[146]

2　マオリのオーストリア観

一八六〇年の秋、ニュージーランドへ戻ったトエトエとレレハウを待ち受けていたのは、入植者の増大と土地収奪に端を発するイギリスとマオリの軍事的抗争（一八六〇―一八七二年マオリ戦争）であった。トエトエとレレハウは、帰国時に皇帝から下賜され持ち帰った印刷機を使い、反英闘争のための新聞 "Te Hokioi" を一八六一年に発行する。マオリ王の側近が編集者を務めた同紙では、王の布告などが掲載され、また、この新聞の発行がオーストリア皇帝の好意（下賜品）によって実現したことも明示されていた。[147] その後、トエトエは一八六四年に政府軍に拘束され、さらに土地を没収されたことで一八八一年の死去まで貧しい生活を余儀なくされる。ノヴァラ号でヨーロッパへ赴き、西洋での生活を体験した彼が、帰国後どのような思いでその西洋人との戦争に身を投じ、同じヨーロッパの国であるオーストリアに対してどのような気持ちを心に抱いていたかは定かになっていない(148)。

一方、レレハウに関していえば、ウィーン滞在生活を綴った日記が遺されており、またイギリスとの戦争の後、彼を訪問したオーストリア人のある学者がレレハウとの会談録を伝えている。その学者とは、ホッホシュテッターの仲介で自然研究と収集活動のためにニュージーランドへ派遣されていたアンドレアス・ライシェク（Andreas Reischek）という人物である(149)。一八八二年の春にレレハウのもとを訪れたその人物が、かつて自分が滞在したオーストリアからの渡航者で、しかもヨーロッパ滞在中に世話になったホッホシュテッターにゆかりのある人物ということもあり、レレハウは彼を熱烈に歓迎した。そしてその会談の際、帰国後に反英闘争に身を投じた理由をレレハウは以下のように語った。

私はヨーロッパ人が好きでした。だから我々は彼らに土地を与え、友達として彼らを迎えたのでした。しかし彼らはますます多くのものを欲し、我々の主になろうとしました。我々がそれ以上土地を与えるのを拒むと、彼らは我々に戦いを挑み、最良の土地を奪っていきました。それゆえ、我々は敵兵士たちが近づくことのできない森や人目のつかない谷へ逃げ込まなければならなかったのです。それでもなお、ヨーロッパ人たちがこの最後に残された土地を奪おうとするならば、私は我が一族とともに最後の一人になろうとも戦う決意をしました。せめて、自由なマオリとして己の土地で死を迎えるために！(150)

このように、当初レレハウは、自身を温かく迎え入れ友好的に接してくれたヨーロッパの人々には好意を持っており、ニュージーランドに移住してくる彼らとの共存が可能であることを自身の渡欧経験から学んでいた。トエトエのこうした心境は、ニュージーランドへの帰国前にヴィクトリア女王の前で語った以下の言葉に示されている。

ニュージーランドで起こっている騒擾の報を聞き悲しく思っております。私の願い、希望は、私やワイカトの我が部族が、いついかなる時も現地総督の心よりの友であるということを女王陛下にお伝えすることにありました。ニュージーランドへ戻りましたならば、私は女王陛下に実際に直接お会いした旨を語って聞かせます。陛下の力や偉大さを、そしてイギリス国民の力強さを。私は語るつもりです、陛下がいかに慈愛に満ちてニュージーランドのマオリ民族のことをお考えになっておられるかを。(151)

ところが帰国後、貪欲な入植者とそれを支えるイギリス植民地当局による力ずくの土地収奪を目の当たりにした彼は、仲間とともに決起するに至った。しかしその反面、彼はオーストリアでのよき思い出や恩義は忘れておらず、同じ西洋でありながら、イギリスとオーストリアの間に明確な線引きをする。そのことは、オーストリアへの変わらぬ敬意を表明する皇帝宛の手紙をライシェクに託したことや、飼っている鳥にドイツ語のフレーズを覚えさせており、実際来客の折にその鳥が „Guten Morgen, Herr!“ と発したエピソードがライシェクによって紹介される。(152)

では、レレハウのオーストリアに対する好意の源泉はどこにあったのか。それが九ヶ月間のウィーン滞在経験にあることは以下の日記の記述からも分かる。

ここでは、これらの人々、すなわちドイツ人［オーストリア人―著者註］たちの善良さについて記す。彼らはとてもすばらしい人々であり、我々がヨーロッパの国で出会ったなかで最もすばらしい。彼らの家屋、食べ物、飲み物はなんとすばらしいものか。彼らの家々に招かれ、我々のために用意された食事をご馳走になり、いろいろと親切にしてもらった。ラム酒を飲んで暴れるなどということはなく、我々はここで丸九ヶ月を過ごしたが、路上にいる酔っ払いなど一人も見かけなかった。そしてまた、この国では素行の悪い人間も見かけなかった。確かにドイツは、世界中で最もすばらしい国だ。(153)

ここに出てくる「ドイツ」が何を意味するかについて若干補足をしておこう。彼が「ドイツ」すなわち、"Taiti"(Deutsch)、"Haramane"(Germany)と呼ぶ国は、四つの王国によって構成され、当時一般的に用いられた「ドイツ」とは少し異なる。つまり、第一君主であるフランツ・ヨーゼフ一世のオーストリア、それに続くバイエルン(「マクシミリアン王国」)、ヴュルテンベルク、そしてプロイセンである。[154] しかし実際のところ、彼はもっぱらオーストリアに滞在しており、帰国時にバイエルンやヴュルテンベルクに数日間立ち寄ったにすぎないから、彼が「ドイツ」や「ドイツ人」と口にする時、頭に描いていたのはオーストリアとみなしてよいであろう。

ライシェクへの接し方や個人的に綴った日記の記述を見る限り、レレハウがオーストリアに対して好意的な感情を持っていたのは事実と思われる。そのことは、レレハウがライシェクに対して精一杯のもてなしをし、多くの贈り物をしたり、周辺の調査旅行に息子を案内者として同行させたりしていることにも表れている。それにとどまらず、レレハウは、必要なだけの土地、および自分の娘を妻として提供することもライシェクに持ちかけている。この異常な申し出によって、ライシェクはようやくレレハウの真意に気づくのであった。つまり、レレハウは、ライシェクに対してイギリス人との間の仲介者としての役割を期待していたのである。[155] レレハウのなかでは、オーストリアとイギリスは明確に区別されており、イギリスとマオリの間に割って入り、関係をとり持つことのできる別のヨーロッパ系種族としてオーストリア人を見ていたのである。しかし、ライシェクにはマオリの代弁者となるつもりなどなく、彼はレレハウの申し出を断った。

この一連のエピソードから浮かび上がるのは、果たしてオーストリア人は、マオリの人々が見るように本当にイギリスとは異質の白人であったのかという疑問である。そこで、マオリの目に映ったオーストリアの姿を三つの批判的角度から考察し、そこからオーストリアと植民地主義の関係性を改めて吟味してみよう。

第一に、自分たちの土地を奪っていくイギリス人と対比され、善良で世界で最もすばらしいとマオリから評されるオーストリアが、実際には、陰でニコバル諸島の植民地化を計画し、マオリと同様の悲劇を南アジアで生み出そうとしていた事実は見逃せない。つまり、「未開」の地の植民地化を西洋の当然の権利、文明国に課せられた義務、果たすべき使命として捉える植民地主義のイデオロギーは、本章の言説分析から分かるようにオーストリアでも共通して見られた。イギリスとの違いは、その内面ではなく、植民地統治を実行に移していなかったという外見にあった。

第二に、二名のマオリはウィーンでの滞在中に世話を受け、しかもニュージーランドへの帰郷の際にはイギリスまで送り届けてくれたホッホシュテッターに対して感謝の念を抱き続けた。しかし、ホッホシュテッターはマオリにとって本当に恩人であったのであろうか。彼は、ノヴァラ号遠征隊を途中離脱しニュージーランドに逗留していた九ヶ月の間、島内各地で自然科学や民族学の徹底した調査を行ない、ニュージーランドに関する膨大な科学的成果をもたらした（次章で詳述）。なかでも、従来は沿岸部に集中していた地形の測量が内陸部へ進められた意義をホッホシュテッターは誇らしげに語っている[156]。しかしながら、こうして調査の手が加えられ地図に書き入れられた土地は政府から入植者へ売却され、マオリとの間に新たな火種を作ることになる。ホッホシュテッターは、その後に起こるマオリ戦争を「抑圧された民族の解放闘争[157]」と見てマオリに共感を示しているが、自身の心情とは裏腹に、実際には己が支配者側に与していた事実に気づいていたのであろうか。つまり、そこからは、ホッホシュテッターやライシェクのようなオーストリア人学者が調査活動を通じてイギリスの植民地支配に加担する姿が浮かび上がってくるのである[158]。

また、これに関連する第三の視角として、ニュージーランド滞在中のホッホシュテッターとライシェクの立場、つまり身分と資格に注目したい。マオリ居住地域の調査活動に際して、通常であればイギリスの学者が被るような困難をホッホシュテッターは気にかける必要はなかった。それはなぜか。

これらの難儀は私にはまったく無縁であった。住民は、私がよそ者であり、決してイギリス人ではなく、単なる短期滞在者であることを知っていた。それゆえ、私の活動を妨げようとするどころか、逆に至れり尽くせり手を差し伸べるのであり、帰国後この土地がいかにすばらしいか語るための材料を大いにもたらしてくれたのである[159]。

しかし実際のところは、彼はイギリス当局の要請を受け未知の地域の探検や調査を行なっていた。にもかかわらず、オーストリア人という彼の素性がマオリにとっては警戒心を緩める結果となり、ホッホシュテッターの調査活動において有利に作用していたのである。また、イギリス総督の全面的な支援を受けたホッホシュテッターと異なり、博物館の臨時職員という弱い立場にあったライシェクは、その分マオリの信頼を勝ち得ることで自身の調査旅行を円滑に進めようと試みた。彼はホッホシュテッターやレレハウとの関係を利用したのである。つまり、マオリのオーストリア人に対する親近感を巧みに利用して、通常敵視の対象となるイギリス人には考えられないマオリからの協力を仰ぐことができたのである。(160) しかし、マオリとイギリスの間に立って欲しいというレレハウの申し出を拒否したことに見られる通り、オーストリア人という身分は調査活動を円滑に進めるための都合のいい立ち位置であり、この立場を揺るがすような挙動は避ける必要があったのである。

こうして、マオリとのやりとりを通して顕在化するハプスブルク帝国の植民地主義は、イギリスやフランスなどの露骨な植民地主義とは異なる姿を持っていた。植民地支配に加わっていないハプスブルク帝国は、反植民地主義でも、支配者と被支配者との間をとり持つ仲介者でもなかった。逆に、双方の便宜を受けられる特恵的な立場を利用して、「科学」という自身に課された目的をひたむきに追求することができた。しかし結果的に、そこから得られた科学的成果は植民地支配に寄与することになる。さらには本章で論じた通り、現地を体験した科学者は植民地主義言説の発信源、ステレオタイプの伝送者ともなる。支配や抑圧、暴力や搾取といった直接的な目に見える行為を展開する西欧諸国の植民地主義に対して、ハプスブルク帝国の「植民地なき植民地主義」は、科学や言説、他国との関係性や海外での人の動きのなかにその姿を見せていた。こうした西洋の世界支配とのつながりや植民地主義への関わり方を見るために、次章ではハプスブルク帝国内の科学の動向に注目し、帝国主義世界のなかでの位置関係を探ってみたい。

第四章　科学――ノヴァラ号遠征と西洋科学

本書のこれまでの議論では、一九世紀中葉のオーストリアによる世界遠征をとり上げ、海外世界へ向かうその内面的な動きを併せて検証してきた。そこからは、政策と言説双方の次元で植民地の獲得を希求する言動が読みとれ、西洋による世界支配を是とする心性や植民地主義のイデオロギーが各種媒体を通じて表面化していた事実を明らかにした。もっとも、こうした作業を通じていくらハプスブルク帝国の植民地主義を浮かび上がらせたとしても、この国が他の西欧諸国と異なり、海外で領土分割や植民地支配に国家として加わらなかった事実を無視することはできない。このような外見上の植民地「非保有」の史実は、植民地支配の歴史責任をめぐる議論にも影響を与え、今日までオーストリアと植民地主義の関係を不問に付す一因となってきたからである。しかし、大規模な海外植民地の欠如というオーストリアと共通の過去を持つ北欧では、近年「コロニアル・マインド（colonial mind）」「植民地共犯性（colonial complicity）」といった視点から、従来の「アウトサイダー」としての歴史認識に修正が迫られている。[1] 当然、このような伝統的歴史像の揺らぎは、ハプスブルク帝国の歴史に対する我々の見方にも再考を求めることになるであろう。つまり、自らの植民地統治は行なわずとも、何らかの別の手段を通じて世界規模の帝国主義支配と結びつき、あるいは支配に「加担」していたのではないかという疑問が浮かび上がるのである。

そしてこうした問題に迫る鍵が「科学」にあることは、ニュージーランドに関する前章の最後の議論に示されていた通りである。[2] 実際、西欧列強の近代科学が帝国主義と深く結びついていたことはよく知られている。[3] この相関関係は、植民地領有の如何にかかわらず広く西洋の国家に該当する現象であったのではないか。すなわち「植民地なき植民地主義」とは、観念的な世界観や「未遂」のプロジェクトにとどまらず、科学を通じたきわめて実践的な営みとしても捉える必要があるのかもしれない。そこで本章では、西欧の植民地帝国とオーストリア科学界の関係をノヴァラ号の世界遠征から探り出し、この国がグローバルな植民地支配体制にいかなる形で組み込まれていたかを論究する。また、前章で見た非西洋観の内実に鑑みるならば、一九世紀の西洋科学のなかでも特に人類学という学問領域の発展がオーストリアの植民地主義にもたらした影響は無視できない。[4] ダーウィンの『種の起源』発表と同年に完遂されたノヴァラ号遠征は、人間の進化や人種論をめぐっていかなる調査結果を持ち帰り、それはオーストリアの科学界においてどのように受容されたのか。同時代の欧米学術界の動向と照らし合わせてオーストリアの立ち位置を探るとともに、科学を身にまとった植民地主義が国内社会に拡散する局面を含めて注視してみたい。

第一節　オーストリア科学界の変容と海外遠征

1　一九世紀前半のオーストリア科学とブラジル遠征

ルネサンス時代、ヨーロッパの王侯貴族の間では珍品収集や陳列の趣味が広がっていた。海外の珍奇な物品が大量に流入する大航海時代が到来すると、この収集熱は庶民の間にも急速に広がり、西欧諸国の海外進出が進む一八世紀には博物学が社会的なブームとなる。収集・記録・陳列に主眼が置かれた自然に対するアプローチは、やがてリンネやビュフォンらによる世界大での自然物の分類や体系化を受けて新たな段階に入った。つまり、観察や経験に基づく科学的探究と自然の歴史性の解明をめざす方向性が加わり、「自然誌」から「自然史」へと歩み出したのである。これらの学術的な進展は、アマチュア研究家の活動や市民の博物趣味を一層刺激し、博物館や動植物園が次々と開設されたことで人々が実物を直接目にする機会も増えていった。こうして、大学、学会、協会[5]といった学術機関やアマチュア研究家、海外渡航者、広く一般大衆をも巻き込んで、西欧は一九世紀中葉に至る「博物学の黄金時代」を迎えるのである。[6]そしてまさに、この西欧諸国で自然研究が興隆する時代は、クック、ブーガンヴィルの探検航海やビーグル号のダーウィンの例を挙げるまでもなく、海軍と科学界が結びついて非西洋世界への志向が強まる時代でもあった。[7]

このようにイギリスやフランスを筆頭とする西欧諸国が探検競争を繰り広げた一八世紀後半から一九世紀前半において、外洋性の海軍や学術組織の基盤を欠いたオーストリアには競争に参入する余地はなかった。もっとも、この国には博物収集や自然研究に多大な関心を寄せる王室の伝統があり、宮廷キャビネットやシェーンブルンの庭園・動物園には、好奇心をそそる万物が費用を惜しまずに世界中から集められていた。とりわけコレクションの拡充に熱心であったといわれているのが、一八世紀中葉の皇帝フランツ一世（マリア・テレジアの夫）であった。西インドに小規模の遠征隊を派遣（一七五五年）するなど、キャビネットやシェーンブルンの庭園・動物園のコレクション拡充に彼が果たした役割は大きい。フランツ一世の熱情は息子のヨーゼフ二世や初代オーストリア帝国皇帝フランツ一世らに引き継がれ、アメリカ大陸やアフリカへ収集の専門家が次々と送り込まれた。[8]

また、ナポレオン戦争後にヴェネツィア海軍を継承したことにより、オーストリアは探検隊を自力で海外へ派遣する手段を手に入れることになった。その嚆矢となる事業がブラジル遠征であった。一八一七年、皇帝フランツ一世は、皇女レオポルディーネのブラジルへの輿入れをエスコートするために軍艦アウストリア号（Austria）とアウグスタ号（Augusta）の南米派遣を命じた。その際、知の集積やコレクションの拡充を目的に、専門家、医師、画家からなる一四名の科学調査団（うち二名はバイエルン国王の懇請により同国から招聘）を同行させている。このハプスブルク帝国史上初の本格的な海外学術遠征では、指示書の策定や器具の調達など綿密な準備が施され、多大な学術成果が本国にもたらされた。特に収集物は一〇万点を超え、当時世界屈指の南米コレクション（「ブラジル博物館」設立）の実現に大きく寄与することになった。[9]

ただし、一四名からなるこの南米調査団の足跡を追ってみると、事業には組織性や統一性、完結性が欠けていたことが分かる。[10]というのも、三隻の艦船（前記二艦とポルトガル船一隻）で別々に出立した調査団（現地到着に半年近い時間差）は、現地で三グループに分かれて調査旅行を敢行していた。とりわけ、バイエルンから招待された二名の研究者（動物学者と植物学者）は完全に独立行動をとっている。このバイエルンの研究者たちは、一八二〇年一二月に活動を切り上げて帰国し、収集物はウィーンではなくミュンヘンの博物館へ収められた。さらには、その調査の結果はバイエルン国王の命で同国から独自に出版されており、成果の集約という点でもオーストリア側との統一性は見られない。一方、オーストリア側の調査メンバー内でも活動や帰国に一体性が欠けていた。ブラジルで勃発した独立戦争の影響を受け一八一八年六月に早々と引き揚げる者もいれば、一八三六年まで継続して研究活動を行なう者もいたのである。[11]また、持ち帰られた調査収集の結果に対しては、国内の学者を動員した科学的な分析や刊行物を通した成果の公表が実施されなかった。このことは、自国の科学アカデミーが組織的に遠征の成果を継続分析し、ヨーロッパの学界に大々的に公表したバイエルンとは好対照であった。[12]

このような学術遠征としての不完全さは、何よりも遠征を組織的にサポートする学術機関の欠如にその原因があった。つまり、宮廷と宰相メッテルニヒが主導したブラジル遠征は、その計画策定から人選、帰国後のフォローに至るまで、政府の委託を受けたカール・フォン・シュライバース（Karl von Schreibers：宮廷自然史コレクション主任）が全体をとり仕切り、研究機関や学者集団のバックボーンを欠いた状態で進められていたのである。[13]一八世紀初頭のライプニッツによる建議以来、確かにハプスブルク帝国では何度も科学アカデミー創設の問題が持ち上がっていた。しかし、度重なる戦争や財政問題などを理由に棚上げされ続け、首都に科学アカデミーが存在しないヨーロッパの主要国としては異例の状態が続いていたのである。[14]

こうした背景もあって、ブラジル遠征以後、海外へ本格的な遠征隊が派遣される見通しは立たなかった。しかし一九世紀の中葉、大学を中心に活躍するウィーンの学者たちがアカデミー設立の請願に向けて動き出し、総合学術機関の樹立をめぐる機運は次第に高まっていく。こうして一八四七年、ついに科学アカデミー設立の認可が皇帝より下された。ウィーンに誕生した帝国科学アカデミーは、数学・自然科学部会、歴史学・文献学部会（後に哲学・歴史学部会に改組）から構成され、四〇名の正会員と一〇〇名近い国内外の通信会員・名誉会員を抱える一大学術センターとして活動を開始したのである。[15]

2　オーストリアの科学界とノヴァラ号遠征

科学アカデミーの設立から一〇年後、この新組織の実力を試す企画が海軍から持ち込まれた。海軍総司令官マクシミリアン大公の発案によるノヴァラ号の世界一周遠征である。事業に学術的な性格を持たせようと考えた大公は、科学的素養に長けたヴュラーシュトルフ大佐を遠征隊司令官に据えるとともに、遠征に随行する科学者の選抜を科学アカデミーに要請した。選考委員会での協議の末、科学アカデミーは地理学者フェルディナント・ホッホシュテッターと動物学者ゲオルク・フラウエンフェルトを候補者として海軍に推薦した。同時に科学アカデミーは、遠征中の調査活動に供する指針を作成すべく各分野の専門家を結集し、植物学、動物学、地質学、気象学、物理学、化学、言語学、歴史学、考古学の九項目からなる指示書をとりまとめ遠征隊に送付した。[16]

遠征準備の過程でヴュラーシュトルフと綿密に連絡をとり合っていた学術機関は科学アカデミーだけではなかった。たとえば、設立まもないウィーン地理学会（一八五六年設立）も遠征準備に最も深く関与した学術組織の一つであった。ヴュラーシュトルフは、地理学会宛の書簡において、海洋・気象・天文・磁気・位置の各観測方法や器具、見通しについて説明し、調査活動の成果は逐一学会に報告する旨を事前に約束していた。地理学会の方でも、寄港地から続々と発送されてくる収集物を期待して、それらを分析・研究するための体制を整備し、さらには前述の科学アカデミー作成の指示書とは別に地理学会独自の指示書を作成し遠征隊へ多数部送っていた。[17] このようなノヴァラ号の遠征隊と学術機関の連携は、帝国地質学研究所（一八四九年設立）、帝国医学会（一八三七年設立）などとの間でも同様に見られる。[18] このことから、ノヴァラ号遠征は、一八四〇年代から五〇年代に組織化が進んだウィーン科学界の総力を結集した国家的事業であったことが分かる。これは、人事選考や指示書等の準備作業が一人の人物にゆだねられた四〇年前のブラジル遠征とは大きく異なる点であり、オーストリアの対外学術事業が新たな時代に入っていたことを物語っている。同じことは、遠征成果の公表体制についてもいえる。ノヴァラ号遠征から期待される膨大な収集成果を見越して、公開展示場を兼ねた保管施設（「ノヴァラ博物館」）の設置が出発前にすでに検討されていたのである。[19] これは、収集物の保存所が場当たり的に設置されたブラジル遠征の折（一八二一―一八三六年「ブラジル博物館」）とは対照的である。

とりわけ、ノヴァラ号遠征がウィーン科学界全体によって支えられていた様子を象徴するのが、帰国後に行なわれた遠征成果の分析と継続研究へのとり組みである。まず、一八五八年二月に科学アカデミーの数学・自然科学部会において、遠征収集物の整理および目録作成に当たる委員会が設置され、一八八八年開館の自然史博物館に収集物が移管されるまでの間その管理と分析を担った。一八六三年二月には、国費を投じてノヴァラ号の科学的成果を公にすべく、専門別ノヴァラ号成果報告書シリーズ編纂の勅命が下された。これを担当する組織として、ヴィルヘルム・フォン・ハイディンガー（Wilhelm von Haidinger：帝国地質学研究所所長）を委員長とする「ノヴァラ委員会（Novara-Comite）」が発足した。[20] 委員会には、遠征随行調査団のメンバーの他、帝国科学アカデミー総裁アンドレアス・フォン・バウムガルトナー（Andreas von Baumgartner）や同事務総長アントン・シュレッター・フォン・クリシュテリ（Anton Schrötter von Kristelli）を筆頭とする科学界の重鎮が加わり、アカデミー管轄下の「ノヴァラ委員会（Novara-Commission）」へと改組されたうえで成果報告書の編集は継続された。こうして、科学アカデミーと帝国海軍監修のもと、五〇

表6　ノヴァラ号遠征報告書シリーズ

分　野	巻数	発　行
記述（旅行記）	3	海軍
人類学	4	アカデミー
植物学	1	〃
地質学	3	〃
医学	1	海軍
航海・海洋自然	1	アカデミー
統計・商業	2	〃
動物学	6	〃

名近い執筆担当者と一二万フロリンを超える国費が投じられた報告書シリーズは、全二一巻が出揃う一八七六年まで公刊が続き、オーストリア科学の実力と名声を世界に広めることになった(表6)[21]。

第二節　西洋科学のなかのオーストリア

1　科学ナショナリズムの高まり

ノヴァラ号遠征を学術事業として捉え直した場合、我々はそこにウィーン科学界で起こっていた変容を見出すことができた。この遠征の背後には、科学アカデミーや専門学術機関の設立に象徴される科学界の構造変化と科学者たちのナショナルな統合が潜んでいたのである。海軍が主導した国家初の世界一周遠征に関与するなかで、科学界はその目を外の世界に大きく開くとともに、強まりつつあるナショナルなアイデンティティを体現する機会を得たことになる。ノヴァラ号遠征はオーストリア科学のナショナルな結集力を世界に示す一大事業であったといえよう。しかしながら、この遠征に向けられた科学ナショナリズムの対象が「オーストリア」だけではなかったことに留意しなければならない。第一章で我々が見たように、一九世紀中葉に訪れたドイツ諸邦の世界遠征には、「ドイツ」というもう一つのナショナリズムも複雑に絡み合っていた。こうした背景の一つに、当時の「ドイツ」科学が置かれた現状がある。つまり、学術活動で強力なマンパワーを備えていたにもかかわらず、彼らを束ね外に向かわせる強力な統一国家が一九世紀半ばまで欠けていたのである。そこから生じる劣等感と「ドイツ」の自意識の芽生えは、ドイツ語圏初の世界学術遠征にどのような意味づけを与えたのか、科学界のある巨匠の言動に焦点を当てて探っていこう。

一八世紀後半から一九世紀前半にかけて、ドイツ語圏にはゲッティンゲンなどヨーロッパ有数の学術都市が存在し、有能な学者や探検家を多数輩出していた。しかしながら、領邦への分断により強力な統一国家を欠き、組織的な海外事業に出遅れていた当時の状況下において、彼らは「ドイツ」という看板を外さざるを得なかった。たとえば、ゲオルク・フォルスター（Johann Georg Adam Forster）、アーデルベルト・フォン・シャミッソー（Adelbert von Chamisso）といった歴史に名を残すドイツ系科学者の多くは、他国の海軍の世界周航事業に加わり調査研究の機会を得ていた。[22] 自国政府の後援や渡航手段が得られない以上、彼らはコスモポリタンな研究者として世界に旅立たなければならなかったのである。科学界における「ドイツ」の名声を高めたアレクサンダー・フォン・フンボルトにしても、そのアメリカ大陸への探検調査は自費で賄われ、帰国後も二〇年以上パリに居を構えてフランス語で研究成果を執筆している。このように、長い間ドイツ諸邦においては、海外探検を後押しする国家的な体制が未整備であったゆえに、遠方へ赴く「ドイツ」の科学者たちは他国に依存せざるを得ない状況が続いたのである。

しかし、ドイツ諸邦でナショナリズムが高揚する一九世紀前半になると、ドイツ語圏で領邦国家の垣根を越えた定例学術会議が開催され、科学界も次第にナショナルな色彩を強めていく。[23] こうした意識が高まるなか、「ドイツ」科学のナショナルな象徴として祭り上げられていたのが、当時の西洋学術界における最高権威の一人であったアレクサンダー・フォン・フンボルトである。彼は生涯の集大成たる大著『コスモス』（一八四五―一八六二年）をドイツ語で著し、ドイツ統一に向けてのシンボルとしてゲーテやシラーと並び評されていた。また、フンボルトは自国プロイセンの出身者のみならず、他邦の多くのドイツ系科学者に助言や支援を与え、彼らの主体的な研究活動を支えた。フンボルトの一生は、コスモポリタンからナショナルへと次第に様相を変え始める一九世紀前半の「ドイツ」科学そのものを体現していたといえよう。[24]

それゆえ、人生の最晩年を迎えていたフンボルトはオーストリアから舞い込んだニュースに興奮を隠せなかった。そのニュースとは、世界一周の学術航海に「ドイツ」の盟主オーストリアが乗り出した、すなわちノヴァラ号遠征計画の知らせである。この報に歓喜したフンボルトは、普墺の覇権対立の枠組みを越えて全面協力の姿勢を示した。まず一八五七年一月、準備のためにベルリンを訪れた遠征随行員ホッホシュテッター（地質学・地理学担当）を熱烈に歓迎したフンボルトは、地理学や海洋学、地磁気や火山の研究に関して彼に喜んで教示を与えた[25]。また、同じく遠征出発前にベルリンを訪問していたカール・シェルツァー（通商問題・民族学担当）のもとに、この「科学界の大王[26]」は自ら出向き会見を求めており、後日海軍総司令部宛に詳細な指示書を発送することを約束した[27]。このフンボルトから送られた指示書は、遠征隊のみならずウィーンの学術会議や国外の新聞でも大きくとり上げられ、ノヴァラ号遠征の理論的および精神的支柱として掲げられることになる[28]。フンボルトは、プロイセンやオーストリアといった国家レヴェルの対立関係にとらわれることなく、ノヴァラ号遠征を「ドイツの祖国と科学に栄誉をもたらす偉大で崇高な事業[29]」とみなし、「私は共通の祖国ドイツの栄誉のために（zur Ehre des gemeisamen Deutschen Vaterlandes）、この偉大で崇高な事業に神の御加護が注がれんことを祈る次第である[30]」と、ドイツ・ナショナリズムの鼓舞に果たす科学遠征の役割に期待を表明したのである。

実際、ドイツ諸邦初の国家的な世界一周航海に対するドイツ語圏の注目度は総じて高く、民族意識の高揚に果たした役割が小さくなかったことは第一章で見た通りである。また、「ドイツ」の大型軍艦の来航を目の当たりにした外地在住のドイツ諸邦出身者たちは、国籍や官民の区別を超えて訪れた遠征隊を「同胞」として熱烈に歓迎し、真心のこもったもてなしと調査収集活動への全面協力で応じた[31]。まさに、当時ドイツ諸邦において高まっていたナショナリズムを追い風にノヴァラ号は世界へ駆け出していたといえる。

2　科学界の国際ネットワーク

ここまで述べてきたように、ノヴァラ号遠征は二つの重層的なナショナリズムのエネルギーから力を得ていた。それは第一に、科学アカデミーの設立や各種学術団体の発足に見られるウィーン科学界のナショナルな再編と組織化であり、第二に、より広範なナショナリズム、つまりドイツ・ナショナリズムから寄せられるドイツ語圏からの期待感であった。それでは、ナショナリズムの高まりや国内組織の整備は、科学の世界に愛国主義を持ち込み他国との排他的競争に道を開くものであったのか。とりわけ、時代の産物たるノヴァラ号遠征は、ナショナリズムを前面に押し出した国策的事業であったのであろうか。遠征の準備段階を注視しながら確認してみよう。

遠征出発前、学術的な準備のために国外を歴訪したシェルツァーは、ベルリンにおいてはフンボルトの他にカール・リッター（Carl Ritter）などの著名な研究者たちと交流していた。またバイエルンでも、国王や宮廷幹部、王立科学アカデミー総裁を筆頭とする研究者たちから歓迎を受け、確かに「ドイツ」全体の期待を肌で感じていた。しかし、彼が遠征前に手紙をやりとりしていた人物や直接意見を交わした相手の顔ぶれを見ると、ドイツ語圏にとどまらない協力者のネットワークの広がりを感じさせる。とりわけシェルツァーは、ロンドンのキュー植物園や王立協会の研究者と親しく交わり、彼らが有する世界的ネットワークの活用に期待を寄せていた。[32] また、ロンドンのロデリック・マーチソン（Roderick Murchison：王立地理学会会長）は、ウィーン地理学会からの依頼に基づいて、ノヴァラ号遠征隊が携行する紹介状（ケープ植民地、ボルネオ、香港、シドニーのイギリス高官宛）を作成しウィーンに送っている。[33] 実際、イギリス支配下の寄港地において、遠征隊は現地の総督や軍人から厚遇され、損傷した艦の修理や必要物資の調達、調査活動の支援などさまざまな便宜を供与されていた。[34] なお、同様の紹介状はオランダの王立アカデミー、フランスの帝国科学アカデミーなどからも入手していた。[35] 以上のことから、ノヴァラ号遠征はドイツ語圏のみならず、ヨーロッパ植民地帝国の科学界全般から支援を受けていた様子が読みとれる。

ノヴァラ号遠征のこうしたインターナショナルな性格は、遠征隊の地質学・地理学担当であったホッホシュテッターの行動からも浮かび上がる。遠征出発を数ヵ月後に控えた彼は、イギリスへ赴き現地の研究者や学術機関と交流し、来るべき遠征に備えた。たとえば、イギリスのキュー天文台において、彼は世界的な天文学者エドワード・セイバイン（Edward Sabine）大佐から懇切な応対を受けることになる。ノヴァラ号の遠征隊に供する地磁気傾角測定用の標準方位コンパスや地磁気偏角測定用のバロー式インクリノメーター、海陸での地磁気強度測定用機器などがセイバイン大佐から提供され、ホッホシュテッターはそれらを説明書や指示書とともに受けとった。さらには、実際に器具の使用法を専門家から伝授され、ウリッジに用意されたイギリス海軍の軍艦に乗船して実践練習を行なう機会まで与えられたのである。[36]

本業の地質学においても、ホッホシュテッターは、マーチソン、レオナルド・ホーナー（Leonard Horner）、チャールズ・ライエル（Charles Lyell）といった名の知られたイギリス人学者と親しく交わり教示を受けた。さらには、チャールズ・ダーウィンからもガラパゴス諸島や南インド洋のサン・ポール、アムステルダム島に関する有益な助言を受けていた。[37]ちなみに、サン・ポール島とアムステルダム島は、西洋科学にとって未知の研究対象地としてフンボルトからも調査を勧奨されていた。こうして、フランス支配下のサン・ポール、アムステルダム両島をプロイセンのフンボルトとイギリスのダーウィンの勧め、および指示書に基づいて、オーストリアの遠征隊が実地調査を行なうことになった。さらには、得られたこの未知の島々に関する調査の成果は、ヨーロッパの科学界全体に還元されたのであり、ノヴァラ号遠征のインターナショナルな性質がこの一事に体現されているといえよう。[38]

以上のように、ノヴァラ号遠征をとり巻く科学の状況に目をやると、ナショナルな組織化と並んで国際的なネットワークの存在が浮かび上がってくる。そもそも、「国際」とは字句の通りにとれば、国家と国家の関係性の問題であり、国家というある程度のまとまりを前提とする。それゆえ、アカデミー設立などの組織化の過程でナショナルな結合度を強めたオーストリアの科学界は、西洋諸国の科学界と対等かつ集団的につながる回路を手にしたことになる。そもそも、一九世紀ヨーロッパ諸国の科学アカデミーは、決して国ごとの排他的な組織ではなく、外国人会員を多数抱え国際的な交流を推進しており、国境を越えたネットワークの構築に努めていた事実を忘れてはならない。[39]一方、科学のネットワークが組織間だけでなく、国境を越えた個人間でも張りめぐらされていた様子はノヴァラ号遠征の準備過程のなかに明確に表れていた。出身や国籍に関係なく書簡が行き交う西洋の知的サークルの伝統は、ナショナリズムの時代へ向かう一九世紀にも依然残っており、学者や研究機関の国境を越えた協力関係は西洋科学に内在する特徴となっていたのである。[40]ノヴァラ号の遠征は、確かにナショナリズムの後押しによって実現した遠征であった。しかし、必ずしもそうした傾向だけで説明できる排他的な事業ではなく、国際協調のうえに築かれた科学的なプロジェクトでもあった。そもそも地球を一周する遠征である以上、世界各地の領土を支配する西欧諸国からの協力は欠くことのできない大前提であったといえよう(41)。

また、この遠征はオーストリア科学の射程をヨーロッパ外に押し広げ、自身のグローバルなネットワークを築くうえでも重要な出来事であった。というのも、遠征を機に海外在住研究者との人脈形成や遠征後の調査協力に向けた関係の構築が図られていたからである。つまり、オーストリアの科学者が学術の射程や活動の舞台を世界規模に広げるうえで、ノヴァラ号遠征は重要な役割を果たしたのである。たとえば、遠征から帰国したホッホシュテッター(その後ウィーン宮廷自然史博物館館長に就任)は、ニュージーランドで調査活動をともにした現地在住のプロイセン人地質学者ユリウス・フォン・ハースト(Julius von Haast)と手紙や収集物のやりとりを頻繁に続けた。このネットワークは、その後ウィーンの博物館に膨大なニュージーランドコレクションをもたらすことになる(42)。また、シェルツァーは帰国後、遠征中に世界各地で出会った協力者たちに無事の帰国を知らせる手紙を送り『遠征記』の贈呈を約束するとともに、現地から最新のデータや情報を今後も送ってくれるよう懇請していた(43)。ノヴァラ号遠征は、本国への帰還とともに完結していたわけではなく、その後の時代に続いていたのである。

第三節　西洋科学と「植民地なき植民地主義」

ノヴァラ号遠征の準備状況を探ってみると、助言、指示書、器具の提供など、イギリスをはじめとする諸外国の学術機関や学者から惜しみない協力が寄せられていたことが分かった。とりわけ、遠征中の寄港地の大部分がイギリス帝国の支配地域であったことから、イギリス本国の諸機関や学者より多数の紹介状を発給され、ノヴァラ号の調査活動は世界中のイギリス当局の支援のもとで行なわれた(44)。また、一八五九年春に勃発したイタリア独立戦争でオーストリアと交戦状態に入ったフランスも、未だ航海の途上にあった軍艦ノヴァラ号をヨーロッパの戦局と切り離し、全世界の共有財産という観点から航海の安全を保証している(45)。このように、ノヴァラ号の遠征からは非西洋を前にした西洋の連帯、あるいは西洋科学内部におけるコスモポリタンな特徴が浮かび上がってくる。さらには、遠征後の祝賀会におけるシェルツァーの以下のスピーチからは、西洋科学が西洋だけでなく、非西洋人をも包み込み一体化していく自信が表れている。

単に我々が立ち寄った国の当局者だけではなく、接触したすべての諸国民が我々に便宜を尽くし、我々の細かな願望すらも満たしてくれ、それを通じて、科学や進歩に対して彼らが抱いている賞賛の念を示そうと努めたのであります!そう、オーストリアの遠征隊に対する共感を言動で示したのは、ポルトガル人、ブラジル人、イギリス人、オランダ人、スペイン人、フランス人、チリ人、ペルー人にとどまらず、ヒンドゥー教徒、シンハリ人、ジャワ人、中国人、ニュージーランド人──それどころか、ニュージーランドから二名のマオリのゲストが本日のこの祝賀会に参加しております──さえも、ノヴァラ号に熱心に尽くすようになったのであります(46)。

それでは、ノヴァラ号遠征に対する西欧諸国の便宜や協力体制の構築は、西洋科学界や植民地先進国の慈悲に起因するものであったのか。確かに、オーストリアは海外での植民地獲得競争に加わっておらず、列強の協力を得やすい立場にあった。しかし何よりも、ノヴァラ号の遠征がもたらす学術成果は、単にオーストリア科学の発展に寄与したにとどまらない。ノヴァラ号遠征シリーズ(全二一巻)の公刊に示される通り、ノヴァラ号遠征による世界各地での学術調査の成果は公にされ、ヨーロッパの科学界全体へ還元され賞賛されたのである。さらには、遠征随行科学者たちによる調査が行なわれた場所は、ほとんどが西洋の植民地、ないしはこれから植民地化されようとしている土地であった。これらの科学的成果がその後の西洋人の入植や支配の強化につながることは容易に想像がつく。

このノヴァラ号遠征が植民地支配体制の深化に果たした役割を象徴する事例が、イギリス支配下のニュージーランドにおける遠征隊の調査であった。当時、炭田調査に当たる専門家の不在に悩んでいたニュージーランド当局は、ノヴァラ号寄港の折に、地質学者であるホッホシュテッターの現地残留と本格調査を懇願した。遠征隊指揮官は、イギリス側の全額負担・全面協力という条件のもとその要請に応じた。こうして、ホッホシュテッターは遠征隊を離脱し、以後およそ九ヶ月間にわたってニュージーランド各地の調査に従事したのである[47]。ちなみに、ノヴァラ号遠征隊とニュージーランド政庁の間で交わされた契約では、ホッホシュテッターの滞在費、調査活動費、帰国費用はすべてニュージーランド側の負担としつつも、彼の身分はノヴァラ号遠征隊員のままに据え置かれた。それにより、調査で得られた学術成果や収集物はオーストリア側に帰属することになった。このことから、ニュージーランド政庁がいかに地質学の専門家による調査を渇望し、鉱物資源の探索に力を注いでいたかが分かる[48]。

その後ホッホシュテッターによって得られた調査結果は、ニュージーランドの地図の精緻化や地質調査の開拓に貢献し、彼は「ニュージーランド地質学の父[49]」として後世に名を残すことになる。また、自然科学、民族学の多方面にわたる調査成果を盛り込んだ彼の独語報告書は、ニュージーランド政庁の経費負担により改訂英訳出版され、ヨーロッパで高い評価を得ることになる[50]。時あたかも、入植者の増大に伴い西洋人とマオリとの間の熾烈な軍事的抗争（一八六〇—一八七二年マオリ戦争）が開始されようとしていた。こうした事実に鑑みれば、ニュージーランドの自然や民族に対する知識の深化に果たしたホッホシュテッターの役割を、西洋人の入植や軍事行動、抑圧と切り離して考えることは不可能である。イギリスが築きつつある世界帝国の内部で活動し、その学術ネットワークと接続したハプスブルク帝国の科学界は、おのずとイギリスの世界支配を支える知の供給者となっていたのである[51]。

以上のように、当時の西洋科学は国境を越えた緊密な連携によりつながっており、そのネットワークに組み込まれていたオーストリアも、科学を通じて西洋の植民地支配に間接的・構造的に加担していた様子が浮かび上がる。ノヴァラ号遠征隊が各国の科学界や植民地当局、海軍などの支援を受け、世界一周学術調査という帝国の栄誉を高める一方で、協力した諸国はその学術成果を享受し、それを植民地支配のために役立てることができた。同じことは、西洋の植民地体制のなかで探検や調査に従事していたハプスブルク帝国出身の数多くの旅行家や科学者、海軍軍人のケースにもいえよう。(52)たとえば、ウィーンの宮廷自然史博物館で自然科学、人類学、民族学の修練を積んだオーストリア人研究者オスカー・バウマン（Oscar Baumann）は、一九世紀末にドイツ東アフリカ会社の委託を受けて独領東アフリカを調査し、鉄道敷設などの面で植民地統治に深く関与していた。また、バウマンと同時期に二度にわたる東アフリカ内陸探検を敢行したオーストリア海軍将校ルートヴィヒ・フォン・ヘーネル（Ludwig von Höhnel）は、その成果を英語の著作にまとめイギリスのケニア進出に大きく貢献したといわれている。(53)

見方を変えれば、植民地獲得競争への不参加というハプスブルク帝国の「植民地なき」外面が、各地の支配者と被支配者双方の警戒心を和らげ、自身の調査活動の余地を広げる効果をもたらしていたともいえる。ホッホシュテッターは、マオリ居住地域の調査活動に際して、当時イギリスの学者が被っていたような困難から免れることができた背景を以下のように語っている。

これらの難儀は私にはまったく無縁でありました。住民は、私がよそ者であり、決してイギリス人ではなく、単なる短期滞在者であることを知っていたのです。それゆえ、私の活動を妨げようとするどころか、逆に至れり尽くせり手を差し伸べるのであり、帰国後この土地がいかにすばらしいか語るための材料を大いにもたらしてくれたのでありました。(54)

そのような恵まれた環境を利用し学術的な威信を追求する姿勢、および科学立国をめざす国家的な試みこそが、ハプスブルク帝国による西洋の植民地支配体制への寄与につながっていたのである。我々はそこに、この国と「植民地主義」の特殊な関係を見出すことができる。こうして、「植民地なき植民地主義」は言説や思想、イデオロギーにとどまるものではなく、西洋が支配する国際体系への直接的な関与という「実践」や「構造」の側面からも問われなければならないのである。

第四節　人類学調査と人種イデオロギーの大衆化

1　ノヴァラ号の人類学調査

本章のこれまでの議論で見た通り、学術事業たるノヴァラ号遠征はオーストリアの科学界をとり巻くナショナルな変容、および国際的な科学ネットワークとの連携により大きな成果を収めることになった。さらには、西洋が支配するグローバルな国際体系に対し、オーストリアが科学という回路を通じてコミットする姿を我々は捉えた。そこでは、イェッセンとフォーゲルが挙げた科学史の三つの重要な局面、「ナショナル」「インターナショナル」「トランスナショナル」の交錯が読みとれる[55]。つまり、ナショナリズムに裏打ちされた世界一周航海という国家的事業は、国際的な関わり合いを深める触媒としての働きを持ち、併せて西洋科学というナショナルを超えた共同事業への参与でもあった。ノヴァラ号遠征には、国民国家の建設とトランスナショナルな学術交流が反発し合うことなく連動する一九世紀そのものの姿が映し出されていたのである。

なお、この時代性という点に鑑みれば、ノヴァラ号遠征が行なわれた一九世紀中葉は、自然科学が高度な専門性を帯び、個別領域に専門分化していく時期でもあった。そして、科学は自然界のみならず、次第に歴史（文明史）や人間へも対象を広げるようになる。とりわけ、後者は「科学的」人類学として確立され、西洋による植民地支配のイデオロギー装置として帝国主義時代を支える知的基盤になる[56]。海外への植民地進出に出遅れていたドイツ語圏でも、一八世紀後半以来、哲学、動物学、解剖学、地理学など広範な学問分野を巻き込んで、人類の起源や人種の分類をめぐる思索が展開されてきた(57)。こうした流れは、二つの次元で一九世紀のドイツ語圏社会に新たな時代をもたらし始める。つまり一方では、イェナやゲッティンゲンに代表されるアカデミックな世界における実証作業（測定や数量化など）を通して独立した「科学的」人類学の確立に向かった。他方では、教養を求める市民層の拡大やダーウィニズムの衝撃を背景として、次第に民衆の世界観と他者認識に直接的な作用をもたらすようになるのであった。

では、このような時代の変革が訪れるなか、地球を一周したノヴァラ号の遠征隊は、「科学」の名のもと異世界の人間をどのように調査探究したのであろうか。またその成果は、オーストリア社会における人種観の形成と非西洋に対するまなざしに何をもたらしたのか。学術界と社会双方の次元でこの問題を考えてみたい。なお、通例ウィーンの人類学の歴史は、学会が創設される一八七〇年をもって実質的な学問分野の確立とみなされ、ノヴァラ号遠征や一八六〇年代の国内状況は軽視される傾向にある(58)。また、ノヴァラ号遠征の人類学調査に触れた歴史研究として、テーイェやクリューガーが一定の成果を残しているが、そこでは社会との関わりには踏み込まれていなかった(59)。それゆえ本節は、オーストリア人類学の確立以前の歴史をとり上げ、加えてノヴァラ号遠征の調査結果が国内社会へ向かうベクトルを視野に含めることで先行研究の空白を埋めることになる。

ノヴァラ号遠征の出発前、随行調査団の民族学担当者であったシェルツァーは、各地で遭遇する諸民族の身体的・精神的特徴を徹底的に調べ上げる「崇高な使命」を掲げていた(60)。というのも、彼は当時の人類学という学問の現状を憂えていたからである。その現状とは、人種や民族の分類に対する人々の関心が高まるなか、未だ特定の基準が確立しないいまま分類が恣意的に行なわれる事態を指した。それゆえ、世界を一周する今回の調査旅行が、人間を精密に分類するための広範なデータの収集を可能にし、学術的な寄与につながると期待されていたのである。

なかでもシェルツァーは、ブルーメンバッハ以来の身体的特徴（皮膚の色など）による分類や当時流行していた頭蓋の形による類型化に加え、人種や民族間の異なる特性を数量的に導き出す手段として人体各所の測定に注目した(61)。

出発前に国外の生物学者や比較解剖学の権威から教示を受けたシェルツァーは、全七八項目からなる新式の測定法を考案し、遠征中、人骨や頭髪の収集と併行して各地で現地人の人体測定を行なったのである[62]。また、遠征の間、各寄港地での滞在時間に制限があったシェルツァーは、その場で測定法を現地の学者に直接教授し、事後における測定データの送付を依頼していた[63]。こうして、シェルツァーとエドゥアルト・シュヴァルツ（Eduard Schwarz：遠征隊植物学担当）が集めた収集物やデータは、ウィーンの人類学界に知的な刺激と理論構築のための基礎情報をもたらした。たとえば、これらは国内の諸民族を全世界の人種ヒエラルキーのなかに位置づける試みを促し、あるいはユダヤ人の人種的解釈をめぐる議論を学界内に引き起こすことにもなったのである[64]。

また、ノヴァラ号の人類学調査は、「ドイツ」という枠組みから見ても特別な意味を持っていた。遠征隊の帰国から二年が経過した一八六一年九月、ドイツ連邦内における人類学会の不在を憂いた諸邦の学者たちは、頭蓋・人体測定法の精緻化ならびに統一化と「科学的」な比較人類学の確立をめざしてゲッティンゲンに集結した。このゲッティンゲン人類学会議に際して、人類学者でも解剖学者でもないシェルツァーとシュヴァルツがウィーン代表として招聘された事実こそ、彼らの七八項目の人体測定法とノヴァラ号遠征時の調査結果に対する国際的な関心の表れであった。両者とも遠征の調査報告書の編纂に追われていたため出席を辞退したが、彼らがその埋め合わせとして主催者に送った報告書の抜粋は、会議参加者に配布され注目を浴びることになった。当時この人体測定は、頭蓋測定に比べると方法およびデータ集積ともに十分進んでいなかったため、プロイセンのシュラークイントヴァイト兄弟（Gebrüder Schlagintweit）による調査と並んでノヴァラ号遠征の成果は高く評価されることになった[65]。

2　「科学」的人類学に潜む人種主義

このように、ノヴァラ号による世界各地での調査は、人類学への貢献として広く称賛された。しかしこのことは、ノヴァラ号の遠征隊が当時の西欧諸国の人類学と同様の落とし穴に陥っていたことを意味する。つまり、人種や民族の間には必ず明確な身体的差異があることを前提に調査が実施されたということである。それどころか、人類は未開人種からヨーロッパの白人種へ「進歩」の方向性を持つという不動の理念があらかじめ確立し、それを立証する数量データの収集にもっぱら執心していたことは見逃せない。[66] 具体的には、測定により導き出された特定の種族の中間値が、「高い知性を持つだけでなく、より優れて均斉のとれた体形を生まれつき持つ」白人の値と対比され、それに近いか、それともその対極にいるオランウータンなどの類人猿の値に近いか、数的な比較に基づいて階層のなかに位置を決められるのである。[67] たとえば、手足の長さの比較において、腕が短く足が長いドイツ・ロマン・スラヴ系民族はオランウータンとかけ離れている一方、長い腕、短い足を持つ中国・マレー・ポリネシア・オーストラリア先住民は類人猿の値に近く、ヨーロッパ系よりも人間の段階が低いと想定された。[68]

このような身体の数値化に基づく「科学」的な探究は、ダーウィンの『種の起源』がきっかけを与え、トマス・ハクスリー、アルフレッド・ウォレス、フランシス・ゴールトン、エルンスト・ヘッケルやカール・フォークトらが続き、そして再びダーウィンの『人間の由来』（一八七一年）へと至る一八六〇年代の進化論争を反映するものであった。[69] ジャクソン・Jr・とワイドマンがいうように、「当時自然研究者が対峙していたのは、人間と動物の間の純然たる境目などではなく、下等動物から高等動物へ、高等動物から未開人や野蛮人へ、そして最終的には野蛮人から文明人への連続的移行という問題であった」[70] のである。つまり、猿から人間への進化、および「未開から文明へ」至る人類の進化の過程を解明すべく、頭蓋骨や人体の形状の違いが数量的に顕示された。そしてこれらを人種間の知性や精神の発展段階と結びつける手法は、ノヴァラ号の人類学調査の検証過程にも組み込まれていたのである。[71]

こうして、ノヴァラ号遠征が切り開いた人体測定に基づく「科学的」人類学調査は、オーストリア＝ハンガリーの東アジア遠征（一八六八—一八七一年）に従軍した海軍軍医ヤンカ（Dr. Janka）に引き継がれ、データの増強と測定法の修正、精緻化が図られた。[72] これら両遠征の過程で集積された「科学的」成果が人種の違いの解釈や分類に活用されていく様子は、分野別ノヴァラ号遠征記シリーズ人類学編〈身体計測〉の執筆も担当したアウグスティン・ヴァイスバッハ（Augustin Weisbach）の人種分類法（表7）に顕著に表れている。彼によれば、「さまざまな人種の人体各部の調査研究は、解剖学をベースに人類を論理的に区分するための拠り所となる」[73]はずであった。それゆえヴァイスバッハは、従来の頭蓋形状に人体形状を組み合わせて人間と類人猿、ならびに人間の種族の間での違いを見出そうと試みた。ここでもやはり、類人猿と近いか遠いかに高い関心が払われており、この分類法によって、タガール、マジャール人は表7における項目③、北スラヴ、ルーマニア人は⑥、ユダヤ人は⑨、コンゴ黒人やスーダン女性、ジプシーは⑮へと細分化され、比較・階層化のための思考的枠組みとなるのである[74]。

このような人体の構造に基づく人種の分類は、四肢の形状だけが基準となっていたわけではなかった。ノヴァラ号の遠征隊が頭蓋骨を持ち帰っていた事実からも分かるように、頭蓋に基づく古くからの分類法も依然有力な科学的ツールとなっていた。当時のウィーンの人類学界において、この頭蓋学の研究を主導した人物の一人に解剖学者エーミール・ツッカーカンドゥル（Emil Zuckerkandl）がいる。先述のヴァイスバッハ同様、彼はノヴァラ号遠征に直接随行した学者ではないものの、シュルツァーらが持ち帰った遠征の調査結果を検証する作業を委託されていた。そのツッカーカンドゥルによる研究の成果は、分野別ノヴァラ号遠征記シリーズ人類学編〈頭蓋〉に集約されている[75]。同著の刊行以降、彼は大部の論文を次々と学会誌に発表し、頭蓋骨の傾きや不均整の度合い、縫合線などに基づいた比較頭蓋学の議論をリードした。それらの論文は、数値などの測定データや図表を活用し、客観的な比較や実証性を重んじていたがため、一見「科学」の体裁をなしているように見える。しかしその一方で、年齢

表7　A・ヴァイスバッハの人種分類法

短頭	上顎前突	長腕	①
		腕脚同長	②
		短腕	③
	正顎	長腕	④
		腕脚同長	⑤
		短腕	⑥
中頭	上顎前突	長腕	⑦
		腕脚同長	⑧
		短腕	⑨
	正顎	長腕	⑩
		腕脚同長	⑪
		短腕	⑫
長頭	上顎前突	長腕	⑬
		腕脚同長	⑭
		短腕	⑮
	正顎	長腕	⑯
		腕脚同長	⑰
		短腕	⑱

出典：Weisbach, Körpermessungen をもとに筆者が作成

や男女の違い、人種や民族といった固定の枠に沿った頭蓋比較が進められ、時には黒人と類人猿の相似が指摘されるなど、進化論を人間界へ応用しようと試みる人々を利するような言説が提示されていた[76]。ちなみに当時、この頭蓋学における「民族」という指標をめぐっては、混血による頭蓋形状の変化や風習の伝播による歯型の変化、ヨーロッパへもたらされる過程での入手経路の問題などを理由に、精密な特定の難しさが指摘されていた[77]。それゆえ本来であれば慎重な結論づけが必要とされたが、ツッカーカンドゥルの議論にはそうした謙虚な姿勢は見られない。同様に、「ヨーロッパ諸民族（europäische Nationen）」と「ヨーロッパ外人種（aussereuropäische Rassen）」という彼が用いた大枠の切り分けは、「文明と未開」という西洋中心主義的な二分法を反映していた[78]。帝国主義の時代において、支配人種と被支配人種の違いを「科学」的に例証する危うさをはらんでいたといえる。

以上のように、ノヴァラ号遠征における頭蓋骨と人体の計測、およびそれに続くウィーンの学界での継続研究は、いずれも「人種」という既存の枠に沿って行なわれた。その際、身体の形状や外観をもとにした「人種」というカテゴリーが、ヨーロッパ的な価値判断や美意識を埋め込みつつ生成されていった[79]。こうした「人種」に沿った差異の「発見」への過度な固執が人間の「測りまちがい」を生み、人類学が人々の思考をミスリードしていった過程は、グールドの大著が解き明かしている通りである[80]。つまりこのような陥穽は、ただ単にノヴァラ号遠征のみが陥っていた問題ではなく、欧米の学術界やオーストリアの科学界全体を覆う問題であった。一八七〇年に設立されたウィーン人類学会は、「人類学の課題は、人間の自然史である」[81]と表明し、この「自然史的な人類学の使命は、現代文明の本質、その根底と展開の探究であり、進歩の形態が不均等であることの原因、ならびに特定地域の停滞や遅延の原因を探ることである」[82]と力強くその始動を宣言した。このように、発足まもないウィーンの人類学会は、人類学探究の目的を現在および過去にまつわる万物の比較にあると捉え、「文明化」された人間を基準にその進歩の差の説明に挑もうとしていた。オーストリアの学術界そのものが、「人種」の差や進化・進歩という観念に強くとらわれていたのである。

3　科学を通じた人種イデオロギーの拡散

これまでは、一九世紀中葉のウィーンに「科学」的人類学が芽生え、人種主義が科学の衣を身にまといながら学術界の内部に広がる様子を振り返った。しかし、このような「科学」的成果やその根底に潜む思想・イデオロギーは、学者の狭いサークルにとどまらず、一般社会に向けても発信されることになる。そして、ここでもやはりノヴァラ号の遠征が果たした役割は小さくない。一例を挙げてみよう。ノヴァラ号がニュージーランドに寄港した際、シェルツァーは現地に長く滞在するトムソンという学者から現地居住者の身体に関するデータを入手した。そこには、マオリ人約一五〇名と現地に駐留するイギリス人兵士約六〇〇名の身体・体力測定結果が列挙されていた。明示された身体データの数的比較は、「未開」代表のマオリ人と「文明」代表のイギリス人を対比し、人類の進歩の過程を説明するために用いられるのである。

諸民族の風俗慣習に貿易や文化といったものが影響をおよぼす以前、すなわち、数百年前の時点よりも今日の方が人間はずっと弱々しくなり、世界は退化しつつあると主張したがる者たちに対して、それを反証する事実がどのように挙げられるかトムソンが的確に示してくれている。というのも、ニュージーランド人、つまり完全な原始状態からようやく脱したばかりの人種が、地上の他の文化民族が到底かなわないほど機械や文明による社会的大変革を引き起こした国［イギリス－筆者註］の住民よりも身体力や頑強さにおいてどれほど劣っているか、我々はここで目にするからである。[83]

しかし、この調査方法には瑕疵が潜んでいる。比較する集団間のサンプル数の差はもちろんのこと、イギリス側がすべて現役の兵士であることはその結論づけに疑問の余地を残す。とはいえ一番の問題は、この言説が科学の専門書ではなく、三万五〇〇〇部を売り上げたベストセラー書籍のなかで見られることである。ノヴァラ号『遠征記』は、科学者であるシェルツァーが遠征隊の活動や成果をドイツ語圏の一般大衆に分かりやすい文体で著したものであり、随所に科学的知見や数値データが盛り込まれていた。読者である市民層は、書かれてある内容が科学に基づいた「客観的事実」だと受け止め、無意識のうちに人種イデオロギーに染まっていく可能性をはらんでいたのである。[84]

このような人種ヒエラルキーの学術的構築と社会への拡散のプロセスは、人類学と密接な関係にある民族学からも見えてくる。シェルツァーらノヴァラ号の遠征隊員は、訪問した各地で日用品や装飾具、武器、楽器などの民族学サンプルを収集していた。これらの物品は、その民族の「文化段階」を特定するための根拠として集められ、言語や宗教などの精神文化と併せて人類を階層化する際の根拠となった。[85]そこから導き出される物質・精神文化の度合いに応じて、人間の発展段階は大まかに次のように序列化される。つまり、オーストラリア先住民→アメリカ・北アジア狩猟民族→遊牧民族→農耕民族という大きな階層がまず形成され、より具体的には、類人猿＜オーストラリア先住民＜パプア人＜マレー・ポリネシア人＜黒人＜アメリカ先住民＜高地アジア人（日本・中国）＜地中海民族という進歩のヒエラルキーが構築されるのである。[86]こうしたオーストラリア先住民を起点とする固定化された人種観念は、当時ヨーロッパの人々が抱きつつあった世界観と合致していた。[87]それゆえ、ノヴァラ号の調査がもたらしたこのような「科学」的な結論は、「きわめて精密な真実性」を帯び、「科学が求める厳密さを満たし、啓発的な楽しみを求める読者の欲求を満足させる」ものであると当時の民族学界から高く評価されたのである。[88]

そして、ノヴァラ号遠征におけるこのような民族学の「科学」的成果は、遠征記のような挿絵入り刊行物を通じて間接的に市民へ提供されただけでなく、世間により近い場所で直接的に披露された。それを象徴するのが、ノヴァラ号によるコレクションを一般公開した二つの「ノヴァラ博物館（Novara-Museum）」である。一八六〇年三月八日にトリエステに特設されたノヴァラ博物館の民族学コレクションは、世界の各民族の日用品や楽器、武具などを一堂に並べ、「異民族・異人種の各文化の度合いが高いか低いかを想像し、人間がより高度で完全な状態へ向かう過程で、現在昇っている段階を目で追うことができる」ものであった。[89]選りすぐりの展示品を前にして、訪れる人々はエキゾ

トリエステ・ノヴァラ博物館（出典：*Leipziger Illustrirte Zeitung*, 31. 3. 1860 Nr.874）

チックな気分に浸ると同時に、各民族の「文化段階」を目にすることになった。つまりこの博物館では、ある民族からある民族への発展の経過についてあれこれ考えをめぐらせ、おのずと人種や人類の歩みについて学習できるよう配慮が施されていたのである。いうなれば「未開」人種の民族品は、進化の初期段階を保存した「生きた化石」とみなされ、原始社会から産業文明に向かう人間の発展段階は、この陳列された道具類によって根拠づけられたのである。「進歩」の度合いを可視化するこうした科学の演出装置は、当時の西洋諸国の民族学博物館や万国博覧会、さらには大衆に人気を博した「人間の展示」と通ずるものがある。[90] これらはいずれも、西洋社会の非西洋観に深い影響を与えることになるが、問題なのは、その舞台装置の背後に潜む科学の形をした特定のイデオロギーであった。つまり、考古学や人類学における文化進化論や一九世紀後半に拡散する社会進化論である。西欧の植民地列強とたがわず、ハプスブルク帝国においても「文化段階」という掟が博物館の展示法を規定し、それが視覚効果に基づき市民層へ浸透していく様子を見てとることができたのであった。[91]

なお、このような「段階」思考の可視化の仕掛けは、ノヴァラ博物館内の一角のひな壇に並べられた頭蓋骨についてもいえる。「人類学」（頭蓋学）コレクションは、さまざまな人種の頭蓋形状の位階にほぼ沿った順序で並べられた。つまり、ケープ植民地の北の境のブッシュマンから始まり、ジャワで生まれたヨーロッパ人に至る順番[92]にそろえられていたのである。こうした人体形状をもとにした「未開人」の可視化は、当時ドイツ語圏の人類学では挿絵を用いて実践されており、そのエッセンスが博物館という窓を通じて社会にこぼれ出ようとしていたといえる。[93] これを眺めた訪問客たちは、具現化された人類の位階のなかでの自分たちの立ち位置について考えをめぐらすことになり、やがて民族学や頭蓋学は、「彼ら」との違い、および「自分たち」の特質を探るアイデンティティ構築の学問として世間の認知を得ることになる(94)。

このように見てくると、ドイツ語圏の人類学が「特殊な道（Sonderweg）」を歩んでいたとする従来の歴史認識には疑義が生じる。そうした通説によれば、一九世紀のドイツ語圏人類学は、ヒューマニズムや多元性、リベラルな思考を特徴とし、アングロサクソン諸国やフランスとは元来異なる性質を含んでいたとされる。それが二〇世紀に入ると、次第に生物学的な人種主義や不変的なヒエラルキー思想にとりつかれナチズムを招いた、つまり西欧とは逆の道をたどったという見方である(95)。しかしながら、階層イメージを含んだ人種主義の萌芽は、すでにノヴァラ号遠征をめぐるドイツ語圏の人類学・民族学のなかで確認された(96)。一九世紀後半に訪れた自由主義の時代においても、ハプスブルク帝国では人種主義や植民地主義が社会のなかで着実に浸透していたと捉えるべきであろう。

では、植民地を持たないこの国で、なぜ西欧の植民地支配国と同様の人類学や民族学が興隆したのであろうか。その理由を考える手がかりは、植民地後発国のドイツで民族学が栄えた事情と相通ずるところがあるかもしれない。

ドイツの民族学者とその後援者たちは、ドイツ帝国の建国前に始まり帝国の崩壊まで続いていた国際的なムーヴメントのまさに一部であったのだ。彼らは、人間や人類の性質に関する国際的な言説を形成する活動に参加し、比類なき民族学博物館を構築する国際的なムーヴメントに加わり、地域ごとのセンターを拠点に活動していたのである(97)。

つまり、そもそも当時の西洋の人類学や民族学の世界において、一国独自の学問体系、ナショナルな殻に閉じこもった科学など存在し得なかったのである。オーストリアのノヴァラ号遠征は、まさにこの「国際的なムーヴメント」に対する主体的な関与の表現であり、科学を通じて植民地主義や人種主義の世界的潮流にこの国は結合していたといえる。この「国際的なムーヴメント」へ参加する際、自国の専管植民地を持つか否かは必ずしも重要な要素ではなかった。ハプスブルク帝国においては、政治支配や経済搾取とは異なる対外的な実践、すなわち科学界が繰り広げる知的な活動にこそ世界とつながるルートが潜んでいたのである。

こうしたつながりの一表現たるトリエステのノヴァラ博物館は、二ヶ月の開館中に来場者の数が一万人を超え好評を博した。その後一八六〇年五月一日、ウィーンのアウガルテン内にもう一つのノヴァラ博物館が開設された。トリエステ館よりも規模が大きいこの新館は、およそ五年間ノヴァラ号が収集した世界中の動植物標本や民芸品などを展示した。[98]そのなかの膨大な人類学・民族学コレクションは、それを収集したハプスブルク帝国の偉大さを誇示する宣伝媒体となっただけではなかった。学術サンプルとして事後活用され、ウィーン人類学会の創設（一八七〇年）を促すとともに、博物館の新設や再編の動きを加速させる触媒となった。[99]特に、ウィーンの帝国自然史博物館に独立したセクションとして人類学・民族誌部門が設置された背景には、ノヴァラ号遠征の収集物の恩恵があった。そしてこの独立部門の設営を提言し、自ら主任となった人物こそ、ノヴァラ号遠征に随行した先述のホッホシュテッターであった。当時ウィーンを代表する地理学者であった彼は、ノヴァラ号遠征の経験から世界のさまざまな民族や人類の歴史にも関心を抱くようになり、自然科学の一分野として人類学を確立すべく力を傾けたのである。[100]

このホッホシュテッターの遺志は、直弟子であるフランツ・ヘーガー（Franz Heger）に引き継がれ、彼によってウィーンの民族学コレクションの礎はより強固なものとなった。一八八四年から一九一九年まで自然史博物館における人類学・民族誌部門の主任を務めたヘーガーは、当時一般的であった民族集団ごとの展示法に異議を唱え、そこに進化や歴史の理念をとり入れようと努めた。

現代の民族学博物館は、さまざまな民族の今、ないしはごく最近の文化を描写することにとどまる限り、全人類の文化発展のただ一つの時代局面を見せてくれるにすぎない。それはいわば、個々の民族ごとにさまざまな文化段階を見せるなかで、それぞれの民族の列の末節部分を示しているといえる。しかしながら時代を戻し、一〇〇年、あるいは何百年も前の人類の文化を描こうと試みるならば、今日の状態とは似ても似つかぬ無視できない違いがあることに気づくであろう。文化だけがこの時代から変わったのではなく、民族も変わってしまったのである。(101)

つまりヘーガーは、「民族」を不変の概念として戴きこれに縛られて展示を行なうのではなく、ダーウィニズムを念頭に、「全人類の文化の自然な発展の様子を示す」ような、つまり文化の発展段階に応じた「文化史博物館(kulturhistorische Museen)」への移行を思い描いていたのである。(102)そしてこうした構想は、一九二八年に自然史博物館から分離独立したウィーン民族学博物館へと引き継がれていくのである。

また、彼ら博物館の管理者たちが秘めていたコレクション拡大の使命感も見逃すことはできない。ヘーガーによれば、「未開」民族の文化は、西洋文明との接触により「太陽の陽射しに当たる雪のように」解け出していた。こうした現状を憂えた彼は、それらの生活品や民芸品を保存する責務を自らに課したのである。(103)つまり彼が思うところ、製作者であり所有者である現地住民たちは、自分たちの貴重な有形無形文化財の消失に対しあまりにも無感覚かつ無力であった。だからこそ、西洋人が人類共通の資産、研究資料としてそれらの物品を収集し、環境の整った欧米の博物館に保管すべしという理念である。こういった信念や自己暗示は、異世界の万物に対する収集熱を根底で支え、ウィーンの博物館を世界屈指の規模に押し上げる原動力になっていたといえるであろう。

以上のように、特設のノヴァラ博物館で用いられた民族の発展経過や文化段階を可視化する演出・展示法は、その後建設されるウィーンの常設博物館に受け継がれ、文化進化論や社会進化論のイデオロギーを涵養する場が市民社会のなかに登場した。科学と民衆の出会いの場となった博物館は、「知の大衆化(104)」を通じて優生学や人種イデオロギー

の浸透に寄与することになり、やがてウィーンにも訪れるナチズムの時代を準備することになるのであった。(105)

本章では、一九世紀中葉のノヴァラ号遠征を科学史の視点から検証し、同時代の帝国主義とハプスブルク帝国をつなぐ糸が学術の領域に潜んでいたことを明らかにした。そこでは、ノヴァラ号の遠征プロジェクトが国際的なネットワークを土台に進行し、国内外の学術組織や研究者、各地の行政機関を巻き込んだトランスナショナルな協力関係に支えられた事業であったことが分かった。そして、得られた成果はオーストリアの独占物となるわけではなく、西洋科学界の共有財産となり、列国の植民地支配に益する学問知識となった。ここに、互恵的な協力と成果の共有を通じ、オーストリア科学がヨーロッパの植民地帝国と手を携える様子が見てとれた。やがてこうした関係は常態化し、イギリスやドイツなどの海外植民地において、多数のオーストリア人科学者に活躍の場が与えられることになる。彼らによってもたらされる実地調査の成果は、ヨーロッパの非西洋支配を陰から支えることになるのであった。(106)

ただし、ハプスブルク帝国の科学を単なる帝国主義世界の下僕として捉える見方は正しくない。ニュージーランド調査で成功を収めたホッホシュテッターの事例が示す通り、彼らは西欧植民地での調査により国際的な名声を高め、それは国内での栄達を切り開く助けとなった。(107) 国家の単位で見ても、彼らの海外での活躍はオーストリア科学界の実力を世界に知らしめ、科学大国としての威信を高める効果を持った。さらには、在外科学者がもたらす収集物がウィーンの博物館コレクションを質量ともに向上させていたことも忘れてはならない。それはいわば、他国の植民地での学術的貢献ならびに統治への寄与に対する一種の「見返り」であった。こうして拡充される博物館展示は、世界の支配者側の一員たる属性を証明する目に見える媒体となり、アイデンティティの一つの源となった。つまり、それらは海外世界に植民地がない現実の穴埋めとして、自国が世界全体を見下ろす偉大な帝国であることを国民に示す演出装置となったことであろう。

また、ハプスブルク帝国の科学と植民地主義のつながりが対外的な関係性にとどまるものではなく、「内」の問題をはらんでいたことも本章では明らかになった。ノヴァラ号遠征のなかには、人類学や民族学が「科学」として組み込まれ、その成果は学問の世界を越えて国内の一般大衆へ発信された。一方では学術的な貢献の「見返り」として西欧の植民地から受けとる現物がウィーンに集積され、他方では「科学」的な人種イデオロギーが各種の印刷媒体を通じて国内に浸透した。これら二つのプロセスが併行するなかで、植民地のないハプスブルク帝国の精神世界にも植民地主義は強く根を張ることになったのである。こうした科学の力を得て堅固なイデオロギーへと編成された植民地主義は、帝国内のマジャール人やスラヴ人、ユダヤ人に対する差別感情や「内部（国内）植民地」の問題と切り離して考えることはできない[108]。近代のオーストリア科学と植民地主義をめぐる問題は、グローバルな西洋植民地帝国という横の広がりと、国内の被支配民族に向かう縦軸のベクトル双方の交錯のなかで捉えられる必要があり、これは今後に残された課題である。

加えてもう一つ、オーストリアの植民地主義と民族学をめぐる問題は、ハプスブルク朝時代の固有の現象として限定せず、帝国崩壊後の歴史も見据えて考える必要があろう。というのも、オーストリアの民族学は独墺合邦を経て「植民地民族学（Kolonialethnologie）」に再編され、「大ドイツ」の海外膨張運動を支える理論の構築へと至るからである[109]。そこには当然、人種主義や優生思想のイデオロギーも加わる。オーストリアにおける植民地主義の問題は、本書では扱えなかったナチズムとの連続性の問題を避けて通ることができないといえよう。

第五章　アジア太平洋——ノヴァラ号遠征以後の海外世界とのつながり

これまでの各章では、対象とする時代を一九世紀中葉に設定し、一八五七年に開始されたノヴァラ号遠征とその事後への影響を中心に議論を進めてきた。ハプスブルク帝国の歴史において、これほどの規模と予算を伴う科学的事業はノヴァラ号遠征しかない。帝国の財政状況がその継続を不可能にしていたのはもちろんのこと、蒸気船時代の到来による世界一周航海の意味合いや科学をとり巻く環境の変化が大規模な世界遠征をもはや必要としなくなったのである。つまり、科学の専門分化とともに、調査にかける時間や労力を特定の地域・項目に絞った小規模な学術遠征が以後主流となった。

とはいえノヴァラ号遠征は、科学界と海軍の連携のあり方を示すモデルケースとなり、同国の海外世界との関わり方の方向性を示す出発点となった(1)。たとえば、東アジア諸国との国交樹立を目的に二隻の軍艦を派遣したオーストリア＝ハンガリーの東アジア遠征（一八六八―一八七一年）では、博物標本二万点以上、動物標本数百点が収集され、ウィーン科学界に新たな研究資源をもたらした。また、北極探検（一八七二―一八七四年）や深海調査（一八九〇―一八九七年）といった学術航海に海軍は全面的に協力し、海軍艦艇の海外派遣の折には科学調査と収集を通常任務に加えるのが常であった(2)。ハプスブルク帝国の海軍にとって、科学界との提携は自身の存在意義を示す絶好の宣伝機会であり、こうした両者の互恵関係の始まりがノヴァラ号の世界遠征であった。海軍と科学は、ヨーロッパ外の世界と交わる数少ない貴重な回路をハプスブルク帝国にもたらすことになったといえよう。

ここからは時代をノヴァラ号遠征以降に延伸し、より長期的なスパンに立ってハプスブルク帝国と海外世界のつながりを見てみたい。とりわけ考察の中心となるのは、同国から最も距離の離れた地域にあるアジア太平洋との関係である。一見すると結びつきが希薄なこれら遠方地域に対するハプスブルク帝国のつながり方を探るなかで、一九世紀後半から二〇世紀初頭のグローバルな帝国主義世界におけるこの帝国の立ち位置を考えてみたい。その際、議論の主題に据えられるのは、これまでと同様に科学、植民地主義、海軍、そしてこの三者の連動である。

第一節　太平洋のオーストリア人科学者

1　科学による掠奪?

一七四八年、ウィーンの宮廷図書館に自然収集物ホールが設置された。この施設は後に宮廷自然標本陳列室（キャビネット）へと拡充され、さらにはノヴァラ号遠征によるコレクションの増大を受け、本格的な自然史博物館の開館（一八七六年）に至る。(3) そして、この自然史博物館の初代館長こそ、ノヴァラ号の遠征を学術面で成功に導いた立役者である自然科学者ホッホシュテッターであった。彼は鉱石・岩石学部門、および人類学・民族誌部門の主任を兼務し、死去する一八八四年まで同博物館の運営を主導した。その後、自然科学の学術センターならびに市民と科学の交流の場として発展を続けたウィーン自然史博物館は、三〇〇〇万点のコレクションを擁する世界でも有数の自然史博物館へと今日成長している。

一方、自然史博物館の人類学・民族誌部門は、一九二八年にウィーン民族学博物館として独立した。(4) 世界各地から集められた同館の民族学コレクションは二〇万点を数え、民族学が盛んであったドイツ語圏でも有数の規模を誇る博物館となっている。(5) ちなみに、開館当時の民族学博物館のコレクションを地域別の内訳で見てみると、アフリカ地域

ウィーン帝国宮廷自然史博物館（出典：*Annalen des k. k. Naturhistorischen Hofmuseums*, 1〔1886〕表紙）

から集められた収蔵品が二万三三七二点に達し、全体に占める割合は二三・三%であった。二番目に多いのはオセアニア・オーストラリア地域からの収集物で一万九二八九点（同一九・二%）を数えた。この南太平洋のカテゴリーのなかでは、とりわけニューギニアを筆頭とするメラネシア地域のコレクション（一万五七四九点）がその大部分を占めていた[6]。

ではなぜ、植民地を領有していなかったオーストリアの首都に異世界の膨大な民族学コレクションが存在するのか。大英博物館（British Museum）を挙げるまでもなく、かつて海外で植民地を支配した国であれば、その手段や目的に鑑みてコレクションの拡充はある程度説明づけができる[7]。問題なのは、アフリカやアメリカ大陸はもちろん、地球の反対側にあり歴史的にも縁遠い太平洋の島々のコレクションが、なぜウィーンの博物館に大量に収蔵されているのかということである[8]。そのような問いに対する民族学博物館の回答は以下の通りである。

なぜ一度も海外領土、つまり「植民地」を保持していなかったオーストリアに、他民族に関するこれほど膨大なコレクションを所蔵する博物館が存在するのかという質問に出くわすことは稀ではない——とりわけ外国の訪問者からの質問において——。答えはこうであろう。オーストリアには、ヨーロッパ外の人々や生活様式、文化に対する興味、とりわけオーストリア特有の精神性、文化、歴史、宗教史に特徴づけられた外の世界に対する強い関心が存在しているのである[9]。

オーストリアの「外の世界に対する強い関心」という表現は、この国の経済や政治の歴史に鑑みると違和感を覚えるが、本書のこれまでの議論が示す通り、科学や大衆読み物の分野では確かにその傾向も見られた。しかし、オーストリアにおける博物館の発展やコレクションの拡充は、単に非ヨーロッパ世界への知的関心の高さだけで説明づけてしまっていいのだろうか。前章で見たように、その陰には科学や植民地主義を媒介としたもっと複雑な海外世界とのつながりが潜んでいたことが推察される。ここでは、太平洋コレクションの形成に貢献した二人のオーストリア人科学者を例にとり、彼らの調査収集活動がはらむ問題の本質を探ってみたい。

一人目は、ホッホシュテッターの調査を引き継ぐ形でニュージーランドに渡り、一八七七年からおよそ一二年間にわたって現地で科学調査を行なったアンドレアス・ライシェクである。イギリス人ではなく、植民地非保有国の科学者であったがゆえに彼が得たマオリの厚遇は、すでに第三章第五節で紹介した通りである。こうしたオーストリア人の特殊な地位は、未踏の地への立ち入りや大規模な収集活動を容易にした。それゆえ、彼がニュージーランドで入手した膨大なコレクションは、ノヴァラ号の収集品とともにウィーンの博物館に貴重な上積みをもたらした。だがその一方で、彼は絶滅危惧種の乱獲やマオリの村における墓荒らしに手を染め、他にもマオリのタブーを犯す宗教品の持ち出しや詐欺まがいの掠奪行為を働いていた。しかし、ライシェクはそうした不正な収集を自身の著作のなかで自慢げに語っており、罪の意識は科学者としての使命感で打ち消されていたといえよう。(10)

しかし、彼の言動が今日の倫理観に抵触するのは当然である。シフコによれば、一九二四年に出版されたライシェクの手記と一九五五年に改訂出版された手記を比較するとある時代性の違いが浮かび上がるという。すなわち、倫理上問題のある彼の行為についての記述が後者では巧妙に削除、ないしは書き換えられているのである。これは、時代の変化によって父親に向けられるようになった批判に苦慮したライシェクの子息（編者）が、後世の倫理観に合わせて改訂を試みた結果とされている。逆にいえば、第二次世界大戦後にもはや許容されなくなった行為や科学の使命という大義が一九二〇年代には堂々とまかり通っていたことを意味し、オーストリア社会において科学や海外世界を見る目が変化していたことを示唆している。[11]

こうしたライシェクが後世に遺した重荷は、観念的な価値判断をめぐってだけではなく、実際に収集された現物の所有権に関する問題にまで発展していた。彼によって盗まれた二体のミイラは、マオリの間で強い反発を呼ぶことになったのである。この問題をめぐりオーストリアとニュージーランドの間で長期にわたる話し合いが続けられ、一九八五年、ついにミイラはマオリ側へ返還された。[12] このような問題に対して、一方では、ライシェクの行動が当時の社会進化論の影響を受けたものであり、絶滅に向かうマオリの遺物保存に対する科学者としての使命感や時代精神に突き動かされたものであると弁護がなされる。[13] しかし他方では、ミイラ掠奪の事実を知ったマオリの間に激しい怒りが巻き起こり、それが今日まで続いていることを重く見る論者もいる。[14]

いずれにせよ、ライシェクの個人的な倫理観だけに着目していてはこの問題の本質にたどり着くことはできない。というのも、彼にニュージーランドへの渡航を勧め、現地での収集活動を促した人物こそ、ウィーン自然史博物館館長のホッホシュテッターであったからである。また、社会進化論の観点からマオリの絶滅を予測し、彼らの民芸品や遺体に特定の価値を与えたのも同じくホッホシュテッターであった。彼のこうした思考様式は、著作や交流を通じてライシェクに影響を与え、その収集活動の精神的支柱となっていた。[15] ホッホシュテッターが当時のウィーンの科学界を代表する人物であり、博物館収集の総責任者であったことに鑑みれば、ライシェクの行為と本国の科学界との有機的なつながりをそこに見出すことができる。[16] つまり、ライシェクの一件は彼個人の不道徳として簡単に切り捨てることのできないもっと大きな背後関係を有しており、本書で見てきた科学による植民地主義の正当化という主題と底部でつながっていると考えるべきである。

さらには、ウィーンの民族学博物館がミイラ返還要求を長年拒み続けていた理由のなかにも、オーストリアが植民地主義のアウトサイダーではないことを示す証左が含まれている。というのも、博物館がニュージーランドからの返還要求に安易に応じてしまえば、同様の申し立てが世界各地から同館に殺到し、収拾のつかない事態に発展しかねなかった。この問題には、植民地時代に収集された収蔵品は誰のものかという根源的な問いが含まれており、同様の歴史的な負い目は欧米の博物館全般にいえることである。[17] それゆえにウィーンの博物館は、ヨーロッパの他の博物館の動向を無視して返還や補償を自己判断で進めることができなかったのである。結局、ミイラ掠奪問題は「返還」ではなく別のマオリの民芸品との「交換」という形で収拾が図られることになる。[18] こうして、現代まで尾を引いたライシェク問題は、植民地支配に国家として加担していなかったはずのオーストリアに対して、植民地主義や脱植民地化のグローバルな構造への関与という史実を突きつけることになった。[19]「植民地なき植民地主義」は、文字通り植民地なき現代においても問われ続けるポストコロニアルな問題でもあるといえよう。

2 人類学者が残した遺産

では、時代を少し進めて、もう一人の別の科学者からハプスブルク帝国と植民地世界のつながりを考えてみよう。ここでとり上げるのは、二〇世紀初頭に他国の海外植民地で活動したオーストリア人研究者ルドルフ・ペッヒ(Rudolf Pöch)という人物である。医師、人類学者、民族学者である彼は、一九世紀末から二〇世紀初頭にかけてインド、太平洋、南アフリカなどをめぐり、疾病や現地の住民を調査した。彼は植民地世界で活動した代表的なオーストリア人学者であるが、W・ザウアーらの植民地主義研究ではこれまで論及の対象から漏れていた。[20]

ペッヒは、南洋(一九〇四—一九〇六年)とアフリカ南部(一九〇七—一九〇九年)における調査旅行の過程で、およそ五〇〇〇点にものぼる収集物を本国に持ち帰った。それらは今日、ウィーンの自然史博物館と世界博物館(旧民族学博物館)の重要な展示品を構成している。[21] 南洋への調査旅行の際、彼はドイツ、イギリス、オランダが分割支配するニューギニア全域、独領ビスマルク諸島、英領ソロモン諸島や豪ニュー・サウス・ウェールズ州などで人類学や民族学の調査を実施し、併せて頭蓋骨や民芸品などを探し集めた。彼がヨーロッパへ持ち帰った研究資料には、二〇〇〇点以上の人骨・民族学品の他、四〇〇人分の人体測定データや写真一五〇〇枚が含まれていた。さらには、当時の最新技術である蓄音・映写機を用いて現地住民の踊りや歌、言語などが記録された。帰国後、彼はウィーン大学の初代人類学・民族学講座の担当教授となり、海外の種族の比較分類や体系化に挑み、その学術成果は後進の研究者によって引き継がれた(22)。

では、太平洋での調査研究にペッヒを突き動かしたものは何であったのだろうか。それは何よりも彼自身の知的欲求、つまりオセアニア島嶼部の民族とオーストラリア原住民の起源の謎、および両民族の関係性や「小人民族」などへの好奇心であった。さらには、純血が激減している原住民族を記録や写真に残すという人類学者としての使命感もその原動力になっていた。こうして、調査の過程でペッヒが現地人の遺骨を手にとる時、それは彼にとって記録にとどめるべき絶滅が危惧される種族の亡骸、かつ研究のための「資料」であった。その骨の主が生前いったいどのような運命をたどり、何がその人物を死に追いやったかという事実は深く顧みられないのである。

セント・ポール［独領ニューギニアのニュー・ポメルン島―筆者註］における宣教師殺戮事件に対して、四人のバイニング人が射殺され多数が捕縛された。この人類学の資料（anthropological material）は調査研究のために私に提供され、頭蓋骨や人体骨を通じて、この見たところかなり原始的な種族を深く知る手がかりとなったのである(23)。

また、たとえ崇高な使命感に基づくものであったとしても、人類学や民族学の調査収集は植民地支配と無関係ではあり得ない。というのは、地理学や動植物学などと同様、人類学や民族学は未知なる人間集団を知り、未知なる地域に入り込む手段を支配者側にもたらすからである。多くの植民地の歴史が示している通り、白人の侵入や支配は、市場や作物、埋蔵資源などに対する経済的な欲求により導かれた。その際、住民を労働力として組み込むか、ないしは無抵抗の傍観者の地位にとどめる必要があった。この一連の過程において、住民の風俗習慣や特性、種族の構成や他の種族との関係性、宗教や言語、嗜好や行動パターンなどは必須の基礎知識となり、現地人を「被支配者」に作り変える過程で人類学や民族学が果たした役割は大きい[24]。

さらには、その効用は侵入や支配のための実践的な知識にとどまらない。人類学や民族学の学術的成果は、なぜ入植者と現地人の間で絶え間なく衝突が起きるのかを説明し、白人の所業を隠蔽する知的な操作を生み出すことにもつながる。つまり、人類学や民族学の成果は、白人と現地人の衝突の原因を人種の違いや文明の発展度の差に置き換え、白人側の行動には落ち度がないという弁明作りや「文明化の使命」の正当化に利用されかねなかった。

南洋植民地の歴史の一齣にはいくらかの深刻な出来事があった。その土地の平和なひと時は、島民の手による殺戮によって何度か妨げられたのである。このような行為の動機は、ヨーロッパの国々で起こるのとは事情が異なる。というのも、犯行者にとって被害者の金品が問題なのではなく、人種の違いに基づく理由によってこれが引き起こされるからである[25]。

またペッヒは、ニューギニア島民の芸術性や相互扶助に基づく連帯精神、節制や厳格な風紀など、西洋が失いかけている美徳を「未開文化」のなかに見出そうとしていた。しかし他方では、黒人、オーストラリア原住民族、ヨーロッパ人の各人骨を相互に比較して、「原始民族」としての身体的特徴がどこにあるのか探り出すことにも熱心であった[26]。前章の議論で見られた通り、人種が身体データに基づいて区分けされ、野蛮から文明に至る階層のなかに並べられたり、社会進化論と深く結びついたりしていた様子は、すでに一八六〇年代のこの国の科学界で一般的に見られた。そしてこうした知的な営みが「文明化の使命」などの植民地主義イデオロギーを「科学」的に支え、搾取や暴力の罪意識を麻痺させる効果を持った。つまり、帝国主義時代の人類学は、それ自体が植民地支配という権力的な関係と相互作用で結ばれ、「知的な形態をとった植民地収奪」であったことを忘れてはならない[27]。ライシェクのように不正な収集活動に手を染めていないからといって、また自国の植民地での振舞いではないからといって、ペッヒの研究活動、さらにいえばウィーンの人類学そのものを植民地主義の文脈から切り離すことはできないのである。[28]

なお、ペッヒに代表されるウィーンの人類学界に問われるのは植民地主義という外へ向かう問題に限られない。一九一〇年代、ペッヒは自国の司祭グレゴール・メンデル（Gregor Johann Mendel）の遺伝法則が学界で再評価されている現状に鑑み、人類学に遺伝研究の要素を持ち込んで、人種や混血をめぐる議論を活性化させるべきだと説いていた。ペッヒ自身は一九二一年に他界しているため、彼をその後のオーストリアにおける優生学やナチズム台頭と短絡的に結びつけることはできない。しかし、彼の遺志と研究財産を引き継いだウィーン大学人類学研究所が、その後のオーストリアにおける遺伝学や優生学の一大拠点となった事実は重要である。実際、ペッヒの影響が一九三〇年代においてもなお学界を覆っていたことは、ウィーン大学における彼の記念碑の建立（一九三三年）に象徴的に示されている。[29]

最後にもう一つ、ペッヒの事例から我々が考えるべきは、ウィーンの博物館の膨大なコレクションがそもそも植民地主義なしには成り立たないという根源的な問題であろう。ニューギニアやカラハリ砂漠でのペッヒの行動に見られる通り、彼の調査収集は植民地や勢力圏の境界を越えて遂行されていた。このことは、前章で見た西洋科学界のインターナショナリズムとトランスナショナルな流動性を象徴している。さらには、人類学者・民族学者としてペッヒを育てたのが祖国オーストリアではなかった事実も無視できない。医師であったペッヒは、一九〇〇年から翌年まで人類学・民族学の聴講生としてベルリン大学に通い、同時に、ベルリン民族学博物館のアフリカ・オセアニア部門の実習生として研鑽を積んでいた。そこで得られた経験と学識が彼の独領植民地（南洋・アフリカ）行きを決定づけ、彼を医学から人類学・民族学の道へ歩ませたのである。[30] つまり、ペッヒは「オーストリア＝ハンガリー」の科学者であるとともに「ドイツ語圏」の科学者であり、そして何よりも「西洋」の科学者であった。彼がオーストリア人であったがゆえに、結果として収集物はウィーンへ搬送されることになったが、その収集活動がヨーロッパ科学全体の枠組み、および海外の植民地支配の基盤のうえに成り立っていたことを考えれば、ウィーンに巨大な博物館が存在する真の意味が見えてくる。海軍や科学の対外活動を通じて構築された自然物や人骨、民族学などのコレクションは、ハプスブルク帝国が植民地主義の歴史と密接に結びついていた過去を今日に伝えているといえよう。

第二節　太平洋のハプスブルク帝国海軍

1　遠征を繰り返す海軍

ハプスブルク帝国と太平洋世界のつながりは、科学者などの人的な移動、収集された物の移動、そして科学的知識や情報の移動という局面だけに見られたのであろうか。ここで忘れてならないのは、ハプスブルク帝国と植民地世界の関係をとり持つ権力アクターの移動、つまり海外に派遣される軍艦の存在である。巻末付録の海外遠征一覧に示されている通り、ハプスブルク帝国はノヴァラ号遠征以降も多数の軍艦を海外に送り出しており、その一部は太平洋へ向かっていた。では、植民地を持たないこの国の海軍は当地でいったい何をしていたのであろうか。また、それらの行動は自国にとってどのような意味を持つものであったのか、本節で検討してみたい。

まず、一八八四―一八八六年に南太平洋へ派遣されたコルベット艦サイーダ号（S. M. S. Saida）の遠征を例にとってみよう。艦長の報告書をもとに編纂された公刊遠征記には、航海日誌や各寄港地での様子に加え、訪問した土地の最新情報が網羅されている。たとえば、オーストラリアに関する防御体制や経済状況、墺豪貿易の現状や展望などがそこでは克明に記されている。[32] こうした商況報告や現地情報の紹介は、ニュージーランド、フィジー、サラワク（ボルネオ島）、ジブラルタル、バイア（ブラジル）、ケープタウンといった他の寄港地についても同様になされていた。このことから、外地に派遣される軍艦には、世界規模での情報収集の使命が与えられていたことが分かる。とりわけ重点的に集められていたのが、自国の商業の振興に役立つ経済関連の情報であった。[33]

これらの収集情報の中身は、当然のことながらイギリスなど他国を経由して国内に流入する情報とは性質が異なる。というのも、情報を集め発信する人物がオーストリア＝ハンガリーの公職者（将校）であり、現地に在住する同胞の状況や貿易関連の情報が自国の目線に立って盛り込まれているからである。しかも、そこには観察者自身の所見や経験談が加えられており、単なる生情報やデータの羅列にとどまらない付加価値を有した。このことから、当時の海軍将校には、軍事問題以外にも幅広い見識や観察眼が求められていたことが分かる。[34] そしてこれらの情報活動の成果は、軍部や政府内で回覧されただけでなく、活字媒体を通じて積極的に世間に公表された。つまり海軍は、世界各地での活動を通じて、情報の収集者としての役割を社会に示していたのである。

このような非軍事分野での貢献は、一八六六年以降戦場に出ることがなく、海外の植民地統治にも携わっていないオーストリア＝ハンガリー海軍にとって重要なイメージ戦略の手段ともなった。貿易や国民経済の向上に在外海軍の情報収集活動が寄与していることを示すことで、海軍のステータス向上や軍拡への支持獲得が期待されたからである。実際、軍艦の海外渡航が増加した一八八〇年代、海軍は議会から十分な予算を獲得することに成功している。[35] この世論啓発という点では、民族的な出自を異にする水兵が体現した異文化交流の意義も強調された。つまり、遠洋航海の艦内で、彼ら水兵が文化や言語の違いを乗り越え共同生活を送る姿は、帝国統合の象徴として称賛されたのである。[36]

また、非西洋世界で暮らす外地の同胞に与える便益を説く言説も存在した。たとえば、海軍の協力のもと刊行されたA・ドルン著『オーストリア＝ハンガリーにおける海軍と国民経済』（一八八五年）という一般向けの書籍を見てみよう。そこでは史実や他国の事例が引かれ、平時における海軍の意義、つまり国民経済や通商外交における海軍の重要性が強調されている。なかでも、非西洋地域で活動する軍艦の存在意義が明示され、自国民の守護者としての海軍像が意識的に作り出されていた。

ある国の国民の背後には、万一の場合に彼を保護し、彼の被った損害に対し賠償を要求する物質的な力が控えていることを確信させなければならない。そしてその自国民に対しても、彼が属する共同体の強力な後ろ盾があることを示し安心させる必要がある。[36]

こうした在外海軍の意義に関して、同書にはヴュラーシュトルフやシェルツァーの言葉が直接引かれ議論が補強されている。[37] つまり、第二章と第三章で見たノヴァラ号遠征隊の世界認識や砲艦外交思想は、後世へ着実に引き継がれており、こうした精神的土台のうえに後述する在外軍艦の常駐制度が確立したといえよう。

なお、海外へ赴くオーストリア＝ハンガリーの軍艦が収集したのは各地の最新情報だけではない。訪れた沿岸部の地形、水路、気象などが調査の対象として含まれ、そこで得られた科学的な知見は海軍水路局を通じて積極的に世界の海洋関係者に公表された。[38] また、その機動性と物資運搬力を買われ、在外軍艦には学術分野のコレクション拡充に果たす役割も期待されていた。前述のサイーダ号の南洋遠征のなかにも、そうした収集任務は重要な使命として盛り込まれていた。[39] 当時の記録を読むと、海外遠征を繰り返していたサイーダ号には常にこの収集任務が付与されていたことが分かる。たとえば、一八九〇—一八九二年に遂行された同艦の世界一周遠征では、ノヴァラ号遠征のような科学調査団が同行していなかったものの、植物標本約七〇〇点、動物標本約七〇〇点が海軍将兵によって本国の博物館にもたらされていた。[40] また、一八九三—一八九五年に行なわれたコルベット艦ファザーナ号（S. M. S. Fasana）のメラネシア遠征にも学術活動の足跡は見てとれる。同艦の遠征隊は他国の植民地当局の全面支援のもと、ソロモン諸島とビスマルク諸島の地形や自然、民族学の調査収集活動を展開していた。[41]

海軍が行なったこのような収集任務は、南洋での局地的な営みではなく、全世界を対象にした学術貢献の一環として見るべきであろう。世界を股にかけて活動するハプスブルク帝国海軍は、自然史博物館の入手希望リストに基づいて各地で収集活動を実施していたのである。[42] なかでもとりわけ大規模であったのが、一八九二—一八九三年に実施された巡洋艦カイゼリン・エリーザベト（S. M. S. Kaiserin Elisabeth）の世界一周航海（皇位継承者フランツ・フェルディナント Franz Ferdinand 乗艦）であった。この遠征の過程で集められた昆虫類三六〇〇点、軟体動物五五〇〇点、珊瑚類一万点以上、民族学関連一万四五四一点などがウィーンに運び込まれており、自然史博物館のコレクション拡充に果たす海軍の役割がいかに大きかったかを示している。[43] 確かに、こうした外地派遣艦に対する学術任務の付与は、当時の列強の海軍では広く見られる慣例であった。[44] しかし、ノヴァラ号遠征という輝かしい伝統を有するハプスブルク帝国海軍にとっては、この科学という領域こそ自身の存在を国内外で誇示する数少ない活躍の場であったといえる。

2　ガダルカナル島の悲劇

ハプスブルク帝国が遠方に軍艦を派遣し続けた理由はもちろん他にもあるだろう。帝国の旗を掲げた軍艦が海外の港を訪問することで、ヨーロッパの大国としての存在感を世界の人々に示す意図もそこには潜んでいたと思われる。また、遠洋航海の練習機会が増えることにより、海軍は経験豊かな人材の育成を進めることができた。[45] こうした政治的、軍事的な目的に加え、上述したようにノヴァラ号遠征以来の伝統である商業情報と学術品の収集任務が付加されていたのである。つまり、海軍は海外での調査活動を通じて政府や社会が有する対外情報を補完し、さらには本国の学術界が渇望する研究資料や博物館コレクションの獲得に貢献していたのであった。

そんななか、このような調査収集活動に資源の獲得をめぐる経済的欲求が絡むことで、海軍の行動が思わぬ悲劇を生むこともあった。一八九六年の夏に発生した砲艦アルバトゥロス号（S. M. S. Albatros）の流血事件である。この事件の詳細に関しては、経済的な観点から史実を掘り起こしたヴィンターの実証研究がその全容を明らかにしている。[46] ただし同書が主眼を置くのは、あくまでニッケル鉱脈の発掘をめぐる事件史の跡づけであり、植民地主義の文脈のなかで持つその意味はこれまでのところ明確になっていない。そこで以下では、南洋の小島で起こったこの惨劇を手がかりに、一九世紀末のハプスブルク帝国と太平洋の植民地世界をつなぐ糸をたどってみたい。

一八九五年、オーストリア＝ハンガリー海軍は、ソロモン諸島の調査を目的として砲艦アルバトゥロス号を南太平洋へ派遣した。司令官ヨーゼフ・マウラー・フォン・エリーゼナウ（Josef Mauler von Elisenau）少佐以下、乗組員一一四名で構成されるアルバトゥロス号の遠征隊には、帝国地質学研究所の地質学者ハインリヒ・フォン・フォウロン＝ノルビーク（Heinrich von Foullon-Norbeeck）が参加し、南太平洋の自然や鉱物資源の埋蔵状況が探査された。なぜオーストリア＝ハンガリーの軍艦が南太平洋の島嶼部で資源調査を実施していたのか、その事情を簡単に説明しておこう。一九世紀末、合金素材となるニッケルに対する需要が欧米の兵器産業で高まり、ニッケル鉱の発掘と獲得をめぐる世界的な競争が熾烈になっていた。そんななか、オーストリア＝ハンガリー海軍は重工業王手のオーストリア・クルップ社（アルトゥル・クルップ Arthur Krupp）と提携し、南洋でのニッケル鉱調査に積極的に関わるようになる。この希少資源の利権をねらい、帝国海軍はサイーダ号（一八九二－一八九四年）とコルベット艦ファザーナ号（一八九三－一八九五年）を南太平洋の島嶼部に順次派遣し、練習航海と学術活動を隠れ蓑に現地調査が秘密裡に遂行された。一八九五年にその任務を引き継ぎ、専門の地質学者を加えて本格的な調査に乗り出したのが砲艦アルバトゥロス号である。(47)

ただし、アルバトゥロス号の遠征隊に課せられた使命は資源探査だけではなかった。遠征の目的には、訪問地での水路学データの収集、気象観測、地磁気計測、博物館用の収集、地質調査といった学術業務が掲げられ、収集品や各種機器を収納するために艦内部は特別仕様に改装されていた。(48)こうした収集活動を円滑に図るため、博物館の各部局からは具体的な要望品とその保存方法が遠征将校に事前に伝達されていた。入手希望リストには、南洋のさまざま動植物、現地人の骨と頭蓋骨ならびに毛髪、指定された地域の民族学サンプルなどが記載され、その収集資金は博物館から遠征隊に提供された。(49)植民地世界を舞台にした海軍と科学の連動は、この遠征にもはっきりと見てとることができたのであるが、これまでと違うのは、今回それが資源探査という政財界の意図を秘匿する手段になっていたことである。

ところが一八九六年八月、アルバトゥロス号がイギリス領ガダルカナル島に寄港した際、上陸中の二四名の調査隊は突如島民による襲撃を受けた。この衝突によりオーストリア＝ハンガリー側は、フォウロン＝ノルビークを含む六名の死者と六名の重軽傷者を出す事態となった[50]。この科学遠征の顛末は、ハプスブルク帝国と植民地主義の深いつながりを次の二つの意味で我々に教えている。

第一に、他の列強との関係、つまりオーストリア＝ハンガリーが南太平洋の植民地世界で置かれた位置関係がこの事件には映し出されている。急襲を受けて窮地に陥ったアルバトゥロス号の遠征隊に対し、救助の手を差し伸べ事態の収拾に向かったのは現地のイギリス当局であった。さらには、襲撃者に対して「懲罰」遠征を遂行したのは、被害を受けたオーストリア＝ハンガリーの軍艦ではなく、島を管轄するイギリスの艦隊であった[51]。もちろん、イギリス側の迅速な対応の裏には、オーストリア＝ハンガリーによる単独での「懲罰」遠征を阻止するという意図も隠されていたであろう[53]。しかし、統治領土内である部族が他の部族の六名を殺害した場合、果たしてイギリスは艦隊を率いて大規模な「懲罰」を行なったであろうか。イギリス当局は、オーストリア＝ハンガリーに向けられた刃を自身に向けられたものとみなしたのであり、「未開人」に対する白人の連帯のあり方を行動で示したことになる。

こうした連帯の精神という構造的特質は、太平洋とハプスブルク帝国の関係をめぐる根源的な疑問を解く手がかりを与える。つまり、そもそも自身の植民地や拠点を欠く南太平洋で、オーストリア＝ハンガリーの軍艦はなぜ日常的に活動することができたのかという根本命題である。メラネシアで活動するオーストリア＝ハンガリー海軍の軍艦ファザーナ号やアルバトゥロス号は、現地で事業を営んでいたノルウェーやオーストラリアの商社と契約を結び物資の補給を受けていた。加えて、南洋に有力なネットワークを持つドイツ商社ヘルンスハイムを介することで、石炭と食料の安定調達、ならびに外部との郵便連絡が可能となったのである[53]。また、万が一艦が破損したり重度の急病人が発生したりしても、付近にはシドニー、ブリスベン、オークランドといったイギリス帝国の植民都市が控えており、万全の修理施設や医療設備、通信環境が整っていた[54]。ただし、オーストリア＝ハンガリーは「守られる」存在であったとともに、自身も学術調査を通じてこの地域の知的な解明や開発に貢献していたことも忘れてはならない。だからこそ、イギリスやドイツは自国領への自由な立ち寄りと各種の調査活動を許容していたのである。つまり、海外に植民地を有していないハプスブルク帝国は、科学や海軍の活動を介して帝国主義の相互依存関係のなかに組み込まれていたといえる。

第二に、国内におけるアルバトゥロス号事件の受け止め方のなかに、オーストリア＝ハンガリーの植民地世界に対する基本的な姿勢が投影されている。一八九六年の八月にガダルカナル島で起こったこの事件の詳報は、その後しばらくして本国の社会にも伝えられた。当時のウィーンを代表する新聞『ノイエ・フライエ・プレッセ』の同年一〇月二四日付紙面を見ると、島民から受けた急襲と応戦、退却から救出へと展開する事件の緊迫した様子が綴られている。[55]一一月九日に海軍から公式報告が出されると、翌日、『ノイエ・フライエ・プレッセ』や『ウィーン新聞』などで事件の全容が語られ、同時に遠征隊員の勇敢さを称えるコメントが並んだ。[56]その後、一一月末になると現場で事件に遭遇した隊員が帰国し、島民による斧を用いた残忍な殺傷方法などが彼らの証言に基づき生々しく報じられた。こうして一一月三〇日付の『ノイエ・フライエ・プレッセ』は、最後に以下の一文を添えて事件の顚末を総括していた。「このような残虐行為は、ソロモン諸島のカニバリズムが白人に対して決して容赦しないということを示す明白な証拠である」。[57]襲撃を受けた理由について明確な根拠がないまま、「カニバリズム」の言説がそこで独り歩きをし始めたのである。

しかしそれ以前に、はるか彼方のガダルカナル島へオーストリア＝ハンガリーの軍隊がなぜ足を踏み入れたのか、事件発生の根本的な要因には何も触れられないままであった。この島に鉱物資源が眠ることは、統治国のイギリスも認識するところであったが、よそ者の侵入に対する島民の強い警戒心に鑑みて開発は長らく敬遠されていた。そんな折、未発掘資源という甘い蜜に引き寄せられたオーストリア＝ハンガリーが学術調査の大義を掲げてこの地に近寄ったのである。[58]こうした欲念を覆い隠したまま、襲撃された理由は「カニバリズム」に帰せられたが、そもそもガダルカナル島の住民が白人に対して食人行為を働かないことは当時すでに知られていた。[59]にもかかわらず、アルバトゥロス号事件は「殺人犯（Mordgesellen）」「ならず者（Halunken）」「食人種（Kannibalen）」の突然の不意打ちに始まり、白人側の勇敢な応戦と「懲罰」で終わる物語に仕立てられ、何の違和感もなく本国の社会で受容されていたのである。同様の受け止め方は、この惨事をとり上げた数少ない書籍のなかにも見受けられ、事件から半世紀以上を経ても同じ解釈が繰り返された。一九五八年に刊行されたO・ミールケ／A・レーア著『オーストリア砲艦「アルバトゥロス」メラネシア食人種との闘い』では、「白人たちは純然たる平和的な意図でやって来たにもかかわらず、白人が絶大な信頼を寄せていたブッシュマンの卑怯な襲撃が招いた結果」[60]この事件が発生したと断じられている。しかし、その「純然たる平和的な意図」とされる科学調査は、既述の通りニッケル鉱の発掘を視野に入れた経済的な欲望に起因するものであった。そしてこの調査の結果得られる実益は、島の統治国であるイギリス、経済的利害を持つノルウェーの商社、調査を担うオーストリア＝ハンガリーの間で分配されるはずであり、同書がいう「ブッシュマン」には果たして「平和」な結末となったであろうか。[61]加えて、同書の言説からは自分たちの軍事的優位に対する確たる自信がにじみ出ており、この力の優劣の度合いこそが島民との関係を決定づける素因であると信じられていた。

部隊の卓越した規律と機敏さ、そして対人戦における戦闘態勢のおかげで、襲撃は驚くほど短時間で成功裏に撃退されたのであった。その撃退ぶりは、後々まで尾を引くものであったので、たとえ敗者側に猛烈な怒りを残したとしても、再襲撃を懸念する必要はほとんどない。白人側が考えるに、それは襲撃者の五体に強烈な恐怖心が走るほどのものであった。もし襲撃が今回のように卑怯で狡猾なものでなく、オーストリア側が不意をつかれたものでなかったとしたら、未開人たちは一人の水兵すらも打ち倒すことはできなかったのであり、逆に彼ら自身の損害はずっとより大きなものになっていたであろう。[62]

こうした太平洋の島嶼民に対する視線は、これまで本書でとり上げてきた一九世紀中葉のハプスブルク帝国で見られた一連の言説と基本的な部分で重なる。一九世紀の末葉に向かうなかで、こうした他者認識は力を弱めるどころか、むしろ次々と上書きされ補強されていったと見るべきではないか。たとえば、前述のA・ドルン著『オーストリア＝ハンガリーにおける海軍と国民経済』（一八八五年）を読むと、非西洋世界には「文明の至上の誉れを形成するヨーロッパ式の移転の自由に対し、未だその正当性を認識していない反抗的な住民の居住する地」[63]や「外国から新しい要素が押し寄せることに対して何が何でも対抗しようとする文明度の低い地」[64]が存在すると語られている。だからこそ、こうした「反抗者」たちに立ち向かうため、保護手段や強制力を提供する在外海軍を送り出す必要があるとされ、海外への軍艦の派遣や常駐体制の確立が正当化されていたのである。

同様の「未開人」認識は、一九世紀末の出版物に登場する以下の一節にも明確に表れている。

野蛮な敵対者に対して最大限強烈な印象を刻み込むことができるのは一斉射撃だけであるので、個別の偶発的な発砲は完全に禁止され、直接の命令なしに引き金を引くことは戒められた。現地住民に対する私の行動は、断固たる措置こそ実は最も慈悲深い措置であるという原則によって常に導かれていた。新たな土地に初めて姿を現したヨーロッパ人が残す印象は、しばしばその後何年にもわたり彼らにとって尾を引くものである。あまりにも友好的すぎる態度は、容易に臆病の裏返しと受け止められ、現地人の高慢を招いてしまう。そしてこれは、その後の流血の事態によってしか打ち破ることはできない。それに対して、戦闘行為——これは、我々の武器が有する倫理上の優位により、それほど血を流すことなく遂行されるのが常であるが——をいとわない決然とした振る舞いこそが、ヨーロッパ人に対する尊敬の念を現地人に抱かしめるのであり、これは後の友好的な進展のための最も確実な保証となるのである。[65]

これは、一八九四年に公刊されたある海外渡航者の報告書に見られる言説である。語り手は、海外の植民地に赴いたヨーロッパの軍人ではない。また、自国の植民地に渡り、その統治に深く関わったイギリスやドイツの渡航者（役人、商人、宣教師など）でもない。オーストリアの著名な科学者オスカー・バウマンが、自国が治める植民地のないアフリカで吐露した信念である。植民地非保有国の国民であり、なおかつ研究を目的とした民間の学者・旅行家といえども、非西洋人との接触に際して武力や恫喝を信奉する植民地主義的なイデオロギーに揺るぎはなかった事実を物語っている。

以上のように、一九世紀の末に地球の反対側で起こったアルバトゥロス号事件は、長年ハプスブルク帝国の社会で再生産されてきた非西洋認識の枠組みのなかで解釈され、そしてまた後世へ継承されていた。事件から五年後の一九〇一年、オーストリア＝ハンガリー海軍はガダルカナル島の海岸に高さ三メートル近い石製の十字架を建立し、衝突事件で命を失った者たちを弔った。その碑文に刻まれていたのは、オーストリア＝ハンガリー側の死者五名の名前と「タルトゥーベ山麓での戦闘で科学のために勇敢に散ったアルバトゥロス号遠征隊の隊員を悼む［傍点筆者］」という一文であり、その一〇倍以上（四〇人以上）とされる同事件での島民側の死者に関しては触れられていない[66]。自国の植民地ではないガダルカナル島で行なわれたオーストリア＝ハンガリー海軍の科学調査とその過程で起こった武力衝突の悲劇がその後どのように語り継がれていったか、島の海岸にたたずむこの石碑がすべてを暗示しているといえよう。

アルバトゥロス号遠征隊犠牲者の追悼碑（ガダルカナル島）出典：ÖStA/KA MS/PK 1896, I-1/2, Albatros-Denkmal auf Guadalcanar, Bl. 46

第三節　東アジア世界とのつながり

1　一九世紀後半の軍艦常駐

次に視線を南太平洋から東アジアへ移し、ノヴァラ号遠征の後、ハプスブルク帝国がこの地域とどのように関わったか振り返ってみよう。(67) 第二章で見たように、ノヴァラ号遠征から帰国したヴュラーシュトルフは東アジアへ向けた使節遠征隊の派遣を熱心に説いていた。しかしながら、東アジア諸国との国交樹立を求める彼のこの案は、対デンマーク戦争（一八六四年）や普墺戦争（一八六六年）の難局に阻まれ実行に移すことはできなかった。東アジア遠征計画が前進するのは、アウスグライヒにより国難が去る一八六八年まで待たなければならなかったのである。ノヴァラ号の帰還から一〇年後、フリゲート艦ドーナウ号（S. M. S. Donau）とコルベット艦エルツヘルツォーク・フリードリヒ号（S. M. S. Erzherzog Friedrich）にエスコートされたオーストリア＝ハンガリーの使節団は東アジアに向けて出発した。なお、ノヴァラ号の科学調査団を率いたシェルツァーは、この東アジア遠征でも重要な役回りを演じており、副使ならびに通商団・学術調査団の主任を兼務していた。帰国後、彼はノヴァラ号遠征と同様に公式報告書を編纂しているが、商務省の委託を受けたこの通商報告書には前記『遠征記』のような大衆読み物としての性質は含まれていない。(68)

こうして、東アジア遠征は大きな困難に直面することなく成功を収め、日本、中国、タイとの間で結ばれた通商条約により東アジア進出の足場は築かれた。(69) プロイセンからおよそ一〇年遅れたとはいえ、オーストリア＝ハンガリーは念願の東アジア条約体制への参入を果たしたのである。しかし、ヴュラーシュトルフやシェルツァーの思いとは裏腹に、この国の東アジア政策は以後低迷した。ハンザ商人の在外権益を継承したドイツ帝国とは異なり、遠洋貿易や海運業に十分な経験と関心を持たないオーストリア＝ハンガリーは商業活動の基盤を欠いていたのである。[70] 外交面を見ても、上海駐在の弁理公使が日中両国における代表職を兼務しており、列強のような現地国に睨みをきかせるような外交体制を敷いてはいなかった。それゆえ、オーストリア＝ハンガリーの現地での認知度は低く、軍艦が香港に入港した際には当局からスペインの軍艦と誤認される珍事も起こった。[71] 一八八三年、ようやく日本に公使館が開設されたが、中国には公使職の外交官が依然配置されず、駐日公使がオーストリア＝ハンガリーの在中代表を兼ねる状況が続いた。しかし、一八九四年に日清戦争が勃発すると、両交戦国を一人の公使が代表する態勢に疑問が生じ、加えて中国との通商関係の強化をねらってついに北京公使館の開設が決定される（一八九六年）。[72]

このように、東アジアへの経済的・政治的進出はヴュラーシュトルフの思い描いていた通りには進まなかった。とはいえ、彼が訴えた軍艦常置の体制は、東アジアへの参入とともに即座に実行に移されている。東アジア遠征に参加したコルベット艦エルツヘルツォーク・フリードリヒ号は、交渉の妥結後もそのまま現地にとどまり自国の軍事的プレゼンスを保った。この常駐任務は、批准書交換のために東アジアを来訪したコルベット艦ファザーナ号により引き継がれることになる。その後も、コルベット艦エルツヘルツォーク・フリードリヒ号、砲艦アルバトゥロス号、同ナウティルス号（S. M. S. Nautilus）、コルベット艦アウローラ号（S. M. S. Aurora）、コルベット艦ファザーナ号、コルベット艦ズリーニ号（S. M. S. Zrinyi）と、およそ二〇年の間に延べ八隻が交替で東アジアの常駐任務を担当した[73]（巻末付録）。

一九世紀末になると、帝国海軍の成長や日清戦争による情勢の不安定化を背景に、東アジアの水域に時折複数のオーストリア＝ハンガリー軍艦が居並ぶことがあった。ここに至って、東アジア・ステーション体制と呼ばれる軍艦の常駐制度が公式に始動することになる。[74] 一八九九年には、旧式のコルベット艦フルンズベルク号（S. M. S. Frundsberg）とサイーダ号、さらには防護巡洋艦カイゼリン・エリーザベトが東アジアへ赴き、過去に例を見ないオーストリア＝ハンガリーの軍艦三隻が東アジアに碇泊した。しかし、直後にこの三隻は帰国の途につき、代わって来航した新型の軽巡洋艦ツェンタ（S. M. S. Zenta）が一隻で東アジア・ステーションを引き継ぐことになる。[75]

ところが、駐留艦の数が減じたまさにそのタイミングで、東アジア在住の西洋人社会を震撼させる出来事が起こった。一九〇〇年に勃発した義和団戦争である。事態急変の報を受けた軽巡洋艦ツェンタは、即座に中国北部へ向かい部隊を上陸させた。この陸戦隊は、居留民の保護や公使館の警護に当たるとともに、現地の逼迫する状況を本国に伝え続けた。一九〇〇年六月、オーストリア＝ハンガリー政府は新たに装甲巡洋艦カイゼリン・ウント・ケーニギン・マリア・テレジア（S. M. S. Kaiserin und Königin Maria Theresia）を現地に派遣し、八月初旬この増援部隊は大沽沖に到着した。[76]その後、防護巡洋艦カイゼリン・エリーザベトと軽巡洋艦アスペルン（S. M. S. Aspern）が追加派遣され（一九〇〇年七月下旬ポーラ出港、一〇月上旬大沽到着）、合計四隻の軍艦が対中戦争とその事後処理のために投じられることになった。[77]

列強のなかで権益や居留民の数が決して大きくないオーストリア＝ハンガリーが各国に劣らない軍事力を派遣したねらいはどこにあったのか。プラシュカによれば、「人道」と「文明」を掲げる列強の共同行動の輪に加わる必要性を認識しただけでなく、同国の積極介入の背後には中国分割からとり残されることへの危機感があったという。[78]実際、オーストリア＝ハンガリーは義和団戦争の戦利品として天津に列強と同様の専管租界を獲得し、北京・天津の駐兵権と併せ、八か国連合軍の構成国としての同権を主張した。介入を正当化するほどの保護すべき権益や居留民を有していないとはいえ、ヨーロッパの大国としての体面を保つことが何よりも重要視されていたのである。もはやこの時代、大国としての地位（Großmachtstellung）はヨーロッパ域内の活動だけで証明されるものではなくなっていた。平時有事を問わず、「必要に応じ自国の領域をはるかに越えた場所でさえも力と威信を示すことができる」ことこそが大国の条件として自覚されていたといえる。[79]それゆえ、義和団戦争が収束した後も、オーストリア＝ハンガリーは東アジアに軍艦を常駐する体制を続け、第一次世界大戦に至るまでこの国の軍事的プレゼンスは維持されることになる。[80]

では、一八七〇年代から一九一〇年代前半まで、ハプスブルク帝国はなぜ東アジアに軍艦を定期的に派遣し続けていたのだろうか。その理由は前述の南太平洋のケースとある程度重なる。まず、遠洋航海を通じた将兵の養成という本質的なねらいがあり、そこに学術資源やコレクションの収集、各種情報の本国への送付という任務が加わった。[81]とりわけ、東アジアは南洋に比べ自国の居留民や企業の数が多かったゆえ、商業や政治情勢に関する情報収集はより重要な意味を持った。この地に派遣される海軍将校は、現地の貿易情勢を細部に至るまで観察し、そのなかから自国の商工業の発展の可能性を探っており、脆弱な外交体制を補完する役割を担っていたのである。[82]そこで得られた情報は、南洋での遠征記同様に海軍部から積極的に公開され、艦長の報告書は次々に出版された。編纂された遠征記のなかには、地勢、気候、住民、歴史、商況、他国の動向などが具体的な数値データとともに盛り込まれ、通商に携わる者にとって必須の情報が網羅されていたといえる。これらの任務に加えて、東アジアで活動する海軍には、居留民や通商の保護、騒擾への対処など武力を要する役割も想定されていた。[83]この責務の重要性は義和団戦争の際に顕在化したが、現地での海軍の存在意義がここに挙げたものだけにとどまらなかったことは次の第六章で明らかになる。

2　ハプスブルク帝国の「特殊な道」？

それでは、ヴュラーシュトルフがノヴァラ号遠征から帰国の後に発したもう一つの提言、すなわちアジアでの拠点植民地建設はその後どのような進展を見せていたのであろうか。一九世紀の後半、植民地獲得をめぐって政府や民間でさまざまな構想が浮上していたことはすでに言及した。ヴァーグナーの研究によれば、その対象となった候補地には、西サハラ、北東アフリカ、ケニア、ボルネオ島、中国沿岸部、南太平洋の島嶼などの名前が見られる。[84]しかしこれらはみな、他の列強からの譲渡ないしは利害調整を必要とする土地であり、実際に獲得をめざしたとしても首尾よく事が運ぶかは定かでなかった。そもそも、植民地獲得問題は国政のなかでは優先順位が低く、ノヴァラ号遠征時のような強力な推進勢力や指導者にも欠けた状態であった。

とはいえ、海軍を長年率いたシュテルネック総司令官の頭のなかには、将来的な植民地獲得の構想が潜んでおり、海外へ派遣される軍艦の艦長に対しこの観点からの報告が内密に要請された。[85] マクシミリアン大公やヴュラーシュトルフが灯した火は海軍の内部で消えていなかったのである。やがて、一九世紀末に東アジアで軍艦の常駐制度が本格化し始めると、艦船の運用を支える拠点植民地の建設問題が再燃した。とりわけ、オーストリア＝ハンガリーで目立った動きが見られるようになるのは、ドイツの膠州湾占領（一八九七年）に端を発する中国分割競争の際である。一八九九年、現地に派遣された海軍将校と北京公使館は、政府からの指示に基づいて中国沿岸の拠点獲得へ向けた協議を行ない、海軍からは浙江省の三門湾や福建省の三沙澳（三都湾）などの名前が提起されていた。実際、当時現地に駐留していた巡洋艦が中国沿岸部の諸港を調査し、各艦長は詳細な報告を本国に送っている。しかしこの拠点植民地の獲得計画は、正式な政策ルートに乗る前に棚上げされた。その理由は、列強との不和をもたらすリスクや費用対効果への懸念、そして何よりも、当時イタリアが試みていた同様の拠点獲得計画が中国側の反発により挫折した事実が重くのしかかった。[86] オーストリア＝ハンガリーの対外膨張の矛先は当時バルカン半島やトルコへ向いており、東アジアへの関与を深める差し迫った理由に欠いていたため、小規模であろうと植民地獲得の冒険に乗り出す機運は生まれなかったのである。[87]

このように、結果として植民地獲得を断念することになった事実は、ハプスブルク帝国の歴史に植民地なき「特殊」な帝国という一見すると名誉な置き土産を残すことになった。しかし、本書のこれまでの議論で見られた通り、この国は決して「特殊」な帝国ではなく、西欧の列強と同様の海外世界観を持ち、帝国主義が覆う当時の世界に支配者側の一員としてさまざまな形でつながっていた。特に、海軍や科学の活動に表れていたように、この国が帝国主義世界を活動域とするグローバル・プレイヤーであったことは間違いない。

とはいえ、大国と呼ばれる国々がこぞって海を越えた領土拡大に突き進んだ時代に、なぜこの帝国だけはその道へ踏み出さなかったのか疑問が残る。ここでは、オーストリア＝ハンガリーの帝国主義を論じたコルムの議論を参考に、ハプスブルク帝国を外見上「特殊」にした要因がどこに潜んでいたのか整理してみたい。コルムが問いかけたのは、この国がバルカンやトルコに向けて急進的な膨張政策をとらなかったのはなぜかという問題である。彼は、この南東への膨張が抑制された要因を外交と国内事情の双方から説明する。まず、外交的な要因としてコルムが重視したのは、ロシアとの抗争、同盟国であるイタリアとの勢力圏をめぐる争い、最も重要な同盟国であるドイツとの利害衝突の存在である。これらがハプスブルク帝国を袋小路に陥らせ、過激な領土拡大に至らせなかった外的要因であったとコルムは読み解いている。(88)

しかし彼がより重きを置くのは、こうした国際関係よりも内政が与えた影響である。対外膨張が抑制された理由を国内事情に求めるコルムは、以下の三つの点にその結論を見出した。第一に、拡張政策や海軍増強に対するハンガリーの反対姿勢を彼は挙げる。墺洪間の経済構造の違いから、輸出や海外投資などの通商政策をめぐって両者には見解の相異があり、それが外交政策や海外進出の問題に反映したという解釈である。とりわけ、一八六七年以降の二重君主体制のもと、共通外交政策に対するハンガリーの影響力は無視できないものとなった。(89)第二に、国内政治の複雑な勢力関係が挙げられている。対外政策をめぐる党派ごとのスタンスの違いはどの国にも見られる現象であるが、ハプスブルク帝国では、これに民族間の不一致が拍車をかけていた。たとえば、膨張政策において抵抗を示したのは同君連合を組むハンガリーだけではなかった。西のオーストリア側においても、ドイツ系民族が対外拡張に積極的なのに対して、チェコ系民族は消極的であったとされている。つまり、民族、階級、党派が入り乱れ利害が激しく錯綜していては、膨張政策の意思統一が図れないのも当然であったかもしれない。(90)第三に、オーストリアにおいて外交政策の決定権は、政府内の一部の層、特に貴族出身層にゆだねられており、このような外交政策の不透明性や密室性が、膨張政策に対して幅広い国民層の支持や後援をとりつけられなかった理由であるとコルムは指摘している。(91)

これらの三点に加え、古典的な帝国主義理論に見られる独占資本の動向から説明づけることも可能かもしれない。(92)膨張の有力な支持母体となるはずの産業界や金融界が、ハプスブルク帝国においては強い政治的な影響力を欠いていたからである。圧力団体の組織力の弱さの他に、貴族や農業勢力に対する議会内での劣勢が経済界の政治力を制限し、これに企業家や資本家に向けられる反ユダヤ主義の弊害が加わった。[93] 確かにオーストリア＝ハンガリーでも金融資本の台頭は見られた。しかし、政治的な影響力だけでなく、海外へ投資する資本の余力や資本家の熱意が不足していたことも対外膨張を阻む大きな要因となった。[94] 経済界の乏しい意欲に挫折の要因を求めるこうした議論は、海外での植民地獲得政策の具体例（一八七四―一八七七年ボルネオ計画、一八九九―一九〇〇年リオ・デ・オロ計画など）をとり上げたヴァーグナーやクラインの研究においても同様に見られる。[95] また、植民地問題の啓発を担う民間団体の動きに関しても、オーストリア＝ハンガリーでは他の大国に比べ精彩を欠き、広報宣伝を通じた世論の大規模な動員は図られなかった。[96] こうして、領土膨張へ向かうハプスブルク帝国の前に立ちはだかったのは、二重君主体制という政治構造の問題、広大な多民族国家内での民族的利害や産業構造の違い、そして帝国主義の推進体たる工業界や金融界の成熟度と政治力の欠如であったといえる。

このように、ハプスブルク帝国が対外膨張に緩慢だった理由は、国内的な事情によるものが大きかったと理解されることが多い。[97] そこに前述のような国際政治の力学や外交的な配慮が絡み、隣接地域や海外における領土拡大は自制されたといえるだろう。ただし、ここで注意しなければならないのは、ハプスブルク帝国に領土獲得欲がなかった、あるいは植民地支配の道義に疑念を抱いていたと読み間違えてはならないということである。たとえば、一九世紀末の世界経済を大観してオーストリア＝ハンガリーの進むべき道を論じたフランツ・フォン・キュフシュタイン（Franz von Kuefstein）は、植民地の獲得には否定的な見解を述べる一方で、東アジア航路上の拠点植民地（給炭基地）建設には積極的な意義を見出していた。[98] つまり、貴族院議員であり経済専門家でもある彼の論理のなかでは、入植やプランテーションを伴う植民地と商業・軍事上の拠点植民地は別物として切り分けられていたのである。キュフシュタインの政策提言は、第二章で見たヴュラーシュトルフ構想の焼き直しといえ、貿易振興や軍艦の海外展開をめざすハプスブルク帝国において、「面」ではない「点」の植民地を求める大望は常に水面下に潜んでいたといえよう。

この「植民地」概念の曖昧さに加えて注意すべきことは、ハプスブルク帝国の「特殊な道」に目を奪われるあまり、海外をまなざす彼らの姿勢もまた「特殊」であるという誤認に陥ることである。たとえば、墺中関係史研究の大家であるカミンスキーは、オーストリア＝ハンガリー海軍の中国人に対する態度が人種的偏見とは無縁であり、寛容や友好姿勢に満ちていたことを例証し、そこに他の列強とは異なるこの帝国の「特殊性」を見出そうとする。彼によれば、こうした寛容なオーストリア人の姿勢は多民族国家ゆえの精神的特徴であり、中国人から受けた褒め言葉（"Aoguo bing tinghao"「オーストリア兵はすごくいい人たち」の意）や笑顔で交わる記念写真の数々がその証拠として提示される[99]。しかしこうした歴史解釈は、以下のような疑問に答えることができない。すなわち、なぜハプスブルク帝国は軍艦を継続的に東アジアへ派遣し不平等条約体制への関与を保ち続けたのか。それどころか、一九世紀中葉や世紀転換期に拠点植民地獲得への意志を示したのはどのような理由からか。そして、義和団戦争時に武力行使と「懲罰」遠征に進んで参加した意味は何か。

確かに、ハプスブルク帝国を「特殊」な西洋と捉える誤謬は同時代の中国でも見られた。義和団戦争のさなか、ドイツとの紛争の解決に頭を悩ませる李鴻章は、オーストリア＝ハンガリー政府に対して独中間の仲介を要請していたのである[100]。李鴻章の目には、ドイツの同盟国であるこの国が植民地膨張と距離を置く慈悲深い大国と映ったのかもしれない。しかし、オーストリア＝ハンガリーは東アジアで展開される露骨な権力政治から遠ざかるどころか、中国分割競争の際に沿岸植民地の獲得に乗り出していたことはすでに見た通りである。実際、東アジア進出に後れをとるオーストリア＝ハンガリーには現状を逆手にとる思考も見られた。この国が領土獲得に無関心な信頼できるパートナーであると中国側に信じ込ませ、列強とは違う方向から利益を獲得すべきだという議論が国内に広がっていたのである[101]。これは、同じく植民地獲得の野心を表に出さなかったビスマルク時代におけるドイツの東アジア政策とも通ずるものがある。つまり、ドイツは植民地非保有国のイメージを利用することで日本や中国から信頼を引き出しつつ、その実、列強が敷いた不平等条約体制のもとで着実に経済的利権を広げ、植民地進出の機を見計らっていたのである[102]。

また、義和団戦争の折、オーストリア＝ハンガリーが大国としての面子をいかに保つか試行錯誤し、列強と密に連携をとっていた事実はレーナーの大著で仔細に実証されている。守るべき権益や居留民の少ないオーストリア＝ハンガリーにとって、本来であればこの戦乱は他の列強と比べさほどの重大事ではなかった。そのことは表8に示した当時の貿易船出入隻数にも顕著に表れている。しかし、各国が次々と軍事力を展開する状況下、オーストリア＝ハンガリーは「大国協調の枠組みのなかで己の立ち振る舞いを気にかけ、対岸の火事として傍観することはできなかった」[103]のである。それゆえ、派遣された艦隊司令官に発せられた指令の骨子は、「各国と連携せよ」であり、列強と歩調を合わせることで自国の存在感を示すことに重心が置かれていた[104]。こうして、オーストリア＝ハンガリーが東アジアへ送った四隻の軍艦と約四〇〇名の陸戦隊は、八か国連合軍の一員として自国が列強と運命をともにすることを形で示すことになったのである。

では、軍事的な危機が去った後、現地での強い利害関係や植民地を欠くこの国は、どのように列強グループのなかで存在感を示し続けようとしていたのか。義和団戦争の終結後も引き続き東アジアにとどまった常駐海軍（ステーション軍艦）を通じて、この国の東アジアに対する関わり方の「特殊性」ならぬ「個性」を次章で探り出してみたい。

表8　中国港湾における国別貿易船出入隻数

	国	1898年	1899年	1900年	1901年	1902年
義和団戦争八か国連合軍	イギリス	22,609	25,350	22,818	25,012	24,758
	日本	2,262	3,712	4,917	6,115	6,898
	ドイツ	1,831	2,078	3,527	6,641	6,046
	アメリカ	743	716	1311	1241	1295
	フランス	577	822	978	1,208	1,511
	ロシア	118	484	449	787	1,107
	オーストリア＝ハンガリー	16	18	44	71	30
	イタリア	—	4	—	10	—
その他	中国	23,547	31,009	34,129	22,615	26,303
	韓国	8	24	30	28	38
	ノルウェー／スウェーデン	498	482	324	339	953
	デンマーク	268	22	49	80	98
	ポルトガル	141	661	612	600	388
	オランダ	18	4	20	77	70
	その他諸国	25	32	22	20	4

出典：横濱税關『清國貿易視察復命書　清國芝罘、威海衛、旅順口、青泥窪、牛荘、膠洲及上海視察報告書』1904年、6-7頁をもとに筆者作成

第六章　海軍の展開──二〇世紀初頭の東アジア常駐海軍

第一次世界大戦が勃発した一九一四年の夏、東アジアにおけるドイツ帝国の根拠地である中国の膠州湾にハプスブルク帝国海軍の巡洋艦カイゼリン・エリーザベトが碇泊していた。同艦の乗組員およそ三〇〇名は、本国政府の命によりドイツの膠州湾総督の指揮下に入り、日英連合軍と青島で激しい戦闘を繰り広げた。この約二か月の攻防戦でオーストリア＝ハンガリー軍兵士一〇名が命を落とし、生き延びた者たちも、降伏後は日本に移送され俘虜収容所に抑留された。一方、日本軍の進撃阻止を図り砲弾を打ち尽くした巡洋艦カイゼリン・エリーザベトは、降伏の五日前に自沈し膠州湾の湾内に姿を消した。(1)

この「日墺戦争」の顛末をめぐっては、従来、日独戦争に付随して起こった偶発的な軍事衝突として捉えられていた。オーストリア＝ハンガリーはドイツの同盟国であり、ゆえに現地に「たまたま」居合わせた巡洋艦カイゼリン・エリーザベトは膠州湾でドイツ軍と運命をともにしたのだと。(2) しかし、東アジア列強の戦争に思いがけず巻き込まれたとする解釈はやはり少し不自然である。というのも、本書で見てきた通り、ハプスブルク帝国は遠方のこの世界に自ら関わりを持とうとしていたのであり、主体的な意志を持って東アジアに軍艦を常在させていたからである。そして、その意志は義和団戦争への出動の際にはっきりと映し出されていた。緊急時の列国協調に参加することで、同国はヨーロッパの主要国としての自負を示したのである。

とはいえ、ハプスブルク帝国の海軍は、緊急事態に備えるためだけに、軍艦を常時一隻この地に待機させていたと見るだけで十分だろうか。確かに、義和団戦争や辛亥革命といった「有事」における軍事行動は人目を引き、海軍を通じた明確な自己主張がそこには見られる。しかしそれらの出来事の間には、「有事」よりもはるかに長い「平時」の時間が存在した。この日常の空間のなかにも何らかの海軍の存在理由があったのではないか。

ところが、これまでの歴史研究においては、非軍事分野における在外海軍の平常活動は関心の対象から外れていた。軍艦といえば艦砲射撃や上陸部隊の軍事行動が第一に連想されるか、あるいは、いわゆる「砲艦外交」という言葉で一括りにされる恫喝外交の主役としてイメージされる傾向が強い。それゆえ、日々の軍艦の存在事由はこうした軍事的ないし準軍事的側面からのみ意味づけされることが多かった。(3) オーストリア海軍史の研究を見渡しても、軍艦の海外派遣の目的に「ショー・ザ・フラッグ」という抽象的な定型句が頻用される一方、その内実についてはまったく触れられていない。(4) こうした先行研究の傾向は、ハプスブルク帝国史に限ったことではない。昨今進展が著しいグローバル・ヒストリー研究は、アジア海域の日常世界を読み解く重要なパースペクティヴをもたらしたが、商船や定期連絡船の動きに関心が偏り、海域を日々せわしなく駆け回っていた平時の軍艦については深く議論されていない。(5) 植民地もさしたる経済権益もない遠隔地に、なぜハプスブルク帝国の海軍が日常的にプレゼンスを保っていたのか疑問は残されたままである。

こうした先行研究の現状と課題に鑑み、本章では義和団戦争後の平穏が訪れる一九〇一年から一九〇四年初頭の東アジアを舞台に、ハプスブルク帝国がこの地に常駐させた軍艦の日常を一次史料から追跡する。(6) その過程で、「ショー・ザ・フラッグ」という決まり文句の裏に潜む日々の活動の意味を探るのがここでの目的である。東アジアの帝国主義世界とハプスブルク帝国の日常的なつながりを現地に配備した海軍を通じて見ていこう。

第一節　東アジア・ステーション体制

前章では、ハプスブルク帝国が東アジアに軍艦を常駐させたステーション体制について触れた。では、一九世紀末に確立されたこのステーション体制とはいかなる制度であったのか。過去の歴史研究にほとんど登場しない在東アジア海軍の仕組みについて、ここでは海軍と外務省の公文書に基づきその概要を簡単に確認しておこう。ハプスブルク帝国の東アジア・ステーションは、通常、本国から派遣される巡洋艦一隻によって担われ、一年ないしは数年駐留した後、新たに当地に赴く別の艦と交替していた。[7] これらの巡洋艦の艦長は、公式には「ステーション司令官」という職名で呼ばれ、列国の東アジア駐留艦隊（「東アジア」、「東インド」、「中国」、「太平洋」など艦隊名の接頭辞は国や時代によって異なる）の司令官と同格の地位にあった。[8] ステーション司令官は、東アジアに展開する自国軍隊の活動のすべてをとり仕切る立場にあったため、義和団戦争の後、その管轄範囲は大きく広がる。というのも、北京議定書により公使館と天津租界の警備を目的とする軍隊駐留権を得たハプスブルク帝国は、数百名の海軍陸上部隊（「直隷駐留軍」）を常時北京と天津に配備することになり、この陸上の駐屯部隊もステーション司令官の指揮下に組み込まれることになったからである。[9]

一方、東アジア・ステーションは本国からかなり離れたところに位置していたため、命令系統や司令官の職務規定に特殊な要素が見られる。本国との間での電信の利用は、碇泊地を移動する際の位置情報の通知や緊急性の高い交信に限られ、定例報告書などの通常の業務連絡は数か月のタイムラグを伴う郵送で行なわれていた。[10] それゆえ、寄港ルートの策定や日常の行動は、現場の状況に通じる指揮官の裁量にかなりの部分がゆだねられることになった。その一方で、ステーション司令官は北京の公使館や上海総領事館に自艦の所在場所を電信で逐次伝達し、また軍艦の行き先に関する要望を聞くなど、現地の外交と軍事の間では緊密なやりとりが交わされていた。[11] 一方、北京・天津に兵舎を構える直隷駐留軍と北京公使館の間でも、警護体制や兵営設置の問題、諸外国との折衝の案件などで密に連絡が重ねられ、両者の間で相互の連携が保たれていた。このように、東アジアにおけるハプスブルク帝国の軍艦は、本国政府の統制からはある程度の行動の自由を持っていた一方で、在外公館の要請に応じた活動を行なっていた。つまり、外交と軍事が一体となって東アジア政策を支えていたのであり、この点でハプスブルク帝国のステーション体制は、他の列強と同様の性質を備えていたことが分かる。

なお、海軍のこうした外交支援の活動は、通商保護という重要な使命とも密接に結びついていた。ハプスブルク帝国の対日貿易は、製糖業の好調に支えられて一九世紀末に増進傾向にあり、一八九七年から一九〇一年にかけて輸出入の額はそれぞれ五倍以上に膨れ上がっていた。(12) 同様に海運業でも、オーストリア・ロイド社の汽船が世紀末にインドや東アジアの航路を強化し、定期船は上海や日本（神戸・横浜）まで延伸されている。(13) 二〇世紀初頭の海軍は、こうした地球規模で広がる自国の通商を保護促進する役割も担っており、これが本国沿海の安全保障と並ぶ海軍の重要な存在意義であったと考えることができる。

第二節　保護任務の限界と打開策

これまで見てきたように、ハプスブルク帝国が東アジアに海軍ステーションを開設し、列強に倣って軍艦を常駐させる体制を整えた背景には、自国の通商を保護し在外居留民の生命や財産を守る意図があった。では、こうした任務はいかなる形で遂行されたのか、具体的な事例に基づいて検証してみよう。

一九〇二年六月、仁川に寄港した巡洋艦マリア・テレジアをフーゴ・ホウベン（Hugo Houben）という現地在住のオーストリア人が訪れ、係争中の土地問題に対して助力を求めた。彼によると、韓国において土地を購入したが、ある日本人が突然現れ、その土地は鉄道敷設用に自身が韓国政府から購入したものだといい張っているとのことであった。困惑したホウベンは、オーストリア＝ハンガリーの領事業務を代行する現地のドイツ領事に訴えたが六か月間進展はなかった。それゆえ、自国の軍艦の来港を知ったホウベンは、この不動産問題に海軍が介入してくれることを期待したのである。早速ドイツ領事から事情を聴取したステーション司令官コンスタンティン・フォン・シュヴァルツ海軍大佐（Constantin von Schwarz：巡洋艦マリア・テレジア艦長）は、ホウベンに登記を怠るなどの法的な落ち度があること、また、韓国政府にも法令の通達をおろそかにした過失があることを確認し、日本側との折衝を通じて円満な解決を試みた。最終的には、土地は日本側の所有とし、ホウベンは相応の補償金を受けとることで幕引きがなされた。[14]

以上の例から分かることは、困窮している自国民を保護する際、ステーション司令官は他国の外交官や行政当局と接触して冷静に事実関係を調査し、紛争の平和的解決に努めたということである。つまり、戦力の乏しいハプスブルク帝国の在東アジア海軍にとって、圧力を前面に出す「砲艦外交[15]」は実効性のある任務ではなく、居留民保護は別の形態をとる必要があった。それゆえ、同国の東アジア・ステーション軍艦は、特に在外公館のない（あるいは、他国の在外公館に業務を委託している）土地に赴いた際、助けを求める居留民の声を聴き、手を差し伸べるいわば「巡回領事」のような役割を担っていたのである。また、太平洋島嶼部における活動の事例を見ても、本国の共通外務省が現場の軍艦に求めていたのは力の行使や威嚇ではなく、実地での調査を通じた実態の解明と居留民を心理的に鼓舞する効果であった。[16]その心理的作用という面から見るならば、実際ステーション軍艦は、香港、広州、呉淞、上海、シンガポールといった主要な商業都市を訪問した際、居住する自国民から熱烈な歓迎を受け、各種交流行事を通じて在外同胞の鼓舞に一役買っていた。[17]

そもそも、ハプスブルク帝国のステーション軍艦はわずか一隻のみで広域をカバーしなければならないという克服しがたい重荷を抱えていた。その点、東アジア全域に軍艦を万遍なく配置し、強力な軍事力の担い手として平時から外交や通商を後援する英独海軍と同様の使命を果たすことは不可能であった。[18]たとえば、一九〇五年の末に上海で不

東アジアの主な寄港地

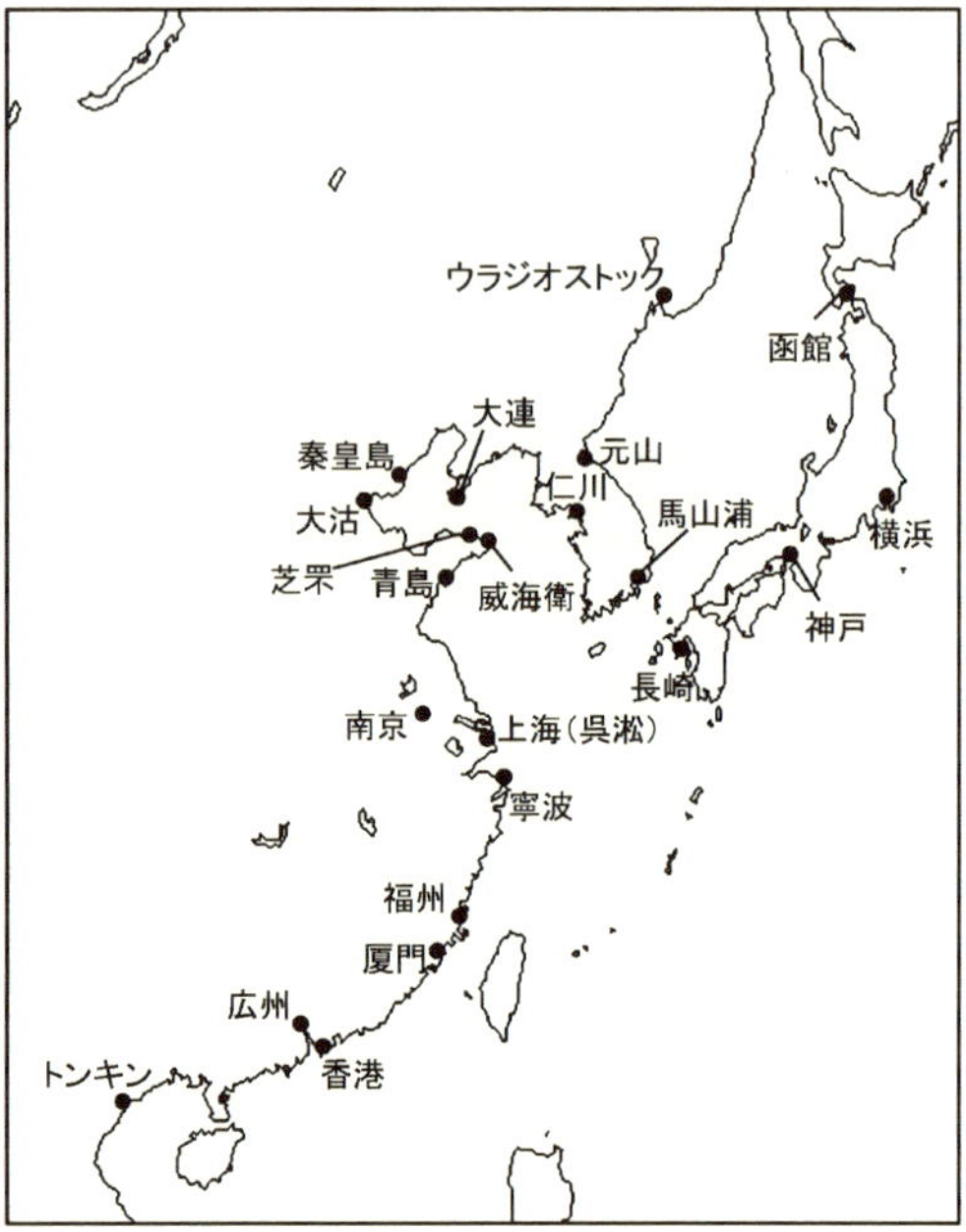

穏な空気が流れた際、すぐさま総領事館から長崎碇泊中のステーション艦カイザー・フランツ・ヨーゼフ一世(S. M. S. Kaiser Franz Josef I.) に対し来港要請が発せられたが、水先案内人の手配に手間どり現地到着が遅れる事態が生じた。同艦の上海入港までの間、総領事館はイタリア兵によって守られており、到着後、遅ればせながらもそれと交替の部隊を上陸させることによりかろうじて面子を保ったにすぎない[19]。つまり、各地に散らばる居留民や在外公館の直接警護は実効性の面で疑問符がつき、また平時のプレゼンスの弱さに鑑みて、中国官憲に対する威圧の効果も疑わしかった。

それゆえ、ステーション司令官は現地行政機関に対する直接的な圧力ではなく、日常の巡回寄港を通じた間接的な圧力の行使に重きを置くことになる。つまり、投錨地の行政機関や実力者を表敬訪問する慣習儀礼の際、司令官は必ず現地に駐在する自国の代表（外交官）を呼び寄せ同行させていた。たとえば、上海の道台、神奈川、兵庫、長崎の各県知事や港務部長、函館の区長、列強の植民地総督などを司令官が訪れる際には、場に応じて総領事や領事、副領事が表敬訪問に必ずつき添った[20]。表向きは寄港に伴う挨拶回りであったとしても、自分と当地の外交官は一心同体であること、その背後には軍事力が控えていることを示唆し、軍艦が不在の時でも彼らが軽侮され不利な扱いを受けないよう配慮がなされていたのである。こうして、現場で通商保護の任に当たる外交官の背後に武力を備えた後援者がいることを平素から印象づけることで、ハプスブルク帝国の海軍は外交支援の職務を果たそうとしていたのである。表9のように、ステーション軍艦が赴任期間中に東アジ

表９　ハプスブルク帝国ステーション軍艦の寄港地

軍艦	年	寄港地	給炭	入港 月	入港 日	出港 月	出港 日	軍艦	年	寄港地	給炭	入港 月	入港 日	出港 月	出港 日
カイゼリン・ウント・ケーニギン・マリア・テレジア	1901	芝罘	●	11	3	11	4	カイザー・カール六世		コロンボ	●		12		18
		大沽			4		15			シンガポール	●		24		28
		芝罘			16		30			香港	●	11	3	11	8
		威海衛			30	12	4			呉淞	●		11		11
		青島		12	5		8			南京			13		16
		呉淞			10		12			呉淞			18		19
	1902	上海			12	2	22			秦皇島			22	12	4
		呉淞		2	22		26			芝罘	●	12	5		9
		福州			28	3	7		1903	神戸			15	1	10
		寧波		3	14		20			横浜（浦賀）	●	1	11	2	3
		呉淞			24		25			神戸		2	4		13
		上海	●		25	4	8			長崎			15		25
		呉淞	●	4	8		10			呉淞			27		28
		芝罘			12		20			上海			28	3	14
		大沽			21	5	9			呉淞	●	3	14		17
		芝罘	●	5	10		13			厦門			19		21
		威海衛			13		17			福州			22		27
		青島			18		21			三沙湾			27		29
		長崎	●		23	6	2			南関湾			29		31
		仁川		6	4		10			寧波		4	2	4	4
		芝罘			11		14			呉淞	●		6		11
		神戸			18		29			青島			13		16
		横浜	●		30	7	31			仁川			17		22
		神戸		8	2	8	5			馬山浦			25		30
		釜山			7		8			厳島		5	1	5	3
		馬山浦			9		12			糸崎			3		4
		芝罘	●		16	9	5			神戸	●		4		16
		大沽		9	6		14			横浜	●		17		25
		秦皇島			15		15			函館			27		31
		山海関			15		15			ウラジオストク		6	2	6	5
		芝罘	●		16		17			元山			6		8
		呉淞			20		25			威海衛			11		13
		香港	●		28	10	3			芝罘	●		13		22
		サイゴン		10	7		12			大沽			23	7	5
		シンガポール	●		18		28			大連		7	6		11
		プロ・ペナン			30	11	1			芝罘	●		11		29
		ポイント･デ･ガル		11	6		7			呉淞	●		31	8	11
		コロンボ	●		7		14			香港		8	14		19
		アデン	●		23		24			シンガポール	●		24		27
		スエズ			29		30			コロンボ		9	2	9	6
		ポート･サイド	●	12	1	12	4			アデン	●		14		15
		ポーラ			9					スエズ			20		21
	1902	ポーラ				9	20			ポート･サイド	●		21		26
		ポート･サイド	●	9	25		26			トリエステ		10	1	10	6
		アデン	●	10	2	10	4			ポーラ			6		

出典：ÖStA/KA MS/OK 1902, 1903（ステーション司令官定例報告書）をもとに筆者が作成

アの港湾をせわしく駆け回った大きな理由の一つは、心理的、間接的な効果をねらった居留民・通商保護体制の維持にあったと考えることができる。[21] ただし、軍艦の平時の活動の意義はそれだけではなかった。もう一つの重要な目的を以下で検討し、ハプスブルク帝国が東アジア帝国秩序とどのようにつながっていたかを明らかにしたい。

第三節　儀礼と「ショー・ザ・フェイス」

駐屯地が固定化される陸上の軍隊とは異なり、軍艦はその機動性を武器に港から港へと容易に動き回ることができる。実際、前節でも見てきたように、東アジアに配備されたハプスブルク帝国のステーション艦は、日常の任務のなかでさまざまな港を周遊していた。当時の東アジアにおける港湾都市の性格に鑑みれば、諸港で遭遇した相手は前述の自国居留民や外交官、日本および中国の現地行政官だけではなかった。たとえば当時の東アジア諸港には、何十隻もの列国の軍艦が常時碇泊していたが、そうした軍艦の日常の姿や相互の接触に関しては、東アジア史や西洋史の研究でも従来注目されてこなかった。[22] 以降の議論では、ハプスブルク帝国ステーション艦の投錨地での様子に光を当て、「ショー・ザ・フラッグ」という言葉では見えてこない生きた人間の交わりとその意味について検討する。

当時東アジアに駐留する海軍の世界では、ある国の軍艦が他国の軍艦と港で出会った際、お互いが規定数の礼砲によって挨拶をとり交わし、次いで艦長同士、ないしは、上級スタッフ同士が相手艦へ挨拶訪問を相互に行なう慣例があった。この一連の儀礼行為は、原則として出会ったすべての軍艦ととり行なうしきたりとなっており、各国の軍艦長にとって欠いてはならない日常の国際慣例とされていた。たとえば、巡洋艦マリア・テレジアが一九〇一年一二月一二日に上海に寄港した際、同港には合計一七隻もの外国軍艦が碇泊していたが、そのすべてと挨拶儀礼を行なう必要があった。[23] なお、病気や外出、即座の出港などの事情により幹部同士の対面がかなわなかった場合には、名刺を置き残したり、後日別の港で会った際の返礼訪問を約束したりすることで慣例の徹底した遵守が図られていた。このため、ステーション司令官は他国の軍艦の動向に絶えず注意を払っており、遭遇し挨拶儀礼を交わした外国軍艦の名前を漏らさず本国宛の報告書に記載していた。

東アジアの海軍世界におけるこうした不文律の慣行は、単なる形だけの儀礼にとどまるものではなかった。投錨地で相互訪問を図った列国の海軍高官との間で、情報交換や情勢談議、親睦の宴が重ねられることで、軍人同士の親密な関係が構築されてもいたのである。ハプスブルク帝国のステーション司令官が交わった相手を見ても、同盟国ドイツの軍人はもちろんのこと、[24]イギリス、[25]フランス、[26]アメリカ、[27]イタリア、[28]日本、[29]中国[30]といった各国の提督や将校たちと忌憚のない打ち解けた懇談が図られていた。さらには、国境を接する潜在敵国ロシアとの関係を見ても、仁川で投錨していた同国軍艦の軍艦長とソウルの旧王宮見学をともにしたり、またある時は、呉淞碇泊中のロシア軍艦で催されたクリスマス後夜祭に招待され、現地のロシア社交界が一堂に会するこの特別なイベントに出席したりしている。[31]このように、親睦の相手は同盟国ドイツの軍人に偏重せず、分け隔てなく列国の海軍と交流が図られ、特定の国に反感を抱いたり批判したりする記述は報告書には見当たらない。[32]

以上の事実からも分かるように、東アジアの海軍コミュニティには、日常化した儀礼・親睦交流を通して意思疎通を図り、信頼関係を構築する仕組みが備わっていた。こうした多角的な交流と信頼醸成の成果は、とりわけ有事の際に発揮されることになる。一九〇四年二月、ステーション軍艦アスペルンは日露開戦の一報を香港で聞くことになるが、隣接する広州では、戦争勃発と旧正月が重なったことで暴動や排外運動の発生が懸念されていた。それゆえ、アメリカとフランスは当地の外国人居留地（沙面租界）での不測の事態に対処するため、それぞれ軍艦二隻ずつを予防展開した。こうした列強海軍による共同防衛体制の構築により、現地における自国居留民の保護はこれら「友好国」にゆだね、アスペルンは戦況をより近くで探るため北方へ向けて出港することができたのである。[33]

ステーション司令官（巡洋艦アスペルン艦長）が「友好国」と表現していたように、常日頃からコンタクトを保っていた列強の海軍はハプスブルク帝国にとって信頼に足りる同僚であった。実際、義和団戦争や辛亥革命への対応が示すように、列強の軍隊は中国情勢の混乱時に手を携え、国家の垣根を越えて外国人居留民社会を共同で防衛した[34]。つまり、当時の東アジア帝国秩序は、表面では熾烈な国家間の競争が展開される一方で、その裏面には列強の強固な共存関係が内在していたと考えられる。いうなれば、共存してこその競争であり、各国軍隊の常日頃からの協調関係がこの地の帝国主義を支える土台となっていたといえる。ハプスブルク帝国はこうした「軍事交流の日常化」を基調とする列国海軍の緩やかな連合体のなかに自国の軍艦を組み込み、東アジア帝国主義秩序との一体化を図っていたのである。

このように、ハプスブルク帝国は軍艦の常駐体制によって、自国の居留民や在外公館を守ろうとしただけでなく、「列強との一体性」も維持しようとしていた[35]。それにより、自国の居留民や在外公館を自力では直接保護しきれない弱みを補うとともに、世界体制における支配者陣営の構成員としてのステータスを形だけでも世界に示そうとしたのである。しかし、植民地や勢力圏を持たず、あらゆる面で東アジア世界とのつながりが薄いこの国にとって、列強の帝国主義体制との結びつきを一隻の軍艦による「ショー・ザ・フラッグ」のみで担保するのは容易ではなかった。それゆえ、量的に劣る軍事プレゼンスを質的に補うべく、ハプスブルク帝国のステーション艦はその人的資源を最大限に活用していた。

一例を挙げると、一九〇二年六月二八日に神戸で国際レガッタが開催された際、司令官は競技の一部門（国別軍艦対抗戦）に巡洋艦マリア・テレジアの水兵チーム二組を派遣し、両艇は一位と二位を独占する栄誉を勝ち得た[36]。ボート競技は、フットボール、クリケット、射撃、テニス、ボーリングなどと並び当時東アジアの欧米人社会で人気のあるスポーツであったため、レガッタの定期大会は新聞各紙でとり上げられ注目度が高かった。ハプスブルク帝国の海軍は、こうした国際的なスポーツイベントに積極的に参加し、軍事とは異なる方法でその存在感を示し続けたのである。実際、東アジア国際レガッタへの参加は第一次世界大戦まで続き、ハプスブルク帝国ステーション艦の即席チームは各大会で常に上位を占め各国から称賛された。[37] このように、ハプスブルク帝国が列強との一体性を維持するための特徴的な手法として、軍事アクターが非軍事世界に関わる社交場の活用が挙げられる。こうした場は、当時の東アジア欧米人社会にさまざまな形で存在したが、次節では、この国の軍艦がその日常の社交文化に加わる際に用いた独特の手段に注目し、帝国主義世界との一体化を図るハプスブルク帝国の流儀に迫ってみたい。

第四節　「ショー・ザ・バンド」

1　軍隊と音楽

列強の経済競争と勢力圏分割が繰り広げられた二〇世紀初頭の東アジアにおいて、政治的にも経済的にもこの地域へのコミットの弱いハプスブルク帝国は、大国としての存在感をいかに示すかに苦慮していた。たとえば、一九世紀末に香港副領事が吐露しているように、東アジアの人々の間でオーストリアの認知度は低く、時として「オーストラリア（Australia）」と混同されることもあり、船の往来が激しい国際港では影の薄い存在であった。[38] それゆえ、各港で発行された新聞において同国に関する記事に出くわすことは稀で、時折オーストリア・ロイド社の定期船の入出港を知らせる小欄を目にする程度であった。ところが、一九〇三年一月の『ジャパン・クロニクル』紙面には、珍しく「オーストリア」の名が大見出しで登場した。[39]

オーストリアの巡洋艦カイザー・カール六世（S. M. S. Kaiser Karl VI.）は、三週間の逗留を終え、たった今神戸を離れた。聞いたところでは、将校も水兵もたいへん愉快な時間を過ごしたとのことである。将校たちは、クラブ・コンコルディア〔ドイツ・クラブ―著者註〕と神戸クラブ〔インターナショナル・クラブ―著者註〕の双方で手厚くもてなされ、民間の私邸においても各所で同様に温かく迎えられた。こうして示された厚遇の返礼として、本月三日の日に艦上においてパーティーが催され、多くの居留民が参加して楽しいひと時を過ごした。ちなみに、その招待状の発行は、神戸でオーストリア＝ハンガリーの利害を監督するイギリス領事館の手にゆだねられていた。〔中略〕多くの者は願っているだろう。今回の滞在が、極東にとどまる在任期間中の同軍艦による最後の神戸寄港になってしまわないことを。[40]

同記事にも見られる通り、ハプスブルク帝国の軍艦の乗組員は、各地に居住するドイツの民間人と交流する機会も多く、主要な港湾都市に存在するドイツ・クラブに頻繁に出入りしていた[41]。加えて、各国の重要な祭日や記念日には、最敬礼の二一発の礼砲と満艦飾で対象国の住民に祝意を示す慣行があり、軍艦にしかできないやり方で港町の祝賀ムードに華を添えていた（表10）。つまり、ステーション艦の諸港巡回は、現地の外国人社会との交流を通じてこの国の存在感を示すことにつながっており、こうした民間との交流は、前記の軍事交流や

表10　ハプスブルク帝国軍艦による儀礼
（満艦飾・礼砲・半旗）

軍艦	年	要請日	場所	儀礼対象
マリア・テレジア	1901	11月3日	芝罘	（日）天長節
		11月9日	大沽	（英）国王誕生日
		11月11日	〃	（伊）国王誕生日
		11月15日	〃	（中）親王の帰朝
		11月20日	芝罘	（中）西太后誕生日
		12月2日	威海衛	（英）王妃誕生日
		12月19日	上海	（露）皇帝聖名記念日
	1902	1月17日	〃	（独）皇帝誕生日
		2月11日	〃	（日）紀元節
		2月22日	〃	（米）ワシントン誕生日
		5月8日	大沽	（露）皇后誕生日
		8月18日	芝罘	（墺）皇帝誕生日
		9月23日	呉淞	（白）王妃薨去
		12月3日	ポート・サイド	（英）王妃誕生日
K・カール六世		11月11日	呉淞	（伊）国王誕生日
		12月31日	神戸	（泰）王子誕生日
	1903	1月22日	横浜	（英）国王即位記念日
		2月11日	神戸	（日）紀元節
		2月22日	長崎	（日）小松宮親王薨去
		6月2日	ウラジオストク	（露）海軍総裁誕生日
		8月18日	香港	（墺）皇帝誕生日
アスペルン		11月26日	呉淞	（英）王妃誕生日
		11月28日	〃	（中）皇太后誕生日
		12月19日	〃	（露）皇帝聖名記念日
		12月26日	〃	（米）現地提督死去
	1904	1月8日	〃	（伊）王妃誕生日
		1月22日	上海	（英）国王即位記念日

出典：ÖStA/KA MS/OK 1902, 1903, 1904
（ステーション司令官定例報告書）をもとに筆者が作成

軍官交流と並び、東アジアの帝国主義世界と一体化を図る契機となっていたことが分かる。

では、ハプスブルク帝国と東アジア居留地社会の接点たるこうした各種の招宴は、いかなるムードで催されていたのであろうか。当時の西洋の社交空間から推察するに、それらが静寂な雰囲気のなかで進行していたとは考えにくい。何よりも、ハプスブルク帝国は楽都ウィーンを擁する音楽の国としても名を馳せ、饗宴と音楽は不可分の関係にあった。しかしながら、本国からの距離や居住者の少なさに鑑みれば、プロの演奏楽団の渡来や在野の楽隊を常備することが困難であったのも事実である。

そこで注目したいのは、軍隊に組み込まれたプロの演奏家集団である軍楽隊が果たした役割である。西洋史学において、軍楽隊に焦点を当てた研究は決して少なくないが、いずれも対象は陸軍のそれに偏重しており、海軍、とりわけ、国外で活動する軍艦につき従った楽隊に関しては、管見の限り体系的な研究は見当たらない[42]。こうした傾向は、音楽の大国であり、かつ一定の海軍力を有したドイツやハプスブルク帝国の歴史研究にも当てはまる。ハプスブルクの軍楽隊を扱った歴史書では、海軍軍楽隊は付随的に登場するだけで、内地勤務ではない、つまり軍艦に随伴して海外世界を渡り歩いた海軍軍楽隊の歴史に至っては、ほとんどその詳細が明らかになっていない[43]。文書館に保管されている一次史料の点でも、ハプスブルク帝国の海軍軍楽隊の実態を知る手がかりとなる現存文書はきわめて少ない。国立公文書館のカテゴリー上は、海軍部官房文書 ÖStA/KA MS/PK の各年度 IX-3（Marinemusik）に分類されているが、収められている中身の史料点数は残念ながらごくわずかである[44]。こうした史資料上の限界はあるものの、以下ではそのかすかな痕跡をたどり、宴や交流に欠かせない音楽の提供者という観点から在東アジア海軍の歴史上の意義を考察してみたい。

まず、そもそも軍楽隊とは何か、その歴史を簡単に振り返っておこう。ヨーロッパにおける軍隊と音楽のつながりは、すでに古代ギリシアやローマの時代から見られ、以降、時世や楽器が変化してもその本質的な関係性は変わらなかった。命令の伝達や統制、士気の鼓舞という点で、軍隊にとって音楽は不可欠な存在であり続けたのである[45]。近代になると、各国で軍楽隊の拡充と制度化が進み、太鼓とラッパを主体とした旧来の演奏器具に各種の金管や木管の楽器が順次加わる。また、オスマン帝国の軍楽隊の様式、とりわけその特徴的な打楽器演奏がヨーロッパの軍楽隊のスタイルに与えた影響も無視できない。[46] こうしてスケールを拡大していく吹奏楽完備の軍楽隊は、次第にパレードや国家の重要式典に欠かせない役回りを演じることになる。さらには、行進曲以外にもコンサートの楽曲をレパートリーに加え、劇場での演奏会などを通じて市民にとっても身近な存在となる。[47]

こうした軍楽隊の発展の流れは、音楽の興隆に力を注いだ一九世紀のハプスブルク帝国においても該当し、他の欧米各国と同様に社交性を備えたものとなっていた。つまり、軍楽隊の演奏や軍事パレードのための行進曲は、軍隊や戦争という本来想定された空間を越え、舞踏会やパーティー、コンサートなどを通じて帝国の社会や文化と密接に絡み合っていたのである。[48] 一九世紀の代表的な音楽批評家エードゥアルト・ハンスリック（Eduard Hanslick）は、陸軍軍楽隊が社会のなかで存在感を増す様子を捉え、「銃剣に代わりクラリネットで平和的な征服がなされている」[49]と評したほどである。また、ハプスブルクの陸軍軍楽隊の評判は、帝国内にとどまるものではなく、ドイツ軍楽隊と並んで国外でも高い名声を誇っていた。[50]

一方、ハプスブルク帝国の軍隊に海軍の楽隊が本格的に導入されたのは、ヴェネツィア併合を機に近代海軍の建設が進む一九世紀前半のことであった。結成当初は、その存在意義とコストに疑問が呈され解散の危機に陥ることもあったが、海軍本体の組織的な拡充とともにその役割は次第に認められるようになる。その主たる役割として、パレードの演奏、旗艦への常備、海外に派遣される特別ミッション艦への配備、退屈な艦上勤務の慰安、国際儀礼などが挙げられる。[51] 演奏能力の点を見ても、その技能は次第に向上し、一九世紀の半ばには、トリエステの劇場や兵舎などで各種の演奏会を開くまでになっていた。[52] 特に、ハプスブルク近代海軍の祖である皇弟マクシミリアン大公は、海軍軍楽隊の育成と社会的認知の獲得に努め、西欧諸国への外遊に同行させたり、ミラマル居館の庭園で週二回の無料演奏会を市民向けに公開したりしていた。[53] リヒャルト・ヴァーグナー（Wilhelm Richard Wagner）からも称賛を受けたハプスブルク海軍軍楽隊は、一八七一年には数十名の増員が図られ計一〇〇名に達し、うち約半数が小班に分かれて乗艦任務につくのが慣例となった[54]。なお、一九一四年の海軍官房文書を見ると、海軍軍楽隊の規定定員は一二〇名（加えて練習生一五名）となっており、半世紀を経ても組織的な拡充がさほど図られていなかったことが分かる[55]。ちなみに、海軍軍楽隊の存在を支える予算は、海軍本体と海軍将校団が共同で負担し、それに公開演奏会の興行収入が組み込まれていた[56]。

2　東アジアのハプスブルク軍楽隊

海軍軍楽隊が有する意義とは何か。このような質問が世界最大の海軍国イギリスから寄せられた際、ハプスブルク帝国の海軍首脳は以下のような回答書を送っている。

国防省海軍部は、音楽に関する努力をあらゆる点で支援しており、とりわけ、帝国海軍軍楽隊を高い芸術水準に保つために努めております。世間によく知られ評価を得ているように、倫理、教育面での音楽の価値をきわめて重視しておりますし、実際それ相応の価値があると認知されています[57]。

この回答の文言は重要なことを示唆している。通常、海軍軍楽隊の役割を考えたとき、乗組員の慰安と鼓舞、観艦式やパレードでの演奏、入出港時の艦上奏楽、国歌演奏などが想定される。これらの演奏は一定の技能を必要とするも、決して「高い芸術水準」が要求されるものではない。では、なぜ海軍の軍楽隊に高度な芸術性が求められるのか。

その疑問を解く答えは、東アジア・ステーション艦に所属する軍楽隊の活動内容から浮かび上がる。通常の日常演奏や礼式の他に、ステーション司令官が楽隊を多方面で積極的に活用していた様子は表11の各事例に示される通りである。そこでの軍楽隊の活動は、第一には現地での自国が関係するイベントを盛り上げたり、外地の同胞に慰安とし

表11　ハプスブルク帝国ステーション軍艦軍楽隊の主な出張演奏
（1902～04年巡洋艦カイザー・カール六世と巡洋艦アスペルン）

年　月	寄港地	派遣先
1902　11	香港	ドイツ・クラブ Germania 演奏会
12	芝罘	芝罘クラブ演奏会
〃	神戸	米砲艦ウィルミントン艦上クリスマスパーティーでの演奏
1903　1	横浜	イギリス・クラブ演奏会
2	神戸	ドイツ・クラブ晩餐会での演奏
〃	長崎	青森飢饉救済基金の長崎ホテル・チャリティーコンサート
3	上海	墺領事館舞踏会での演奏（上海社交界200名列席）
〃	〃	2か所のホテルで2回ずつ演奏会
〃	〃	碇泊中の軍艦の所属国すべての国歌を連日演奏
〃	福州	福州クラブ舞踏会での演奏
4	仁川	独艦イルチス艦上ディナーでの演奏（バイエルン王子ゲオルク、独領事等要人列席）
5	神戸	内国勧業博覧会会場で演奏会
〃	〃	博覧会墺部門代理店主催のホテル晩餐会での演奏
〃	横浜	墺領事主催夜会での演奏（列国外交官、県知事等列席）
〃	函館	テニス場コンサート
6	芝罘	クラブやホテルで演奏会
〃	大沽	北京での兵員交代式演奏
7	芝罘	クラブやホテルで演奏会
8	香港	墺皇帝誕生日祝宴での演奏（現地墺人居留民列席）
〃	シンガポール	ドイツ・クラブ晩餐会での演奏
9	コロンボ	墺領事主催晩餐会での演奏
12	上海	ホテルで演奏会、その他レセプション演奏
1904　1	呉淞	露艦艦上クリスマス後夜祭演奏（現地露社交界列席）

出典：ÖStA/KA MS/OK 1903, 1904（ステーション司令官定例報告書）をもとに筆者が作成

て故郷の音色を届けたりすることであった。しかしそれに限らず、司令官や幕僚が招かれた各種パーティーへの同行演奏が頻繁になされ、さらには、各都市のクラブやホテルからの依頼に積極的に応じ出張コンサートを開催することも多々あった。そうした活動の背景には、当時軍艦につき従い港町を訪れる軍楽隊に対し、「かなり単調な生活が続く都市の日常に気分転換をもたらす[58]」存在として、東アジアの欧米人社会から高い期待が寄せられている現状があった[59]。しかも、当時の東アジアの港町では、高度な専門教育を受けた楽隊が不足しており、本場ヨーロッパに匹敵する水準の奏楽が渇望されていたという事情もあろう。

　東アジアの港湾社会が当時いかなる音楽環境にあったか、最大の国際都市である上海を例にとってみよう。この地の共同租界には公的組織たるパブリック・バンドが設立されており、西洋音楽に親しむ環境は確かに早くから整備されていた。しかし、奏者がみなフィリピン人であることから、人種的偏見は避けて通れず、その演奏技術の水準に対する居

留地社会の不満は高かったという。[60] それを裏づける記事が現地で発行されたドイツ語新聞にも見てとれる。東アジア最大の独語新聞『東アジア・ロイド（Der Ostasiatische Lloyd）』紙は、インド兵連隊の公開野外コンサート案が租界工部局によって葬られた事件を機に、これまで控えていたパブリック・バンドの質に対する批判を一気に爆発させている。同紙の論説によれば、野外音楽堂の使用は原則として上海の公設楽団以外に認められておらず、同施設で市外の楽団が公開演奏することを当局が規制していることにより、「よい音楽を聴く機会」が市民から奪われていたという。[61] このような事情ゆえ、高水準の音楽を提供する軍楽隊は現地白人社会から喝采を浴びる対象となったのである。[62]

実際、ハプスブルク海軍軍楽隊により演奏された楽曲を見ると、音楽大国としての面目を保ち、欧米人社会の期待に応えるだけの十分なレパートリーと演奏技術を持っていたことが分かる。たとえば、一九〇三年二月に長崎ホテル支配人の要請で参加したチャリティーコンサートで披露された楽曲は、フランツ・フォン・スッペ（Franz von Suppé）の「ダス・モデル（„Das Modell"）」、ジャコモ・プッチーニ（Giacomo Puccini）の「ラ・ボエーム（„La Bohème"）」、ホアキン・バルベルデ（Joaquin Valverde）の「ラ・グラン・ビア（„La Gran Via"）」、アーサー・サリヴァン（Sir Arthur Sullivan）の「ミカド（„Mikado"）」から構成され、アンコールではヴァーグナーの「タンホイザー」などが演奏された。[63] そこに見られるように、演奏リストにはオーストリア＝ハンガリー、イタリア、スペイン、イギリス、ドイツといった各国の作曲家が生み出した多彩な楽曲が盛り込まれており、出身国が異なる聴衆を一様に満足させる高い技術力が読みとれる。

ハプスブルク帝国の海軍軍楽隊が各都市社交界で好評を博していた様子は、ステーション司令官による誇らしげな報告からもうかがい知ることができる。[64] 同様に、軍楽隊の現地での評判を伝える報告は、在外公館からもたびたび外務省に上がっていた。[65] その反響を知らせる各種の報告が単なる自己満足や自画自賛でなかったことは、「聞き手」側の史料からも裏づけられる。たとえば、一九〇二年一一月に香港のドイツ・クラブで開かれた演奏会では、「個々の楽曲のすばらしい演奏に見合った喝采が軍楽隊に送られ、その多彩な楽曲は、多くの人々の要望に沿ってダンスパーティーの小宴用にアレンジされ、なおも長い間参加者たちを和やかなムードでつなぎとめていた[66]」という。また、第五回内国勧業博覧会（一九〇三年大阪）におけるハプスブルク海軍軍楽隊の活躍は、「カイゼルの奏楽隊」として日本の新聞でも注目の的となっていた。神戸碇泊中の巡洋艦カイザー・カール六世所属の軍楽隊は、博覧会場内で夜会コンサートを三日間開いた他、大阪ホテルで催されたオーストリア主催の晩餐会において、大阪市長や博覧会関係者が居並ぶなか演奏を披露したとされる[67]。その夜の様子は、当地の外国人社会で広く読まれた『ジャパン・クロニクル』紙でも紹介され、「カイザー・カール六世の軍楽隊は、ディナーの最中レストラン前のプラザで演奏を続け、近くの野外ステージに陣どった日本陸軍の第四師団軍楽隊と交互に演奏して、ゲストたちを大いに楽しませていた[68]」という。到来したハプスブルクの軍楽隊は、現地の欧米人と日本人双方から注目を浴び称賛されていたのである。

こうした巡洋艦カイザー・カール六世軍楽隊の活躍は、本国の海軍首脳によってもその意義が認められたようである。というのも、「東アジア・ステーション艦としての特殊な事情に鑑み」、同地へ派遣する軍艦に音楽隊が随伴することが引き続き慣例化していたからである[69]。これらの同行軍楽隊の人員構成については、確かな史料が存在しないので詳細に把握することはできない。ただ、一九一〇年から三年ほど東アジアに駐在した巡洋艦カイザー・フランツ・ヨーゼフ一世には、九名の軍楽隊が乗艦していたことが残された史料から判明する[70]。この巡洋艦カイザー・フランツ・ヨーゼフ一世所属軍楽隊の活動の一例は、**表12**にまとめたとおりである。一〇年前の巡洋艦カイザー・カール六世の時と同様、軍楽隊は欧米の軍民双方との交流行事に積極的に投入され、また、現地社会からの出張要請には進んで応じていたことが分かる。本来は海上や僻地任務の退屈しのぎを期待されて軍務に随行した軍楽隊は、今や東アジアの国際サークルに入り込むうえで欠かすことのできない文化的手段となっていたのである。

さらにいえば、ハプスブルク海軍のオーケストラが奏でる音色は、東アジアの港町に集った多様な出自の人々に安らぎを与えただけにとどまらなかったのではないか。「音楽の国」から到来したこの移動楽隊は、西洋音楽という言語障壁のない共通文化を通じて、「西洋人」としてのアイデンティティが確認される場を居留地社会にもたらしたであろ

表 12　ハプスブルク帝国ステーション軍艦軍楽隊の主な出張演奏
（1910 ～ 13 年　巡洋艦カイザー・フランツ・ヨーゼフ一世 所属軍楽隊）

年	月	寄港地	派遣先
1910	10	秦皇島	墺公使主催の公式晩餐会（北京の全外交団招待）
	11	〃	ドイツ東アジア巡洋艦隊司令官とのディナー演奏
1911	3	上海	ドイツ砲艦ルクスとの陸上合同演習の行進演奏
	〃	長崎	水兵の行進ハイキングに同行演奏
	6	芝罘	英国王戴冠式の祝賀行事やスポーツフェスタで演奏
	7	威海衛	英海軍水兵との交流会演奏
	11	上海	3 か月の滞在中（辛亥革命対応）上海社交界との各種交流行事に出張演奏
1912	2		
	4	〃	フランス系教会との交流コンサート
	〃	〃	蘭女王の夫君誕生日祝賀ガーデンコンサート
	5	呉淞	独皇子来港を歓迎する独総領事主催ディナー
	6	上海	教会ミサへの派遣演奏
	7	秦皇島	北京・天津コンサート
	〃	芝罘	芝罘クラブでのコンサート
	8	青島	ドイツとの交流コンサート
	9	秦皇島	北京・天津コンサート
	11	上海	独人医師の葬儀で演奏
	12	〃	フランス系教会でのクリスマスミサ演奏
1913	6	上海	独皇帝即位 25 周年祝賀会のたいまつ行列派遣
	〃	秦皇島	北京・天津コンサート
	〃	〃	イタリア公使館出張コンサート
	10	威海衛	英海軍との交流ディナーでのコンサート
	〃	芝罘	芝罘クラブでのダンスパーティー演奏
	〃	秦皇島	北京・天津コンサート

出典：ÖStA/KA MS/OK 1910, 1911, 1912, 1913（ステーション司令官定例報告書）をもとに筆者が作成

う。(71) 当時のヨーロッパで見られたエリートの音楽文化に、こうした共通化と一様化の流れが訪れていたことをミュラーは次のように語っている。

> 政治的、社会的な差異が長く持続していたにもかかわらず、一九世紀のヨーロッパでは文化的な一体化のプロセスを観察することができる。一九〇〇年頃にベルリン、ロンドン、ウィーンで開かれたコンサートやオペラの公演を訪れた音楽愛好家は、それらの都市の間でレパートリーや聴衆の振る舞い、嗜好の面でほんのわずかな違いしかないことに気づいたであろう。世紀が進むなかで、ミラノとモスクワの間ではヨーロッパの標準的なレパートリーが出現し、それはドニゼッティからヴァーグナーに至るオペラ、そしてベートーヴェンからドヴォルザークに至る交響曲を網羅したものであった。(72)

すなわち、ハプスブルク帝国の軍艦はこうしたヨーロッパで統一化が進む文化様式を東アジアへ持ち込む媒体になっていたと思われる。ハプスブルク帝国の海軍による「ショー・ザ・バンド」は、文化的な力を通じて東アジアの欧米人社会に連帯の感情を生み出し、この国なりのやり方で同地の帝国主義体制を支えていたのではないだろうか。

本章では、東アジアにおけるハプスブルク帝国海軍の日常の姿を一次史料から跡づけ、「ショー・ザ・フラッグ」という言葉に覆い隠された在外軍艦の日々の業務とその意味を探ってきた。すでに見たように、軍艦の東アジア常駐と諸港巡回は、単に「旗を示す」という抽象的で機械的な所作ではなく、生身の人間の交流を通じた「ショー・ザ・フェイス」や「ショー・ザ・バンド」の営みであった。いうなれば、軍艦という巨大な「器」を誇示するにとどまらず、他者と対面し会話を交わすこと、食事や酒席をともにすること、スポーツや音楽を通じて交わることが重要な意味を持っていたといえる。こうした活動を通じて、ハプスブルク帝国は列強の協調を土台とする帝国主義秩序のなかに自己を一体化するとともに、相互関係の織りなす世界において、独立した主体として一定の存在感を示すことができたのである。

以上の結論に鑑みれば、ハプスブルク帝国と東アジアの関係をめぐる従来の歴史学の解釈は次の二点から再検討を迫られることになる。第一に、当時のヨーロッパ国際政治における同盟関係や日独青島戦争の経緯から類推して、東アジアのハプスブルク帝国をドイツに従属したアクターとして捉える旧来の見方は再考を要することになろう。前述のように、ステーション艦の交際相手は同盟国に偏っておらず、補給をはじめとする活動拠点の面でもドイツ（膠州湾基地）へ依存することはなかった[73]。そのような行動の余地を持ち得た要因は、排他的な境界設定や分割競争が色濃い陸上の体系に比して、当時の海洋秩序が自由で開放的な性質を有していた点に帰することができよう。そして、海軍コミュニティや開港地社会へ積極的にコミットするステーション艦の日々の活動は、ハプスブルク帝国がかつて八か国連合軍を構成した対等メンバーであり、東アジア秩序の独立した参与者であることを継続して示すことにつながった。義和団戦争出兵の対価である華北駐兵権や実益のない天津専管租界を維持し続けたのも同じ文脈から理解することができよう。こうしてハプスブルク帝国は、自国の植民地や海外根拠地を持たずとも自らの意志により遠方で軍事力を動かす、自立したグローバル・プレイヤーとしての一面を有していたのである。[74]

第二に、上記のような歴史像の修正は、ハプスブルク帝国の東アジアへの関与を帝国主義とは別形態なものとして捉えていた従来の研究に再解釈を迫ることになる。これまでハプスブルク帝国と東アジアの関係をめぐっては、対日本（パンツァー）、対中国（カミンスキー）といった二国間関係を軸に研究が進められ、西欧列強とは一線を画するこの国の「特殊性」が強調されていた。[75]しかし、軍艦常駐体制によって維持しようとしていたものが八か国連合軍体制のメンバー・ステータスであるとすれば、領土的支配や恒常的な搾取に加わっていないことをもってして、東アジアの帝国主義とは無関係な国であったと論じることはできない。ハプスブルク帝国と東アジア帝国主義の関係は、日常における構造的関与という点から改めて見直す必要があるといえよう。

終章

一九〇二年、当時ウィーンの地理学会会長であったエミール・ティーツェ（Emil Tietze）は、ハプスブルク帝国が植民地支配を行なっていない事実を引き合いに出して、海外でのオーストリア人研究者の活動があくまでも純粋な学術目的であることを次のように強調した。

他国の旅行家が外の世界へ出かける時、そこには政治、植民地、商業といった観点から祖国に直接もしくは間接的に利益をもたらそうとする特定の目的が絡んでくることが非常に多く見受けられる。オーストリアの旅行家は、通常、研究への愛好以外、何らの動機によっても動かされることはない。[1]

対外的な学術活動を国家の利害と切り離すこの見方は、やがてオーストリアの科学界において支配的なテーゼとなり、その神聖な動機を謳う同種の発言は以降も繰り返された。

オーストリア出身の研究者たちは、科学の営みを物質的な利得と結びつけたり、政治的な権力追求に奉仕したりしていたというような嫌疑をかけられることはないだろう。なぜならば、オーストリアが大国であった時代、この国の研究者たちは今日と同様に普段から利己心を捨て理想主義を保ち続け、何者かの指図を受けて行動していたわけではなく、ただ己の内なる衝動に突き動かされていたからである［オーストリア地理学会会長フーゴ・ハッスィンガー／一九四九年］[2]。

海外の領域での植民地的野心を抱かずに、もっぱら多様な国内領土の調査研究へ関心を集中していたオーストリアといえども、地球の探究に対しては大規模に関わっていた。オーストリア人は全世界の海や大陸に繰り出した。そのような調査旅行の主要な目的は、地理学における知識の増進にあった［オーストリア地理学会設立一五〇周年記念論文集／二〇〇六年］[3]。

つまり、科学を崇高な営みと考える信念は、植民地を持たないハプスブルク帝国の過去と結びつけられ、海外膨張に対する祖国の自制心と道徳的卓越さを称える歴史観が構成されてきたのである[4]。

しかし、本書の議論で明らかにしたように、このテーゼはハプスブルク帝国と海外世界のつながりの片面しか見ていない。近代の西洋科学の営みは、そのような単純な動機だけで動いていたわけではなく、複雑な利害関係や意図が絡み合うなかで展開されていた。実際ノヴァラ号遠征にしても、学術を目的に掲げつつもその背後には植民地獲得の野心が潜んでいた。それればかりか、各地の自然や人間に対する調査の結果は、他者支配を正当化する論拠をもたらし、他国の植民地統治に有益な知見を提供することにもなった。本国が植民地を領有していないからといって、オーストリア科学の歴史を植民地主義から切り離して論じることはできないのである。同じことは科学を運んだ海軍にも当てはまる。人、モノ、知識の移動を助け、本国の学術界と海外世界の橋渡しを務めたのみならず、海軍自身も外の帝国主義世界とさまざまな形でつながりを保っていた。海軍、科学、植民地主義が連動するなかで見えてくるこうした外部世界とのつながりは、陸を中心に語られてきた従来のハプスブルク帝国の歴史に新たな一面を付加することになるかもしれない。

本書は、一九世紀中葉以降のハプスブルク帝国と海外世界をつなぐ糸をたどり、同時代のグローバルな帝国主義の潮流のなかにこの国の歴史を置き直した。そこから浮かび上がる糸は、西欧列強のものと比べ確かに目に見えにくく見過ごしやすいものであった。しかし、ヨーロッパの内陸に位置するこの帝国と海の外に広がる世界は、細いながらも確かな強度の糸で持続的に結びつけられていた。では、双方をつないだそれらの糸が映し出す歴史はいかなるものであったか、本書の議論とともに振り返ってみよう。

前半部の主題となったノヴァラ号の遠征は、陸軍から独立の道を歩み、さらなる成長をめざすオーストリア海軍が、乗組員の養成と学術振興を旗印に敢行した世界一周の航海事業であった。しかしその陰で、スエズ運河開通を見越したニコバル諸島の植民地化計画が練られており、遠征隊には同地占領の指令が極秘に与えられていた。遠征隊司令官ヴュラーシュトルフの状況判断と事後の情勢の変化からこの計画は頓挫したが、そこにはオーストリアの海外世界に対するまなざしを読み解くヒントが隠されている。特に重要なのが植民地主義という視点であった。本書では、この植民地主義を思想、イデオロギー、心性、感情などのメンタリティや文化的性向として広義に捉えた。そうすることで、この概念は、単に支配や暴力、搾取などの植民地を舞台とする目に見える行動や実践に局限されるものではなくなった。つまり、他者へ向かう行為だけでなく、何よりも人間と社会の内面に関わる問題として見ることが可能となった。さらには、植民地主義とは一国家内の孤立した問題ではなく、西洋全体が作り出すマクロな支配体制のなかにこそ本質が潜んでいた。こうした体制や他国との関係のあり方を注視することで、植民地を持たない国にも植民地主義への関与が問われてくるのである。

では、一九世紀中葉のノヴァラ号遠征を植民地主義という視点から読み直した時、そこからは何が見えてきたか。本書ではまず、当時のオーストリアにおける植民地獲得政策やヴュラーシュトルフが帰国後に発表した植民地構想を振り返った。確かに、これらはいずれも「政策」としては報われず、この国が植民地保有国になることはなかった。しかし、植民地主義を思想やイデオロギーのレヴェルで見た時、ノヴァラ号遠征の経験はオーストリア社会へ向けて確実に何かを残していた。なかでも、ニコバル諸島寄港の様子は、公式遠征記でも多くの紙幅を割いて語られ、体験談や民族誌という形でドイツ語圏の読者にもたらされた。しかし、そこに映し出されていたのは、遠征隊による客観的な観察の結果ではなく、またニコバル諸島の現実そのものでもなかった。「高貴な野蛮人」像や「臆病」「怠惰」「幼稚」「劣等」などの未開イメージの表象が植民地化の大義たる「文明化の使命」を呼び起こし、この諸島への植民地進出を誘導するような論理が書物内で展開されていた。もちろん、このような言説は、当時政府で検討されていたニコバル諸島の植民地化計画を前提としたものであり、占領や支配のための正当性の構築として捉えることができる。とはいえ、これらの言説や論理が決してオーストリア独自のものではなかったことに留意しなければならない。つまり、ノヴァラ号遠征の言説は、それ以前にイギリスやデンマークなどで公刊された同諸島に関する書籍の言説と底部でつながっていたのである。そこで見られるステレオタイプや「文明化の使命」の共通性は、植民地を持たないオーストリアが西欧諸国と同じ世界観を抱き、非西洋を同じ眼でまなざしていたことを示唆している。

アジアに対するこうしたまなざしは、同時期のプロイセン社会のプロパガンダとも一致する部分が多く見られ、同じく植民地を保有しないプロイセンに内在する植民地主義も本書は確認することになった。そもそも植民地主義とは、キリスト教的価値観や啓蒙、さらには資本主義に基づく経済観念を介し、ヨーロッパ内部で国境の壁を越える浸透力を持っていた。そのため、植民地支配の列に加わっていないからといって、オーストリアやプロイセンを植民地主義の歴史から簡単に除外してしまうことはできないのである。本書がとり上げた世界遠征という事業は、海外世界との接触面を多く含み、かつ大衆の関心度も高かったゆえ、植民地非保有国の日常に潜む植民地主義が顕在化する重要な契機であったといえよう。

とりわけ、ノヴァラ号遠征が持つ意味は、これを科学と他者認識の関係性のなかで読み解いた時に明確になる。本書では、人類学や民族学などの科学的知見、ならびにそうした観念上のものを可視化する挿絵や博物館展示に注目した。これら外部世界を理解し表象する手段を、ノヴァラ号遠征は精神的にも物質的にも国内社会に持ち込む役割を果たしていた。新聞のリポート、遠征記や旅行記等の公刊を通じて市民の脳裏に形成された異世界認識は、各地から集められた収集物によって具体的な形を与えられた。進化論が勢いを獲得し始めるこの時代、海外で「証拠」をかき集める科学の力を背景に、人種主義が強固なイデオロギーに仕立てられ、ハプスブルク帝国内に徐々に広がる様子がそこに映し出されていた。こうして、オーストリア社会は支配者側が作り出した特定の非西洋観へ導かれており、マオリが期待したような支配国と被支配国の仲介を受け入れる土壌は備わっていなかったのである。

また、植民地主義は思想・イデオロギーや科学的言説に見られる現象にとどまらず、国家の垣根を越えて共有されていく実用的な知のネットワークのなかでも捉えられた。ノヴァラ号遠征には、イギリスを始めとするヨーロッパの植民地列強の政府、海軍、植民地当局、科学界から惜しみない協力が寄せられていた。これらの支援体制なくして、植民地や遠洋航海の実績がないオーストリアが世界遠征を実行するのは不可能であった。とはいえ、列強の協力は利他的な慈悲や善意だけで説明できるものではない。ノヴァラ号が世界を舞台に行なった科学調査の成果は、ヨーロッパの学術界に向けて公表され学問上の共有財産となった。しかしそれにとどまらず、地理学、地質学、動植物学、気象学、医学、民族学などで得られた知識は、ヨーロッパの膨張や植民地支配を支える知的基盤となっていたことも忘れてはならない。西欧の植民地列強は、オーストリアの世界遠征に協力することが自国の利益につながることを認識しており、一方オーストリアにとっては、調査や収集の成果を通して国内外で自国の能力と威信を示す機会となった。しかも、それは世界遠征に限定された一時の提携ではなく、以後オーストリア人学者を西欧各国の植民地に迎え入れる土壌となった。こうして、ヨーロッパ諸国による非西洋支配の根底には、科学のネットワークや海外での相互協力・依存関係が根を張っており、世界の「分割競争」という側面だけでは見えてこない帝国主義の実像が浮かび上がる。ハプスブルク帝国の「植民地なき植民地主義」は、帝国主義のシステムや構造のなかに、政治や経済の面では捉えられない文化的な国際体系が潜んでいることを我々に教えるのである。

一方、遠征の実働部隊として本国と外部世界をつないだオーストリア海軍は、科学への奉仕や異世界情報の伝送役を担っただけでなく、現実世界への働きかけという点でも重要な役割を果たしていた。ノヴァラ号の遠征を率いた海軍将校ヴュラーシュトルフは、世界のなかで自国が置かれた過酷な現実を悟り、帰国後、この現状を打開するために海軍の世界展開や拠点植民地の建設、つまり列強に倣った力に基づく外交政策を提唱していた。力の誇示こそが今後の東アジアへの関与に際して重要な柱になるという見解は、やがてハプスブルク帝国内で広く共有されていく。一八七〇年代以降、ハプスブルク帝国は継続的に東アジアに軍艦を派遣し、帝国主義下の条約体制で列強としての立ち位置を探るべく腐心した。確かに、そうした活動を支える拠点植民地の獲得には成功せず、外面上は他の列強と一線を画することになった。しかし、義和団戦争勃発の折には率先して八か国連合軍に加わり、海軍力の展開を通じて大国としての立場を世界に示した。さらには平時の際にも、ステーション艦と呼ばれる常駐軍艦は寄港地での各種交流に力を入れ、スポーツや音楽など文化的なイベントにも積極的に顔を出して存在感を保った。海軍が有する軍事・非軍事双方の機能をいかして、ハプスブルク帝国は海外世界との持続的なつながりを絶やさなかったのである。

こうして、国家の政策や行動のみならず、人や船舶の動き、モノや知識の流れといったトランスナショナルな動態に焦点を合わせることで、歴史の暗部に隠れていた植民地非保有国の植民地主義、すなわち「植民地なき植民地主義」が我々の前に姿を現すことになった。自国の植民地を持たずとも、思想やイデオロギーを他国と共有することによって、あるいは科学や軍艦の行動を通じて、西洋による植民地支配体制に深くコミットすることもまた植民地主義の一形態といえるであろう。また、西欧の植民地列強との共通性や関係性は、近代の帝国史の捉え方にも再考を迫り、先進的な「海の帝国」と後れた「陸の帝国」という我々が慣れ親しんだ二分法を相対化することにつながる。(5) 植民地主義の議論を深めるには、ある国が植民地支配を行なったかどうかではなく、個々の人間や集団が植民地世界にどのように関わったかが問われなければならないのである。

なぜ、オーストリアの首都に世界中の自然史コレクションが集積されているのか、本書はこの問いから始まった。海外への植民地進出とは無縁の「陸の帝国」として我々がイメージするハプスブルク帝国は、いったいなぜ一九世紀に世界各地から膨大なコレクションを集めることができたのか。その収蔵品の大部分は、個人的欲求や学術的な使命感などに突き動かされた科学者と軍人たちにより、長い年月をかけて築かれたものであった。そして、ハプスブルク帝国が自身の植民地を保有していない以上、海外に向かう彼らの主たる活動の場はおのずと他国の支配地や勢力圏となる。しかし、この「植民地なき」帝国という立場が、列強のみならず非西洋の人々の警戒心を解き、地球規模での越境的な移動を円滑にしたともいえる。ナショナリズムと植民地獲得競争が激化する一九世紀後半、自国に専管植民地がない状況下で博物館のコレクションを拡充できた理由は、逆に植民地がないことによるこの身軽さにあったのかもしれない。

1895 － 96	アウローラの東アジア遠征
1895 － 98	アルバトゥロスの南太平洋遠征
1896	ドーナウの西アフリカ遠征
1896 － 97	フルンズベルクのアフリカ・中南米遠征
1896 － 97	パンターの東アジア遠征
1897	カイザー・フランツ・ヨーゼフ１世の東アジア遠征
1897 － 98	ドーナウの北米遠征
1897 － 98	ズリーニの南米・アフリカ遠征
1898	カイゼリン・ウント・ケーニギン・マリア・テレジアの西インド・中米遠征
1898 － 99	サイーダのアフリカ・オーストラリア・東アジア遠征
1898 － 99	フルンズベルクの東アジア遠征
1899	カイゼリン・エリーザベトの東アジア遠征
1899	ツェンタの東アジア遠征
1900 － 01	カイゼリン・ウント・ケーニギン・マリア・テレジアの東アジア遠征
1900 － 01	カイゼリン・エリーザベトとアスペルンの東アジア遠征
1900 － 01	＊ドーナウの世界遠征
1900 － 01	レオパルトの東アジア・オーストラリア遠征
1900 － 01	ズリーニのアフリカ・米大陸遠征
1901	シゲトヴァールの北米遠征
1902 － 03	ツェンタのアフリカ・南米遠征
1902 － 03	カイザー・カール６世の東アジア遠征
1903 － 04	アスペルンの東アジア遠征
1904 － 05	カイゼリン・エリーザベトの東アジア遠征
1905 － 06	パンターの東アジア・オーストラリア遠征
1905 － 08	カイザー・フランツ・ヨーゼフ１世の東アジア遠征
1907	シゲトヴァールの東アジア遠征
1907	ザンクト・ゲオルクとアスペルンの北米遠征
1907	アスペルンの北米遠征
1907 － 09	レオパルトの東アジア遠征
1908 － 10	パンターの東アジア遠征
1908 － 10	カイゼリン・エリーザベトの東アジア遠征
1910	カイザー・カール６世の南米遠征
1910 － 13	カイザー・フランツ・ヨーゼフ１世の東アジア遠征
1911	パンターのエチオピア遠征
1912	シゲトヴァールの東アジア・東インド遠征
1913 － 14	カイゼリン・エリーザベトの東アジア遠征

（註）＊は世界一周航海。遠征名は目的地を代表記載（途上で立ち寄った地域名は省略）。

出典：Dorn, *Kriegsmarine und Volkswirthschaft*; Hamann, Die österreichische Kriegsmarine, S. 68-75; Mayer/ Winkler, *Als Österreich*, S. 200-212 の記述をもとに筆者が作成

【付録】 19世紀後半以降のハプスブルク帝国軍艦の欧州域外派遣

期　間	軍艦と遠征の名称
1851	ヴェーヌスの西インド・中米遠征
1857 － 58	カロリーネの南米・アフリカ遠征
1857 － 59	＊ノヴァラの世界遠征
1864	ノヴァラのメキシコ遠征
1865 － 67	ダンドーロのメキシコ遠征
1867 － 68	ノヴァラのメキシコ遠征
1868 － 71	ドーナウとエルツヘルツォーク・フリードリヒの東アジア遠征
1869 － 70	ダンドーロの南米遠征
1871 － 72	ノヴァラの北米遠征
1871 － 72	ファザーナの東アジア遠征
1872 － 73	ヘルゴラントの北中米遠征
1873 － 75	ヘルゴラントのアフリカ遠征
1874 － 75	ダンドーロの西インド・中米遠征
1874 － 76	＊エルツヘルツォーク・フリードリヒの世界遠征
1875 － 76	ダンドーロの米大陸遠征
1877 － 78	ダンドーロの米大陸遠征
1879 － 80	サイーダの米大陸・アフリカ遠征
1879 － 80	ヘルゴラントのオセアニア遠征
1880 － 81	ファザーナの北中米遠征
1881 － 82	エルツヘルツォーク・フリードリヒの南米・西インド・アフリカ遠征
1883 － 84	ドーナウの米大陸・アフリカ遠征
1884	ヘルゴラントの西アフリカ遠征
1884 － 85	アウローラの南米遠征
1884 － 85	フルンズベルクの東アフリカ遠征
1884 － 85	アルバトゥロスの東アジア遠征
1884 － 86	サイーダの南米・アフリカ・インド洋・オーストラリア遠征
1884 － 86	ナウティルスの東アジア遠征
1885 － 86	ズリーニの西インド・中米遠征
1885 － 86	ドーナウの北米遠征
1885 － 86	アルバトゥロスの南米・アフリカ遠征
1885 － 86	フルンズベルクの東アジア遠征
1886 － 87	サイーダの南米・アフリカ遠征
1886 － 89	アウローラの東アジア遠征
1887 － 88	アルバトゥロスの南米・アフリカ遠征
1887 － 88	ファザーナの東アジア遠征
1888 － 89	サイーダの北米遠征
1889 － 90	アウローラの東アフリカ・インド遠征
1889 － 90	＊ファザーナの世界遠征
1890 － 92	＊サイーダの世界遠征
1890 － 92	ズリーニの東アジア遠征
1891 － 92	アウローラの西インド・米大陸遠征
1891 － 93	ファザーナの世界遠征
1892 － 93	カイゼリン・エリーザベトの世界遠征
1892 － 93	フルンズベルクのアフリカ・米大陸遠征
1892 － 94	サイーダのオーストラリア・東アジア遠征
1893 － 94	ズリーニの南米・アフリカ遠征
1893 － 95	ファザーナの南太平洋遠征
1894 － 95	ドーナウのアフリカ・米大陸遠征
1895 － 97	＊サイーダの世界遠征

あとがき

「ハプスブルク帝国に海軍はあったのですか？　海外に植民地を持っていたのですか？」。初対面の相手に研究テーマを紹介した際、驚いた顔でこうした返答を受けることがたびたびあった。ハプスブルク帝国の歴史を知る人にとっては、そこに「植民地主義」や「海軍」といった言葉が添えられていたことを奇妙に感じたのかもしれない。確かに、近代のハプスブルク帝国から我々が想起するのは、内陸に広大な領土を有し多様な民族を統治する「大陸帝国」のイメージである。一見、「植民地」や「海」という言葉はこの国の過去にあまり馴染みがないように思える。しかし、ハプスブルク帝国はヨーロッパという一団に属す大国であった。果たして、このヨーロッパという一団が志向する帝国主義と、ハプスブルク帝国はさしたる関係を持たなかったのだろうか。何よりも、ハプスブルク帝国は海外世界へアクセスするための海軍と科学を自前で有していた。西の「海洋帝国」と東の「大陸帝国」という従来の歴史学に見られる分類の呪縛からハプスブルク帝国を解き放つことはできないだろうか。この国が海の外の世界とつながる歴史を描き出したい。冒頭で触れたウィーンでの体験以後、筆者はこのような衝動に突き動かされ研究を続けてきた。

本書は、二〇一〇年に明治大学大学院に提出した博士学位請求論文「オーストリアとドイツの東アジア・太平洋遠征と植民地主義一八五七―一九一四　海軍と科学の対外活動にあらわれた『植民地なき植民地主義』の歴史的考察」を土台としているが、今回上梓するに当たりテーマの設定と内容に大幅な変更を加えた。とりわけ、学位論文中のドイツ帝国に関わる章節は本書からとり除き、ハプスブルク帝国を単独で主題に据えている。その理由は、テーマの絞り込みと分量の圧縮を通じて論旨を平易なものに改めることにあった。加えて、これまでのハプスブルク帝国史研究に対する筆者なりの問題提起も改編の動機となっている。つまり、ハプスブルク帝国と海外世界のつながりに論点を絞ることで、従来の歴史叙述に欠けていた視角を補い、ハプスブルク帝国の歴史像に膨らみを与えたいという願望である。同様に、ハプスブルク帝国の歴史に帝国主義と植民地主義をぶつけてみることで、近代の世界史を形作ったこの地球規模の一大現象をより深く解明したいという希望もそこにはあった。

本書の研究は、JSPS科研費「帝国主義時代のハプスブルク帝国における『植民地なき植民地主義』」（研究活動スタート支援二〇一二年度、研究課題番号：24820046）、および「ハプスブルク帝国の『植民地なき植民地主義』研究――海軍とイデオロギーの観点から」（若手研究（B）二〇一三―二〇一四年度、研究課題番号：25770269）の成果の一部である。両科研費の助成を受けたことで、博士論文提出以後に出された最新の研究を盛り込むことが可能となり、さらには科研費在外研究の成果として新たな章を追加することができた。なお、各章は以下の既発表の学術論文を初出とし、それぞれ大幅に加筆修正を図ったうえで本書に収録している。

序章　書き下ろし

第一章「一九世紀中葉の『ドイツ』の世界遠征（Ⅰ）・（Ⅱ）海軍・ナショナリズム・『植民地主義』の観点から」『政治経済史学』第五一四号・第五一五号、二〇〇九年、および「一九世紀中葉のオーストリア世界遠征と科学ノヴァラ号遠征（一八五七―五九年）に見られる科学と人種主義の態様」『世界史研究論叢』第一号、二〇一一年を組み合わせ加筆修正

第二章「一八六〇年代初頭のオーストリアとプロイセンにおける東アジア進出構想　ヴュラーシュトルフとヴェルナーの東アジア進出構想を中心として」『政治学研究論集』（明治大学）第二九号、二〇〇九年を加筆修正

第三章「ハプスブルク帝国と『植民地主義』　ノヴァラ号遠征（一八五七―一八五九年）にみる『植民地なき植民地

主義』」『歴史学研究』第八九一号、二〇一二年、および「一九世紀中葉の『ドイツ』の世界遠征（II）海軍・ナショナリズム・『植民地主義』の観点から」『政治経済史学』第五一五号、二〇〇九年を組み合わせ大幅に加筆修正

第四章　「一九世紀中葉のオーストリア世界遠征と科学　ノヴァラ号遠征（一八五七—五九年）に見られる科学と人種主義の態様」『世界史研究論叢』第一号、二〇一一年、および「ハプスブルク帝国と『植民地主義』ノヴァラ号遠征（一八五七—一八五九年）にみる『植民地なき植民地主義』」『歴史学研究』第八九一号、二〇一二年を組み合わせ加筆修正

第五章　書き下ろし

第六章　「二〇世紀初頭のハプスブルク帝国海軍と東アジア　寄港地交流を通じた帝国主義世界への参与」『史学雑誌』第一二四編第二号、二〇一五年を加筆修正

終章　書き下ろし

本書およびその土台となった学位論文を執筆するに当たり、筆者は多くの方々よりご指導とご支援を賜った。ここでは、そのなかでも特にお世話になった方々に限り名前を挙げさせていただき感謝の念を申し述べたい。

学部と博士前期課程の指導教授であった三宅正樹先生からは、学問とは何たるかの真髄を学び、研究者の道を志すきっかけを与えていただいた。博士後期課程の指導教授であった故・斎藤哲先生からは、論文執筆に際しての精緻な議論の組み立て方と大局的な課題設定の方法を学んだ。斎藤先生の急逝により博士論文の提出が危ぶまれる窮地を救っていただいたのが高橋一行先生であった。高橋先生には、専門を異にするにもかかわらず今日に至るまで並々ならぬご厚情を賜ってきた。この三名の先生方のお導きがなければ、筆者が学位論文を提出し研究者として独り立ちすることはなかった。ここに改めて感謝の念を申し上げたい。専門分野の面では、永原陽子先生より多大なご支援を賜ってきた。ドイツ植民地主義研究の第一人者でおられる先生に博士論文の審査を賜り、その際に頂戴した貴重なご

批評とご助言は、草稿を改善する折に大いに活用させていただいた。博士論文の審査に際しては、小西徳應先生と水戸部由枝先生にも副査をお引き受けいただき丁寧なご批評を賜ることができた。それ以外にも、伊藤剛先生をはじめとする明治大学の諸先生方には学部、大学院時代を通して大変お世話になってきた。重ねて御礼を申し上げたい。

こうした恩顧のある先生方の系譜を見て分かる通り、筆者はドイツ史から研究生活をスタートしている。そのため、ハプスブルク帝国の歴史研究へステージを広げるに当たり一抹の不安を感じていた。こうした不安を拭い去り、大きな自信を与えていただいたのが大津留厚先生であった。オーストリア史の門外漢であった筆者に対し温かく接していただき、ウィーンの文書館でお会いした折には懇切なご助言を頂戴し大いに励まされた。また、ウィーンで学びたいという唐突な申し出をご快諾いただいたヴァルター・ザウアー先生（Prof. Dr. Walter Sauer）のご厚意には大変感謝している。オーストリア植民地主義研究の先導者でおられるザウアー先生は、未開拓領域を進む筆者にとって道標的な存在であり大きな後ろ盾を得た気分であった。併せて、ウィーンでの留学生活中さまざまな便宜を図っていただいたギュンター・ツァプレタル（Günter Zapletal）さんにも改めて感謝を述べたい。また、ベルリン自由大学に客員研究員として迎えていただき、一年間の在外研究の環境整備にご支援をいただいたクラウス・ミュールハーン先生（Prof. Dr. Klaus Mühlhahn）とアグネス・キース（Fr. Agnes Kies）さんにも、過日頂戴したご厚誼の御礼を申し上げたい。浅田進史さんからは、これまで研究会や共同研究を通じて長きにわたって多くのことを学ばせていただいた。さまざまな折に深い温情を賜り、筆者にとっては目標とすべき偉大な先輩である。本書の出版にご助力を賜った中島浩貴さんにも御礼を申し上げたい。長年にわたりともに切磋琢磨した同氏は、筆者にとっては尊敬する無二の同志である。史資料の入手に奔走いただいた明治大学中央図書館のレファレンス職員の方々にも改めて感謝の念を申し上げたい。とりわけ、筆者の数々の無理難題にも快く応じていただいた伊藤光郎さんと酒井克英さんには感謝の念にたえない。

以上の方々のご指導とご支援なくして本書はこの世に出されることはなかった。刊行物は筆者一人の名前で世に出されるが、その成果は数多くの方々の力添えによって成り立っている。決して自分一人で成し遂げた成果などと思い上がることなく、人への感謝の気持ちと人間同士のつながりの大切さを忘れずに今後も研究生活を続けていきたい。
最後に、学位論文を世に問いたいという筆者の宿望にご理解をいただき、出版に快く応じていただいた彩流社の竹内淳夫社長に深く御礼を申し上げたい。

二〇一六年七月

筆者

■著者紹介
大井知範（おおい とものり）
明治大学、鳥取大学非常勤講師
1977年千葉県生まれ。明治大学卒業、同大学院博士後期課程修了、明治大学政治経済学部助教、ベルリン自由大学客員研究員を経て現職。博士（政治学）。
主要業績：共著『ドイツ史と戦争――「軍事史」と「戦争史」』彩流社（2011年）、単著論文「ハプスブルク帝国と『植民地主義』――ノヴァラ号遠征（1857－1859年）にみる『植民地なき植民地主義』」『歴史学研究』（2012年）、「20世紀初頭のハプスブルク帝国海軍と東アジア――寄港地交流を通じた帝国主義世界への参与」『史学雑誌』（2015年）、「太平洋におけるドイツ植民地帝国の電信ネットワーク――コミュニケーション環境から見たグローバル帝国の実像」『政治経済史学』（2015年）、「第一次世界大戦前のドイツ海軍と太平洋のイギリス植民地――海軍を媒介とする帝国支配者の協調」『現代史研究』（2015年）など。

世界《せかい》とつながるハプスブルク帝国《ていこく》――海軍《かいぐん》・科学《かがく》・植民地主義《しょくみんちしゅぎ》の連動《れんどう》

2016年10月15日発行　　定価は、カバーに表示してあります

著者　大井知範
発行者　竹内淳夫

発行所　株式会社　彩流社
〒102-0071 東京都千代田区富士見2-2-2
TEL 03-3234-5931 FAX 03-3234-5932
ウェブサイト http://www.sairyusha.co.jp
E-mail sairyusha@sairyusha.co.jp

印刷　㈱平河工業社
製本　㈱難波製本
装幀　佐々木正見

乱丁本・落丁本はお取り替えいたします。　ISBN 978-4-7791-2265-1 C0022

事項索引

ア行

カ行

サ行

タ行

ナ行

ハ行

マ行

ヤ行

ラ行

人名索引

ア行

アーダルベルト（Prinz Heinrich Wilhelm Adalbert von Preußen） 23, 25
ヴァイスバッハ（Augustin Weisbach） 137-138
ヴァーグナー（Moritz Wagner） 51
ヴィクトリア（Queen Victoria） 112, 114
ヴェルナー（Reinhold Werner） 67, 210
ヴュラーシュトルフ＝ウルバイル（Bernhard von Wüllerstorf-Urbair） 4, 31-32, 34, 50-51, 58, 60-73, 77, 123, 160, 168-169, 171, 174, 201, 204, 210
ウルフ（Leonard Woolf） 74
エリーゼナウ（Josef Mauler von Elisenau） 162
オイレンブルク（Friedrich Albrecht zu Eulenburg） 30- 31, 38, 52, 66

カ行

カウニッツ（Wenzel Anton von Kaunitz-Rietberg） 59
カミンスキー（Gerd Kaminski） 79, 175, 197
カール6世（Karl VI.） 20
キュフシュタイン（Franz von Kuefstein） 174
クリシュテリ（Anton Schrötter von Kristelli） 124
クルップ（Arthur Krupp） 162
コーエン（Iganz Kohen） 33
コルム（Evelyn Kolm） 172-173

サ行

シェルツァー（Karl von Scherzer） 31-32, 53-54, 81, 84, 87-88, 90-91, 93-97, 102-103, 109, 111-112, 127-128, 130-131, 135-136, 140-141, 160, 168
シャミッソー（Adelbert von Chamisso） 126
シュヴァルツ（Eduard Schwarz） 136
シュヴァルツ（Constantin von Schwarz） 181
シュタイン（Lorenz von Stein） 56-58, 71-72
シュテルネック（Maximilian Daublebsky von Sterneck） 171
シュピース（Gustav Spieß） 51
シュライバース（Karl von Schreibers） 122
シュラークイントヴァイト兄弟（Gebrüder Schlagintweit） 136

シュロフト（Richard Schroft） 91
セイバイン（Edward Sabine） 128

タ行

ダーウィン（Charles Robert Darwin） 28, 35, 120-121, 129, 137
ツッカーカンドゥル（Emil Zuckerkandl） 138-139
ティーツェ（Emil Tietze） 199
テゲットフ（Wilhelm von Tegetthoff） 58, 60
トエトエ（Wiremu ToetoeTumohe） 112-114
ドルン（Alexander Dorn） 159, 166

ハ行

ハイディンガー（Wilhelm von Haidinger） 124
バウマン（Oscar Baumann） 133, 167
バウムガルトナー（Andreas von Baumgartner） 124
ハースト（Julius von Haast） 130
ハンスリック（Eduard Hanslick） 190
パンツァー（Peter Pantzer） 197
ビスマルク（Otto von Bismarck） 102, 175
フォウロン＝ノルビーク（Heinrich von Foullon-Norbeeck） 162-163
フォルスター（Johann Georg Adam Forster） 126
フラウエンフェルト（Georg von Frauenfeld） 96, 106, 123
フランツ１世 神聖ローマ皇帝（Franz I.） 121
フランツ１世 初代オーストリア皇帝（Franz I.） 121
フランツ・フェルディナント（Franz Ferdinand） 160
フランツ・ヨーゼフ１世（Franz Joseph I.） 61, 116
フリーデル C.（Carl Friedel） 40
フリーデル E.（Ernst Friedel） 97-100, 102-104
フリードリヒ２世（Friedrich II.） 36
ブルック（Karl Ludwig von Bruck） 31-32, 56-58, 60-62, 71
ブロミィ（Karl Rudolf Brommy） 23
フンボルト（Alexander von Humboldt） 28, 81, 85, 126-129
ヘーガー（Franz Heger） 144-145
ペッヒ（Rudolf Pöch） 154-157
ヘーネル（Ludwig von Höhnel） 133
ヘルファー（Johann Helfer） 93
ヘンゼル（John Gottfried Haensel） 94-96
ホイクリン（Theodor Heuglin） 58

ホウベン（Hugo Houben） 180-181
ホッホシュテッター（Ferdinand von Hochstetter） 81, 83, 90, 93, 105-106, 112, 114, 117-118, 123, 126, 128-130, 132-133, 144, 146, 150, 152-153
ホーナー（Leonard Horner） 129
ボルツ（Wilhelm Bolts） 59

マ行

マウラー（Franz Maurer） 96-99, 101-104
マクシミリアン（Erzherzog Ferdinand Maximilian Joseph） 26, 31-33, 50, 57-58, 60-62, 77, 123, 172, 190
マーチソン（Roderick Murchison） 128-129
マリア・テレジア（Maria Theresia） 59, 73, 121
メッテルニヒ（Klemens Wenzel Lothar von Metternich） 122
メンデル（Gregor Johann Mendel） 157

ヤ行

ヤンカ（Dr. Janka） 137
ヨーゼフ２世（Joseph II.） 20, 59, 121

ラ行

ライエル（Charles Lyell） 129
ライシェク（Andreas Reischek） 114-118, 152-154, 156
李鴻章 175
リッター（Carl Ritter） 128
レヒベルク（Johann Bernhard Graf von Rechberg und Rothenlöwen） 60
レレハウ（Te Hemara Rerehau Paraone） 112-116, 118

註

序　章

（1）ウィーン自然史博物館公式ホームページ http://www.nhm-wien.ac.at/forschung（2016年2月6日閲覧）。また、同館から1928年に分離独立したウィーン民族学博物館（現・ウィーン世界博物館）も収蔵品20万点を数え、世界各地に起源を持つさまざまな文物がとり揃えられている。Hubert Scholler, *Naturhistorisches Museum in Wien. Die Geschichte der Wiener naturhistorischen Sammlungen* (Wien, 1958); *50 Jahre Museum für Völkerkunde Wien* [*Sonderdruck aus Archiv für Völkerkunde*, 32] (Wien, 1978); Das Museum für Völkerkunde in Wien, *Das Museum für Völkerkunde in Wien* (Salzburg, 1980).

（2）大津留厚『ハプスブルク帝国』山川出版社、1996年、同『増補改訂ハプスブルクの実験　多文化共存を目指して』春風社、2007年、同、水野博子、河野淳、岩崎周一編『ハプスブルク史研究入門　歴史のラビリンスへの招待』昭和堂、2013年。

（3）Dominic Lieven, *Empire: The Russian Empire and Its Rivals* (New Haven/ London, 2000), p. 158, 161［邦訳：ドミニク・リーベン著、袴田茂樹監修、松井秀和訳『帝国の興亡　上巻 グローバルにみたパワーと帝国』日本経済新聞社、2002年、295、300頁］.

（4）2005年5月に同館を訪れた際、館内の一角にノヴァラ号の帆船模型が置かれていたが、10年後の現在は展示されていない。ただし、遠征に関連する図絵やプレート表示は変わらず複数の場所に掲げられている。たとえば、Saal 22 (Einzeller, Korallen, Weichtiere)、Saal 24 (Krebse, Spinnentiere, Insekten)、Geschichte des Museums コーナー等にノヴァラ号の画、航路図、遠征の概要説明、随行学者を紹介するパネルが収集品とともに展示されている（2015年現在）。

（5）Karl Gogg, *Österreichs Kriegsmarine 1848-1918* (Salzburg/ Stuttgart, 1967); Ders., *Österreichs Kriegsmarine 1440-1848* (Salzburg/ Stuttgart/ Zürich, 1972).

（6）Anton E. Sokol, *Seemacht Österreich. Die kaiserliche und königliche Kriegsmarine 1382-1918* (Wien/ München/ Zürich, 1972).

（7）たとえば、以下の著作を参照。Johann Christoph Allmayer-Beck, Die Geschichte von Österreichs Seemacht als historiographisches Problem, in: *Österreich zur See. Schriften des Heeresgeschichtlichen Museums in Wien*, 8 (1980); Renate Basch-Ritter, *Österreich auf allen Meeren. Geschichte der k. (u.) k. Kriegsmarine von 1382 bis 1918* (Graz/ Wien/ Köln, 1987); Lothar Höbelt, Die Marine, in: Adam Wandruszka/ Peter Urbanitsch (Hrsg.), *Die bewaffnete Macht* [*Die Habsburgermonarchie 1848-1918*, Bd. 5] (Wien, 1987); Horst F. Mayer/ Dieter Winkler, *Als die Adria Österreich war. Österreich-Ungarns Seemacht*, 3. Aufl. (Wien, 1987).

（8）Lawrence Sondhaus, *The Habsburg Empire and the Sea: Austrian Naval Policy 1797-1866* (West Lafayette, 1989); Id., *The Naval Policy of Austria-Hungary, 1867-1918: Navalism, Industrial Development, and the Politics of Dualism* (West Lafayette, 1994).

（9）海外展開の歴史に触れたものとして、以下のような概論や図録が出版されている

が、いずれも実証的な手法による専門研究ではない。Peter Handel-Mazzetti, Die Auslandsmissionen der einstigen k. k. Kriegsmarine von ihren Anfängen bis zur Auflösung der Donaumonarchie, in: *Nauticus. Jahrbuch für Deutschlands Seeinteressen*, 26 (1943); Horst F. Mayer/ Dieter Winkler, *Als Österreich die Welt entdeckte. Expeditionen und Missionen der Kriegsmarine* (Wien, 1991); Horst F. Mayer/ Dieter Winkler, *Rot-weiß-rote Weltreisen. Expeditionen der k. k. Marine* (Wien, 1998); Eric A. Leuer, *Die k. u. k. Kriegsmarine als Ausdruck kolonialer Großmachtpolitik Österreich-Ungarns*. Studienarbeit (München, 2009).

(10) Milan N. Vego, *Austro-Hungarian Naval Policy 1904-14* (London, 1996); Charles W. Koburger, *The Central Powers in the Adriatic, 1914-1918: War in a Narrow Sea* (Westport, Conn., 2001); Karl Gruber, *Seemacht unter rot weiß roter Flagge*, 2 Bde. (Salzburg, 2005-2006).

(11) Andrew Neil Porter, *European Imperialism, 1860-1914* (London, 1994), pp. 3-5［邦訳：アンドリュー・ポーター著、福井憲彦訳『帝国主義』岩波書店、2006 年、5-9 頁］.

(12) 我が国でノヴァラ号遠征を主題としてとり上げた研究は、管見では以下のものに限られる。安田純一「ノヴァラ号の世界一周航海（1857 − 1859 年）と墺洪帝国医学界」『医譚』64、1993 年、同「ノヴァラ号遠征に対する墺国医学界の要望と指示　1・2」『医譚』66、67、1994 年、同「ノヴァラ号軍医 Eduard Schwarz 博士の漢方薬蒐集（遺稿）」『医譚』70、1996 年。

(13) Carl Kraus (Red.), *Der freie weite Horizont. Die Weltumseglung der Novara und Maximilians Mexikanischer Traum. Eine Ausstellung des Landesmuseums Schloss Tirol 10.7.-14.11. 2004* (Bozen, 2004); Renate Basch-Ritter, *Die Weltumsegelung der Novara 1857-1859. Österreich auf allen Meeren* (Graz, 2008).

(14) Liselotte Popelka, *Ein österreichischer Maler segelt um die Welt. Joseph Selleny und seine Aquarelle von der Weltreise der Novara 1857-1859* (Graz/ Köln, 1964); Friedrich Wallisch, *Sein Schiff hiess Novara. Bernhard von Wüllerstorf, Admiral u. Minister* (Wien/ München, 1966); Günter Treffer (Hrsg./ Bearb./ Komm.), *Karl von Scherzer. Die Weltumseglung der Novara 1857-59* (Wien/ München/ Zürich, 1973).

(15) Hans Schadewaldt, Die letzte Weltumsegelung alten Stils. Die medizinischen Erfahrungen auf der Weltreise der österreichischen Fregatte »Novara« von 1857 bis 1860, in: *Schiff und Zeit. Panorama maritim*, 6 (1977); Jan-Henning Voß, *Medizinische Erkenntnisse auf der Weltreise der k. k. Österreichischen Fregatte „Novara" in den Jahren 1857, 1858 und 1859* (Düsseldorf, 1979); Verena Stagl, Die Weltumsegelung der Fregatte Novara (1857-1859) im Spiegel zoologischer Sammlungen, in: *MAGW*, 136/137 (2006/2007); Sascha Nolden, Ferdinand Hochstetter (1829-1884) und Die Novara-Expedition in Neuseeland, in: *MAGW*, 136/137 (2006/2007); Thomas Ballhausen, Die (weiße) Spur führt zurück. Ein Routenplaner von der Novara zu Freud, in: *MAGW*, 136/137 (2006/2007); James Braund, Introduction: Ferdinand Hochstetter in Context, in: Id. (ed.), *Ferdinand Hochstetter and the Contribution of German-Speaking Scientists to New Zealand Natural History in the Nineteenth Century* (Frankfurt a. M., 2012).

(16) David G. L. Weiss/ Gerd Schilddorfer, *Die Novara. Österreichs Traum von der Weltmacht* (Wien, 2010).

(17) Edward W. Said, *Orientalism* (New York, 1978)［邦訳：エドワード・W・サイード著、今

沢紀子訳『オリエンタリズム』平凡社、1986年］; Id., *Culture and Imperialism* (London, 1994)［邦訳：エドワード・W・サイード著、大橋洋一訳『文化と帝国主義』Ⅰ・Ⅱ、みすず書房、1998-2001年］; John M. MacKenzie (ed.), *Imperialism and Popular Culture* (Manchester, 1986); Id., *Orientalism: History, Theory and the Arts* (Manchester/ New York, 1995). Jürgen Osterhammel, *Kolonialismus. Geschichte-Formen-Folgen*, 4. Aufl. (München, 2003), S. 20-21［邦訳：ユルゲン・オースタハメル著、石井良訳『植民地主義とは何か』論創社、2005年、35-37頁］.

(18) Susanne Zantop, *Colonial Fantasies: Conquest, Family, and Nation in Precolonial Germany, 1770-1870* (Durham/ London, 1997); Russell A. Berman, *Enlightenment or Empire: Colonial Discourse in German Culture* (Lincoln/ London, 1998); Sara Friedrichsmeyer/ Sara Lennox/ Susanne Zantop (eds.), *The Imperialist Imagination: German Colonialism and Its Legacy* (Ann Arbor, 1998); Alexander Honold/ Oliver Simons (Hrsg.), *Kolonialismus als Kultur. Literatur, Medien, Wissenschaft in der deutschen Gründerzeit des Fremden* (Tübingen/ Basel, 2002); Birthe Kundrus (Hrsg.), *Phantasiereiche. Zur Kulturgeschichte des deutschen Kolonialismus* (Frankfurt a. M./ New York, 2003); Geoff Eley, Empire by Land or Sea? Germany's Imperial Imaginary, 1840-1945, in: Bradley Naranch/ Geoff Eley (eds.), *German Colonialism in a Global Age* (Durham/ London, 2014).

第1章

(1) 大鹿武『世界一周史物語』近代文藝社、1995年、園田英弘『世界一周の誕生　グローバリズムの起源』文春新書、2003年。

(2) ひと言に「ドイツ」といっても、1871年のドイツ帝国建国までは「ドイツ」という名を冠した統一国家は存在していなかったため、ここではドイツ人、ドイツ民族、ドイツ文化、あるいは、プロイセン王国やオーストリア帝国などを含むドイツ諸邦、ドイツ連邦などの総体的概念として「ドイツ」という言葉を使う。一方、1871年以降の時代を対象とする場合には、「ドイツ」は国家名として用いる。また、Deutscher Bund は一般に「ドイツ連邦」と訳されるが、主権国家の集合体たる当時のこの組織は「連邦」としての性格を備えていなかった。それゆえ、本来であれば、独立性の強い国家同士の連合を示す「ドイツ同盟」という訳語のほうが適切と思われるが、ここでは混乱を避けるため、より広く使われ定訳となっている「ドイツ連邦」という表現に統一する。

(3) James Sheehan, What is German History? Reflections on the Role of the Nation in German History and Historiography, in: *The Journal of Modern History*, 53-1 (1981); Michael Derndarsky, Österreich und die Deutsche Frage zwischen 1848 und 1866/71. Konzeptionelles Dilemma und situative Probleme der Donaumonarchie gegenüber Deutschland, in: Josef Becker/ Andreas Hillgruber (Hrsg.), *Die Deutsche Frage im 19. und 20. Jahrhundert* (München, 1983); Karl Dietrich Erdmann, *Die Spur Österreichs in der deutschen Geschichte. Drei Staaten, zwei Nationen, ein Volk?* (Zürich, 1989); Jacques Le Rider, *La Mitteleuropa* (Paris, 1994)［邦訳：ジャック・ル・リデー著、田口晃、板橋拓己訳『中欧論　帝国からEUへ』白水社、2004

年］；Manfred Botzenhart, Die österreichische Frage in der deutschen Nationalversammlung 1848/49, in: Michael Gehler/ Rainer F. Schmidt, u. a. (Hrsg.), *Ungleiche Partner? Österreich und Deutschland in ihrer gegenseitigen Wahrnehmung. Historische Analysen und Vergleiche aus dem 19. und 20. Jahrhundert* (Stuttgart, 1996); Thomas Brechenmacher, „Österreich steht außer Deutschland, aber es gehört zu Deutschland." Aspekte der Bewertung des Faktors Österreich in der deutschen Historiographie, in: Gehler/ Schmidt, u. a. (Hrsg.), *Ungleiche Partner*; Dieter Langewiesche, *Nation, Nationalismus, Nationalstaat in Deutschland und Europa* (München, 2000); 末川清「オーストリア政府の『大ドイツ』連邦改革構想」『愛知学院大学文学部紀要』31、2001 年、板橋拓己「ドイツ問題と中欧連邦構想　コンスタンティン・フランツを中心に」『北大法学論集』57-6、2007 年。

（4）F. J. F. Meyen, *Reise um die Erde ausgeführt auf dem königlich preussischen Seehandlungs-Schiffe Prinzess Louise, commandirt von Capitain W. Wendt, in den Jahren 1830, 1831 und 1832*, 2 Theile (Berlin, 1834-1835); Wolfgang Radtke, *Die Preussische Seehandlung zwischen Staat und Wirtschaft in der Frühphase der Industrialisierung* (Berlin, 1981); Wolfgang Petter, Deutsche Flottenrüstung von Wallenstein bis Tirpitz, in: Militärgeschichtliches Forschungsamt, *Deutsche Militärgeschichte in sechs Bänden 1648-1939*, Bd. 5 (München, 1983), S. 46-49.

（5）Gogg, *1440-1848*, S. 28ff; Basch-Ritter, *Österreich auf allen Meeren*, S. 38, 41; Sondhaus, *The Habsburg Empire*, pp. 2-4.

（6）Anthony Eugene Sokol, *The Imperial and Royal Austro-Hungarian Navy* (Annapolis, 1968), p. 4.

（7）Lawrence Sondhaus, Mitteleuropa zur See? Austria and the German Navy Question 1848-52, in: *Central European History*, 20-2 (1987), p. 127; Id., *The Habsburg Empire*, pp. 6-23; Basch-Ritter, *Österreich auf allen Meeren*, S. 44-45.

（8）Sondhaus, *The Habsburg Empire*, pp. 40-44.

（9）Ibid., pp. 42ff.

（10）Petter, Deutsche Flottenrüstung, S. 38-39; Ders., *Die überseeische Stützpunktpolitik der preußisch-deutschen Kriegsmarine 1859-1883* (Freiburg, 1975), S. 38-39. また「ドイツ」内のみならず、平時や戦時においてたびたび行なわれた地中海・レヴァント水域でのイギリス海軍との共同作戦は、英墺の良好な外交関係の維持に寄与していた。Sondhaus, *The Habsburg Empire*, pp. 71-72, 101-105; Basch-Ritter, *Österreich auf allen Meeren*, S. 50.

（11）Lothar Baumgartner (Hrsg.), *Denn Österreich lag einst am Meer. Das Leben des Admirals Alfred von Koudelka* (Graz, 1987), S. 57.

（12）田所昌幸編『ロイヤル・ネイヴィーとパクス・ブリタニカ』有斐閣、2006 年。

（13）Paul Heinsius, Anfänge der Deutschen Marine, in: Walther Hubatsch, u. a., *Die erste deutsche Flotte 1848-1853* (Herford/ Bonn, 1981), S. 15-19; Walther Hubatsch, Die deutsche Reichsflotte 1848 und der Deutsche Bund, in: Ders., u. a., *Die erste deutsche Flotte*, S. 31-32; Paul Heinsius, Die deutsche Marine. Eine Schöpfung des Jahres 1848, in: Deutsches Marine Institut und Deutsche Marine-Akademie, *Die Deutsche Marine. Historisches Selbstverständnis und Standortbestimmung* (Herford/ Bonn, 1983), S. 26; Jörg Duppler, *Der Juniorpartner. England und die Entwicklung der Deutschen Marine 1848-1890* (Herford, 1985), S. 32-39.

（14）Helge Bei der Wieden, Die mecklenburgischen Häfen und die deutsche Flotte 1848/49, in: Ders.

(Hrsg.), *Beiträge zur mecklenburgischen Seefahrtsgeschichte* (Köln, 1981); Petter, Deutsche Flottenrüstung, S. 51-57; Günter Moltmann, Die deutsche Flotte von 1848/49 im historisch-politischen Kontext, in: Deutsches Marine Institut/ Militärgeschichtliches Forschungsamt, *Die deutsche Flotte im Spannungsfeld der Politik 1848-1985* (Herford, 1985), S. 22-23; L. Arenhold [neu hrsg. von Uwe Greve], *Die deutsche Reichsflotte 1848-1852* (Berlin, 1995 [org. 1906]) , S. 2-16; Heinsius, Die deutsche Marine, S. 28; Lawrence Sondhaus, *Preparing for Weltpolitik: German Sea Power before the Tirpitz Era* (Annapolis, 1997), pp. 25-28; Arnold Kludas, Die Kriegsschiffe des Deutschen Bundes 1848 bis 1853, in: Hubatsch, u. a., *Die erste deutsche Flotte*, S. 54-60. ザクセン生まれのカール・ルドルフ・ブロミィ（もとのドイツ名はブロメBromme）は、ハンブルクの航海学校で修練した後、アメリカの商船隊を経て1827年からおよそ20年間ギリシア海軍に勤務した経験豊富な将校であった。なお、それまでドイツ連邦は実効的な海軍を保有した経験がなく、海軍に関する知識が欠乏していたことから、軍艦の調達や運用面の整備のみならず、俸給体系や教育などの人事制度、および、財務から庶務に至るまでイギリスなど先進海軍国の既存の仕組みが参考にされた。Patrick Colquhoun, *Entwurf zur Bildung einer deutschen Kriegsflotte nebst Kostenanschlag derselben* (Leipzig, 1849).

(15) Arenhold, *Die deutsche Reichsflotte*, S. 35-43.

(16) 新設の「ドイツ艦隊」は、外輪汽走フリゲート3隻（いずれも1,000トン以上）、帆走フリゲート2隻、外輪汽走コルベット6隻、砲艦27隻から構成され、さらには、オーストリア艦隊、プロイセン艦隊、シュレスヴィヒ＝ホルシュタイン艦隊といった既設の艦隊が法制上はこれに含まれるものとされた。Ebenda, S. 12-16; Kludas, Die Kriegsschiffe, S. 51-60.

(17) Paul Heinsius, Die erste Deutsche Marine in Überlieferung und Wirklichkeit, in: Hubatsch, u. a., *Die erste deutsche Flotte*.

(18) 1848年11月、フランクフルト国民議会においてプロイセン代表ルドルフ・カンプハウゼン（Gottfried Ludolf Camphausen）は、プロイセン海軍の「ドイツ海軍」への編入を宣言した。しかし、当時のプロイセン海軍の実態は、前述の通りコルベット艦1隻を有するのみであった。しかも、同艦が練習船であることに鑑みその「ドイツ海軍」への提供を拒み、やがて前言を翻すに至る。Sondhaus, *Preparing for Weltpolitik*, pp. 21-23, 39.

(19) *Vossische Zeitung*（以下、V. Z. と略記）, 25. 9. 1859 Nr. 224 Erste Beilage, Maritime Streifzüge I.; Heinsius, Die deutsche Marine, S. 28; Arenhold, *Die deutsche Reichsflotte*, S. 24.

(20) Heinrich August Winkler, *Der lange Weg nach Westen* (München, 2000), Bd. 1, S. 151［邦訳：H・A・ヴィンクラー著、後藤俊明、奥田隆男、中谷毅、野田昌吾訳『自由と統一への長い道Ⅰ　ドイツ近現代史1789 − 1933年』昭和堂、2008年、161頁］.

(21) 1852年春、プロイセンは「ドイツ艦隊」の旗艦である汽走フリゲート艦バルバロッサと「ドイツ艦隊」がデンマークから押収していた汽走フリゲート艦エケルンフェルデ（ゲフィオン）を拠出金の代償として引きとった。Sondhaus, *Preparing for Weltpolitik*, p. 32; Arenhold, *Die deutsche Reichsflotte*, S. 32.

(22) Jörg Duppler, *Prinz Adalbert von Preußen. Gründer der deutschen Marine* (Herford, 1986), S. 50-52; Petter, Deutsche Flottenrüstung, S. 63-69; Ders., *Die überseeische Stützpunktpolitik*, S. 30-35;

Sondhaus, *Preparing for Weltpolitik*, pp. 55-59.

(23) Lawrence Sondhaus, 'The Spirit of the Army' at Sea: The Prussian-German Naval Officer Corps, 1847-1897, in: *The International History Review*, 17 (1995), pp. 463-466; Id., *Preparing for Weltpolitik*, pp. 46-51; 拙稿「ドイツ海軍　海軍の創建と世界展開」三宅正樹、石津朋之、新谷卓、中島浩貴編『ドイツ史と戦争　「軍事史」と「戦争史」』彩流社、2011 年。

(24) Höbelt, Die Marine, S. 688, 739; Lawrence Sondhaus, Croatians in the Habsburg Navy 1797-1918, in: *East European Quarterly*, 26 (1992), pp. 150-151; Id., *The Habsburg Empire*, pp. 118-129, 138-142, 151, 167.

(25) Ferdinand von Attlmayr, Erzherzog Ferdinand Max. Eine Lebensskizze, in: *Gedenkblätter der k. und k. Kriegs-Marine*, 1 (1898), S. 3-11; Antonio Schmidt-Brentano, Österreichs Weg zur Seemacht. Die Marinepolitik Österreichs in der Ära Erzherzog Ferdinand Maximilian 1854-1864, in: *Mitteilungen des Österreichischen Staatsarchivs*, 30 (1977), S. 125; Mayer/ Winkler, *Als die Adria*, S. 60; Sondhaus, *The Habsburg Empire*, pp. 185-188.

(26) Schmidt-Brentano, Österreichs Weg, S. 126; Sondhaus, *The Habsburg Empire*, p. 166. この改革により、1850 年には 36％であったオーストリア海軍内のドイツ系将校の割合は、1859 年には 60％まで増加した。Sondhaus, Croatians, p. 152.

(27) プロイセンが沿岸防衛問題に積極的な姿勢を見せた背後には、この問題で主役を演じることで北ドイツにおける覇権の確立をめざす政府首脳部の思惑があった。しかし、このような目論見は、プロイセンに対抗的で、同じく北ドイツの沿岸部における指導的地位をねらっていたハノーファーと衝突する事態を招き、プロイセンの覇権確立は北ドイツ連邦の成立（1867 年）まで実現には至らなかった。Hans-Joachim Häußler, Küstenschutz und deutsche Flotte 1859-64, in: *Forschungen zur brandenburgischen und preussischen Geschichte*, 51 (1939).

(28) 歴史に登場する「遠征（Expedition）」には、探検、領土獲得、軍事的征服、科学的探査、世界一周事業などさまざまな種類が見られる。本書では、移動手段が軍艦であり海軍が関係したものを中心にとり上げ、特に地球の一周を目的とした「世界遠征」に注目する。Martin Thomas, What Is an Expedition? An Introduction, in: Id. (ed.), *Expedition into Empire: Exploratory Journeys and the Making of the Modern World* (New York/ London, 2015).

(29) 18 世紀後半から 19 世紀前半の間の欧米諸国による科学調査を兼ねた世界一周航海のリストは次の文献に掲載されている。大鹿『世界一周史物語』、149-151 頁。

(30) Charles Wilkes, *Narrative of the United States Exploring Expedition during the Years 1838, 1839, 1840, 1841, 1842*, 5 Vol. (Philadelphia, 1845); Nathaniel Philbrick, *Sea of Glory: America's Voyage of Discovery, the U. S. Exploring Expedition, 1838-1842* (New York, 2003).

(31) Steen Bille, *Steen Bille's Bericht über die Reise der Corvette Galathea um die Welt in den Jahren 1845, 1846 und 1847, aus dem Dänischen übersetzt, und theilweise bearbeitet von W. v. Rosen*, 2 Bde. (Leipzig, 1852).

(32) Wilkes, *Narrative*, vol. 1, pp. xxv-xxix ("Instructions").

(33) W. H. Nopitsch, *Kaufmännische Berichte, gesammelt auf einer Reise um die Welt mit der Kriegs-Corvette Galathea, in den Jahren 1845, 46 und 47* (Hamburg, 1849).

(34) Nils Johan Andersson [übers. von K. L. Kannegießer], *Eine Weltumsegelung mit der*

Schwedischen Kriegsfregatte Eugenie (1851-1853) (Leipzig, 1854); G. Skogman [übers. von Anton von Etzel], *Erdumsegelung der Königl. Schwedischen Fregatte Eugenie*, 2 Bde. (Berlin, 1856).

(35) 遠征計画のなかに日本訪問が含まれていなかった理由は今日まで謎とされている。パンツァーによれば、それを知る手がかりとなる史料は帝国崩壊の混乱期に紛失した可能性が高いという。Peter Pantzer, Mit der k. u. k. Kriegsmarine zu Besuch im Japanischen Kaiserreich. Vom Beginn der Beziehungen 1869 bis zum Untergang der Donaumonarchie, in: *Viribus Unitis*, Jahresbericht 2012 (2013), S. 47-49.

(36) Karl von Scherzer, Nekrolog (Aus der Allgemeinen Zeitung), in: Bernhard von Wüllerstorf-Urbair (Hrsg. von seiner Witwe), *Vermischte Schriften des k. k. Vice-Admirals Bernhard Freih. v. Wüllerstorf-Urbair* (Graz, 1889), S. Ⅻ ; Wallisch, *Sein Schiff*, S. 67; Treffer, *Karl von Scherzer*, S. 12.

(37) Karl Dienstl, Die außereuropäischen Fahrten der österreichischen Flotte nach 1848, Diss., Uni. Wien (1949), S. 12-14.

(38) Albin Oppolzer, Karl Scherzer, Diss., Uni. Wien (1949), S. 71-73.

(39) Weiss/ Schilddorfer, *Die Novara*, S. 85-86.

(40) Christa Riedl-Dorn, *Das Haus der Wunder. Zur Geschichte des Naturhistorischen Museums in Wien* (Wien, 1998), S. 156; Ders., Die Brasilienreise von Erzherzog Ferdinand Max, in: Wilfried Seipel (Hrsg.), *Die Entdeckung der Welt. Österreichische Forscher, Sammler, Abenteurer* (Milano, 2001), S. 139.

(41) チリでは大統領と会談した際に予備交渉の場が設けられたが、現地の内政が緊迫化したことにより締結までには至らなかった。またそれ以外の南米諸国との外交的接触も、イタリア独立戦争勃発の報に触れた遠征隊が帰国を急いだため実現しなかった。ヴュラーシュトルフは、自身が達成できなかったこの南米各国との通商条約の締結を帰国後に改めて訴え続け、外務省も領事館設置問題に関して彼に意見を求めていた。Dienstl, Die außereuropäischen Fahrten, S. 19-20, 60-61; Wallisch, *Sein Schiff*, S. 41.

(42) [Victor Wimpffen], *Skizzen aus einem Tagebuche. Aufgezeichnet an Bord der k. k. Corvette Caroline während der Reise nach Brasilien, den La Plata-Staaten und den portugiesischen Besitzungen an der Westküste Afrika's, 1857-1858* (Laibach, 1859).

(43) *Wiener Zeitung*（以下、W. Z. と略記), 30. 5. 1857 Nr. 123, Kaiserliche Akademie der Wissenschaften Sitzung der mathematisch-naturwissenschaftlichen Klasse am 14. Mai 1857. シェルツァーが出発直前にウィーン地理学会で行なった講演では、さらにフレンドリー諸島（トンガ)、マルケサス諸島といった南太平洋の島々の名が寄港地に含まれていた。Ebenda, 11. 4. 1857 Nr. 83, k. k. geographische Gesellschaft. Versammlung am 7. April 1857.

(44) Frank Suffa-Friedel, Die Preußische Expedition nach Ostasien. Verhandlungen, Verzögerungen und Vertragsabschluß, in: Heng-yü Kuo (Hrsg.), *Berlin und China. Dreihundert Jahre wechselvolle Beziehungen* (Berlin, 1987); Bernd Martin, Die Preußische Ostasien-Expedition und der Vertrag über Freundschaft, Handel und Schiffahrt mit Japan (24. Januar 1861), in: Gerhard Krebs (Hrsg.), *Japan und Preußen* (München, 2002); 上野聖薫「オイレンブルク使節団との条約締結交渉からみた清朝外交」『現代中国研究』24、2009 年、鈴木楠緒子『ドイツ帝国の成立と東

アジア　遅れてきたプロイセンによる「開国」』ミネルヴァ書房、2012年、福岡万里子『プロイセン東アジア遠征と幕末外交』東京大学出版会、2013年。

(45) 海軍にとっての「遠征」の意義に触れた数少ない事例として、東アジア遠征に従事した将校の多くがその後に海軍の枢要な地位に就いていることを紹介したシュテッカーの指摘がある。Helmuth Stoecker, *Deutschland und China im 19. Jahrhundert. Das Eindringen des deutschen Kapitalismus* (Berlin, 1958), S. 56.

(46) Ebenda, S. 37-39; 大島隆雄「ドイツ産業革命期の羊毛工業概観」『西洋史学』76、1967年、68頁。

(47) John Fairbank, *Trade and Diplomacy on the China Coast: The Opening of the Treaty Ports, 1842-1854* (Cambridge, 1953), p. 58; Stoecker, *Deutschland und China*, S. 39.

(48) Ebenda, S. 40.

(49) Willi Boelcke, *So kam das Meer zu uns. Die preußisch-deutsche Kriegsmarine in Übersee 1822 bis 1914* (Frankfurt a. M./ Berlin/ Wien, 1981), S. 237.

(50) Reinhold Werner, *Die Preussische Expedition nach China, Japan und Siam in den Jahren 1860, 1861 und 1862*, 2. Aufl. (Leipzig, 1873), S. 462.

(51) Ebenda, S. 466; Stoecker, *Deutschland und China*, S. 40-44.

(52) Ebenda, S. 44-46.

(53) Ebenda, S. 47-48; Werner, *Die Preussische Expedition*, S. 104-106, 435.

(54) 今宮新『初期日独通交史の研究』鹿島研究所出版会、1971年、19-24頁、三宅正樹「ドイツの歴史学と極東(3)ゲオルク・ケルストの幕末日本研究」『人文研究』(神奈川大学) 37、1967年。Masaki Miyake, Die Erschließung Japans am Ende der Tokugawa-Zeit mit besonderer Berücksichtigung der Forschungen von Dr. Georg Kerst, in: *The Bulletin of the Institute of Social Sciences*, Meiji Uni., 17-3 (1994).

(55) Holmer Stahncke, *Die diplomatischen Beziehungen zwischen Deutschland und Japan 1854-1868* (Stuttgart, 1987), S. 90-91.

(56) Hans Rosenberg, *Die Weltwirtschaftskrise 1857-1859* (Göttingen, 1974); 今宮『初期日独通交史の研究』、40-41頁。

(57) *Die Preussische Expedition nach Ost-Asien. Nach Amtlichen Quellen*, 4 Bde. (Berlin, 1864-1873), Bd. 1, S. IX-X; 今宮『初期日独通交史の研究』、43-45頁。

(58) 派遣延期の問題や全権交代のいきさつなどの紆余曲折に関しては以下を参照。中井晶夫「プロイセン艦隊の東アジア遠征(1860－62)」『上智史学』13、1968年、115-120頁、今宮『初期日独通交史の研究』、48-68頁。

(59) Stahncke, *Die diplomatischen Beziehungen*, S. 117-119; 中井「プロイセン艦隊」、118-119頁。プロイセン国内の自由主義者も、この遠征がドイツ統一に向けたナショナルな意義を有するという点では賛同していたものの、事業実施の手続きや実利の評価に関しては賛否が分かれており、必ずしも全面的に政府を支持していたわけではなかった。鈴木楠緒子「オイレンブルク使節団とプロイセン自由主義者　小ドイツ主義的統一国家建設との関連で」『史学雑誌』112-1、2003年、77-79頁。

(60) *Die Preussische Expedition*, Bd. 1, S. XI-XII.

(61) 今日、「ショー・ザ・フラッグ(show the flag)」という表現は、「旗幟を鮮明にする」

「立場や支持を明らかにする」など国家間の外交の場で慣用句としてたびたび用いられる。しかし本書が扱う帝国主義時代においては、字義どおり軍艦が国外で自国旗を掲げて「存在を誇示する」際に使用され、在外居留民と権益の保護、ならびに砲艦外交の姿勢が含意されていた。

(62) プロイセン東アジア遠征の研究史において、「遠征」よりも「使節団」としての性格に重きが置かれていたことは、多くの著作がタイトルに1860-62を付していることにも表れている。実際には、遠征艦隊がドイツを出港するのは1859年10月からであり、本来であれば1859-62とすべきである。

(63) *Die Preussische Expedition*, Bd. 1, S. 218-256. 遠征隊員の旅行記においても、航海中の船舶内の様子や苦難を乗り越えていくエピソードがふんだんに盛り込まれている。Gustav Spieß, *Die Preußische Expedition nach Ostasien während der Jahre 1860-1862. Reise-Skizzen aus Japan, China, Siam und der indischen Inselwelt* (Berlin/ Leipzig, 1864)［日本滞在部邦訳：小澤敏夫訳註『シュピースのプロシア日本遠征記』奥川書房、1934年］.

(64) 筆者は、ベルリン地理学会雑誌（*Zeitschrift für allgemeine Erdkunde*. Neue Folge）、ベルリン王立科学アカデミーの論集や月報（*Abhandlungen der königlichen Akademie der Wissenschaften in Berlin* ならびに *Monatsberichte der k. preussischen Akademie der Wissenschaften zu Berlin*）を閲覧したが、東アジア遠征に関する論稿をわずかしか見つけることができなかった。

(65) Georg von Martens (Bearb.), *Die preussiche Expedition nach Ost-Asien, nach amtlichen Quellen*, Botanischer Theil, Die Tange (Berlin, 1866); Eduard von Martens (Bearb.), *Die preussiche Expedition nach Ost-Asien, nach amtlichen Quellen,* Zoologischer Theil, 2 Bde. (Berlin, 1867-1876); Hermann Maron, *Japan und China. Reiseskizzen, entworfen während der preußischen Expedition nach Ost-Asien*, 2 Bde. (Berlin, 1863)［抜粋邦訳：H・マローン著、眞田収一郎訳『マローン　日本と中国』雄松堂出版、2002年］; Spieß, *Die preußische Expedition*; Max Wichura, *Aus vier Welttheilen. Ein Reise-Tagebuch in Briefen* (Breslau, 1868).

(66) C. Friedel, *Beiträge zur Kenntniss des Klimas und der Krankheiten Ost-Asiens, gesammelt auf der Preuss. Expedition in den Jahren 1860, 1861 und 1862* (Berlin, 1863).

(67) *Zeitschrift für allgemeine Erdkunde*, 15 (1863), S. 271.

(68) 拙稿「19世紀末ドイツ帝国の膠州湾獲得」『政治学研究論集』（明治大学）27、2007年。

(69) Stoecker, *Deutschland und China*, S. 61; Stahncke, *Die diplomatischen Beziehungen*, S. 92; Hans-Ulrich Wehler, *Bismarck und der Imperialismus* (Köln, 1969), S. 197; John Schrecker, *Imperialism and Chinese Nationalism: Germany in Shantung* (Cambridge, 1971), p. 3; 中井「プロイセン艦隊」、115頁、大西健夫『オイレンブルク伯「バンコク日記」　ドイツ、アジアで覇権を競う』リブロポート、1990年、237頁。

(70) Petter, Deutsche Flottenrüstung, S. 71; Ders., *Die überseeische Stützpunktpolitik*, S. 56-57; Hans Fenske, Imperialistische Tendenzen in Deutschland vor 1866. Auswanderung, überseeische Bestrebungen, Weltmachtträume, in: *Historisches Jahrbuch Görres Gesellschaft*, 97/98 (1978), S. 376; Stahncke, *Die diplomatischen Beziehungen*, S. 95- 97; Bernd Martin, Die Preußische Ostasienexpedition in China. Zur Vorgeschichte der Freundschafts-, Handels- und Schiffahrts-Vertrages vom 2. September 1861, in: Heng-yü Kuo/ Mechthild Leutner (Hrsg.), *Deutsch-chinesische Beziehungen vom 19. Jahrhundert bis zur Gegenwart. Beiträge des Internationalen*

Symposiums in Berlin (München, 1991), S. 213-214.

(71) 統一構想をめぐる「ドイツ問題」の複雑性に関しては、以下の研究を参照。松本彰「ドイツ近代における『民族と国家』」『歴史学研究別冊特集　世界史認識における民族と国家』、1978年、同「ドイツ史における帝国＝国民国家の理念と現実　Reich, Nation, Volk」同、立石博高編『国民国家と帝国　ヨーロッパ諸国民の創造』山川出版社、2005年。

(72) Stoecker, *Deutschland und China*, S. 45; 鈴木「オイレンブルク使節団とプロイセン自由主義者」。

(73) 19世紀中葉の新聞は、知識や教養に飢えた市民層の増大や印刷技術の進歩を背景として質・量ともに著しい発展を見せ、自由主義やナショナリズムを掲げる諸政党・団体の事実上の機関紙としても機能していた。Shlomo Na'aman, *Der Deutsche Nationalverein. Die politische Konstituierung des deutschen Bürgertums 1859-1867* (Düsseldorf, 1987), Kap. 4; Rudolf Stöber, *Deutsche Pressegeschichte*, 2. Aufl. (Konstanz, 2005), S. 118-122; 近藤潤三「ドイツにおける大衆ジャーナリズムの成立　第二帝制期の新聞の統計的研究」『社会科学論集』(愛知教育大学) 30、1990年、大内宏一「ナツィオナール・ツァイトゥングと1880年代のドイツ自由主義」『早稲田大学大学院文学研究科紀要　哲学・史学編』37、1991年。

(74) 1703年にウィーンの印刷業者ヨハン・シェーンヴェッター (Johann Baptist Schönwetter) が刊行した『ウィーン日誌 (Wiennerisches Diarium)』に始まるオーストリア最古の新聞。18世紀初頭、公報の必要性を認識していた帝国政府は、同紙に宮廷や人事の情報などを独占的に掲載する特権を与え、1721年より所有権を引き継いだ出版者ヨハン・ファン・ゲーレン (Johann van Ghelen) のもとでウィーン随一の有力紙へと成長する。1780年には、今日まで続く『ウィーン新聞 (Wiener Zeitung)』という名称が使われるようになった。1840年代の自由主義の高まりのなか自由主義派が編集の主導権を握り、1848年革命勃発時も自由主義への共感を示す。やがて反革命軍のウィーン制圧によりその宣伝機関となり、革命後は政府の統制を受けて新絶対主義を支持する立場をとる。1857年末、経営権がゲーレン家から政府へ移り、正式に国営新聞社となる。政府から統制を受けていたため同紙は特に非政治欄に力を注いでおり、劇評、音楽批評、学術、芸術、文学などの文芸欄には定評があった。1855年の発行部数：約4,500、夕刊約2,900。*250 Jahre Wiener Zeitung. Eine Festschrift* (Wien, 1953), S. 24-29; Kurt Paupié, *Handbuch der österreichischen Pressegeschichte 1848-1959* (Wien, 1960), S. 119-120; Franz Stamprech, *Die älteste Tageszeitung der Welt. Werden und Entwicklung der „Wiener Zeitung"* (Wien, [1974]).

(75) ウィーン出身の実業家アウグスト・ツァンク (August Zang) によって、革命さなかの1848年7月に創刊されたウィーンの自由主義系新聞。廉価な購読料金、英紙タイムズの紙面構成を真似た経済 (とりわけ投資情報) 欄、広告欄の充実ぶりや海外情報の質の高さ、高級感あふれる文体を用いた文芸欄が市民層に受け、1850年代半ばには発行部数が30,000部に拡大し、ウィーン随一の新聞へと成長した (1850年：約15,000部、1859年：約38,000部)。1861年から62年にかけてカール・マルクス (Karl Heinrich Marx) にロンドン通信員を委託するなどユニークな紙面展開も見られたが、政治的には保守派や急進民主派とも距離を置き、大オーストリア・自由主義を掲げ新絶

対主義政権に批判的立場をとった。国際問題に関しては反フランスの姿勢をとっていたものの、普仏対立の際、オーストリアはフランスの側に立って介入すべきと説いた。1864 年に編集部内の対立で同紙から独立したグループによって『ノイエ・フライエ・プレッセ（Neue Freie Presse)』が創刊され 1939 年まで『プレッセ』の実質上の後継紙として存続したが、本家の『プレッセ』自体も 1896 年まで刊行が続けられた。以下、Presse と 略 記。Paupié, *Handbuch*, S.135-138; Adam Wandruszka, Neue Freie Presse (1848-1939), in: Heinz-Dietrich Fischer (Hrsg.), *Deutsche Zeitungen des 17. bis 20. Jahrhunderts* (Pullach bei München, 1972), S. 225-231; Petronilla Ehrenpreis, Die „reichsweite" Presse in der Habsburgermonarchie, in: Helmut Rumpler/ Peter Urbanitsch (Hrsg.), *Die Presse als Faktor der Politischen Mobilisierung* [*Die Habsburgermonarchie 1848-1918*, Bd. 8, Politische Öffentlichkeit und Zivilgesellschaft 2. Teilbd.] (Wien, 2006), S. 1715-1726; Lothar Höbelt, Die Deutsche Presselandschaft, in: Rumpler/ Urbanitsch (Hrsg.), *Die Presse als Faktor*, S. 1830.

(76) W. Z., 18. 1. Nr. 14, 24. 1. Nr. 19, 25. 1. Nr. 20, 12. 2. Nr. 34, 27. 2. Nr. 47, 1. 3. Nr. 49, 14. 3. Nr. 60, 20. 3. Nr. 65, 2. 4. Nr. 75, 8. 4. Nr. 80, 11. 4. Nr. 83, 12. 4. Nr. 84, 17. 4. Nr. 87, 18. 4. Nr. 88, 19. 4. Nr. 89, 29. 4. Nr. 97, 1. 5. Nr. 99, 2. 5. Nr. 100, 3. 5. Nr. 101, 24. 5. Nr. 118, 27. 5. Nr. 120, 30. 5. Nr. 123, 10. 6. Nr. 131, 17. 6. Nr. 136, 19. 6. Nr. 138（以上、すべて 1857 年）. 同じ日に複数の関連記事が異なる欄に掲載されることもあったが、ここでは両者合わせて一回として数える。

(77) たとえば、Presse, 3. 3. 1857 Nr. 50, 8. 4. 1857 Nr. 80, 18. 4. 1857 Nr. 88, 3. 5. 1857 Nr. 101, 19. 5. 1857 Nr. 114 など。

(78) 1798 年にテュービンゲンの出版者ヨハン・コッタ（Johann Friedrich Cotta）によって発行された『新世界通信（Neue Weltkunde)』を前身に持つ南ドイツの穏健自由主義系新聞。『新世界通信』は発行開始時に 1,400、半年後に 2,000 の定期購読者を抱えていた。動乱期の政治報道に対する当局の抑圧を免れるために、発行開始年の秋に早々とシュトゥットガルトへ移転し、『一般新聞（Allgemeine Zeitung)』として再スタートする。その後、ウルム、アウクスブルクへと発行地を移し、1823 年のバイエルンの検閲厳格化のあおりで一時多くの購読者を失うが、やがて南ドイツ随一の発行部数（1840 年代後半から 1850 年代の時期に 10,000 部前後）を誇る新聞へと成長する。以下、A. Z. と略記。Horst Heenemann, *Die Auflagenhöhen der deutschen Zeitungen. Ihre Entwicklung und ihre Probleme* (Berlin, 1929), S. 32-35; Kurt Koszyk, *Deutsche Presse im 19. Jahrhundert* (Berlin, 1966), S. 20-21, 276ff; Christian Padrutt, Allgemeine Zeitung (1798-1929), in: Fischer (Hrsg.), *Deutsche Zeitungen*.

(79) A. Z., 7. 1. Nr. 7, 15. 3. Nr. 74 Beilage, 11. 4. Nr. 101, 18. 4. Nr. 108, 20. 4. Nr. 110, 22. 4. Nr. 112, 30. 4. Nr. 120, 2. 5. Nr. 122 Beilage, 4. 5. Nr. 124, 5. 5. Nr. 125, 19. 5. Nr. 139, 21. 5. Nr. 141（以上、1857 年）, 21. 4. Nr. 111, 3. 10. Nr. 276 Beilage, 11. 10. Nr. 284, 3. 12. Nr. 337（以上、1858 年）, 13. 1. Nr. 13 Beilage, 26. 5. Nr. 146 Beilage, 18. 8. Nr. 230 Beilage, 25. 8. Nr. 237, 26. 8. Nr. 238 Beilage, 27. 8. Nr. 239 Beilage, 29. 8. Nr. 241 Beilage, 30. 8. Nr. 242, 31. 8. Nr. 243, 4. 9. Nr. 247（以上、1859 年）.

(80) A. Z., 12. 9, Nr. 255 Beilage, 8. 10. Nr. 281 Beilage, 28. 10. Nr. 301 Beilage（以上、1857 年）, 4. 1. Nr. 4, 24. 1. Nr. 24, 26. 2. Nr. 57 Beilage, 7. 4. Nr. 97, 30. 5. Nr. 150 Beilage, 3. 8. Nr. 215

Beilage, 13. 8. Nr. 225 Beilage, 5. 9. Nr. 248, 17. 9. Nr. 260, 6. 10. Nr. 279 Beilage（以上、1858年）.

(81) 英仏における絵入り新聞の登場に刺激を受けたライプツィヒの出版者ヨハン・ヴェーバー（Johann Jacob Weber）が 1843 年に創刊したドイツ諸邦初の挿絵入り新聞。木版画技術の導入によって、迅速かつ大量に印刷可能となった挿絵を豊富に盛り込んだ同紙の登場は、当時活字中心だったドイツの新聞メディアに革命を起こした。男女や年齢層に関係ない紙面作りで、教養や娯楽を重視した教養紙として好調な売れ行きを見せ（創刊数年後には 10,000 部発行）、19 世紀後半に次々と登場する絵入り新聞の嚆矢となる。政治的には非党派性、公正な報道を心がけていたが、創刊者ヴェーバーのナショナル・リベラルな思想がいくぶん反映されていた。以下、L. I. Z. と略記。拙稿「19 世紀中葉のドイツにおける『ライプツィヒ絵入り新聞』の登場とその意義　ノヴァラ号の世界周航（1857 − 59）に関する報道を事例として」『政治学研究論集』（明治大学）22、2005 年。

(82) L. I. Z., 6. 6. Nr. 727（以上、1857 年）, 2. 1. Nr. 757, 9. 1. Nr. 758, 16. 1. Nr. 759, 10. 4. Nr. 771, 17. 4. Nr. 772, 7. 8. Nr. 788, 14. 8. Nr. 789, 21. 8. Nr. 790, 28. 8. Nr. 791, 11. 9. Nr. 793, 9. 10. Nr. 797, 16. 10. Nr. 798（以上、1858 年）, 29. 1. Nr. 813, 5. 2. Nr. 814, 12. 2. Nr. 815, 19. 2. Nr. 816, 26. 2. Nr. 817, 5. 3. Nr. 818, 2. 4. Nr. 822, 9. 4. Nr. 823, 2. 7. Nr. 835, 9. 7. Nr. 836, 16. 7. Nr. 837, 23. 7. Nr. 838, 30. 7. Nr. 839（以上、1859 年）, 21. 1. Nr. 864, 28. 1. Nr. 865, 4. 2. Nr. 866, 25. 2. Nr. 869, 3. 3. Nr. 870（以上、1860 年）.

(83) 17 世紀の『郵便新聞』の流れをくみ、1802 年のシャウベルク家（Schauberg）による買収を機に『ケルン新聞（Kölnische Zeitung）』として発行を開始したライン自由主義系の新聞。19 世紀前半の積極的な経営方針のもと急成長を遂げた同紙は、1848 年革命の際、時局に乗って「自由と統一」（穏健自由主義・プロイセン主導の連邦国家建設）を主張し発行部数を倍増させる（1847 年 9,500、1848 年 17,000、1850 年 20,000 部）。革命後の反動期に当局からの圧力を受け主筆の辞任を余儀なくされるものの、1855 年に主筆に就任したハインリヒ・クルーゼ（Heinrich Kruse）のもと、英米の自由主義を意識した紙面展開により巻き返しを図る。1860 年代には反ビスマルクの立場をとるが、ドイツ統一が進む過程で政府支持に転換した。このような柔軟性と伝統的権威とのバランス、ならびにナショナル・リベラルの時代潮流に沿う論調は、反動期にもかかわらず部数を大きく伸ばすことにつながった（1866 年 60,000 部）。以下、K. Z. と略記。Koszyk, *Deutsche Presse*, S. 18, 125-126, 152, 226; Georg Potschka, (1802-1945), in: Fischer (Hrsg.), *Deutsche Zeitungen*.

(84) K. Z., 20. 4. 1857 Nr. 109 Beilage, 22. 4. 1857 Nr. 111. ケルストによれば、1850 年代の同紙には『トリエステ新聞（Triester Zeitung）』からの転載が多かったというが、オーストリアの海外への玄関口で発行される『トリエステ新聞』はノヴァラ号情報発信の最前線基地でもあり、ヨーロッパ各地にノヴァラ号遠征を配信していた。それゆえ、『ケルン新聞』のノヴァラ号報道の少なさは、同紙編集部の意図的な敬遠だった可能性がある。Georg Kerst, *Die Anfänge der Erschließung Japans im Spiegel der zeitgenössischen Publizistik. Untersucht auf Grund der Veröffentlichungen der Kölnischen Zeitung* (Hamburg, 1953), S. 16.

(85) 1617 年のベルリン最古の新聞『フリッシュマン新聞（Frischmann Zeitung）』に起源を持つベルリンの有力な自由主義系新聞。正式な新聞名は『国王認可ベルリン政治教養新聞

(Königlich privilegirte Berlinische Zeitung von Staats- und gelehrten Sachen)』であるが、発行権を持つフォス家の名をとって『フォス新聞』と通称される(1911年以降こちらが正式な新聞名となる)。『シュペーナー新聞(Spenersche Zeitung)』とともに19世紀前半のベルリン新聞界の二大紙として君臨した同紙は、自由主義を標榜し、1848年革命時には20,000部以上を発行していた。革命後、発行部数が落ち込み低迷するが、1850年代後半には時代の潮流(いわゆる「新時代」)に乗って部数を伸ばし(約15,000部)、その伝統的地位を保ち続けた。1840年代以降、ナショナル・リベラルの立場を鮮明にし、やがてビスマルク政府の国内政策を批判したためたびたび弾圧を受けるが、ドイツ統一に至る彼の外交政策は支持した。Hennemann, *Die Auflagenhöhen*, S. 35-37; Koszyk, *Deutsche Presse*, S. 14-15; Klaus Bender, Vossische Zeitung (1617-1934), in: Fischer (Hrsg.), *Deutsche Zeitungen*; Heinz-Dietrich Fischer, *Handbuch der politischen Presse in Deutschland 1480-1980* (Düsseldorf, 1981), S. 400; 鈴木将史「フォス新聞　ドイツ語圏最初の教養新聞」『小樽商科大学人文研究』(その一)99、2000年、(その二)100、2000年。

(86) V. Z., 19. 4. Nr. 91, 22. 4. Nr. 93, 3. 5. Nr. 103, 6. 5. Nr. 105(以上、1857年), 17. 8. Nr. 190, 30. 8. Nr. 201(以上、1859年).

(87) 革命さなかの1848年4月にベルリンで創刊された国民自由主義新聞。プロイセン主導の「小ドイツ」的統一と立憲主義を掲げ、革命時には12,000部の発行部数を誇った。その後、反動期に穏健な論調に改めたことで1852年に部数は半減した。しかし、イギリス情報や経済欄の充実によりやがて勢いを盛り返し、1850年代後半は発行部数が7,000部前後で推移した。また、1859年に結成されたドイツ国民協会の綱領が同紙の方針に合致していたためその運動を支援するようになる。一方、1861年に進歩党が結成された際、8,500部を発行する同紙はこの新党と密接な関係を築き、時代の潮流である国民自由主義の流れに乗って大きな成長を遂げる。以下、N. Z. と略記。Heenemann, *Die Auflagenhöhen*, S. 38-39; Koszyk, *Deutsche Presse*, S. 112, 143, 151; Jürgen Kahl, National-Zeitung (1848-1938), in: Fischer (Hrsg.), *Deutsche Zeitungen*.

(88) N. Z., 2. 5. Nr. 204 Abend, 5. 5. Nr. 207, 12. 5. Nr. 217, 13. 5. Nr. 220 Abend, 19. 5. Nr. 229(以上、1857年), 12. 8. Nr. 372, 25. 8. Nr. 393, 30. 8. Nr. 401, 30. 8. Nr. 402 Abend, 31. 8. Nr. 404 Abend(以上、1859年).

(89) ノヴァラ号遠征を積極的に報じていた『アウクスブルク一般新聞』は、この時期を境にプロイセンの東アジア遠征報道にシフトしていく。A. Z., 4. 8. Nr. 216 Beilage, 18. 8. Nr. 230, 22. 8. Nr. 234 Beilage, 25. 8. Nr. 237, 26. 8. Nr. 238, 27. 8. Nr. 239, 28. 8. Nr. 240, 1. 9. Nr. 244, 3. 9. Nr. 246, 6. 9. Nr. 249, 19. 9. Nr. 262, 3. 10. Nr. 276, 9. 10. Nr. 282(およびBeilageにも), 28. 10. Nr. 301(以上、すべて1859年). 同様に、『ライプツィヒ絵入り新聞』も東アジア遠征報道と同遠征の随行画家ハイネによる挿絵入り旅行記「ベルリンから日本へ(Von Berlin nach Japan)」および作者名記載なしの「東アジア水域へのプロイセン艦隊の遠征(Die Expedition der preussischen Geschwaders nach den Ostasiatischen Gewässern)」の連載を開始した。L. I. Z., 14. 1. Nr. 863, 21. 1. Nr. 864, 3. 3. Nr. 870, 9. 6. Nr. 884, 30. 6. Nr. 887, 15. 9. Nr. 898, 13. 10. Nr. 902(以上、1860年), 12. 1. Nr. 915, 19. 1. Nr. 916, 26. 1. Nr. 917, 2. 2. Nr. 918, 16. 2. Nr. 920, 23. 2. Nr. 921, 23. 3. Nr. 925, 18. 5. Nr. 933, 25. 5. Nr. 934, 1. 6. Nr. 935, 16. 6. Nr. 937, 14. 9. Nr. 950, 16. 11. Nr. 959, 23. 11. Nr. 960(以上、1861年), 17. 5. Nr. 985,

14. 6. Nr. 989（以上、1862 年）.

(90) Stoecker, *Deutschland und China*, S. 47-48; Dieter Glade, *Bremen und der Ferne Osten* (Bremen, 1966), S. 27-70; Bernd Eberstein, *Hamburg-China. Geschichte einer Partnerschaft* (Hamburg, 1988), S. 384-398; Dagmar Bechtloff, Bremer Kaufleute im Asienhandel während des 19. Jahrhunderts, in: Hartmut Roder (Hrsg.), *Bremen-Ostasien. Eine Beziehung im Wandel* (Bremen, 2001), S. 45-48.

(91) Stahncke, *Die diplomatischen Beziehungen*, S. 109-116.

(92) *Weser Zeitung*（以下、We. Z. と略記し、夕刊 Abend-Ausgabe を Ab. と略す）, 8. 4. Nr. 4148, 17. 4. Nr. 4155, 4. 5. Nr. 4169（以上、1857 年）, 29. 8. Nr. 4894 Ab., 30. 8. Nr. 4895, 31. 8. Nr. 4896 Ab.（以上、1859 年）.

(93) We. Z., 9. 8. Nr. 4877 Ab., 11. 8. Nr. 4879 Ab., 12. 8. Nr. 4880 Ab., 17. 8. Nr. 4884, 18. 8. Nr. 4885 Ab., 19. 8. Nr. 4886, 25. 8. Nr. 4891 Ab., 27. 8. Nr. 4893, 27. 8. Nr. 4893 Ab., 29. 8. Nr. 4894 Ab.（以上、すべて 1859 年）.

(94) *Staats und Gelehrte Zeitung des Hamburgischen unpartheiischen Correspondenten*（以下、H. C. と略記）, 20. 4. Nr. 93（以上、1857 年ノヴァラ号遠征報道）, 17. 8. Nr. 195, 29. 8. Nr. 205（以上、1859 年ノヴァラ号遠征報道）, 10. 8. Nr. 189, 17. 8. Nr. 195, 19. 8. Nr. 197 Beilage, 20. 8. Nr.198, 26. 8. Nr. 203, 27. 8. Nr. 204, 29. 8. Nr. 205, 1. 9. Nr. 208, 15. 9. Nr. 220, 21. 9. Nr. 225, 27. 9. Nr. 230, 29. 9. Nr. 232, 15. 10. Nr. 245（以上、1859 年 8 － 10 月の東アジア遠征報道）.

(95) *Bremer Handelsblatt*（以下、B. H. と略記）, 4. 6. 1859 Nr. 399, Der deutsche Bund und die Hansestädte, 18. 6. 1859 Nr. 401, Deutschlands maritime Interessen.

(96) B. H., 6. 8. 1859 Nr. 408, Deutschlands maritime Interessen und das Bedürfniß einer deutschen Kriegsflotte.

(97) We. Z., 28. 7. 1859 Nr. 4867 Ab., Küstenschutz als Bundessache.

(98) We. Z., 14. 7. 1859 Nr. 4855 Ab., Preußen und der deutsche Seehandel.

(99) たとえば、B. H., 20. 8. 1859 Nr. 410, Deutschlands Zukunft und Preußens nationale Aufgabe など。

(100) B. H., 13. 6. 1857 Nr. 296, Die Fortschritte und Ergebnisse des österreichischen Lloyd, 8. 8. 1857 Nr. 304, Bremens Handelsbeziehungen zu Oesterreich.

(101) B. H., 5. 9. 1857 Nr. 308, Die Ermäßigung der Eisenbahnfrachtsätze für Triest.

(102) B. H., 25. 7. 1857 Nr. 302, Die Eröffnung der Laibach-Triester Bahn.

(103) F. X. von Neumann-Spallart, *Oesterreichs Maritime Entwicklung und die Hebung von Triest. Eine Volkswirthschaftliche Studie* (Stuttgart, 1882), S. 20ff; Wilhelm Treue, Das österreichisch-mitteldeutsche und das norddeutschestaats- und privatwirtschaftliche Interesse am Bau des Suez-Kanals, in: *Vierteljahrschrift für Sozial- und Wirtschaftsgeschichte*, 57 (1970).

(104) B. H., 20. 8. 1859 Nr. 410, Triest nach dem Friedensschlusse. 神聖ローマ帝国およびドイツ連邦の領土として 500 年にもおよぶ歴史を持つトリエステは、ドイツ人にとっても思い入れの強い都市であった。それゆえ、1848 年革命時にイタリアの艦隊がトリエステに迫った際、フランクフルトの国民議会は宣言を発し、同地攻撃を連邦全体への攻撃とみなす旨を公言した。Sondhaus, *The Habsburg Empire*, pp. 154-155. また、トリエステの商人や自由主義者は、ヴェネツィア、ロンバルディアなど他のイタリア系地域に比べ民族主

義的色彩が弱く、オーストリア帝国領への残留を志向していたといわれている。つまり、言語や自治などの問題や自由港としての地位にはあくまで固執したが、後背地たるオーストリア帝国との経済関係を重視する彼らの現実的な実利思考にこの都市の独自性が見られた。濱口忠大「1848年革命期におけるトリエステの動向　トリエステ人協会を中心に」『関学西洋史論集』24、2001年。

（105）ただし、絶対主義の放棄や官憲による横暴の停止、経済の開放がその前提として必要であり、オーストリア政府の改革努力を促すことも忘れてはいない。B. H., 10. 9. 1859 Nr. 413, Die nationale Bewegung und Oesterreichs deutsche Aufgaben.

（106）1848年革命時の「狭義の大ドイツ主義」と革命後の「大ドイツ主義」の違い、および「大ドイツ主義」の性質や変遷については、以下の論稿が詳しく扱っている。末川「オーストリア政府」。

（107）Häußler, Küstenschutz, S. 341-342. 東アジアにおいても、現地のハンザ商人がこぞってプロイセンの保護下に駆け込んだわけではなかった。彼らがプロイセンの覇権志向を嫌い、オランダの庇護を望む動きを見せていた事実はシュターンケの研究によって明らかになっている。Stahncke, *Die diplomatischen Beziehungen*, S. 167-169, 195-196.

（108）B. H., 15. 8. 1857 Nr. 305, Bremens Handelsbeziehungen zum deutschen Zollverein.

（109）B. H., 26. 3. 1859 Nr. 389, Denkschrift betreffend den Verkehr mit dem neu eröffneten Weltmarkte in China, Japan und Siam, mit Bezug auf Preussen und resp. den deutschen Zollverein, 3. 9. 1859 Nr. 412, Zur Expedition nach China, Japan und Siam.

（110）Presse, 19. 4. 1857 Nr. 89; A. Z., 22. 4. 1857 Nr. 112.

（111）W. Z., 11. 2. 1860 Nr. 38, 12. 2. 1860 Nr. 39, 14. 2. 1860 Nr.40, Festmahl zu Ehren der Rückkehr der k. k. Fregatte „Novara“（I-III 連載）［*MGGW*, 4 (1860), S. 76-87 に再掲］.

（112）W. Z., 12. 2. 1860 Nr. 39, Festmahl zu Ehren der Rückkehr der k. k. Fregatte „Novara“.

（113）Presse, 20. 4. 1857 Nr. 110.

（114）Hanno Beck, Geographie und Reisen im 19. Jahrhundert. Prolegomena zu einer allgemeinen Geschichte der Reisen, in: *Petermanns Geographische Mitteilungen*, 101 (1957), S. 5. 学術的観点から見れば、実績豊富なヴァーグナーの遠征参加は益するところ大と思われていた。それゆえ、彼の不参加をシェルツァーは以下のように嘆いている。「帝国政府は、さまざまな理由からバイエルン国王の要望に応えることに躊躇し、おそらくは、直面する課題をあまりにも一方的に解釈したことにより、そのドイツ人研究者［ヴァーグナー —筆者註］が同行する案は挫折したのであった。ひょっとするとこの人物は、チャールズ・ダーウィンの参加がイギリス艦ビーグル号の世界遠征へもたらしたのと同じくらい多大な学術的成果をノヴァラ号遠征のために残したかもしれないというのに」。Karl von Scherzer, *Moritz Wagner. Ein deutsches Forscherleben* (München, 1888), S. 14.

（115）この時代のオーストリア海軍を論じたハンデル＝マツェッティは、ドイツ系将校の登用やドイツ語の普及が進んでいた事例を引いて、オーストリア海軍のドイツ化志向を読みとっている。しかし、海軍内におけるこうしたドイツ的要素の強化は、前記のとおりヴェネツィア革命（1848-1849年）の衝撃に対する受動的な反応であり、ドイツ統一を見据えた能動的な政策ではなかったことを見落としてはならない。Handel-Mazzetti, Die Auslandsmissionen, S. 103-110.

(116) たとえば、We. Z., 17. 4. 1857 Nr. 4155, 31. 8. 1859 Nr. 4896 Ab.; H. C., 28. 9. 1859 Nr. 231; N. Z., 31. 8. 1859 Nr. 404 Abend; A. Z., 4. 9. 1859 Nr. 247, Aufstellung der von der Novara mitgebrachten Sehenswürdigkeiten, 8. 9. 1859 Nr. 251, Die Kosten der Novara-Expedition, 21. 9. 1859 Nr. 264 Beilage, Dr. Hochstetter in Neuseeland, 24. 9. 1859 Nr. 267 Beilage, Die Expedition der Novara など。

第2章

(1) Carl Scherzer, Die Novara-Expedition und ihre wissenschaftlichen Aussichten, in: *Westermann's Illustrirte Deutsche Monatshefte* (1857), S. 288-289.

(2) Bruno Siemers, Preußische Kolonialpolitik 1861-62, in: *Nippon. Zeitschrift für Japanologie*, 3 (1937); Stoecker, *Deutschland und China*, S. 55; Petter, Deutsche Flottenrüstung, S. 71.

(3) Franz von Pollack-Parnau, *Eine österreichisch-ostindische Handelscompagnie 1775-1785. Ein Beitrag zur österreichischen Wirtschaftsgeschichte unter Maria Theresia und Joseph II.* (Stuttgart, 1927), S. 102-105; Karl Otmar Fr. Aretin, Fürst Kaunitz und die österreichisch-ostindische Handelskompagnie von 1775, in: *Vierteljahrschrift für Sozial- und Wirtschaftsgeschichte*, 46 (1959), S. 366; Gottfried Mraz, Österreich und Übersee in der Neuzeit bis zur Revolution von 1848, in: Amt der Burgenländischen Landesregierung, Abt. XII /1, *Abenteuer Ostafrika. Der Anteil Österreich-Ungarns an der Erforschung Ostafrikas. Ausstellung in Schloss Halbturn 11. Mai bis 28. Oktober 1988* (Eisenstadt, 1988), S. 169-170.

(4) Fenske, Imperialistische Tendenzen, S. 373; Sondhaus, *The Habsburg Empire*, p. 133. ウィーン・トリエステ間の鉄道開通のニュースが、ハプスブルク帝国やドイツ諸邦の対外貿易路開拓に絡めて各紙で大々的に報じられたのもちょうどこの頃であった。Presse, 4. 4. 1857 Nr. 77, 28. 7. 1857 Nr. 170; Neumann-Spallart, *Oesterreichs Maritime Entwicklung*, S. 20ff.

(5) Dieter Winkler/ Georg Pawlik, *Der österreichische Lloyd 1836 bis heute* (Graz, 1989), S. 10-11; Sondhaus, *The Habsburg Empire*, pp. 94-101, 183; 佐々木洋子「オーストリア・ロイド社と『公益性』 19世紀オーストリアにおける海運会社の設立と営業の特質」『歴史評論』660、2005年、同『ハプスブルク帝国の鉄道と汽船 19世紀の鉄道建設と河川・海運航行』刀水書房、2013年、高田茂臣「オーストリア・ロイドの創業と発展」『経営論集』(大東文化大学) 16、2008年。

(6) Johann Pfundner, Die österreichische Handelsschiffahrt im Ausland von 1850-1870, Diss., Uni. Wien (1953), S. 99-105.

(7) L. I. Z., 31. 12. 1859 Nr. 861, Der Weltumsegler Kapitän Visin.

(8) シュタイン意見書の全文は以下の論文に収録。Hans Fenske, Lorenz von Stein und Bernhard von Wüllerstorf. Zwei Weltpolitische Denkschriften aus den Jahren 1857/58, in: *Jahrbuch der Heimatgemeinschaft des Kreises Eckernförde*, 36 (1978), S. 169-173.

(9) Johann Wagner, Österreichische Kolonialversuche in der zweiten Hälfte des neunzehnten Jahrhunderts, Diss., Uni. Wien (1955), S. 7-9; Hans Fenske, Ungeduldige Zuschauer. Die

deutschen und die europäische Expansion 1815-1880, in: Wolfgang Reinhard (Hrsg.), *Imperialistische Kontinuität und nationale Ungeduld im 19. Jahrhundert* (Frankfurt a. M., 1991), S. 112-113; Weiss/ Schilddorfer, *Die Novara*, S. 76-80.

(10) Wagner, Österreichische Kolonialversuche, S. 13; Hans Fenske, Lorenz Stein über Weltpolitik und Kolonien, in: *Der Staat*, 16 (1977), S. 553-556.

(11) マクシミリアン大公のテゲットフに対する指令書の全文は以下の論文に収録。Wagner, Österreichische Kolonialversuche, Anhang 3.

(12) Fenske, Imperialistische Tendenzen, S. 251-252; Mayer/ Winkler, *Als Österreich*, S. 158; Basch-Ritter, *Österreich auf allen Meeren*, S. 56; Gerald Schlag, Koloniale Pläne Österreich-Ungarns in Ostafrika im 19. Jahrhundert, in: Amt der Burgenländischen Landesregierung, Abt. XII/1, *Abenteuer Ostafrika*, S. 176-178.

(13) Wagner, Österreichische Kolonialversuche, S. 12-14.

(14) マクシミリアン大公のヴュラーシュトルフに対する指令書の全文は以下の論文に収録。Ebenda, Anhang 2. 植民地領有を視野に入れた現地調査のため、単一の寄港地としては遠征中最長の滞在期間（3ヶ月）がニコバル諸島のために割り当てられていた。Presse, 9. 4. 1857 Nr. 81.

(15) Wagner, Österreichische Kolonialversuche, S. 18-19.

(16) Pollack-Parnau, *Eine österreichisch-ostindische Handelscompagnie*, S. 17-36.

(17) Ebenda, S. 37-47; Franziska Kasper, Die österreichischen[sic] Kolonie auf den Nikobaren 1778-1783. Eine ethnohistorische Untersuchung des kolonisatorischen Unternehmens Österreichs im Indischen Ozean Ende des 18. Jahrhunderts mit einer Bewertung der Ethnographica aus dem 19. Jahrhundert, 2 Bde., Diss., Uni. Wien (2002), S. 170-196.

(18) Pollack-Parnau, *Eine österreichisch-ostindische Handelscompagnie*, S. 81-105; Franziska Kasper, Kolonialland Österreich. Die Österreichisch-Ostindische Handelskompagnie und William Bolts (1740-1808), in: Irmgard Kirchner/ Gerhard Pfeisinger (Hrsg.), *Welt-Reisende. ÖsterreicherInnen in der Fremde* (Wien, 1996); Walter Markov, Die koloniale Versuchung. Österreichs zweite Ostindienkompanie. Supplementa zu F. von Pollack-Parnau, in: *Österreich im Europa der Aufklärung. Kontinuität und Zäsur in Europa zur Zeit Maria Theresias und Joseph II. Internationales Symposion in Wien 20.-23. Oktober 1980* (Wien, 1985); Aretin, Fürst Kaunitz, S. 366; Kasper, Die österreichischen Kolonie, S. 197-205.

(19) 1756年から1848年の間のデンマークによる断続的なニコバル諸島に対する領有権の主張については、以下を参照。Ebenda, S. 210-212.

(20) 当初の計画では、ノヴァラ号は1857年11月にニコバル諸島に到着し、それから3ヶ月以上の調査活動を行なう予定であったが、実際には航海の遅れから1858年2月末になってようやく現地に到着した。また、帆船であるノヴァラ号は東南アジアのモンスーンの変化を考慮に入れなければならず、事後の航海に支障を来さないようニコバル諸島の調査はわずか1ヶ月で打ち切られた。We. Z., 17. 4. 1857 Nr. 4155; Wagner, Österreichische Kolonialversuche, S. 237; Fenske, Ungeduldige Zuschauer, S. 114-115.

(21) Wagner, Österreichische Kolonialversuche, S. 46-47.

(22) Wolf Middendorff, *Maximilian, Kaiser von Mexiko. Sein Leben und sein Prozeß in historischer*

und Psychologischer Sicht (Köln, 1981), S. 6-7.

(23) Wagner, Österreichische Kolonialversuche, S. 60-61.

(24) なお、「ヴュラーシュトルフ＝ウルバイル」の姓の表記は、文献によって Wüllerstorf と Wüllerstorff の二種類存在する。本書でとり上げるベルンハルト自身、生前に前者で自らの名前を記しているので、ここではそれにならって Wüllerstorf と表記した。また、複合名（Doppelname）ゆえに正確には「ヴュラーシュトルフ＝ウルバイル」と記述すべきであるが、ほとんどすべてのドイツ語文献が Wüllerstorf と略称表記しているので、本書の日本語表記においても煩雑を避けるために「ヴュラーシュトルフ」とのみ記す。Scherzer, Nekrolog; Constant Wurzbach, *Biographisches Lexikon des Kaiserthums Oesterreich*, Teil. 58 (Wien, 1873) [First reprinting New York, 1966], S. 214-221; Wallisch, *Sein Schiff*; Ludwig Walter Regele, Bernhard von Wüllerstorf-Urbair im Sternenheer und Weltenmeer, in: Kraus (Red.), *Der freie weite Horizont*.

(25) Bernhard von Wüllerstorf-Urbair, Project einer Expedition zu handelspolitischen Zwecken nach Siam, China und Japan, in: Ders. (Hrsg. von seiner Witwe), *Vermischte Schriften des k. k. Vice-Admirals Bernhard Freih. v. Wüllerstorf-Urbair* (Graz, 1889), S. 222ff; Bernhard von Wüllerstorf-Urbair, *Mittheilungen über den Handel in den verschiedenen von Sr. Majestät Fregatte „Novara" berührten Ländern der Erde* (Wien, 1861), S. 21ff. ヨーロッパにとってのアジア貿易の計り知れない意義やオーストリアの現地参入の遅れを危惧するヴュラーシュトルフの見解は、1843 年から 1845 年にかけて東インドの実地調査を行なったトリエステ証券取引所調査団の認識とほぼ一致している。このことは、十数年を経てもオーストリアの遅滞状況に変わりがなかった事実を示している。P. Erichsen, *Die Ostindische Mission der Triester Börse. Summarischer Bericht* (Triest, 1846).

(26) Wüllerstorf, *Mittheilungen*, S. 9.

(27) Ebenda, S. 21.

(28) Wüllerstorf, Project, S. 211-212.

(29) Wüllerstorf, *Mittheilungen*, S. 13.

(30) Wüllerstorf, Project, S. 208.

(31) Wüllerstorf, *Mittheilungen*, S. 10.

(32) Ebenda, S. 13-14; Wüllerstorf, Project, S. 209-211.

(33) Ebenda, S. 208, 211.

(34) Ebenda, S. 209.

(35) Ebenda, S. 213-215.

(36) Ebenda, S. 216-217.

(37) Rutherford Alcock, *The Capital of the Tycoon: A Narrative of a Three Year's Residence in Japan*, Vol. 2 (New York, 1863), p. 193［邦訳：オールコック著、山口光朔訳『大君の都　幕末日本滞在記』下巻、岩波文庫、1962 年、95 頁］.

(38) Werner, *Die Preussische Expedition*, S. 470-471.

(39) [Prinz von Preußen Adalbert,] *Denkschrift über die Bildung einer Deutschen Kriegsflotte* (Frankfurt a. M., 1848), S. 21-22.

(40) Cord Eberspächer, *Die deutsche Yangtse-Patrouille. Deutsche Kanonenbootpolitik in China im*

Zeitalter des Imperialismus 1900-1914 (Bochum, 2004); Heiko Herold, *Reichsgewalt bedeutet Seegewalt. Die Kreuzergeschwader der Kaiserlichen Marine als Instrument der deutschen Kolonial- und Weltpolitik 1885-1901* (München, 2013).

(41) Wüllerstorf, *Mittheilungen*, S. 14.

(42) Ebenda.

(43) Wüllerstorf, Project, S. 209.

(44) Ebenda.

(45) Ebenda, S. 209-210.

(46) Wüllerstorf, *Mittheilungen*, S. 15.

(47) アジアにおけるイギリスの海港網は、一般には他の西洋諸国の艦船にも開かれていたが、たとえば米ペリー艦隊の難儀に見られるように、イギリス企業の態度によっては石炭の確保が困難を極めることもあった。ピーター・ブース・ワイリー著、興梠一郎訳『黒船が見た幕末日本　徳川慶喜とペリーの時代』TBS ブリタニカ、1998 年、119-121 頁。

(48) Fenske, Ungeduldige Zuschauer, S. 115.

(49) Wüllerstorf, *Mittheilungen*, S. 25-28. 同時に、1848 年革命以降特に重要となっていた「政治犯」の扱いをめぐる問題も、この海外流刑地論の根底に潜んでいたと見ることができる。

(50) Dienstl, Die außereuropäischen Fahrten, S. 64; Hans Fenske, Imperialistische Ansätze in Österreich im 19. Jh., in: Ders./ Wolfgang Reinhard/ Ernst Schulin (Hrsg.), *Historia Integra. Festschrift für Erich Hassinger zum 70. Geburtstag* (Berlin, 1977), S. 258.

(51) Wüllerstorf, *Mittheilungen*, S. 25.

(52) Ebenda. ドイツ語の Niederlassungen は幅広い語義を持っており、営業所、支店、商館といった商業施設の他、居住地、居留地、コロニーをも意味する。

(53) 横井勝彦『アジアの海の大英帝国　19 世紀海洋支配の構図』講談社学術文庫、2004 年、「第 4 章　海洋支配の構造」を参照。

(54) Dienstl, Die außereuropäischen Fahrten, S. 64-65; Fenske, Ungeduldige Zuschauer, S. 114-115.

(55) Wüllerstorf, *Mittheilungen*, S. 10.

(56) Wüllerstorf, Project, S. 218.

(57) Leonard Woolf, *Economic Imperialism* (London, 1921).

(58) こうした傾向は、政権中枢の一部に限定されるものではなく在野の商業界にも見られた。たとえば、1860 年代前半に東アジア進出構想を描いたトリエステ商業界（レヴォルテッラ委員会）の以下の報告書と意見書を参照。Revoltella-Comité, *Berichte über Oesterreich's ungünstige Stellung im Welthandel und die Mittel der Abhilfe* (Triest, 1865); Pasquale Revoltella, *Oesterreich's Betheiligung am Welthandel* (Triest, 1863).

第3章

(1) Otto Quelle, Deutsch-Österreichs See- und Kolonialpolitik. Ein Geschichtlicher Rückblick, in:

Egmont Zechlin (Hrsg.), *Völker und Meere. Aufsätze und Vorträge* (Leipzig, 1944); Wagner, Österreichische Kolonialversuche, S. 101-148, 164-198, 206-246; S. Józsa, Der Bemühungen der österreichisch-ungarischen Monarchie um die Erwerbung eines Settlements in China, in: *Acta orientalia Academiae Scientiarum Hungaricae*, 15 (1962); Friedrich Trupp, Oesterreichische Kolonien. Kolonialversuche Oesterreichs im 18. Jahrhundert, in: *Jahresbericht der Hauptschule Lenzing*, 28 (1977); Fritz Klein, Weltpolitische Ambitionen Österreich-Ungarns vor 1914, in: *Jahrbuch für Geschichte*, 29 (1984), S. 265-275; Schlag, Koloniale Pläne, S. 171-173, 181-184; Walter Sauer, Schwarz-Gelb in Afrika. Habsburgermonarchie und koloniale Frage, in: Ders. (Hrsg.), *k. u. k. kolonial. Habsburgermonarchie und europäische Herrschaft in Afrika* (Wien/ Köln/ Weimar, 2002), S. 32-44; Michael H. Zach, Ignaz Pallme. Ein unbekannter Kolonialentwurf für Nordostafrika aus dem Jahr 1851, in: Sauer (Hrsg.), *k. u. k. kolonial.*

(2) Osterhammel, *Kolonialismus*, S. 20-21［邦訳、35-36 頁］.

(3)「帝国主義」や「植民地主義」の概念整理の研究史として、オースタハメル前掲書の他に以下の著作が詳しい。Werner Martin, *Deutsche Kolonialpolitik unter Bismarck. Das Für und Wider eines staatlich-formellen Kolonialismus* (München, 2006), S. 13-28.

(4)「植民地なき植民地主義」という概念は、第一次世界大戦の敗戦によって海外植民地を喪失したドイツで、その後も経済的、あるいは国家政策において植民地主義が継続していたことを説明するためにペックや北村らによって用いられた。近年では、グリュンダーも植民地喪失以後のドイツの対外的な試みを「植民地なき植民地主義」と表現するが、この概念の明確な説明はなされていない。これらとは別に、現代世界の様相に「植民地なき植民地主義」の語を当て、その今日的意義を論じたものとして西川などの論稿がある。本書は対象とする時代や問題関心の立て方において上記の各論者とは視点が異なるが、植民地と植民地主義が一体のものではなく、植民地主義が必ずしも植民地という実体を前提としないという意味を込めてこの語句を用いる。Joachim Peck, *Kolonialismus ohne Kolonien. Der deutsche Imperialismus und China 1937* (Berlin, 1961); Horst Gründer (Hrsg.), *»...da und dort ein junges Deutschland gründen« Rassismus, Kolonien und kolonialer Gedanke vom 16. bis zum 20. Jahrhundert* (München, 1999), S. 298; 北村次一『植民地主義と経済発展』啓文社、1970 年、第 3 章、西川長夫『＜新＞植民地主義論　グローバル化時代の植民地主義を問う』平凡社、2006 年、同、高橋秀寿編『グローバリゼーションと植民地主義』人文書院、2009 年。

(5) 大陸的な傾向の強い帝国における他者観、および、非西洋世界との関わり方を捉える際、海軍の世界遠征が一つの有効な視座となり得ることは、以下の研究が示す通りである。Ilya Vinkovetsky, Circumnavigation, Empire, Modernity, Race: The Impact of Round-the-World Voyages on Russia's Imperial Consciousness, in: *Ab Imperio*, 1-2/2001 (2001).

(6) アウスグライヒ（1867 年）以降の時代になると、外交や軍事（建艦計画）においてハンガリー側の意向が無視できなくなり、植民地獲得政策においては彼らの抵抗に直面するようになる。Evelyn Kolm, *Die Ambitionen Österreich-Ungarns im Zeitalter des Hochimperialismus* (Frankfurt a. M., 2001), S. 262-266.

(7) オーストリアの帝国主義の問題をめぐっては、第一次世界大戦前の同国の工業化や金融資本の動向とバルカン半島・小アジア（アナトリア）への膨張傾向を関連づ

けた重要な研究成果が経済史や外交史の領域でもたらされている。Jurij Křížek, *Die Wirtschaftlichen Grundzüge des österreichisch-ungarischen Imperialismus in der Vorkriegszeit (1900-1914)* (Praha, 1963); Ders., Beitrag zur Geschichte der Entstehung und des Einflusses des Finanzkapitals in der Habsburger Monarchie in den Jahren 1900-1914, in: *Die Frage des Finanzkapitals in der Österreichisch-Ungarischen Monarchie 1900-1918. Mitteilungen auf der Konferenz der Geschichtswissenschaftler. Budapest, 4.-9. Mai 1964* (Bukarest, 1965); Deutsche Historiker-Gesellschaft [unter Leitung von Fritz Klein], *Österreich-Ungarn in der Weltpolitik 1900 bis 1918* (Berlin, 1965); F. R. Bridge, Tarde venientibus ossa: Austro-Hungarian Colonial Aspirations in Asia Minor 1913-14, in: *Middle Eastern Studies*, 6-3 (1970); Arnold Suppan, Zur Frage eines österreichisch-ungarischen Imperialismus in Südosteuropa. Regierungspolitik und öffentliche Meinung um die Annexion Bosniens und der Herzegowina, in: Adam Wandruszka/ Richard G. Plaschka (Hrsg.), *Die Donaumonarchie und die Südslawische Frage von 1848 bis 1918* (Wien, 1978); Michael Behnen, Deutscher und österreichischer informeller Imperialismus auf dem Balkan, in: Helmut Rumpler/ Jan Paul Niederkorn (Hrsg.), *Der „Zweibund" 1879. Das deutsch-österreichisch-ungarische Bündnis und die europäische Diplomatie. Historikergespräch Österreich-Bundesrepublik Deutschland 1994* (Wien, 1996); 馬場優『オーストリア＝ハンガリーとバルカン戦争　第一次世界大戦への道』法政大学出版局、2006年。

（8）Johannes Feichtinger/ Ursula Prutsch/ Moritz Csáky (Hrsg.), *Habsburg postcolonial. Machtstrukturen und kollektives Gedächtnis* (Innsbruck/ Wien/ München/ Bozen, 2003). それ以前の研究としては、マイケル・ヘクターの「内部（国内）植民地主義」論を土台に、このモデルをハプスブルク帝国内のハンガリーとトランシルヴァニアに援用した以下のような論稿もある。Katherine Verdery, Internal Colonialism in Austria-Hungary, in: *Ethnic and Racial Studies*, 2-3 (1979).

（9）対外膨張の代表的事例とされるボスニア・ヘルツェゴヴィナ進出（1908年併合）に関しては、これを植民地主義という文脈から説明できるかどうか異論も唱えられていた。しかし近年、さまざまな研究視角の登場によってその膨張過程や支配を植民地主義（ポストコロニアル）の問題として捉え直す動きが広がっている。Robert A. Kann, Trends toward Colonialism in the Habsburg Empire, 1878-1918: The Case of Bosnia-Hercegovina, 1878-1914, in: Don Karl Rowney/ G. Edward Orchard (eds.), *Russian and Slavic History* (Columbus, Ohio, 1977); Robin Okey, *Taming Balkan Nationalism: The Habsburg 'Civilizing Mission' in Bosnia, 1878-1914* (New York, 2007); Clemens Ruthner/ Diana Reynolds Cordileone/ Ursula Reber/ Raymond Detrez (eds.), *WechselWirkungen: Austria-Hungary, Bosnia-Herzegovina, and the Western Balkans, 1878-1918* (New York [u.a.], 2015).

（10）Wolfgang Müller-Funk/ Peter Plener/ Clemens Ruthner (Hrsg.), *Kakanien revisited. Das Eigene und das Fremde (in) der österreichisch-ungarischen Monarchie* (Tübingen/ Basel, 2002); Endre Hárs/ Wolfgang Müller-Funk/ Ursula Reber/ Clemens Ruthner (Hrsg.), *Zentren, Peripherien und kollektive Identitäten in Österreich-Ungarn* (Tübingen/ Basel, 2006).

（11）Alexander Honold, Kakanien kolonial. Auf der Suche nach Welt-Österreich, in: Müller-Funk/ Plener/ Ruthner (Hrsg.), *Kakanien revisited.*

（12）Walter Sauer, Afrikaklischees in der österreichischen Kunst im Zeitalter des Imperialismus, in:

Ders. (Hrsg.), *Vom Paradies zum Krisenkontinent. Afrika, Österreich und Europa in der Neuzeit* (Wien, 2010); Sabine Grabner, Vom exotischen Motiv zur Orientmode. Der Rezeption des Fremden in der österreichischen Malerei des 19. Jahrhunderts, in: Sauer (Hrsg.), *Vom Paradies zum Krisenkontinent.*

(13) Werner Michael Schwarz, *Anthropologische Spektakel. Zur Schaustellung »exotischer« Menschen, Wien 1870-1910* (Wien, 2001); Georg Sauer, Der Aufenthalt zweier Maoris aus Neuseeland in Wien in den Jahren 1859-1860. Eine ethnohistorische Darstellung, Diss., Uni. Wien (2002).

(14) Kasper, Die österreichischen Kolonie. 公刊された旅行記等を活用して、当時のオーストリア人のアジア観の一端を浮かび上がらせたカスパーの研究は、従来の政策史の枠組みを越えて「植民地主義」へと議論が展開される可能性を秘めていた。しかしながら、ニコバル諸島の民族誌を作り上げるためにノヴァラ号遠征隊の公式『遠征記』を引用したカスパーは、そこに潜む植民地主義的な言説を問題としていない。

(15) Gerd Kaminski, *Der Boxeraufstand, entlarvter Mythos. Mit Beiträgen österreichischer Augenzeugen* (Wien, 2000); Georg Lehner/ Monika Lehner, *Österreich-Ungarn und der „Boxeraufstand" in China* (Wien, 2002).

(16) Sarah Lemmen, Globale Selbst- und Fremdverortungen auf Reisen. Tschechische Positionierungsstrategien vor und nach 1918, in: *Comparativ. Zeitschrift für Globalgeschichte und vergleichende Gesellschaftsforschung*, 20-1/2 (2010).

(17) Sauer (Hrsg.), *k. u. k. kolonial.*

(18) Araba Evelyn Johnston-Arthur, Schwarze Erfahrungen der jungen afrikanischen Diaspora in Österreich, in: Karl A. Kumpfmüller (Hrsg.), *Europas langer Schatten. Afrikanische Identitäten zwischen Selbst- und Fremdbestimmung* (Frankfurt a. M., 2000); Walter Sauer (Hrsg.), *Von Soliman zu Omofuma. Afrikanische Diaspora in Österreich 17. bis 20. Jahrhundert* (Innsbruck/ Wien/ Bozen, 2007).

(19) Vida Bakondy/ Renée Winter, *„Nicht alle Weißen schießen." Afrika-Repräsentationen im Österreich der 1950er Jahre im Kontext von (Post-) Kolonialismus und (Post-) Nationalsozialismus* (Innsbruck/ Wien/ Bozen, 2007).

(20) Karl von Scherzer (Bearb.), *Reise der österreichischen Fregatte Novara um die Erde, in den Jahren 1857, 1858, 1859, unter den Befehlen des Commodore B. von Wüllerstorf-Urbair.* Beschreibender Theil, Volksausgabe, 2 Bde. (Wien, 1864-1866); Johann Spitzka, *Übersichtliche Darstellung der unter dem Titel : „Reise der österreichischen Fregatte Novara um die Erde in den Jahren 1857, 1858, 1859 unter den Befehlen des Commodore B. von Wüllerstorf-Urbair"* erschienenen Publicationen (Wien, 1877), S. VI. 同著には英訳版と伊訳版もあり、ノヴァラ号の遠征記録はドイツ語圏を越えて広く流通していた。Karl von Scherzer, *Narrative of the Circumnavigation of the Globe by the Austrian Frigate Novara: Undertaken by Order of the Imperial Government, in the Years 1857, 1858, and 1859 etc.*, 3 vol. (London, 1861-1863); Carl von Scherzer, *Viaggio Intorno al globo della fregatta Austriaca Novara, negli anni 1857, 1858, 1859 sotto al commando del commodore B. de Wüllerstorf-Urbair*, 3 vol. (Vienna, 1862-1865).

(21) Andreas W. Daum, *Wissenschaftspopularisierung im 19. Jahrhundert. Bürgerliche Kultur,*

naturwissenschaftliche Bildung und die deutsche Öffentlichkeit 1848-1914 (München, 1998), S. 265-279.

(22) Komitee zur Errichtung eines Dr. Karl Ritter von Scherzer-Denkmales in Wien, *Dr. Karl Ritter von Scherzer. Eine Biographische Skizze* (Wien, 1907); J. Dörflinger, Scherzer Karl von, in: Österreichischen Akademie der Wissenschaften, *Österreichisches Biographisches Lexikon 1815-1950*, Bd. 10 (Wien, 1994); Oppolzer, Karl Scherzer; Hanne Egghardt, *Österreicher entdecken die Welt. Forscher, Abenteurer, Idealisten* (Wien, 2000), S. 214-231.

(23) Ferdinand von Hochstetter, *Ferdinand v. Hochstetter's Gesammelte Reise-Berichte von der Erdumsegelung der Fregatte „Novara" 1857-1859* (Wien, 1885). ホッホシュテッターについては以下の文献を参照。Julius von Haast, In Memoriam: Ferdinand Ritter von Hochstetter, in: *The New Zealand Journal of Science*, 2 (1884); Christa Riedl-Dorn, Ferdinand von Hochstetter (1829-1884). Dem Reich der Natur und seiner Erforschung, in: Daniela Claudia Angetter (Hrsg.), *Glücklich, wer den Grund der Dinge zu erkennen vermag. Österreichische Mediziner, Naturwissenschaftler und Techniker im 19. und 20. Jahrhundert* (Frankfurt a. M./ Berlin/ Bern/ Wien u. a., 2003).

(24) Hochstetter, *Reise-Berichte*, S. 139-140.

(25) Scherzer, *Reise*, Bd. 1, S. 363-367, 371, 377, 441; Hochstetter, *Reise-Berichte*, S. 140-141, 144, 150, 153, 159-162, 165; A. Z., 3. 8. 1858 Nr. 215, Die Nikobaren und Singapur. ニコバル島民の外来者に対する警戒心の強さ、とりわけ入植の試みへの抵抗は当時ヨーロッパ人の間でもよく知られていた。H. Busch, *H. Busch's Journal of a Cruise amongst the Nicobar Islands* (Calcutta, 1845), p. 15, 22, 43; Anonymous, Sketches at the Nicobars, in: *The Journal of the Indian Archipelago and Eastern Asia*, 3 (1849), pp. 261-262.

(26) Scherzer, *Reise*, Bd. 1, S. 362; Hochstetter, *Reise-Berichte*, S. 155, 173; L. I. Z., 5. 2. 1859 Nr. 814, Die Weltfahrt der Novara.

(27) Scherzer, *Reise*, Bd. 1, S. 362; Hochstetter, *Reise-Berichte*, S. 148; Joseph Selleny, Das Novara Tagebuch des Joseph Selleny, in: Kraus (Red.), *Der freie weite Horizont*, S. 194.『遠征記』では島民の発言を以下のように掲載。"Danish bad people, wanted to take our island! Suppose, I could come to your island and take it! Not good, no good people." Scherzer, *Reise*, Bd. 1, S. 367.

(28) Hochstetter, *Reise-Berichte*, S. 141, 153.

(29) Scherzer, *Reise*, Bd. 1, S. 371; Hochstetter, *Reise-Berichte*, S. 155-157.

(30) Scherzer, *Reise*, Bd. 1, S. 371; Hochstetter, *Reise-Berichte*, S. 150.

(31) Karl-Heinz Kohl, *Entzauberter Blick. Das Bild vom Guten Wilden und die Erfahrung der Zivilisation*, 1. Aufl. (Frankfurt a. M., 1986).

(32) Scherzer, *Reise*, Bd. 1, S. 440.

(33) Ebenda, S. 435, 441; Michael Adas, *Machines as the Measure of Men: Science, Technology, and Ideologies of Western Dominance* (Ithaca, NY/ London, 1989), pp. 241-258.

(34) Scherzer, *Reise*, Bd. 1, S. 435, 441.

(35) A. Z., 3. 8. 1858 Nr. 215, Die Nikobaren und Singapur.

(36) Scherzer, *Reise*, Bd. 1, S. 440.

(37) 自然環境が人間や社会の性質を決定づけるというこの論理は、たとえば、「温暖で肥沃

な土地＝臆病、怠惰」、「寒冷で不毛の土地＝勇敢、活性」という簡素化された図式で提示され、北方で暮らす西洋白人種の精神的優越を説明するうえで都合よく利用された。確かに、19 世紀中葉に至る人類の起源をめぐる論争（単起源説と多起源説）のなかでこの環境の作用に関する考え方には異議も唱えられるが、やがて進化論が普及していくなかで反論は下火となる。David N. Livingstone, The Moral Discourse of Climate: Historical Considerations on Race, Place and Virtue, in: *Journal of Historical Geography*, 17-4 (1991); Id., *The Geographical Tradition: Episodes in the History of a Contested Enterprise* (Oxford, 1992), Ch. 7; Id., Climate's Moral Economy: Science, Race and Place in Post-Darwinian British and American Geography, in: Anne Godlewska/ Neil Smith (eds.), *Geography and Empire* (Oxford, 1994); David Arnold, *The Problem of Nature: Environment, Culture and European Expansion* (Oxford, 1996); John P. Jackson Jr./ Nadine M. Weidman, *Race, Racism, and Science: Social Impact and Interaction* (New Brunswick, 2006), pp. 9-10, Ch. 2; モンテスキュー著、野田良之他訳『法の精神』中巻、岩波文庫、1989 年、第 14-18 編、ビュフォン著、菅谷暁訳『自然の諸時期』法政大学出版局、1994 年、398-399 頁。

（38） Georg Wilhelm Friedrich Hegel, *Werke in zwanzig Bänden, 10. Enzyklopädie der philosophischen Wissenschaften III* [Auf der Grundlage der Werke von 1832-1845 neu edierte Ausg. Red.: Eva Moldenhauer und Karl Markus Michel] (Frankfurt a. M., 1970), S. 56-63［邦訳：G・W・F・ヘーゲル著、長谷川宏訳『精神哲学　哲学の集大成・要綱第三部』作品社、2006 年、65-72 頁］.

（39） Ebenda, S. 53［同書、61 頁］.

（40） Scherzer, *Reise*, Bd. 1, S. 440.

（41） Ebenda, S. 437.

（42） Herbert Spencer, *The Principles of Sociology*, Vol. 1 [Reprint of the Edition 1904] (Osnabrück, 1966), pp. 89-90.

（43） Rudyard Kipling, The White Man's Burden, in: *McClure's Magazine*, 12-4 (1899).

（44） なお、『遠征記』と『旅行記』全体を読み通してみると、そこで用いられる「文明」（英語版 civilization、独語版 Civilisation）という概念には、明確な意味づけがなされておらず、商工業、芸術、科学、キリスト教、外装、態度など、物質・精神両側面を含む西洋の普遍的な価値意識がそこには込められており、「文明」（＝英仏）と「文化」（＝ドイツ）といった対抗的な図式は見られない。Karl Scherzer, *Narrative of the Circumnavigation*, Vol. 2, pp. 121-123; Scherzer, *Reise*, Bd. 1, S. 441; Hochstetter, *Reise-Berichte*, S. 158-159.

（45） Norbert Elias, *Über den Prozeß der Zivilisation. Soziogenetische und psychogenetische Untersuchungen*, 2 Bde., 2. um eine Einleitung verm. Aufl. (Bern/ München, 1969)［邦訳：ノルベルト・エリアス著、赤井慧爾、中村元保、吉田正勝訳『文明化の過程』上・下巻、法政大学出版局、1977-1978 年］; Brett Bowden, *The Empire of Civilization: The Evolution of an Imperial Idea* (Chicago/ London, 2009).「文明」や「文明化の使命」は、英仏を対象とした植民地史研究で頻繁に登場する重要概念であり、我が国でも以下のような優れた著作がある。杉本淑彦『文明の帝国　ジュール・ヴェルヌとフランス帝国主義文化』山川出版社、1995 年、東田雅博『大英帝国のアジアイメージ』ミネルヴァ書房、1996 年、平野

千果子『フランス植民地主義の歴史　奴隷制廃止から植民地帝国の崩壊まで』人文書院、2002 年、工藤庸子『ヨーロッパ文明批判序説　植民地・共和国・オリエンタリズム』東京大学出版会、2003 年。

（46）Wolfgang M. Schröder, Mission impossible? Begriff, Modelle und Begründungen der „civilizing mission“ aus philosophischer Sicht, in: Boris Barth/ Jürgen Osterhammel (Hrsg.), *Zivilisierungsmissionen. Imperiale Weltverbesserung seit dem 18. Jahrhundert* (Konstanz, 2005), S. 17-19.

（47）Scherzer, *Reise*, Bd. 1, S. 370-371; Hochstetter, *Reise-Berichte*, S. 149; Selleny, Das Novara Tagebuch, S. 200-201.

（48）Scherzer, *Narrative*, Vol. 1, p. X (Preface to the English Edition).

（49）Scherzer, *Reise*, Bd. 1, S. 447.

（50）J. M. Chopard, A Few Particulars Respecting the Nicobar Islands, in: *The Journal of the Indian Archipelago and Eastern Asia*, 3 (1849), pp. 272-274; Pollack-Parnau, *Eine österreichisch-ostindische Handelscompagnie*, S. 45-47, 82-84; Stephan Diller, *Die Dänen in Indien, Südostasien und China, 1620-1845* (Wiesbaden, 1999), S. 240-241; Kasper, Die österreichischen Kolonie, S. 97-107, 188-198, 202, 205, 210-214, 248-249.

（51）W. Z., 30. 5. 1857 Nr. 123, Kaiserliche Akademie der Wissenschaften Sitzung der mathematisch-naturwissenschaftlichen Klasse am 14. Mai 1857.

（52）Scherzer, *Reise*, Bd. 1, S. 411-413; Hochstetter, *Reise-Berichte*, S. 144.

（53）具体的には、飲食物、水浴、居住場所などの問題が挙げられ、とりわけ、有害な露にさらされる危険性のある野外での就寝は戒められた。Scherzer, *Reise*, Bd. 1, S. 389, 415-417; Hochstetter, *Reise-Berichte*, S. 140-141. なお、すでに 80 年前の前記東インド遠征隊（ヨーゼフ＆テレジア号）の船医は、その実地体験に基づいてニコバル諸島の風土が劣悪であるという風評を否定し、滞在者の注意事項を手記に記していた。シェルツァーもこの著作に目を通していたものと思われる。Nikolaus Fontana, *Tagebuch der Reise des kais. kön. Schiffes Joseph und Theresia nach den neuen österreichischen Pflanzorten in Asia und Afrika* (Dessau/ Leipzig, 1782), S. 17-19.

（54）Scherzer, *Reise*, Bd. 1, S. 438.

（55）Ebenda, S. 438-439. その根拠として、滞在 32 日間の間に、遠征隊員およそ 350 人中熱病を発症したものはわずか 6 名で、いずれも軽度であった成果を誇っている。Ebenda, S. 417.

（56）飯島渉、脇村孝平「近代アジアにおける帝国主義と医療・公衆衛生」見市雅俊他編『疾病・開発・帝国医療　アジアにおける病気と医療の歴史学』東京大学出版会、2001 年。西洋では、医学や科学技術の達成度に対する認識が非西洋世界のあり様を判断する際の基準となり、「文明化の使命」を正当化づける原動力となった。Adas, *Machines as the Measure of Men*, pp. 199ff. こうした医学と植民地主義をめぐる問題については、近年刊行された以下の体系的な学術書を参照。特に「文明化の使命」との関係に関しては第 7 章－第 9 章に詳しい。Pratik Chakrabarti, *Medicine and Empire 1600-1960* (Basingstoke/ New York, 2014).

（57）Eduard Schwarz, *Reise der österreichischen Fregatte Novara um die Erde in den Jahren*

1857, 1858, 1859, Medizinischer Teil (Wien, 1861); Wolfgang U. Eckart, *Medizin und Kolonialimperialismus. Deutschland 1884-1945* (Paderborn/ München/ Wien/ Zürich, 1997).

(58) Scherzer, *Reise*, Bd. 1, S. 413-414.

(59) Ebenda, S. 414.

(60) Hochstetter, *Reise-Berichte*, S. 170.

(61) Scherzer, *Reise*, Bd. 1, S. 375-376, 414-415.

(62) Ebenda, S. 418.

(63) Michael Mann, Empirische Eilande. Inseln als Laboratorien der europäischen Expansion, in: *Jahrbuch für Europäische Überseegeschichte*, 5 (2005).

(64) Presse, 9. 4. 1857 Nr. 81, Geographische Gesellschaft; Scherzer, Die Novara-Expedition und ihre wissenschaftlichen Aussichten, S. 288-289. 土地の開墾は人間に課せられた義務であるという前提のもと、それを履行しない「怠惰な未開人」に対して主権者としての妥当性を問い、ヨーロッパ人による土地の占有や耕作の正当性を見出す論法は、新大陸「発見」以来、ジョン・ロックなど西洋の思想家の間で影響力を持っていた。Bowden, *The Empire of Civilization*, pp. 142-144.

(65) Scherzer, *Reise*, Bd. 1, S. 445-447.

(66) Ebenda, S. 446-447.

(67) Arnold, *The Problem of Nature*, Ch. 9.

(68) Richard Schroft, *Die österr.-ungar. überseeische Culturarbeit und Auswanderung* (Wien, 1894). このように、経済的・社会的側面から植民地獲得の意義を唱えつつ、文化的使命(Cultur-Mission、Cultur-Aufgabe) に訴えかけることによって正当性を補強する論法は、ドイツ帝国の植民地プロパガンディストの間でも用いられた。Friedrich Fabri, *Bedarf Deutschland der Colonien?* (Gotha, 1879), S. 105-108.

(69) 以下でとり上げる『ライプツィヒ絵入り新聞』に収録されたニコバル滞在記(執筆者名は明記なし)は、次の各号に連載された。L. I. Z., 14. 8. 1858 Nr. 789, 29. 1. 1859 Nr. 813, 5. 2. 1859 Nr. 814, 12. 2. 1859 Nr. 815, 19. 2. 1859 Nr. 816, 26. 2. 1859 Nr. 817(各回の旅行記表題:Die Weltfahrt der Novara).

(70) 多木浩二『ヨーロッパ人の描いた世界　コロンブスからクックまで』岩波書店、1991年。

(71) 岡倉登志『「野蛮」の発見　西欧近代のみたアフリカ』講談社現代新書、1990年。

(72) A. Z., 24. 9. 1859 Nr. 267, Die Expedition der Novara; Scherzer, Nekrolog, S. XIII.

(73) Scherzer, *Reise*, Bd. 1, S. 405.

(74) W. Z., 12. 2. 1857 Nr. 34, k. k. geographische Gesellschaft. Sitzung am 3. Februar 1857, 27. 2. 1857 Nr. 47, k. k. geographische Gesellschaft. Sitzung am 17. Februar 1857, 14. 3. 1857 Nr. 60, k. k. geographische Gesellschaft. Sitzung am 3. März 1857; Pauline Nostitz, *Johann Helfer's Reisen in Vorderasien und Indien. Zwei Theile*, Repr. Th. 2 (Berlin, 2004 [org. 1873-1877]), S. 254-262.

(75) John Gottfried Haensel, *Letters on the Nicobar Islands: Their Natural Productions, and the Manners, Customs, and Superstitions of the Natives* (London, 1812).

(76) Scherzer, *Reise*, Bd. 1, S. 198, 387.

(77) Bille, *Steen Bille's Bericht*; Jan Jankowski, *Die Nikobaren als Objekt kolonialer Bestrebungen*,

Studienarbeit (Norderstedt, 2011).

(78) Haensel, *Letters on the Nicobar Islands*, pp. 45-48.

(79) Ibid., pp. 48-59, 61-65.

(80) Ibid., p. 65.

(81) Karl Scherzer, Die Eingebornen der Nikobaren. Ein Beitrag zur Kenntniss der Bewohner dieser Inselgruppe, in: *MGGW*, 2 (1858), S. 270-276.

(82) Bille, *Steen Bille's Bericht*, Bd. 1, S. 184-187, 189-190, 192-193, 196-197, 219, 271-273. ニコバル島民を解釈する際のこうしたステレオタイプは、ジャラスィア号同行学者リンクの独語旅行記においても繰り返し見られる。Hinrich Rink, *Die Nikobarischen Inseln. Eine geographische Skizze, mit specieller Berücksichtigung der Geognosie* (Kopenhagen, 1847), S. 4, 17-19, 148, 164, 167-168, 176-178, 180, 182-183, 185.

(83) Bille, *Steen Bille's Bericht*, Bd. 1, S. 287.

(84) Ebenda, S. 288. ジャラスィア号は、デンマークによるニコバル諸島の再植民地化と実効支配への準備作業を公式目標として掲げていたため、植民地化を展望する議論は『遠征記』以上に緻密であり、その見通しについてかなり肯定的な評価を下している。Ebenda, S. 210-212, 221-224, 237-238, 244-247.

(85) Scherzer, *Reise*, Bd. 1, S. 362.

(86) Notizen. Die Österreichische Novara-Expedition, von Ceylon bis Schanghai, 8. Januar bis 9. August 1858, in: *Dr. A. Petermann's Mittheilungen aus Justus Perthes' Geographischer Anstalt*, 3 (1858), S. 479.

(87) Franz Maurer, *Die Nikobaren. Colonial-Geschichte und Beschreibung nebst motivirtem Vorschlage zur Colonisation dieser Inseln durch Preussen* (Berlin, 1867).

(88) Georg Ritter von Frauenfeld, *Nicobariana. Beleuchtung der in der k. k. zoologisch-botanischen Gesellschaft zu Wien an Werken norddeutscher Autoren geübten Kritik, als Beantwortung des vom Dr. Georg Ritter von Frauenfeld gegen Franz Maurer gerichteten Angriffes in Sachen seiner und der Ritter Karl von Scherzer'schen Arbeit über die Nicobaren* (Berlin, 1868).

(89) Ernst Friedel, *Die Gründung preußisch-deutscher Colonien im Indischen und Großen Ozean mit besonderer Rücksicht auf das östliche Asien. Eine Studie im Gebiete der Handels- und Wirtschaftspolitik* (Berlin, 1867), S. VI.

(90) Ebenda, S. 68.

(91) Maurer, *Die Nikobaren*, S. II.

(92) Ebenda, S. 295.

(93) Ebenda, S. 277-288.

(94) ニコバル入植の留意点として、マウラーは具体的にキニーネの定期的服用、水浴施設の整備、服装の調整と清潔維持、食器の衛生管理、入念な清掃、飲食物への注意、過重労働の回避、家屋の造りを挙げている。Ebenda, S. VI, 289-296.

(95) Ebenda, S. 78.

(96) Ebenda, S. 307. もっとも、マウラーは入植直後のインフラ整備において、アジア人労働者 300 人の雇用を見込んでいた。Ebenda, S. 320.

(97) Friedel, *Die Gründung preußisch-deutscher Colonien*, S. 70.

（98）Maurer, *Die Nikobaren*, S. 308.

（99）Friedel, *Die Gründung preußisch-deutscher Colonien*, S. 54.

（100）Ebenda, S. 55-57.

（101）Ebenda, S. 57.

（102）Ebenda, S. 77.

（103）Ebenda, S. 75.

（104）Ebenda, S. 66.

（105）Ebenda, S. 73.

（106）Ebenda.

（107）Gregory Weeks, Die Rolle der „Ostmark" in der deutschen Kolonialpolitik 1918-1945, Diss., Uni. Graz (2002).

（108）Maurer, *Die Nikobaren*, S. Ⅳ .

（109）Friedel, *Die Gründung preußisch-deutscher Colonien*, S. 195-203.

（110）Maurer, *Die Nikobaren*, S. 319-320.

（111）拙稿「19 世紀末ドイツ帝国の膠州湾獲得」。

（112）Simron Jit Singh, *In the Sea of Influence: A World System Perspective of the Nicobar Islands* (Lund, 2003), Ch. 7. ノヴァラ号『遠征記』は、アンダマン諸島やフィジー諸島、ニューカレドニアなどの「無主（herrenlos）」の島々を英仏が目立たぬように次々と手中に収めていく状況に触れ、とり返しのつかない悲劇的な運命が「ドイツ」にもたらされることをシラーの詩を引用しながら警告していた。Scherzer, *Reise*, Bd. 2, S. 289-290.

（113）Dr. Svoboda, Ein kurzer Besuch auf den Nicobaren. Von der Reise S. M. Corvette Aurora nach Ostasien, in: *MGGW*, 31 (1888), S. 285.

（114）Karl von Scherzer, *Wirthschaftliche Thatsachen zum Nachdenken* (Leipzig, 1881), S. 78-79.

（115）Hermann Mückler, Utopias and Visions: Austria's Unsuccessful Attempts at Overseas Colonisation in the Eighteenth and Nineteenth Centuries, and the Role of the Novara Expedition, in: Braund (ed.), *Ferdinand Hochstetter and the Contribution*, p. 134.

（116）Florian Krobb, 'The starting point for the civilization of the Dark Continent': Austrians in the Sudan: Ernst Marno and Rudolf Slatin as Agents of African Conquest, in: *Austrian Studies*, 20 (2012).

（117）Gabriele Dürbeck, *Stereotype Paradiese. Ozeanismus in der deutschen Südseeliteratur 1815-1914* (Tübingen, 2007). オセアニアに対する西洋の言説をオリエンタリズムの観点からとり上げたものとして、たとえば以下の文献を参照。春日直樹編『オセアニア・オリエンタリズム』世界思想社、1999 年、山中速人『ヨーロッパからみた太平洋』山川出版社、2004 年。

（118）L. I. Z., 21. 1. 1860 Nr. 864, Die Weltfahrt der Novara, 28. 1. 1860 Nr. 865, Die Weltfahrt der Novara.

（119）Scherzer, *Reise*, Bd. 2, S. 197.

（120）Versammlung am 20. März 1860, in: *MGGW*, 4 (1860), S. 96-97.

（121）Scherzer, *Reise*, Bd. 2, S. 182.

（122）Ebenda, S. 180-182, 185, 191-195.

（123）Versammlung am 20. März 1860, in: *MGGW*, 4 (1860), S. 94-95; Georg Ritter von Frauenfeld, Herr Secretär Georg Ritter von Frauenfeld sprach über den Aufenthalt von Sr. Majestät Fregatte Novara auf den Stuartsinseln, in: *Verhandlungen der Kaiserlich-Königlichen Zoologisch-Botanischen Gesellschaft in Wien*, 10 (1860), S. 27-30.

（124）ホッホシュテッターやフラウエンフェルトの弁論からは、ノヴァラ号遠征隊に限って不正などあり得ないという確信が伝わってくるが、何をもって「不正」と捉えるかによって事情は異なる。たとえば、大ニコバル島滞在中、島民の留守宅で興味深いバスケットを見つけた一人の隊員が、誘惑に耐え切れず大量の6ペニー硬貨をその場に残してバスケットを持ち去ったエピソードが『遠征記』に綴られている。置いていった代金は、少なくともそのバスケットの商品価値の20倍であったと弁明しているが、別の箇所では、島民は貨幣経済の慣習がなく貨幣の価値を知らないこと、もっぱら物々交換に頼っていることが紹介されている。ゆえに、これが「正当な」交換であったといえるかは疑問の余地が残る。Scherzer, *Reise*, Bd. 1, S. 399, 404, 442.

（125）L. I. Z., 5. 3. 1859 Nr. 818, Die Weltfahrt der Novara.

（126）L. I. Z., 2. 4. 1859 Nr. 822, Die Weltfahrt der Novara.

（127）L. I. Z., 9. 4. 1859 Nr. 823, Die Weltfahrt der Novara.

（128）L. I. Z., 4. 2. 1860 Nr. 866, Die Weltfahrt der Novara.

（129）L. I. Z., 25. 2. 1860 Nr. 869, Die Weltfahrt der Novara.

（130）Ebenda.

（131）Scherzer, *Reise*, Bd. 2, S. 425-426.

（132）Ebenda, S. 426-427.

（133）Ebenda, S. 427.

（134）Ebenda, S. 389-390.

（135）Ebenda, S. 390-391.

（136）Sauer, Der Aufenthalt zweier Maoris; Helen M. Hogan, *Bravo, Neu Zeeland: Two Maori in Vienna 1859-1860* (Christchurch, 2003). ウィーン滞在を綴ったマオリの日記の一部は、すでに1958年にニュージーランドの学術雑誌に収められていたが、ホーガンの著作に収録されたものとは抜粋箇所が若干異なる。A Vienna Journal , in: *Te Ao Hou: The New World*, 24 (1958), 25 (1958). 本書ではより包括的なホーガン版を用いる。

（137）John Fletcher, From the Waikato to Vienna and Back: How Two Maoris Learned to Print, in: *Bulletin of the Bibliographical Society of Australia and New Zealand*, 8 (1984), p. 147.

（138）Scherzer, *Reise*, Bd. 1, S. 178-179.

（139）Ebenda, S. 179.

（140）ただし、『プレッセ』の記事は、黒人水兵たちが礼儀や精勤さの面で将校に気に入られていなかった様子を伝えている。Presse, 30. 8. 1859 Nr. 218, 31. 8. 1859 Nr. 219. オーストリアに移住したアフリカ人の歴史は古く、彼らはウィーン社会にさまざまな足跡を残している。Walter Sauer/ Andrea Wiesböck, Sklaven, Freie, Fremde. Wiener „Mohren“ des 17. und 18. Jahrhunderts, in: Sauer (Hrsg.), *Von Soliman zu Omofuma*.

（141）Scherzer, *Reise*, Bd. 2, S. 370-371; Fletcher, From the Waikato, pp. 148-152; Sauer, Der Aufenthalt zweier Maoris, S. 186-190, 211-248.

（142）*The Times*, 20. 6. 1860 No. 23651, Court Circular; Hogan, *Bravo*, p. 39.

（143）Presse, 31. 8. 1859 Nr. 219.

（144）Sauer, Der Aufenthalt zweier Maoris, S. 213-215, 221.

（145）Georg Sauer, Zwei Maoris in Wien in den Jahren 1859-1860 im Spiegel zeitgenössischer Pressestimmen, in: *Novara. Mitteilungen der Österreichisch-Südpazifischen Gesellschaft*, Bd. 1, Österreicher im Pazifik (1999).

（146）ちょうど同じ頃、オーストリアが深く関与していたスーダンでのキリスト教布教の過程で、かなりの数のアフリカの子どもたちがオーストリア国内の教会施設に送られており、W・ザウアーはこれが奴隷解放を名目にした「児童密輸」であったとして批判している。これらの黒人児童を迎え入れるオーストリア社会のとり組みは、ノヴァラ号とともにやって来た黒人やマオリに対する「文明化」のまなざしと通底するものがある。Sauer, Schwarz Gelb in Afrika, S. 41-43.

（147）Fletcher, From the Waikato, pp. 152-153; Sauer, Der Aufenthalt zweier Maoris, S. 243-244; Hogan, *Bravo*, pp. 92-93.

（148）ただ、帰国直後のトエトエがオークランドからウィーンに送った書簡では、感謝の言葉とともに、将来自分の子どもたちをウィーンへ留学させたい旨が記されている。このことから、彼が自身のオーストリア体験を肯定的に回顧していたと考えられる。Versammlung am 19. Februar 1861, in: *MGGW*, 5 (1861), S. 50-51.

（149）彼の略歴は以下を参照。Egghardt, *Österreicher entdecken*, S. 174-187; James N. Bade, Andreas Reischek, in: Ders. (Hrsg.), *Eine Welt für sich. Deutschsprachige Siedler und Reisende in Neuseeland im neunzehnten Jahrhundert* (Bremen, 1998).

（150）Andreas Reischek (Hrsg. von seinem Sohn), *Sterbende Welt. Zwölf Jahre Forscherleben auf Neuseeland* (Leipzig, 1924), S. 207.

（151）*Über Land und Meer. Allgemeine Illustrirte Zeitung*, 1. 1. 1861 Nr. 14, Skizzen und Reiseerinnerungen aus Neuseeland von Dr. Ferdinand v. Hochstetter.

（152）Reischek, *Sterbende Welt*, S. 207; Sauer, Der Aufenthalt zweier Maoris, S. 245.

（153）Hogan, *Bravo*, p. 33.

（154）Ibid., p. 35

（155）Reischek, *Sterbende Welt*, S. 207-208.

（156）Versammlung am 7. Februar 1860, in: *MGGW*, 4 (1860), S. 71-73.

（157）*Über Land und Meer. Allgemeine Illustrirte Zeitung*, 1. 1. 1861 Nr. 14, Skizzen und Reiseerinnerungen aus Neuseeland von Dr. Ferdinand v. Hochstetter.

（158）シフコによれば、科学者ホッホシュテッターのニュージーランド報告は、南半球を舞台としたジュール・ヴェルヌの有名な小説『グラント船長の子供たち』（1867-1868年）に強い影響を与えたとされる。ヴェルヌの作品が植民地主義のイデオロギーに覆われていた様子は杉原の研究が示す通りである。ゆえに、この小説が各国語に翻訳され世界中で広く読まれた事実を考え合わせると、オーストリア人が得た知見がフランス人作家の大衆小説で加工され、植民地主義に基づく世界観が各国の読者へ運ばれたと見ることができる。G. Schifko, Eine Untersuchung zur Rezeption von Ferdinand v. Hochstetters Schrifttum zu Neuseeland in Jules Vernes Roman „Die Kinder des Kapitäns Grant“, in: *Annalen*

des Naturhistorischen Museums in Wien. Serie B, 106 (2005); 杉原『文明の帝国』。

（159）Versammlung am 7. Februar 1860, in: *MGGW*, 4 (1860), S. 72.

（160）Hogan, *Bravo*, pp. 102-109.

第４章

（1）Ulla Vuorela, Colonial Complicity: The ‘Postcolonial’ in a Nordic Context, in: Suvi Keskinen/ Salla Tuori/ Sari Irni/ Diana Mulinari (eds.), *Complying with Colonialism: Gender, Race and Ethnicity in the Nordic Region* (Farnham, 2009); Mai Palmberg, The Nordic Colonial Mind, in: Keskinen/ Tuori/ Irni/ Mulinari (eds.), *Complying with Colonialism*.

（2）科学がハプスブルク帝国の植民地主義に迫る有力な視座となり得ることは、以下の論文集の議論によっても裏づけられている。Marianne Klemun (Hrsg.), *Wissenschaft und Kolonialismus* [*Wiener Zeitschrift zur Geschichte der Neuzeit*, 9-2] (Innsbruck, 2009).

（3）Richard Drayton, Science and the European Empires, in: *The Journal of Imperial and Commonwealth History*, 23-3 (1995); Ray MacLeod, Introduction, in: Id. (ed.), *Nature and Empire: Science and the Colonial Enterprise* (Chicago, 2001); Benedikt Stuchtey, Introduction: Towards a Comparative History of Science and Tropical Medicine in Imperial Cultures since 1800, in: Id. (ed.), *Science across the European Empires 1800-1950* (Oxford, 2005).

（4）植民地主義と人類学の関係をめぐっては、これまで我が国でも以下のような多くの訳書や研究書が出されている。G・ルクレール著、宮治一雄・美江子訳『人類学と植民地主義』平凡社、1976年、清水昭俊他『思想化される周辺世界』［青木保他編『岩波講座　文化人類学第12巻』］岩波書店、1996年、山下晋司、山本真鳥編『植民地主義と文化人類学のパースペクティヴ』新曜社、1997年、栗本英世、井野瀬久美恵他著『植民地経験　人類学と歴史学からのアプローチ』人文書院、1999年、中生勝美編『植民地人類学の展望』風響社、2000年、山路勝彦、田中雅一編著『植民地主義と人類学』関西学院大学出版会、2002年。

（5）本書では、19世紀にドイツ語圏で設立された学術組織（Gesellschaft）に対して「学会」（「地理学会」「人類学会」など）という邦訳をつけるが、論者によってはこれを「協会」と訳すことがある。確かに、機構や制度に目を向ければ、Gesellschaftは今日我が国で一般的に用いられる「学会」とは異なる構造を持つ。さりとて、学術以外の幅広い業種を包含する日本語の「協会」の呼称を当てるのも違和感を残すので、以下ではGesellschaftの名を帯びた科学・学術組織を便宜上「学会」の呼称に統一する。

（6）西欧のナチュラル・ヒストリーの歴史的展開をめぐっては、我が国でも以下のような優れた著書や訳書が数多く存在する。David Elliston Allen, *The Naturalist in Britain: A Social History* (Harmondsworth, 1976)［邦訳：D・E・アレン著、阿部治訳『ナチュラリストの誕生　イギリス博物学の社会史』平凡社、1990年］; Wolf Lepenies, *Das Ende der Naturgeschichte. Wandel kultureller Selbstverständlichkeiten in den Wissenschaften des 18. und 19. Jahrhunderts* (München, 1976)［邦訳：ヴォルフ・レペニース著、山村直資訳『自然誌の終焉　18世紀と19世紀の諸科学における文化的自明概念の変遷』法政大学出版局、

1992年］；Lynn Barber, *The Heyday of Natural History, 1820-1870* (London, 1980)［邦訳：リン・バーバー著、高山宏訳『博物学の黄金時代』国書刊行会、1995年］；Peter Raby, *Bright Paradise: Victorian Scientific Travellers* (London, 1996)［邦訳：ピーター・レイビー著、高田朔訳『大探検時代の博物学者たち』河出書房新社、2000年］；木村陽二郎『ナチュラリストの系譜　近代生物学の成立史』中公新書、1983年、西村三郎『リンネとその使徒たち　探検博物学の夜明け』朝日新聞社、1997年、同『文明のなかの博物学　西欧と日本』上・下巻、紀伊國屋書店、1999年。

なお、natural historyの定義の難しさやそれに伴う邦訳の不統一の問題（「博物学」「自然誌」「自然史」）に関しては、以下を参照。荒俣宏「博物学」『現代思想』13-2、1985年、村上陽一郎「工場からもう一度劇場へ」『現代思想』13-2、1985年、大野誠『ジェントルマンと科学』山川出版社、1998年、16-17頁。

（7）Robert A. Stafford, Scientific Exploration and Empire, in: Andrew Porter (ed.), *The Nineteenth Century* [*The Oxford History of the British Empire*, Vol. 3](Oxford, 1999), pp. 295-300.

（8）Irmgard Moschner, Die Wiener Cook-Sammlung, Südsee-Teil, in: *Archiv für Völkerkunde*, 10 (1955); Hanno Beck, Das Ziel der grossen Reise Alexander von Humboldts, in: *Erdkunde. Archiv für wissenschaftliche Geographie*, 12 (1958), S. 48-49; Günther Hamann, *Das Naturhistorische Museum in Wien. Die Geschichte der Wiener naturhistorischen Sammlungen bis zum Ende der Monarchie* (Wien, 1976), S. 10-14; Harry Liebersohn, *The Traveler's World: Europe to the Pacific* (Cambridge, Mass./ London, 2006), pp. 125-126. 1806年にクック・コレクションの競売がロンドンで開かれた際、皇帝フランツ1世は代理人に18,000グルデンの資金を託しその購入に努めた。クック・コレクションに対する宮廷の高い関心については、フィーストの研究を参照。Christian F. Feest, Cook Voyage Material in Vienna before and after 1806: Some Possibilities and Improbalities [sic], in: *Archiv für Völkerkunde*, 32 (1978); Das Museum für Völkerkunde in Wien, *Das Museum*, S. 15.

（9）Kurt Schmutzer, *Der Liebe zur Naturgeschichte halber. Johann Natterers Reisen in Brasilien 1817-1836* (Wien, 2011), S. 110-115, 214-220, 263-264. オーストリアのブラジル遠征は、国内のみならず各ドイツ諸邦でも高い関心を呼んでおり、この事業の収集計画の策定や収集物のとり扱いに深く関わった人物の一人に、自然研究者としても名を馳せた文豪ゲーテがいる。Sylk Schneider, *Goethes Reise nach Brasilien. Gedankenreise eines Genies* (Weimar, 2008), S. 89-130.

（10）Gabriele Mauthe, Die Österreichische Brasilienexpedition 1817-1836, in: Jörg Helbig (Hrsg.), *Brasilianische Reise 1817-1820. Carl Friedrich Philipp von Martius zum 200. Geburtstag* (München, 1994), S. 18-22.

（11）Schmutzer, *Der Liebe zur Naturgeschichte halber*, S. 79-80, 248-249.

（12）Johann Baptist von Spix/ Carl Friedrich von Martius, *Reise in Brasilien auf Befehl Sr. Majestät Maximilian Joseph I. Königs von Baiern in den Jahren 1817 bis 1820 gemacht und beschrieben*, 3 Bde. (München, 1823-1831)［英訳：Johann Baptist von Spix/ Carl Friedrich von Martius, *Travels in Brazil in the Years 1817-1820*, 2 Vol. Translated by H. E. Lloyd (London, 1824)］；Mauthe, Die Österreichische Brasilienexpedition, S. 24.

（13）Karl von Schreibers (Hrsg.), *Nachrichten von den kaiserl. österreichischen Naturforschern in*

Brasilien und den Resultaten ihrer Betriebsamkeit (Brünn, 1820).

(14) Richard Meister, *Geschichte der Akademie der Wissenschaften in Wien 1847-1947* (Wien, 1947), S. 11-19; Günther Hamann, Prinz Eugen und die Wissenschaften, in: *Österreich in Geschichte und Literatur*, Sondernummer (1963). 同様の後れは、専門別の学術機関の整備にも見られ、たとえば地理学の分野では、パリ（1821年）、ベルリン（1828年）、ロンドン（1830年）、フランクフルト（1836年）、サンクト・ペテルブルク（1845年）に後れをとり、1856年にようやく世界13番目のナショナルな地理学機関としてウィーン帝国地理学会が設立された。Ingrid Kretschmer, 150 Jahre. Geographische Gesellschaft in Wien, in: Ders./ Gerhard Fasching (Hrsg.), *Österreich in der Welt. Die Welt in Österreich. Chronik der Österreichischen Geographischen Gesellschaft 150 Jahre, 1856-2006* (Wien, 2006), S. 70-71.

(15) Meister, *Geschichte der Akademie*, S. 19-67; Erich Zöllner, Die Österreichische Akademie der Wissenschaften 1847 bis 1947, in: Otto Hittmair/ Herbert Hunger (Hrsg.), *Akademie der Wissenschaften. Entwicklung einer österreichischen Forschungsinstitution* (Wien, 1997), S. 13-14.

(16) *Bemerkungen und Anweisungen für die Naturforscher, welche die Expedition von Sr. k. k. Apost. Maj. Fregatte „Novara" unter dem Commando des Herrn Obersten Bernhard v. Wüllerstorf-Urbair, begleiten* (Wien, 1857); Scherzer, Die Novara-Expedition und ihre wissenschaftlichen Aussichten.

(17) W. Z., 25. 1. 1857 Nr. 20, k. k. geographische Gesellschaft. Sitzung am 20. Jänner 1857, 11. 4. 1857 Nr. 83, k. k. geographische Gesellschaft. Versammlung am 7. April 1857, 30. 5. 1857 Nr. 123, Kaiserliche Akademie der Wissenschaften. Sitzung der mathematisch-naturwissenschaftlichen Klasse am 14. Mai 1857.

(18) W. Z., 24. 1. 1857 Nr. 19, k. k. Gesellschaft der Aerzte, 25. 1. 1857 Nr. 20, k. k. geographische Gesellschaft. Sitzung am 20. Jänner 1857, 1. 3. 1857 Nr. 49, k. k. Gesellschaft der Aerzte, 11. 4. 1857 Nr. 83, k. k. geographische Gesellschaft. Versammlung am 7. April 1857, 17. 4. 1857 Nr. 87, k. k. Gesellschaft der Aerzte. Hauptversammlung am 24. März 1857, 30. 5. 1857 Nr. 123, Kaiserliche Akademie der Wissenschaften. Sitzung der mathematisch-naturwissenschaftlichen Klasse am 14. Mai 1857, 10. 6. 1857 Nr. 131, k. k. geologische Reichsanstalt. Bericht vom Monat Mai 1857.

(19) W. Z., 11. 4. 1857 Nr. 83, k. k. geographische Gesellschaft. Versammlung am 7. April 1857.

(20) Spitzka, *Übersichtliche Darstellung*, S. VII; Meister, *Geschichte der Akademie*, S. 96.

(21) 同シリーズの監修体制、執筆者、構成、価格、売り上げ等詳細なデータは、以下の公式案内書に記載。Spitzka, *Übersichtliche Darstellung*.

(22) Liebersohn, *The Traveler's World*, pp. 10-11, 123-138.

(23) マックス・フォン・ベーン著、飯塚信雄他訳『ビーダーマイヤー時代　ドイツ19世紀前半の文化と社会』三修社、2000年、330-344頁。とりわけ重要なのが、1822年に第1回大会が開催されて以降、年1度の定例会としてドイツの自然科学研究者の交流・情報交換の場となったドイツ自然科学者・医師学会（Gesellschaft Deutscher Naturforscher und Ärzte）の存在である。Daum, *Wissenschaftspopularisierung*, S. 119-137.

(24) Alexander von Humboldt, *Kosmos. Entwurf einer physischen Weltbeschreibung*, 5 Bde. (Stuttgart, 1845-1862); Hanno Beck, *Alexander von Humboldt*, 2 Bde. (Wiesbaden, 1959-1961), Bd. 2, S.

215-220; Nicolaas A. Rupke, *Alexander von Humboldt: A Metabiography* (Chicago, 2005), pp. 29-48; 佐々木博『最後の博物学者アレクサンダー＝フォン＝フンボルトの生涯』古今書院、2015 年。

(25) W. Z., 18. 1. 1857 Nr. 14, k. k. geologische Reichsanstalt. Sitzung am 13. Jänner 1857, 8. 4. 1857 Nr. 80, k. k. geographische Gesellschaft. Versammlung am 31. März 1857.

(26) Hermann Klencke, *Alexander von Humboldt. Ein biographisches Denkmal*, 3. Aufl. (Leipzig, 1859), S. 417.

(27) W. Z., 12. 2. 1857 Nr. 34, k. k. geographische Gesellschaft. Sitzung am 3. Februar 1857.

(28) W. Z., 18. 4. 1857 Nr. 88, k. k. geologische Reichsanstalt. Sitzung am 14. April 1857, 24. 5. 1857 Nr. 118, k. k. geographische Gesellschaft. Sitzung am 5. Mai 1857, 27. 5. 1857 Nr. 120, k. k. geographische Gesellschaft. Sitzung am 19. Mai 1857; A. Z., 22. 4. 1857 Nr. 112, Triest, 17 April; W. Haidinger, Das dritte und letzte Jahr der Erdumseglung der k. k. Fregatte „Novara" von Dr. K. Scherzer, in: *MGGW*, 3 (1859), S. 94. フンボルトのこの指示書は、遠征後に公刊された公式遠征記の序言（普及廉価版では遠征隊司令官宛の激励の書簡とともに第 1 巻付録）に全文掲載されていた。こうした点にも、ノヴァラ号遠征とフンボルトの深い結びつき、および、遠征の権威づけや「ドイツ」の看板を掲げるために彼の名前を利用しようとしたオーストリアの意図が表れている。

(29) Scherzer, *Reise*, Bd. 1, Beilage I.

(30) Ebenda, Beilage II, S. 28.

(31) Scherzer, *Reise*, Bd. 1, S. 169, 264, Bd. 2, S. 17, 28, 46, 102, 258-261; John Fletcher, Karl Scherzer and the Visit of the 'Novara' to Sydney, 1858, in: *Journal of the Royal Australian History Society*, 71 (1985), pp. 198-201; Id., The "Novara" in Sydney, November-December 1858: On Unlooking a Time-Warp, in: Boyd W. Rayward (ed.), *Australian Library History in Context: Papers for the Third Forum on Australian Library History, University of New South Wales, 17 and 18 July 1987* (Sydney, 1988), pp. 9ff.

(32) W. Z., 12. 2. 1857 Nr. 34, k. k. geographische Gesellschaft. Sitzung am 3. Februar 1857.

(33) W. Z., 27. 2. 1857 Nr. 47, k. k. geographische Gesellschaft. Sitzung am 17. Februar 1857.

(34) シェルツァーは「唯一の例外」として、セイロン島のポイント・デ・ガル港におけるイギリス陸軍少佐の不親切な応対を挙げている。Scherzer, *Reise*, Bd. 1, S. 265.

(35) W. Z., 14. 3. 1857 Nr. 60, k. k. geographische Gesellschaft. Sitzung am 3. März 1857, 8. 4. 1857 Nr. 80, k. k. geographische Gesellschaft. Versammlung am 31. März 1857.

(36) W. Z., 20. 3. 1857 Nr. 65, k. k. geologische Reichsanstalt. Sitzung vom 10. März 1857.

(37) W. Z., 2. 4. 1857 Nr. 75, k. k. geologische Reichsanstalt. Sitzung vom 24. März 1857, 8. 4. 1857 Nr. 80, k. k. geographische Gesellschaft. Versammlung am 31. März 1857.

(38) Ferdinand Hochstetter, Schreiben an Alexander von Humboldt, in: *Sitzungsberichte der kaiserlichen Akademie der Wissenschaften. Mathematisch-Naturwissenschaftliche Classe*, 36 (1859); *Monatsberichte der königlichen Preuss. Akademie der Wissenschaften zu Berlin. Aus dem Jahre 1861*. Zweite Hälfte, Juli-December (1862), S. 1086-1102.

(39) Maurice Crosland, Studies Aspects of International Scientific Collaboration and Organization before 1900, in: Id., *Studies in the Culture of Science in France and Britain since the*

Enlightenment (Aldershot, 1995). また、19世紀ジンゴイズムの時代においても、植物園間の連携や人事面での多国籍登用を通した植物学のコスモポリタニズムとも呼べる状態が存在していた事実を以下の研究が明らかにしている。Donal P. McCracken, Fraternity in the Age of Jingoism: The British Imperial Botanic and Forestry Network, in: Stuchtey (ed.), *Science across*.

(40) Dena Goodman, *The Republic of Letters: A Cultural History of the French Enlightenment* (Ithaca, NY, 1994).

(41) Ulrike Kirchberger, Deutsche Naturwissenschaftler im britischen Empire. Die Erforschung der außereuropäischen Welt im Spannungsfeld zwischen deutschem und britischem Imperialismus, in: *Historische Zeitschrift*, 271 (2000).

(42)『帝国宮廷自然史博物館年報』創刊号に記載されているリストによれば、1886年当時に自然史博物館が関係を持っていた団体は、世界169都市、計294機関におよぶことが分かる。*Annalen des k. k. Naturhistorischen Hofmuseums*, 1 (1886), S. IX-XII.

(43) Ferdinand von Hochstetter, Zwei neu angefertigte neuseeländische Mere aus Nephrit, in: *MAGW*, 14 (1884); Fletcher, The "Novara" in Sydney, p. 13.

(44)『遠征記』英訳版では、具体名を挙げて英米の学者に謝辞を送っている。Scherzer, *Narrative*, Vol. 1, pp. 3-4; Ders., Novara-Reminiszenzen (1857-1882), in: *Das Ausland*, 55 (1882), S. 562-564; Dienstl, Die außereuropäischen Fahrten, S. 22.

(45) Sokol, *The Imperial*, p. 27. ワイスとシルトドルファーは、ノヴァラ号の地中海帰還時にすでに戦争は終結していたため、フランスのこの声明は仰々しいパフォーマンスにすぎなかったと見ている。しかし、当時世界各地に展開したフランスの軍艦や植民地の存在に鑑みるならば、外洋航行中のノヴァラ号はヨーロッパの域外において戦禍に巻き込まれる恐れがあったため、これを意味のない「大仰な声明」とみなすことはできない。Weiss/ Schilddorfer, *Die Novara*, S. 94.

(46) Versammlung am 6. März 1860, in: *MGGW*, 4 (1860), S. 82.

(47) James Braund, Doing Fieldwork in a Young Colony: Ferdinand Hochstetter in New Zealand, in: Id. (ed.), *Ferdinand Hochstetter and the Contribution*; Michael Johnston, 'I have called it Dunite': Dr Hochstetter in Nelson - 4 August to 2 October 1859, in: Braund (ed.), *Ferdinand Hochstetter and the Contribution*; Rolf W. Brednich, Augustus Koch (1834-1901) and Hochstetter's North Island Expedition, in: Braund (ed.), *Ferdinand Hochstetter and the Contribution*; Les Kermode, Ferdinand von Hochstetter, in: Bade (Hrsg.), *Eine Welt für sich*.

(48) Ferdinand von Hochstetter, *Neu-Seeland* (Stuttgart, 1863), S. 11.

(49) Braund, Doing Fieldwork in a Young Colony, p. 218.

(50) *Report of the 30th Meeting of the British Association for the Advancement of Science* (London, 1861), p. 81, 162; Ferdinand von Hochstetter, *New Zealand: Its Physical Geography, Geology and Natural History* (Stuttgart, 1867); Id. [edited by C. A. Fleming], *Geology of New Zealand: Contribution to the Geology of the Provinces of Auckland and Nelson* (Wellington, 1959); Haast, In Memoriam; Michael Organ, 'Österreich in Australien' : Ferdinand von Hochstetter and the Austrian Novara Scientific Expedition 1858-9, in: *Historical Records of Australian Science*, 12-1 (1998); Ingfrid Schütz-Müller, Zwischen Staatsraison, Kooperation und Wettbewerb.

Betrachtungen über Weltumsegler und Entdecker, in: *Novara. Mitteilungen der Österreichisch-Südpazifischen Gesellschaft*, Bd. 2, Österreicher im Pazifik II (1999); Nolden, Ferdinand Hochstetter. ノヴァラ号遠征によって国内外で名声を高めたホッホシュテッターは、第11代ウィーン帝国地理学会会長に選出され、オーストリアの地理学を牽引する人物となる。なお、それまでの同学会の会長職は1年ごとの交代制であったが、彼は初めて多選（1867 － 1882年5選）を実現し学会の礎を築いた。Ingrid Kretschmer, Präsidenten der Österreichischen Geographischen Gesellschaft und ihrer Vorgängergesellschaften, in: Ders./ Fasching (Hrsg.), *Österreich in der Welt*, S. 37.

（51）Felix Driver, *Geography Militant: Cultures of Exploration and Empire* (Oxford, 2001); Brett M. Bennett/ Joseph M. Hodge (eds.), *Science and Empire: Knowledge and Networks of Science across the British Empire, 1800-1970* (Basingstoke, 2011).

（52）Hugo Hassinger, *Österreichs Anteil an der Erforschung der Erde. Ein Beitrag zur Kulturgeschichte Österreichs* (Wien, [1949]); Günther Hamann, *Die österreichische Kriegsmarine* im Dienst der Wissenschaften, in: *Revue Internationale d'Histoire Militaire*, 45 (1980).

（53）Günther Hamann, Österreich-Ungarns Anteil an Reisen und Forschungen in den Ländern des Britischen Weltreichs, in: Otto Hietsch (Hrsg.), *Österreich und die angelsächsische Welt. Kulturbegegnungen und Vergleiche*, Bd. 2 (Wien/ Stuttgart, 1968); Günther Hamann, Forschungsreisen, in: *Katalog des Niederösterreichischen Landesmuseums*, Neue Folge, 147, Bd. 1 (1984); Ders., Ludwig Ritter von Höhnel als Forschungsreisender. Eine Würdigung aus Anlaß der hundertsten Wiederkehr der Entdeckung des Rudolf-See (Lake Turkana) in Ostafrika durch Teleki und Höhnel, in: *Mitteilungen der Österreichischen Geographischen Gesellschaft*, 130 (1988); Hermann Mückler, Baron Anatol von Hügel in Fiji 1875-1877, in: *Novara. Mitteilungen der Österreichisch-Südpazifischen Gesellschaft*, Bd. 1; Winthrop Aldrich/ Ronald E. Coons/ Pascal James Imperato, Introduction, in: Ludwig Ritter von Höhnel, *Over Land and Sea: Memoir of Austrian Rear Admiral's Life in Europe and Africa 1857-1909* (New York/ London, 2000); Barbara Köfler, Oscar Baumann. Die Wechselseitige Beziehung zwischen Forschungs- und Kolonialinteressen, in: Sauer (Hrsg.), *k. u. k. kolonial*.

（54）Versammlung am 7. Februar 1860, in: *MGGW*, 4 (1860), S. 72.

（55）Ralph Jessen/ Jakob Vogel, Die Naturwissenschaft und die Nation. Perspektiven einer Wechselbeziehung in der europäischen Geschichte, in: Ralph Jessen/ Jakob Vogel (Hrsg.), *Wissenschaft und Nation in der europäischen Geschichte* (Frankfurt a. M./ New York, 2002), S. 35.

（56）欧米における人類学の専門機関の設立は、1859年のパリを皮切りに、ロンドン（1863年）、ベルリン（1869年）、ウィーン（1870年）、マドリード（1875年）、ワシントン（1879年）と続いた。人類学と植民地主義の関係性をめぐっては、たとえば以下の代表的な議論を参照。Talal Asad, *Anthropology & the Colonial Encounter* (New York, 1973).

（57）Uwe Hoßfeld, *Geschichte der biologischen Anthropologie in Deutschland. Von den Anfängen bis in die Nachkriegszeit* (Stuttgart, 2005), S. 62-91; 弓削尚子「ドイツ啓蒙期以降の『人種』概念の系譜」『人文論集』（早稲田大学）47、2008年。

（58）Karl Pusman, *Die „wissenschaften vom Menschen" auf Wiener Boden (1870-1959). Die Anthropologische Gesellschaft in Wien und die anthropologischen Disziplinen im Fokus von*

Wissenschaftsgeschichte, Wissenschafts- und Verdrängungspolitik (Wien/ Berlin, 2008), S. 33ff.

(59) Thomas Theye, „Mathematische Racenmasken" – Vermessen und Abbilden auf der Erdumsegelung der Fregatte „Novara" in den Jahren 1857-1859, in: *Novara. Mitteilungen der Österreichisch-Südpazifischen Gesellschaft*, Bd. 2; Reinhard Krüger, Vorwort. Anthropometrie und Rassismus im anthropologisch-ethnologischen Diskurs des 19. Jahrhunderts, in: Augustin Weisbach [Hrsg. von Reinhard Krüger], *Körpermessungen verschiedener Menschenrassen. Europäischer Rassenwahn und Anthropometrie im 19. Jahrhundert* (Berlin, 2002). 19 世紀のドイツ語圏における科学の大衆化の問題は、社会史や文化史の文脈で扱ったダウムの研究が重要な成果を上げている。しかしそこでは、ノヴァラ号などの科学遠征と大衆化の関係性については触れられていない。Daum, *Wissenschaftspopularisierung*.

(60) W. Z., 11. 4. 1857 Nr. 83, k. k. geographische Gesellschaft. Versammlung am 7. April 1857; Scherzer, Die Novara-Expedition und ihre wissenschaftlichen Aussichten, S. 286.

(61) Scherzer, *Reise*, Bd. 2, S. 164-165. ブルーメンバッハに起源を持つ頭蓋計測に基づく人種分類は、19 世紀中葉においてアメリカのサミュエル・ジョージ・モートン（Samuel George Morton）やフランスのポール・ブロカ（Pierre Paul Broca）によるものが特に有名であるが、その手法は当時ドイツ語圏の学界でも人気を博していた。August Zeunes, *Über die Schädelbildung zur festern Begründung der Menschenrassen* (Berlin, 1846); Emil Huschke, *Schaedel, Hirn und Seele des Menschen und der Thiere nach Alter, Geschlecht und Race* (Jena, 1854); Rudolf Virchow, *Untersuchungen über die Entwicklung des Schädelgrundes im gesunden und krankhaften Zustande und über den Einfluss derselben auf Schädelform, Gesichtsbildung und Gehirnbau* (Berlin, 1857); Carl Vogt, *Vorlesungen über den Menschen, seine Stellung in der Schöpfung und in der Geschichte der Erde*, 2 Bde. (Giessen, 1863).

(62) Karl Scherzer/ Eduard Schwarz, Ueber Körpermessungen als Behelf zur Diagnostik der Menschenracen, in: *MGG*, 3 (1859), S. 11, 18-31.

(63) Ebenda, S. 28-29.

(64) Christian F. Feest, The Origins of Professional Anthropology in Vienna, in: Britta Rupp-Eisenreich/ Justin Stagl (Hrsg.), *Kulturwissenschaft im Vielvölkerstaat. Zur Geschichte der Ethnologie und verwandter Gebiete in Österreich, ca. 1780-1918* (Wien/ Bohlau, 1995), S. 116ff; Brigitte Fuchs, *»Rasse«, »Volk«, Geschlecht. Anthropologische Diskurse in Österreich 1850-1960* (Frankfurt a. M./ New York, 2003), S. 137-151; Maria Teschler-Nicola, „…der Barbar in der färbigen Hautdecke." Anthropologische Objekt- und Datenakquisition im Rahmen der Novara-Forschungsreise, in: *MAGW*, 136/137 (2006/2007).

(65) Karl Ernst von Baer/ Rudolph Wagner (Hrsg.), *Bericht über die Zusammenkunft einiger Anthropologen im September 1861 in Göttingen. Zum Zwecke Gemeinsamer Besprechungen* (Leipzig, 1861), S. 2-3, 11, 42, 74-79.

(66) A. Z., 30. 5. 1858 Nr.150, Von der Novara-Expedition K. Sch; Scherzer, Die Eingebornen der Nikobaren; Ders., Mittheilungen aus Shanghai an die k. k. geographische Gesellschaft in Wien über die erste österreichische Erdumsegelungs-Expedition mit der k. k. Fregatte Novara unter den Befehlen des Herrn Commdore B. von Wüllerstorf-Urbair, in: *MGG*, 2 (1858), S. 304; Ders., Das erste Jahr der Erdumsegelung S. M. Fregatte Novara, in: *MGG*, 2 (1858), S. 313; Scherzer/

Schwarz, Ueber Körpermessungen; Scherzer, *Reise*, Bd. 1, S. 444-445; A. Weisbach, *Reise der österreichischen Fregatte Novara um die Erde in den Jahren 1857, 1858, 1859*. Anthropologischer Theil 2, Körpermessungen (Wien, 1867), S. 1-2.

(67) Ebenda, S. 215.

(68) Anonymus, Racenmessungen auf der Erdfahrt der Fregatte Novara, in: *Das Ausland*, 41 (1868), S. 116-118.

(69) Charles Darwin, *On the Origin of Species by Means of Natural Selection, or the Preservation of Favoured Races in the Struggle for Life* (London, 1859)［邦訳：ダーウィン著、八杉龍一訳『種の起原』改版、上・下巻、岩波文庫、1990 年］; Id., *The Descent of Man, and Selection in Relation to Sex* (London, 1871)［邦訳：チャールズ・ダーウィン著、長谷川眞理子訳『人間の進化と性淘汰』１・2 巻、文一総合出版、1999-2000 年］; Thomas H. Huxley, *Evidence as to Man's Place in Nature* (London, 1863)［邦訳：ハックスレー著、八杉龍一、小野寺好之訳『自然における人間の位置』河出書房、1955 年］; Alfred R. Wallace, The Origin of Human Races and the Antiquity of Man Deduced from the Theory of "Natural Selection", in: *Journal of the Anthropological Society*, 2 (1864); Vogt, Vorlesungen; Ernst Haeckel, *Natürliche Schöpfungsgeschichte. Gemeinverständliche wissenschaftliche Vorträge über die Entwicklungslehre im Allgemeinen und diejenige von Darwin, Goethe und Lamarck im Besonderen, über die Anwendung derselben auf den Ursprung des Menschen und andere damit zusammenhängende Grundfragen der Naturwissenschaft* (Berlin, 1868); Francis Galton, *Hereditary Genius: An Inquiry into Its Laws and Consequences* (London, 1869)［邦訳：ゴールトン著、甘粕石介訳『天才と遺傳』岩波文庫、1935 年］.

(70) Jackson Jr./ Weidman, *Race, Racism, and Science*, p. 71.

(71) 当時のドイツ語圏の学界における進化論受容の過程に関しては、ホスフェルト前掲書の他に、グリボフの以下の研究書が詳しい。Hoßfeld, *Geschichte der biologischen Anthropologie*, Kap. 4-6; Sander Gliboff, *H.G. Bronn, Ernst Haeckel, and the Origins of German Darwinism: A Study in Translation and Transformation* (Cambridge, Mass./ London, 2008).

(72) A. Weisbach , Körpermessungen verschiedener Menschenrassen, in: *Zeitschrift für Ethnologie*, 9 (1877), S. 1.

(73) Ebenda, S. 7.

(74) Ebenda, S. 8.

(75) Emil Zuckerkandl, *Reise der österreichischen Fregatte Novara um die Erde in den Jahren 1857, 1858, 1859*, Anthropologischer Theil 1, Cranien der Novara-Sammlung (Wien, 1865).

(76) E. Zuckerkandl, Beiträge zur Lehre des menschlichen Schädels, in: *MAGW*, 4 (1874), S. 33.

(77) Adolf Bernhard Meyer, Einige Bemerkungen über den Werth, welcher im Allgemeinen den Angaben in Betreff der Herkunft menschlicher Schädel aus dem ostindischen Archipel beizumessen ist, in: *MAGW*, 4 (1874).

(78) E. Zuckerkandl, Nachtrag zur Anatomie der Schädelnähte, in: *MAGW*, 4 (1874), S.144ff.

(79) Jackson Jr./ Weidman, *Race, Racism, and Science*, pp. 14-20.

(80) Stephen Jay Gould, *The Mismeasure of Man* (New York, 1981)［邦訳：スティーヴン・J・グールド著、鈴木善次、森脇靖子訳『人間の測りまちがい　差別の科学史』増補改訂版、

河出書房新社、1998 年］.

（81）Carl Rokitansky, Eröffnungsrede, gehalten in der constituirenden Versammlung der anthropologischen Gesellschaft in Wien am 13. Februar 1870, in: *MAGW*, 1 (1870), S. 3.

（82）Ebenda, S. 8.

（83）Scherzer, *Reise*, Bd. 2, S. 316-317.

（84）19 世紀のドイツ語旅行記に含まれる言説が、科学の大衆化と交わりながら社会に浸透する様子は以下の研究が詳しい。Matthias Fiedler, *Zwischen Abenteuer, Wissenschaft und Kolonialismus. Der deutsche Afrikadiskurs im 18. und 19. Jahrhundert* (Köln, 2005), S. 112ff. 19 世紀の独英両国の科学の大衆化において科学者、出版者、大衆サイエンス作家のネットワークが果たしていた役割に関しては以下を参照。Angela Schwarz, Intersecting Anglo-German Network in Popular Science and Their Functions in the Late Nineteenth Century, in: Heather Ellis/ Ulrike Kirchberger (eds.), *Anglo-German Scholarly Networks in the Long Nineteenth Century* (Leiden/ Boston, 2014).

（85）Scherzer, Die Eingebornen der Nikobaren, S. 269.

（86）Friedrich Müller, *Reise der österreichischen Fregatte Novara um die Erde in den Jahren 1857, 1858, 1859*, Anthropologischer Theil 3, Ethnographie (Wien, 1868), S. XIV-XVI, XXVII-XXVIII.

（87）Kay Anderson, *Race and the Crisis of Humanism* (London, 2007).

（88）H. Welcker, Referate. Reise der österreichischen Fregatte „Novara" um die Erde. Anthropologischer Theil, dritte Abtheilung: Ethnographie, in: *Archiv für Anthropologie*, 3-3 (1868).

（89）L.I.Z., 31. 3. 1860 Nr. 874, Ein Besuch im Novara-Museum zu Triest.

（90）Werner Michael Schwarz, *Anthropologische Spektakel*; Nils Müller-Scheeßel, To See Is to Know. Materielle Kultur als Garant von Authentizität auf Weltausstellungen des 19. Jahrhunderts, in: Stefanie Samida (Hrsg.), *Inszenierte Wissenschaft. Zur Popularisierung von Wissen im 19. Jahrhundert* (Bielefeld, 2011), S. 171; Claire Wintle, *Colonial Collecting and Display: Encounters with Material Culture from the Andaman and Nicobar Islands* (New York/ Oxford, 2013); 吉見俊哉『博覧会の政治学　まなざしの近代』中公新書、1992 年。

（91）Franz Heger, Aus den Sammlungen der anthropologisch-ethnographischen Abtheilung des k. k. naturhistorischen Hofmuseums in Wien, in: *MAGW*, 9 (1880).

（92）L.I.Z., 31. 3. 1860 Nr. 874, Ein Besuch im Novara-Museum zu Triest.

（93）Hydrographischen Amt des Reichs-Marine-Amts, *Die Forschungsreise S. M. S. „Gazelle" in den Jahren 1874 bis 1876 unter Kommando des Kapitän zur See Freiherrn von Schleinitz*, 5 Theile (Berlin, 1888-1890), I. Theil, Der Reisebericht [1889], Anhang I, S. 288-301.

（94）前述のツッカーカンドゥルは、世界各地の住民の頭蓋調査と並びドイツ系住民の統一的な型の所在にも目を向け、墓地に眠る祖先の遺骨に見られる型との遺伝的な継続性の確認をめざした。そうした研究を「オーストリアの頭蓋学者の使命」として彼は掲げていた。E. Zuckerkandl, Beiträge zur Craniologie der Deutschen in Oesterreich, in: *MAGW*, 13 (1883), S. 89.

（95）Matti Bunzl/ H. Glenn Penny, Introduction: Rethinking German Anthropology, Colonialism, and Race, in: H. Glenn Penny/ Matti Bunzl (eds.), *Worldly Provincialism: German Anthropology in the Age of Empire* (Ann Arbor, Mich., 2003).

(96) このドイツ語圏における連続性をめぐる問題は、19世紀中葉のリベラリズム→1884年以降の帝国主義（植民地獲得）という短絡的な移行説に反駁したフィッツパトリックの議論とも重なる部分がある。Matthew Fitzpatrick, *Liberal Imperialism in Germany: Expansionism and Nationalism 1848-1884* (New York/ Oxford, 2008).

(97) H. Glenn Penny, *Objects of Culture: Ethnology and Ethnographic Museums in Imperial Germany* (Chapel Hill/ London, 2002), p. 14.

(98) Georg Ritter von Frauenfeld, *Die naturhistorischen und ethnographischen Sammlungen erworben während der Weltfahrt SR. k. k. apost. Majestät Kriegsfregatte »Novara« unter Commando des Commodore Freiherren Bernhard von Wüllerstorf-Urbair* (Wien, 1863); Spitzka, *Übersichtliche Darstellung*, S. V; Sauer, Der Aufenthalt zweier Maoris, S. 202-203.

(99) Teschler-Nicola, …der Barbar in der färbigen Hautdecke, S. 56-57.

(100) Johann Szilvássy, *Anthropologie. Entwicklung des Menschen. Rassen des Menschen Führer durch die Anthropologische Schausammlung* (Wien, 1978), S. 9, 12-15, 25-26. この時代の地理学が人類学や民族学と密接に交わっていく様子に関しては以下を参照。Charles W. J. Withers, *Geography and Science in Britain, 1831-1939: A Study of the British Association for the Advancement of Science* (Manchester/ New York, 2010), pp. 165-182.

(101) Franz Heger, Die Zukunft der ethnographischen Museen, in: Adolf Bastian [Gefeiert], *Festschrift für Adolf Bastian zu seinem 70. Geburtstage, 26. Juni 1896* (Berlin, 1896), S. 587-588.

(102) Ebenda, S. 591.

(103) Franz Heger, Vorwort, in: *Annalen des k. k. Naturhistorischen Hofmuseums*, 3 (1888), S. 83-84.

(104) Carsten Kretschmann, *Räume öffnen sich. Naturhistorische Museen im Deutschland des 19. Jahrhunderts* (Berlin, 2006), S. 184; 矢島國雄「植民地と博物館」寺内威太郎他著『植民地主義と歴史学　そのまなざしが残したもの』刀水書房、2004年、243頁。

(105) Andreas Mayer/ Klaus Taschwer, »Rassismus« im Museum. Zur Popularisierung anthropologischen Wissens im Wiener Naturhistorischen Museum, in: *Forum*, 42. Jg. Nr. 496-498 (1995). 身体的特徴に基づいて人種を区分し可視化する基本原則は、第二次世界大戦後においても、ウィーン自然史博物館（人類学部門）の展示を規定していた。Szilvássy, *Anthropologie*, S. 101-148.

(106) Geologische Bundesanstalt, *Die Geologische Bundesanstalt in Wien. 150 Jahre Geologie im Dienste Österreichs, 1849-1999* (Wien, 1999), S. 349-374; Sauer (Hrsg.), *k. u. k. kolonial*.

(107) 植物学における例を示すと、当時学界では海外の調査活動で発見した新種に対して発見者の名前を付する権利が与えられていた。ノヴァラ号遠征では、ニコバル諸島で発見された珪藻（Hochstetteriana)、ジャワで発見された珪藻（Euodia Frauenfeldii）など多数の新種に遠征隊員の名が冠せられ栄誉を称えられた。A. Grunow, u. a., *Reise der österreichischen Fregatte Novara um die Erde in den Jahren 1857, 1858, 1859 unter den Befehlen des Commodore B. von Wüllerstorf-Urbair*, Botanischer Theil, Bd. 1 (Wien, 1870), S. 19, 21; Robert Pils, Botany and Botanists (Ferdinand Hochstetter, Georg Frauenfeld, Anton Jelinek, Eduard Schwarz) on the Circumnavigation of the Globe by the Austrian Frigate Novara, in: Braund (ed.), *Ferdinand Hochstetter and the Contribution*.

(108) Nancy M. Wingfield (ed.), *Creating the Other: Ethnic Conflict and Nationalism in Habsburg*

Central Europe (New York, 2003).

（109）Hugo A. Bernatzik (Hrsg.), *Die große Völkerkunde. Sitten, Gebräuche und Wesen fremder Völker*, 3 Bde. (Leipzig, 1939).

第5章

（1）1862 年、ウィーンの帝国地理学会はノヴァラ号遠征を指揮したヴュラーシュトルフを第6代の会長に選出し（任期：1862-1863 年）、翌年、同遠征の発起人であり最高責任者であった海軍総司令官のマクシミリアン大公を名誉総裁に推戴した。ノヴァラ号遠征を通じた海軍と科学界の接近を象徴するエピソードである。Ingrid Kretschmer, Protektor der Österreichischen Geographischen Gesellschaft und ihrer Vorgängergesellschaften, in: Kretschmer/ Fasching (Hrsg.), *Österreich in der Welt*, S. 17; Kretschmer, Präsidenten der Österreichischen Geographischen Gesellschaft, S. 31.

（2）Hamann, Die österreichische Kriegsmarine, S. 68-87; Mayer/ Winkler, *Als Österreich*, S. 41, 46-47, 112-137; Christa Riedl-Dorn, Die sogenannte 'Ostasiatische Expedition' der Fregatte Donau, in: Seipel (Hrsg.), *Die Entdeckung der Welt*, S. 149; Helmut Sattmann/ Verena Stagl, Die österreichisch-ungarischen Tiefsee-Expedition mit dem Schiff Pola, in: Seipel (Hrsg.), *Die Entdeckung der Welt*, S. 155-156; Stephen A. Walsh, On Slippery Ice: Discovery, Imperium, and the Austro-Hungarian North Polar Expedition (1872-4), in: Thomas (ed.), *Expedition into Empire*.

（3）Riedl-Dorn, *Das Haus der Wunder*, S. 15.

（4）Das Museum für Völkerkunde in Wien, *Das Museum*, S. 9.

（5）たとえば2016 年現在、ベルリン国立民族学博物館（Ethnologisches Museum, Staatliche Museen zu Berlin）は収蔵数が約 50 万点、ミュンヘン五大陸博物館（Museum Fünf Kontinente：旧ミュンヘン国立民族学博物館）は 16 万点である。ベルリン国立民族学博物館公式ホームページ http://www.smb.museum/museen-und-einrichtungen/ethnologisches-museum/ueber-die-sammlung.html（2016 年 1 月 1 日閲覧）、ミュンヘン五大陸博物館公式ホームページ http://www.museum-fuenf-kontinente.de/forschung/die-sammlungen.html（2016 年 1 月 1 日閲覧）。

（6）*50 Jahre Museum für Völkerkunde Wien*, S. 31, 43-45.

（7）Barbara Plankensteiner, Endstation Museum. Österreichische Afrikareisende sammeln Ethnographica, in: Sauer (Hrsg.), *k. u. k. kolonial*, S. 286-287.

（8）Museum für Völkerkunde, *Ozeanien, Australien. Museum für Völkerkunde, Wien* (Wien, 1967); Hanns Peter, Zur Geschichte der Wiener Polynesien-Sammlung, in: Ders. (Hrsg.), *Polynesier, Vikinger der Südsee. Katalog zur gleichnamigen Ausstellung des Museums für Völkerkunde Wien* (Wien, 1992).

（9）Das Museum für Völkerkunde in Wien, *Das Museum*, S. 9.

（10）Hogan, *Bravo*, pp. 102-108.

（11）Georg Schifko, Überlegungen zur unterschiedlichen Präsentation von Andreas Reischeks anthropologischer Sammeltätigkeit in *Sterbende Welt* (1924) und *Weißer Häuptling der Maori*

(1955). Ein Beitrag zur Biographieforschung, in: *Baessler-Archiv*, 52 (2004).

(12) Michael King, *The Collector: Andreas Reischek: A Biography* (Auckland/ London/ Sydney, 1981), pp. 91-106, 161-174; Erich Kolig, *Umstrittene Würde. Andreas Reischek, der Neuseeland-Forscher aus dem Oberösterreichischen Mühlviertel (1845-1902)* [*Wiener Ethnohistorische Blätter,* Heft 41] (Wien, 1996), S. 104-126.

(13) Id., Collector or Thief: Andreas Reischek in New Zealand and the Problem of Scientific Ethics in the 19th Century, in: *Archiv für Völkerkunde*, 39 (1985); Id., Andreas Reischek and the Maori: Villainy on the Nineteenth-Century Scientific Ethos?, in: *Pacific Studies*, 10-1 (1986); Ders., Der Österreicher Andreas Reischek in Neuseeland. Ehrenhäuptling oder Erzfeind der Maori?, in: *Novara. Mitteilungen der Österreichisch-Südpazifischen Gesellschaft*, Bd. 1.

(14) King, *The Collector*, pp. 104-106; Schifko, Überlegungen zur unterschiedlichen Präsentation, S. 41, 43.

(15) King, *The Collector*, pp. 92-93; Georg Schifko, Überlegungen zum möglichen Einfluss von Ferdinand v. Hochstetter auf Andreas Reischeks anthropologische Sammeltätigkeit, in: *MAGW*, 136/137 (2006/2007); Christa Riedl-Dorn, Austrian Scientists in New Zealand - with an Emphasis on Three Lesser Known Members (Frauenfeld, Jelinek, Selleny) of the Novara Expedition, in: Braund (ed.), *Ferdinand Hochstetter and the Contribution*, pp. 182-186.

(16) このようなつながりは、当時の西洋社会で一般的に見られる植民地主義の実践であった。Wintle, *Colonial Collecting and Display*.

(17) Dominic Thomas (ed.), *Museums in Postcolonial Europe* (London/ New York, 2010).

(18) King, *The Collector*, pp. 168-169; Kolig, *Umstrittene Würde*, S. 113.

(19) 永原陽子編『「植民地責任」論　脱植民地化の比較史』青木書店、2009 年。

(20) Sauer (Hrsg.), *k. u. k. kolonial*.

(21) Eugen Oberhummer, Rudolf Pöch (gestorben am 4. März 1921), in: *MAGW*, 51 (1921), S. 98-99; Emilie Horowitz, Die R. Poech'sche Sammlung von Schädeln aus Deutsch-Neu-Guinea, Diss., Uni. Wien (1924); Josef Wastl, *Neu-Guinea, Land und Leute. Mit einer Lebensbeschreibung des ostmärkischen Forschers Rudolf Pöch* (Wien, 1940).

(22) Rudolf Pöch, Erster Bericht von meiner Reise nach Neu-Guinea über die Zeit vom 6. Juni 1904 bis zum 25. März 1905, in: *Sitzungsbericht der kaiserlichen Akademie der Wissenschaften in Wien. Mathematisch-naturwissenschaftlichen Classe*. Erste Abtheilung, 114 (1905); Ders., Zweiter Bericht über meine Reise nach Neu-Guinea über die Zeit vom 26. März 1905 bis zum 21. Juni (Bismarck-Archipel, 20. März bis 14. Juni) 1905, in: *Sitzungsbericht der kaiserlichen Akademie der Wissenschaften in Wien. Mathematisch-naturwissenschaftlichen Classe*. Erste Abtheilung, 114 (1905); Ders., Dritter Bericht über meine Reise nach Neu-Guinea (Neu-Süd-Wales, vom 21. Juni bis 6. September 1905, Britisch-Salomonsinseln und Britisch-Neu-Guinea bis zum 31. Jänner 1906), in: *Sitzungsbericht der kaiserlichen Akademie der Wissenschaften in Wien. Mathematisch-naturwissenschaftlichen Classe*. Erste Abtheilung, 115 (1906); Ders., *Studien an Eingeborenen von Neu-Südwales und an australischen Schädeln* (Wien, 1915); A. A. Abbie, Rudolf Pöch, in: *Oceania*, 33-2 (1962); Johann Szilvássy/ Paul Spindler/ Herbert Kritscher, Rudolf Pöch. Arzt, Anthropologe und Ethnograph, in: *Annalen des Naturhistorischen Museums in Wien*, 83 (1980), S.

755.

（23）Rudolf Pöch, Travels in German, British, and Dutch New Guinea, in: *The Geographical Journal*, 30 (1907), p. 612.

（24）Das Museum für Völkerkunde in Wien, *Das Museum*, S. 13.

（25）Hans Ernst Pfeiffer (Hrsg.), *Heiß war der Tag. Das Kolonialbuch für das junge Deutschland*, 2. umgearb. Aufl. (Leipzig, [1938]), S. 123.

（26）Rudolf Pöch, Naturwissenschaftliche und Anthropologische Beobachtungen auf einer zweijährigen Reise durch Neu-Guinea und Australien. Vortrag mit Demonstration von Objekten und Vorführung von Lichtbildern, gehalten von Dr. RUDOLF PÖCH am 7. Mai 1907, in: *Mitteilungen des naturwissenschaftlichen Vereines an der Universität Wien*, 5 (1907), S. 124-126.

（27）清水昭俊「植民地的状況と人類学」同他『思想化される周辺世界』、6 頁。

（28）ウィーン民族学博物館のコレクション拡大に寄与した 4 人の収集者（ヨハン・ナッテラー、アレクサンダー・クキッチ、オスカー・バウマン、ヨゼフ・ハース）をとり上げたグリゴロヴィチも、彼らの収集活動の背後には、金銭や爵位に対する個人的な欲望の他に、植民地主義の時代精神が深く関係していたことを看破している。Andreas Grigorowicz, Zufall und Notwendigkeit bei der Entstehung ethnographischer Sammlungen, in: *Archiv für Völkerkunde*, 32 (1978).

（29）Josef Weninger, Das Denkmal für Rudolf Pöch an der Wiener Universität, in: *MAGW*, 63 (1933), S. 253-259; Ders., 25 Jahre Anthropologisches Institut an der Universität in Wien, in: *MAGW*, 68 (1938). この問題に関しては、ペッヒの人類学研究や他者認識のなかに人種主義を見出し、人類学とナチズムの関係にまで議論を広げた以下の研究が示唆に富む。Andreas Gschwendtner, Frühe Wurzeln für Rassismus und Ideologie in der Anthropologie der Jahrhundertwende am Beispiel des wissenschaftlichen Werkes des Anthropologen und Ethnographen Rudolf Pöch, in: Claudia Lepp (Hrsg.), *Von Grenzen und Ausgrenzung. Interdisziplinäre Beiträge zum Thema Minderheiten und Fremdenfeindlichkeit* (Marburg, 1997).

（30）このような国境を越えた人材の相互移動は、特に言語を同じくするドイツ語圏の諸国で盛んであった。その代表的な例として、ドイツの著名な地理学・地質学者フェルディナント・フォン・リヒトホーフェン（Ferdinand von Richthofen）を挙げることができる。プロイセン出身の彼は、20 代の頃ウィーンの帝国地質学研究所に在籍し研鑽を積んだ。そこでの研究が評価され、本国プロイセンが 1859 年に東アジア遠征を計画した際、26 歳の若さで遠征隊の地理学・地質学責任者に抜擢された。さらにリヒトホーフェンは、1873 年にウィーン地理学会の名誉会員に選ばれ、1903 年には同会最高の栄誉であるハウアー・メダル（Franz von Hauer-Medaille）を授与された。彼が生涯ウィーンの学界と深い関係を持ち続けていたことは、地質学研究所在籍時の同僚であるホッホシュテッターとの交友関係にも表れている。たとえば、ホッホシュテッターのユーラシア鉄道構想（ロンドン〜上海）の土台となる情報の多くはリヒトホーフェンからもたらされたものであった。Ferdinand von Hochstetter, *Asien, seine Zukunftsbahnen und seine Kohlenschätze* (Wien, 1876); Christian Staudacher, „Ad honorem causa". Ehrungen, Auszeichnungen und wissenschaftliche Preise, in: Kretschmer/ Fasching (Hrsg.), *Österreich in der Welt*, S. 149, 168.

（31）K. k. Marine-technischen Comité, *Transoceanische Reise S. M. Corvette „Saida" in den Jahren*

1884-1886 (Pola, 1886), S. 34-50.

(32) Leopold von Jedina, *Um Afrika. Skizzen von der Reise Sr. Majestät Corvette „Helgoland" in den Jahren 1873-75* (Wien/ Pest/ Leipzig, 1877), S. 11-12; Jerolim Freiherrn von Benko, *Reise S. M. Schiffes „Zrinyi" über Malta, Tanger und Teneriffa nach Westindien in den Jahren 1885 und 1886* (Pola, 1887), S. 2; Leopold von Jedina, *An Asiens Küsten und Fürstenhöfen. Tagebuchblätter von der Reise Sr. Maj. Schiffes „Fasana" und über den Aufenthalt an asiatischen Höfen in den Jahren 1887, 1888 und 1889* (Wien/ Olmütz, 1891), S. 5.

(33) Erwin Matsch, *Der Auswärtige Dienst von Österreich (-Ungarn) 1720-1920* (Wien/ Köln/ Graz, 1986), S. 164.

(34) Sondhaus, *The Naval Policy*, pp. 87-89.

(35) Jerolim Freiherrn von Benko, *Reise S. M. Schiffes „Albatros" unter Commando des k. k. Fregatten-Kapitäns Arthur Müldner nach Süd-Amerika, dem Caplande und West-Afrika 1885-1886* (Pola, 1889), S. 3. 当時の軍艦の水兵の構成は、主にイストリア、クロアチア、ダルマチア、ハンガリー、ベーメン（ボヘミア）、メーレン（モラヴィア）、ブコヴィナ、ポーランドなど多様な地方の出身者であった。Rudi Palla, *Die Weltreise seiner Majestät Korvette Saida in den Jahren 1884-1886* (Wien/ München, 2011), S. 35; Sondhaus, *The Naval Policy*, pp. 81-82, 134.

(36) Alexander Dorn, *Kriegsmarine und Volkswirthschaft in Oesterreich-Ungarn* (Wien, 1885), S. 126.

(37) Ebenda, S. 8-12.

(38) Benko, *Reise S. M. Schiffes „Zrinyi" über Malta, Tanger und Teneriffa nach Westindien*, S. 2, 214; Hydrographischen Amte der kaiserlichen und königlichen Kriegs-Marine, Abthlg. Seekarten-Depot (Hrsg.), *Kundmachungen für Seefahrer*, Jahrgang 1892 (Pola, 1892).

(39) K. k. Marine-technischen Comité, *Transoceanische Reise*, S. 3-4, 33-34.

(40) Hermann Marchetti, *Die Erdumsegelung S. M. Schiffes „Saida" in den Jahren 1890, 1891, 1892* (Wien, 1894), S. 3-5, 511-513.

(41) Hamann, Die österreichische Kriegsmarine, S. 72; Grigorowicz, Zufall und Notwendigkeit, S. 105-108.

(42) Franz von Hauer, Jahresbericht für 1886, in: *Annalen des k. k. Naturhistorischen Hofmuseums*, 2 (1887), S. 3; Benko, *Reise S. M. Schiffes „Zrinyi" über Malta, Tanger und Teneriffa nach Westindien*, S. 3; Das Museum für Völkerkunde in Wien, *Das Museum*, S. 23.

(43) Franz Ferdinand Erzherzog von Österreich-Este, *Tagebuch meiner Reise um die Erde 1892-1893*, 2 Bde. (Wien, 1895-1896); Hamann, *Das Naturhistorische Museum*, S. 67-68; Irmgard Moschner, Bemerkenswerte Objekte der Sammlung Franz Ferdinand von Österreich-Este aus Melanesien, in: *Archiv für Völkerkunde*, 19 (1964/65).

(44) Rathschläge für anthropologische Untersuchungen auf Expeditionen der Marine. Auf Veranlassung des Chefs der Kaiserlich Deutschen Admiralität ausgearbeitet von der Berliner Gesellschaft für Anthropologie, Ethnologie und Urgeschichte, in: *Zeitschrift für Ethnologie*, 4 (1872); Hydrographischen Amt des Reichs-Marine-Amts, *Die Forschungsreise S. M. S. „Gazelle"*; Reichs-Marine-Amt, *Forschungsreise S. M. S. „Planet" 1906/07*, 5 Bde. (Berlin, 1909); Axel Grießmer, Die Kaiserliche Marine entdeckt die Welt. Forschungsreisen und Vermessungsfahrten

im Spannungsfeld von Militär und Wissenschaft (1874 bis 1914), in: *Militärgeschichtliche Zeitschrift*, 59 (2000); Richard Corfield, *The Silent Landscape: The Scientific Voyage of HMS Challenger* (Washington D. C., 2003); Anette Schade, Fragen, Sammeln, Fotografieren. Die Deutsche Marine-Expedition nach Neuirland (1907-1909), in: Markus Schindlbeck (Hrsg.), *Expeditionen in die Südsee. Begleitbuch zur Ausstellung und Geschichte der Südsee-Sammlung des Ethnologischen Museums* (Berlin, 2007).

(45) Benko, *Reise S. M. Schiffes „Albatros"*, S. 1-3; Sondhaus, *The Naval Policy*, pp. 40-41.

(46) Karin Winter, *Österreichische Spuren in der Südsee. Die Missionsreise von S. M. S. Albatros in den Jahren 1895-1898 und ihre ökonomischen Hintergründe* (Wien/ Graz, 2005).

(47) Ebenda, S. 13-27, 41-53, 73-90; Wagner, Österreichische Kolonialversuche, S. 164-181.

(48) J. von Mauler/ Wilhelm Kesslitz, Die Missions-Reise S. M. Schiff «Albatros» 1895-1898, in: *Abhandlungen der k. k. geographischen Gesellschaft in Wien*, 1 (1899), S. 377-378.

(49) Winter, *Österreichische Spuren in der Südsee*, S. 117-120, 189-190.

(50) Ebenda, S. 136-143; Mauler/ Kesslitz, Die Missions-Reise, S. 411-418.

(51) Otto Mielke/ Albert Röhr, *Österreichisches Kanonenboot »Albatros«. Kampf mit melanesischen Kannibalen* (München, 1958), S. 27; Hamann, Die österreichische Kriegsmarine, S. 72-73.

(52) Wagner, Österreichische Kolonialversuche, S. 186-187.

(53) Mauler/ Kesslitz, Die Missions-Reise, S. 384; Mielke/ Röhr, *Österreichisches Kanonenboot »Albatros«*, S. 7; Winter, *Österreichische Spuren in der Südsee*, S. 121, 129, 138.

(54) これらイギリスの帝国ネットワークは、近隣に広大な植民地を有するライバル国ドイツの帝国支配をも支えていた。Ian McGibbon, Besuche der deutschen Kriegsmarine in Neuseeland, in: Bade (Hrsg.), *Eine Welt für sich*; 拙稿「第一次世界大戦前のドイツ海軍と太平洋のイギリス植民地　海軍を媒介とする帝国支配者の協調」『現代史研究』61、2015年、同「太平洋におけるドイツ植民地帝国の電信ネットワーク　コミュニケーション環境から見たグローバル帝国の実像」『政治経済史学』588、2015年。

(55) *Neue Freie Presse*, 24. 10. 1896 Nr. 11555, Der Ueberfall auf die Expedition des „Albatros".

(56) Ebenda, 10. 11. 1896 Nr. 11572, Der Ueberfall auf die Expedition des „Albatros"; W. Z., 10. 11. 1896 Nr. 261, Der Ueberfall auf das Expeditions-Corps des „Albatros".

(57) *Neue Freie Presse*, 30. 11. 1896 Nr. 11592 Abendblatt, Bericht von Augenzeugen über die Katastrophe des „Albatros".

(58) Winter, *Österreichische Spuren in der Südsee*, S. 153-154.

(59) Ebenda, S. 152-153, 162.

(60) Mielke/ Röhr, *Österreichisches Kanonenboot »Albatros«*, S. 23.

(61) 鉱物資源の採掘を念頭に、オーストリア＝ハンガリーがガダルカナル島での土地購入を模索していた様子については、ヴァーグナーの研究が詳細に跡づけている。Wagner, Österreichische Kolonialversuche, S. 181-198.

(62) Mielke/ Röhr, *Österreichisches Kanonenboot »Albatros«*, S. 23.

(63) Dorn, *Kriegsmarine und Volkswirthschaft*, S. 125-126.

(64) Ebenda, S. 6.

(65) Oscar Baumann, *Durch Massailand zur Nilquelle. Reisen und Forschungen der Massai-*

Expedition des deutschen Antisklaverei-Komite in den Jahren 1891-1893 (New York, 1968 [org. 1894]), S. 97.

(66) Mauler/ Kesslitz, Die Missions-Reise, S. 421; Mielke/ Röhr, *Österreichisches Kanonenboot »Albatros«*, S. 30, 32; Winter, *Österreichische Spuren in der Südsee*, S. 267-272. 同様に、戦闘に巻き込まれて命を落とした現地人の道案内役に対する哀悼の念も欠落していた。それゆえ、遠征隊側の死者は実際のところ6名であったが、石碑には5名のオーストリア＝ハンガリー人の名前しか記されていない。

(67) 19世紀後半から20世紀初頭にかけてのハプスブルク帝国と東アジアの関係に関しては、以下のような研究がある。Reinhold Lorenz, *Japan und Mitteleuropa. Von Solferino bis zur Wiener Weltausstellung 1859-73* (Brünn/ München/ Wien, 1944); Kyu Ha Lee, China und Österreich-Ungarn. Die politischen, diplomatischen, militärischen, wirtschaftlichen und kulturellen Beziehungen von ihrer Aufnahme (1869) bis zum Ausbruch des Ersten Weltkrieges, Diss., Uni. Wien (1971); Peter Pantzer, *Hundert Jahre Japan-Österreich* (Tokyo, 1970); Ders., *Japan und Österreich-Ungarn. Die diplomatischen, wirtschaftlichen und kulturellen Beziehungen von ihrer Aufnahme bis zum Ersten Weltkrieg* (Wien, 1973)［パンツァー2書の合本邦訳版：ペーター・パンツァー著、竹内精一、芹沢ユリア訳『日本オーストリア関係史』創造社、1984年］; Gerd Kaminski/ Else Unterrieder, *Von Österreichern und Chinesen* (Wien/ München/ Zürich, 1980); Georg Lehner, Beiträge zur Geschichte der k. (u.) k. Konsularvertretungen in China. Von der Mitte des 19. Jahrhunderts bis zum Ende des Ersten Weltkrieges, Diss., Uni. Wien (1995); Ders./ M. Lehner, Österreich-Ungarn und der 'Boxeraufstand; Gerd Kaminski, Das Chinabild der Österreicher, in: Ders./ Barbara Kreissl (Hrsg.), *Österreich-China. Geschichte einer 300 jährigen Beziehung* (Wien, 1996); 島田昌幸「オーストリア＝ハンガリーの『六国借款団』加入問題 (1912)　その背景・目的と列強諸国の反応」『法学政治学論究』（慶應義塾大学）60、2004年、同「オーストリア＝ハンガリー外交における日本の位置付け　ボスニア併合危機期を中心に (1908 ～ 1909)」『法学政治学論究』（慶應義塾大学）62、2004年。

(68) Karl von Scherzer, *Fachmännische Berichte österreichisch-ungarische Expedition nach Siam, China und Japan (1868-1871)* (Stuttgart, 1872).

(69) Mayer/ Winkler, *Rot-weiß-rote Weltreisen*, S. 52-63.

(70) 中国に対するオーストリア＝ハンガリー経済界の無関心と貿易の不振、現地在住商人の苦悩については以下を参照。Kaminski/ Unterrieder, *Von Österreichern und Chinesen*, S. 445ff.

(71) Josef von Lehnert, *Um die Erde. Reiseskizzen von der Erdumseglung mit S. M. Corvette „Erzherzog Friedrich" in den Jahren 1874, 1875 und 1876*, 2 Bde. (Wien, 1878), Bd. 1, S. 223.

(72) Wagner, Österreichische Kolonialversuche, S. 227-228; Kaminski/ Unterrieder, *Von Österreichern und Chinesen*, S. 296-298; Matsch, *Der Auswärtige Dienst*, S. 130-131.

(73) Kaminski/ Unterrieder, *Von Österreichern und Chinesen*, S. 185-200; Wilhelm Donko, *Österreichs Kriegsmarine in Fernost. Alle Fahrten von Schiffen der k.(u.)k. Kriegsmarine nach Ostasien, Australien und Ozeanien von 1820 bis 1914* (Berlin, 2013), S. 430-433. 1880年代以降、オーストリア海軍の活動領域が大西洋を越え、世界遠征の頻度が増している背景には、1883年に海軍の総司令官（国防省海軍部長兼任）に就任したマクシミリアン・

フォン・シュテルネック（Maximilian Daublebsky von Sterneck：在任 1883 − 1897 年）の意向が大きく働いている。マクシミリアン大公やヴュラーシュトルフの流れを汲む彼は、通商拡大のために海軍が果たす役割を十分認識し、軍艦の海外展開に積極的であった。Redaction der „Mittheilungen aus dem Gebiete des Seewesens“, *Reise S. M. Kanonenboot „Albatros“ in rothen Meere, in den ostindischen und chinesischen Gewässern in den Jahren 1884-1885* (Pola, 1885), S. 25; Jerolim Freiherrn von Benko, *Die Reise S. M. Schiffes „Zriny“ nach Ost-Asien 1890-1891* (Wien, 1893), S. 5-7; Wagner, Österreichische Kolonialversuche, S. 155-162; Sondhaus, *The Naval Policy*, p. 83, 138-139.

（74）当時の西洋では、軍艦や艦隊の管轄水域のことを一般に「ステーション」と呼んでいた。横井勝彦『アジアの海の大英帝国　19 世紀海洋支配の構図』講談社学術文庫、2004 年。なお、ハプスブルク帝国の欧州域外ステーションはこの東アジア水域のみで、それ以外の外洋（アメリカ大陸、西インド、アフリカ、オセアニア）に時折派遣される軍艦は、ステーション軍艦のカテゴリーに含まれていない。

（75）Sondhaus, *The Naval Policy*, p. 139.

（76）Richard Georg Plaschka, Von Pola nach Taku. Der Druck der Mächte auf China 1900 und Österreich-Ungarns Beteiligung an der Maritimen Intervention, in: *Österreich zur See* [*Schriften des Heeresgeschichtlichen Museums*, 8](1980), S. 46-53; Sondhaus, *The Naval Policy*, p. 140; G. Lehner/ M. Lehner, *Österreich-Ungarn und der „Boxeraufstand“*, S. 91-96, 133-139; Claudia Ham/ Christian Ortner (Hrsg.), *Mit S. M. S. Zenta in China. „Mich hatte auch diesmal der Tod nicht gewollt.“ Aus dem Tagebuch eines k. u. k. Matrosen während des Boxeraufstands* (Wien, 2000), S. 43ff.

（77）Theodor von Winterhalder, *Kämpfe in China. Eine Darstellung der Wirren und der Betheiligung von Österreich-Ungarns Seemacht an ihrer Niederwerfung in den Jahren 1900-1901* (Wien/ Budapest, 1902); G. Lehner/ M. Lehner, *Österreich-Ungarn und der „Boxeraufstand“*, S. 139-151.

（78）Plaschka, Von Pola nach Taku, S. 47.

（79）Alfred von Koudelka, *Unsere Kriegs-Marine* (Wien, 1899), S. 1.

（80）Kaminski/ Unterrieder, *Von Österreichern und Chinesen*, S. 499-513; Sondhaus, *The Naval Policy*, pp. 141-142.

（81）Ebenda; Jerolim Freiherrn von Benko, *Die Reise S. M. Schiffes „Frundsberg“ in Rothen Meere und den Küsten von Vorderindien und Ceylon in den Jahren 1885-1886* (Pola, 1888), S. 2; Ders., *Die Schiffs-Station der k. und k. Kriegs-Marine in Ost-Asien. Reise S. M. Schiffe „Nautilus“ und „Aurora“ 1884-1888* (Wien, 1892), S. 210; Georg Pawlik, *Im Taifun beinahe gekentert. Die abenteuerliche Reise der k. u. k. Korvette Fasana in den Jahren 1891-1895* (Wien, 2002), S. 19-20.

（82）Benko, *Die Reise S. M. Schiffes „Zriny“ nach Ost-Asien,* S. 7.

（83）Redaction der „Mittheilungen aus dem Gebiete des Seewesens“, *Reise S. M. Kanonenboot „Albatros“*, S. 25; Benko, *Die Reise S. M. Schiffes „Zriny“ nach Ost-Asien*, S. 5-6.

（84）Wagner, Österreichische Kolonialversuche, S. 101-148, 164-198, 206-246.

（85）Jerolim von Benko, *Admiral Max Freiherr von Sterneck. Erinnerungen aus den Jahren 1847-1897* [hrsg. von seiner Witwe] (Wien/ Pest/ Leipzig, 1901), S. 227.

(86) Wagner, Österreichische Kolonialversuche, S. 225-246; Lee, China und Österreich-Ungarn, S. 55-86; Klein, Weltpolitische Ambitionen, S. 279-282; Kaminski/ Unterrieder, *Von Österreichern und Chinesen*, S. 204-210; Kolm, *Die Ambitionen*, S. 87-90. この拠点植民地計画に対して、北京公使館の書記官であり優れた中国学者でもあったアルトゥル・ロストホルン（Arthur von Rosthorn）は、貿易拠点としてはすでに中国沿岸に20もの条約港があり、また、拠点を獲得した場合には、海軍の軍拡を伴う艦隊配置や石炭確保の必要性があることを挙げて、本国政府に慎重な態度を求めていた。Kaminski, *Der Boxeraufstand,* S. 33.

(87) Křížek, Beitrag zur Geschichte der Entstehung; Konrad Canis, Probleme der Imperialismusentwicklung in Deutschland und Österreich-Ungarn, in: Helmut Konrad (Hrsg.), *Imperialismus und Arbeiterbewegung in Deutschland und Österreich. Protokoll des 4. bilateralen Symposiums DDR-Österreich vom 3. bis 7. Juni 1985 in Graz* (Wien, 1985), S. 17-18.

(88) Kolm, *Die Ambitionen*, S. 254-262.

(89) Ebenda, S. 262-270, 284-287; Sondhaus, *The Naval Policy*, pp. 56-58, 145-147. ただし、19世紀中葉に海上交通の促進を唱えたコシュートの例に示されるように、時としてハンガリーでも、海洋進出やフィウメ港の活用を説く主張が見られたのも事実である。実際、20世紀初頭には膨張や艦隊増強への支持がハンガリーでも徐々に高まっていた。Richard Plaschka, Das Meer im Süden. Ein Gemeinsamer Akzent der ungarischen und österreichischen Geschichte, in: Österreichisches Ost- und Südosteuropa-Institut, *Nationalismus-Staatsgewalt-Widerstand. Aspekte nationaler und sozialer Entwicklung in Ostmittel- und Südosteuropa. Festgabe zum 60. Geburtstag* (Wien, 1985), S. 52ff.

(90) Kolm, *Die Ambitionen*, S. 270-274. オーストリアの帝国主義における多民族国家やナショナリズムの問題に関しては、以下の議論も参照。Canis, Probleme der Imperialismusentwicklung, S. 21-22.

(91) Kolm, *Die Ambitionen*, S. 274-276, 295-296.

(92) 熊谷一男「レーニンによる『ユンカー的＝ブルジョア的ドイツ』の把握について　付論・レーニンによる『オーストリア＝ハンガリー帝国主義』の把握について」『経営論集』（明治大学）18-1/2/3、1971年。

(93) Kolm, *Die Ambitionen*, S. 276-280.

(94) Ebenda, S. 287-291; Walter Sauer, Habsburg Colonial: Austria-Hungary's Role in European Overseas Expansion Reconsidered, in: *Austrian Studies*, 20 (2012), p. 17.

(95) Wagner, Österreichische Kolonialversuche, S. 101-148; Klein, Weltpolitische Ambitionen, S. 265-275.

(96) Simon Loidl, Colonialism through Emigration: Publications and Activities of the Österreichisch-Ungarische Kolonialgesellschaft (1894-1918), in: *Austrian Studies*, 20 (2012).

(97) オーストリアの外交政策において、国内事情こそが最も重要な動因であることをルムプラーは以下のように指摘する。「多民族国家としての内政上の問題こそが、オーストリア＝ハンガリーの外交政策において、他よりも抜きん出た中心的な決定要因であった。外務省は、いわばこの問題に手足を強固に縛られていたのである。オーストリア＝ハンガリーは、『内政の優位』の典型例を示している。［中略］オーストリア＝ハンガリー帝国の外交政策は、いつ何時でもハプスブルク国家の内政上の問

題の発露であり、常に政治的、社会的な危機管理そのものであった。それゆえ、権力政治に対する禁欲がこの国の対外政策を静的、防御的にしたわけではなかった」。Helmut Rumpler, Die rechtlich-organisatorischen und sozialen Rahmenbedingungen für die Aussenpolitik der Habsburgermonarchie 1848-1918, in: Adam Wandruszka/ Peter Urbanitsch (Hrsg.), *Die Habsburgermonarchie im System der Internationalen Beziehungen*, 1. Teilband [*Die Habsburgermonarchie 1848-1918*, Bd. 6/1] (Wien, 1989), S. 119-121.

（98）Franz Graf von Kuefstein, *Die Entwicklung zur Weltwirtschaft und der österreichisch-ungarische Ausgleich* (Wien, 1899), S. 49-50, 64-68.

（99）Gerd Kaminski, Die k. u. k. Kriegsmarine in China. Aoguo Bing Ting Hao, in: *Militaria Austriaca*, 13 (1993).

（100）G. Lehner/ M. Lehner, *Österreich-Ungarn und der „Boxeraufstand"*, S. 170-171.

（101）Kolm, *Die Ambitionen*, S. 96-97. 植民地非保有国という特殊な立場が対外政策においてメリットになり得ることは、当時のオーストリア＝ハンガリー人が広く自覚するところであった。たとえば、第一次世界大戦前に小アジア進出政策を画策した外務省は、列強のなかで唯一植民地政策を追求していない自国が信頼できる交渉相手であることをトルコに印象づけようとしていた。Bridge, Tarde venientibus ossa, pp. 322-323.

（102）Rolf-Harald Wippich, *Japan und die deutsche Fernostpolitik 1894-1898. Vom Ausbruch des Chinesisch-Japanischen Krieges bis zur Besetzung der Kiautschou-Bucht. Ein Beitrag zur Wilhelminischen Weltpolitik* (Stuttgart, 1987), S. 27-58.

（103）G. Lehner/ M. Lehner, *Österreich-Ungarn und der „Boxeraufstand"*, S. 664.

（104）ÖStA/KA MS/OK 1900, II-4/1, Information für den Commandanten der k. u. k. Escadre in Ost-Asien, 19. 7. 1900, Nr.1529.

第6章

（1）Erwin Sieche, *Rot-Weiss-Rot auf Gelbem Meer. Tsingtau 1914* [*Österreichische Militärgeschichte*, 1996, Folge 4] (Wien, 1996); Pantzer, Mit der k. u. k. Kriegsmarine zu Besuch im Japanischen Kaiserreich, S. 67-72; Wilhelm Donko, *Japan im Krieg gegen Österreich-Ungarn 1914-18. Die k. u. k. Kriegsmarine im Kampf gegen Japans Streitkräfte in Ostasien und im Mittelmeer* (Berlin, 2014); 大津留厚、藤原龍雄、福島幸宏『青野原俘虜収容所の世界　第一次世界大戦とオーストリア捕虜兵』山川出版社、2007年。

（2）Pantzer, *Japan und Österreich-Ungarn*, S. 166〔邦訳：174頁〕.

（3）同様の傾向はドイツの海軍史研究にもいえ、「砲艦外交」、示威行動、封鎖、上陸、制圧、「懲罰遠征」といった側面に主眼が置かれる一方、平素の非軍事的活動をとり上げたものはほとんどない。拙稿「第一次世界大戦前のアジア・太平洋地域におけるドイツ海軍東洋巡洋艦隊の平時の活動と役割」『政経論叢』（明治大学）77-3/4、2009年。

（4）たとえば、ハプスブルク帝国海軍について書かれた代表的な研究書である以下の著作を参照。Sondhaus, *The Naval Policy*, p.45, 55, 61, 128, 139-140, 146.

（5）たとえば、籠谷直人、脇村孝平編『帝国とアジア・ネットワーク　長期の19世紀』世

界思想社、2009 年、松浦章『汽船の時代　近代東アジア海域』清文堂、2013 年、村上衛『海の近代中国　福建人の活動とイギリス・清朝』名古屋大学出版会、2013 年など最近の諸研究を参照。同様に欧米の学界でも、グローバルに活動する海軍同士の接触や日常の交流に関しては従来関心が向けられていなかったが、近年になって文化・社会史の側面から新たな研究が登場している。Cindy McCreery, Neighbourly Relations: Nineteenth-Century Western Navies' Interactions in the Asia-Pacific Region, in: Robert Aldrich/ Kirsten McKenzie (eds.), *The Routledge History of Western Empires* (London/ New York, 2014).

(6) 本章で主に利用するオーストリア国立公文書館所蔵の海軍部文書に関しては以下を参照。Walter Wagner, Das Archiv der k. u. k. Kriegsmarine im Kriegsarchiv Wien, in: *Revue Internationale d'Histoire Militaire*, 45 (1980); Peter Jung, „Archivalien auf Tauchstation." Tatsächliche und vermeintliche Aktenverluste der k. u. k. Kriegsmarine nach 1918, in: *Mitteilungen des Österreichischen Staatsarchivs*, 49 (2001).

(7) ÖStA/KA MS/OK 1902, I-1/1, S. M. Schiff Kaiser Karl VI (Dreger) an das k. u. k. Reichs-Kriegs-Ministerium, Marine Section（以下、KK an MS と略記）, 25. 10. 1902, Nr.89, V-6/22, S. M. Schiff Kaiserin u. Königin Maria Theresia (Schwarz) an das k. u. k. Reichs-Kriegs-Ministerium, Marine Section（以下、MT an MS と略記）, 6. 11. 1902, Nr.199 Bl.220; ÖStA/KA MS/OK 1903, V-7/2, S. M. Schiff Aspern (Grinzenberger) an das k. u. k. Reichs-Kriegs-Ministerium, Marine Section（以下、AS an MS と略記）, 2. 10. 1903, Nr.155. なお、国立公文書館海軍史料の特殊事情として、巡洋艦カイゼリン・ウント・ケーニギン・マリア・テレジア（以下、単に「巡洋艦マリア・テレジア」と略記）の司令官定例報告書には、史料整理用のページ番号（Bl.）が付されているため脚註でそれを明示するが、その他のステーション軍艦の報告書にはこのような通し番号の記載がないため、日付と文書番号（Nr.）のみを記す。

(8) ただし、軍艦艦長を兼務していたため、通常この司令官職に就くのは海軍大佐の階級にある将校であった。それゆえ、将官を含意する「提督（Admiral)」の称号はつかず、司令官が少将以上の「提督」であった他の主要列強（イタリアを含む）のステーション体制とは異なる。

(9) 1903 年夏時点での内訳は、北京 173 名、天津 45 名、大沽に 3 名の兵士が配置され、加えて、直隷湾に碇泊する補給艦（義和団戦争時に現地調達しその後売却）に 11 名が振り分けられていた。ÖStA/KA MS/OK 1903, I-1/1, KK an MS, 14. 9. 1903, Nr.172.

(10) Frederic J. Patka, Eine Studie über die k. (u.) k. Marinepost 1789-1914. In Friedenszeiten, während der militärischen Operationen und auf den Auslandreisen, Diss., Uni. Wien (1989), S. 441-442.

(11) ÖStA/HHStA, Gesandtschaft Peking 99, Stationär 590-02, Oesterr.-Ung. General Consulat, 19. 11. 1902, Nr.1640, Stationär 195-03, S. M. Schiff Kaiser Karl VI an die hohe k. und k. Gesandtschaft Peking, 11. 4. 1903, Nr.627; ÖStA/KA MS/OK 1902, V-6/9, MT an MS, 6. 4. 1902, Nr.75 Bl.68, V-6/12, MT an MS, 24. 5. 1902, Nr.100 Bl.112-113; ÖStA/KA MS/OK 1903, V-6/9, KK an MS, 4. 5. 1903, Nr.96. その他に、日本の海域には東京駐在の公使と横浜領事が赴任しており、特別な事情がある場合には彼らから日本への来港が要請された。たとえば、1903 年に大阪で開催された内国勧業博覧会に際して、「ハプスブルク帝国の産業の能力

を物語る証として」ステーション軍艦の神戸寄港が駐日公使館より要請され司令官は応じている。ÖStA/KA MS/OK 1903, V-6/5, KK an MS, 4. 2. 1903, Nr.27. 一方、ステーション軍艦が日本の軍港や韓国（仁川、馬山浦）、ロシア（ウラジオストク、大連）の港に赴く際には、現地の在外公館を通じて行政当局に寄港許可の申請や入港通知を行なっていた。ÖStA/HHStA, Gesandtschaft Peking 99, Stationär 154-03, S. M. Schiff Kaiser Karl VI an Sr. Hochwohlgeboren Herrn k. u. k. Legationsrath Dr. von Rosthorn, 24. 3. 1903, Nr.60, Stationär 194-03, S. M. Schiff Kaiser Karl VI an k. u. k. österreichisch-ungarische Legation, 11. 4. 1903, Nr.77; ÖStA/KA MS/OK 1903, I-1/1, KK an MS, 14. 9. 1903, Nr.172.

（12）Pantzer, *Japan und Österreich-Ungarn*, S. 115〔邦訳：122 頁〕.

（13）Publizistisches Bureau des Österreichischen Lloyd (Hrsg.), *Fünfundsiebzig Jahre Österreichischer Lloyd. 1836-1911* (Triest, 1911), S. 103, 109, 114. オーストリア商船が香港に持ち込んだ貨物量は、1890 年代の間、約 3 倍に増加している。Gordian Gaeta, Austria in Hong Kong: Travel and Trade Perspectives 1821-1914, in: Id. (ed.), *Servus Hong Kong: Austria in and around the Pearl of the Orient* (Hong Kong, 2004), pp. 40-41.

（14）ÖStA/KA MS/OK 1902, XI-2/1, MT an MS, 12. 6. 1902, Nr.104 Bl.108-112.

（15）Kenneth J. Hagan, *American Gunboat Diplomacy and the Old Navy 1877-1889* (Westport, Conn./London, 1973); James Cable, *Gunboat Diplomacy 1919-1991: Political Applications of Limited Naval Force* (Basingstoke, 1994).

（16）1904 年にオセアニアへ派遣されることが決まっていた巡洋艦カイゼリン・エリーザベトに対して、外務省はニューカレドニアとニュージーランドの地名を挙げ、苦境に立っていると噂される居留民の現状調査を要請したが、解決に向けた示威行動は求めていない。ÖStA/KA MS/OK 1903, I-1/7, k. u. k. Ministerium des kaiserl. und königl. Hauses und des Aussern an MS, 26. 8. 1903, Nr.58.690/10, I-1/7, k. u. k. Ministerium des kaiserl. und königl. Hauses des Aussern an MS, 8. 9. 1903, Nr.59.732/10.

（17）ÖStA/HHStA, Gesandtschaft Peking 99, Stationär 142-03, Oesterr.-Ung. General-Consulat an k. u. k. Gesandtschaft Peking, 20. 3. 1903, Nr.432; ÖStA/KA MS/OK 1902, V-6/14, MT an MS, 1. 7. 1902, Nr.116 Bl.142, V-6/22 MT an MS, 6. 11. 1902, Nr.199 Bl.220; ÖStA/KA MS/OK 1903 ,V-6/2, KK an MS, 18. 11. 1902, Nr.101, V-6/7, KK an MS, 16. 3. 1903, Nr.55, V-6/11, KK an MS, 15. 6. 1903, Nr.120, V-6/15, KK an MS, 15. 8. 1903, Nr.161, V-6/16, KK an MS, 3. 9. 1903, Nr.165, V-7/8, AS an MS, 30. 11. 1903, Nr.197; ÖStA/KA MS/OK 1904, V-6/1, AS an MS, 16. 12. 1903, Nr.200, V-6/3, AS an MS, 16. 1. 1904, Nr.16.

（18）軍艦 10 隻以上を擁するドイツ東アジア巡洋艦隊の「砲艦政策」や居留民の直接保護に関しては、以下の研究を参照。Eberspächer, *Die deutsche Yangtse-Patrouille*.

（19）Kaminski/ Unterrieder, *Von Österreichern und Chinesen*, S. 499-502.

（20）ÖStA/KA MS/OK 1902, V-6/13, MT an MS, 12. 6. 1902, Nr.108 Bl.118, V-6/14, MT an MS, 1. 7. 1902, Nr.116 Bl.141, V-6/24, MT an MS, 6. 12. 1902, Nr.216 Bl.237, 239; ÖStA/KA MS/OK 1903, V-6/3, KK an MS, 1. 1. 1903, Nr.2, V-6/11, KK an MS, 15. 6. 1903, Nr.120, V-6/19, KK an MS, 1. 10. 1903, Nr.194, V-7/6, AS an MS, 8. 11. 1903, Nr.174; ÖStA/KA MS/OK 1904, V-6/1, AS an MS, 16. 12. 1903, Nr.200.

（21）なお、アジアにおける在外権益の少ないハプスブルク帝国は、自国の領事館を設置し

ていない南京、福州、厦門、長崎、神戸、函館といった主要な港湾都市では、19 世紀半ば以来の慣行としてイギリスの領事・副領事に利益代表や領事業務を委託していた。それゆえ、ステーション司令官が寄港地の行政機関に表敬訪問をする際、必然的にイギリスの外交官が随伴するのが通例となった。軍艦の諸港巡回は、自国とイギリスの利害が同一であることを現地当局に示し、東アジアで最大の影響力を誇るイギリスの「虎の威を借りる」効果も持っていたのである。ÖStA/KA MS/OK 1902, V-6/8, MT an MS, 20. 3. 1902, Nr.52 Bl.59-60, V-6/12, MT an MS, 24. 5. 1902, Nr.100 Bl.113, V-6/13, MT an MS, 12. 6. 1902, Nr.108 Bl.118, V-6/14, MT an MS, 1. 7. 1902, Nr.116 Bl.139-141; ÖStA/KA MS/OK 1903, V-6/2, KK an MS, 18. 11. 1902, Nr.101, V-6/3, KK an MS, 1. 1. 1903, Nr.2, V-6/6, KK an MS, 1. 3. 1903, Nr.39, V-6/8, KK an MS, 5. 4. 1903, Nr.72, V-6/10, KK an MS, 27. 5. 1903, Nr.112, V-6/11, KK an MS, 15. 6. 1903, Nr.120.

(22) 東アジアの列国海軍というと、これまでは軍艦保有数や勢力関係に関心が集まり、軍艦の物体としての側面に主眼が置かれてきた。相澤淳「東アジアの覇権と海軍力」和田春樹他編『岩波講座　東アジア近現代通史　日露戦争と韓国併合 19 世紀末－ 1900 年代』岩波書店、2010 年。最近では、マクリーリーの前述の研究が旧来の軍事史とは異なる新たなアプローチを提示しているが、そこでは 19 世紀のオーストラリア沿岸部に主眼が置かれ、列強の軍艦が密集した東アジア諸港に関しては深く言及されていない。McCreery, Neighbourly Relations.

(23) その内訳は、イギリス 3 隻、イタリア 6 隻、米中各 2 隻、独仏露日各 1 隻であった。また、上海における 73 日間の滞在中、さらに 16 隻の外国軍艦がこの地に入港したため、それらの軍艦ともその都度挨拶の儀礼が交わされた。ÖStA/KA MS/OK 1902, V-6/3, MT an MS, 31. 12. 1901, Nr.330, V-6/4, MT an MS, 15. 1. 1902, Nr.13, V-6/5, MT an MS, 28. 1. 1902, Nr.22, V-6/6, MT an MS, 14. 2. 1902, Nr.35, V-6/7, MT an MS, 28. 2. 1902, Nr.45.

(24) たとえば、ÖStA/KA MS/OK 1902, V-6/2, MT an MS, 11. 12. 1901, Nr.299, V-6/7, MT an MS, 28. 2. 1902, Nr.45 Bl.54, V-6/12, MT an MS, 24. 5. 1902, Nr.100; ÖStA/KA MS/OK 1903, V-6/7, KK an MS, 16. 3. 1903, Nr.55, V-6/9, KK an MS, 4. 5. 1903, Nr.96; *Der Ostasiatische Lloyd*, 30. 5. 1902 [16. Jahrg., S. 441], 6. 3. 1903 [17. Jahrg., S.402] など。

(25) ÖStA/KA MS/OK 1902, V-6/13, MT an MS, 12. 6. 1902, Nr.108 Bl.119-120.

(26) Ebenda, Bl.116-118.

(27) ÖStA/KA MS/OK 1902, V-6/14, MT an MS, 1. 7. 1902, Nr.116 Bl.140-141.

(28) ÖStA/KA MS/OK 1902, V-6/18, MT an MS, 31. 8. 1902, Nr.150 Bl.178-179.

(29) ÖStA/KA MS/OK 1902, V-6/15, MT an MS, 16. 7. 1902, Nr.126 Bl.147-148; ÖStA/KA MS/OK 1903, V-6/9, KK an MS, 4. 5. 1903, Nr.96.

(30) ÖStA/KA MS/OK 1902, V-6/2, MT an MS, 11. 12. 1901, Nr.299 Bl.12; ÖStA/KA MS/OK 1903, V-6/8, KK an MS, 5. 4. 1903, Nr.72.

(31) ÖStA/KA MS/OK 1902, V-6/13, MT an MS, 12. 6. 1902, Nr.108 Bl.120-121; ÖStA/KA MS/OK 1904, V-6/3, AS an MS, 16. 1. 1904, Nr.16.

(32) こうした同盟国に偏らない対外姿勢は、軍港の訪問に関してもいえ、ドイツの青島だけでなく威海衛（イギリス）、ウラジオストク（ロシア）、サイゴン（フランス）といった各国の根拠地を表敬訪問し、軍港司令部の首脳や幕僚と親密な交流を深めている。

ÖStA/KA MS/OK 1902, V-6/2, MT an MS, 11. 12. 1901, Nr.299 Bl.13, V-6/21, MT an MS, 19. 10. 1902, Nr.191 Bl.211-213; ÖStA/KA MS/OK 1903, V-6/11, KK an MS, 15. 6. 1903, Nr.120.

(33) ÖStA/KA MS/OK 1904, V-6/5, AS an MS, 18. 2. 1904, Nr.43. 東アジア情勢が不安定化したこの当時、ステーション司令官は香港や威海衛のイギリス海軍とも緊密に連絡をとり、不測の事態に備えていた。Ebenda.

(34) 拙稿「東アジア国際秩序における海軍の協働　辛亥革命時の国際連携とドイツ東アジア巡洋艦隊」『専修史学』60、2016年。

(35) こうした全列強との一体性や一致結束を最重要の行動指針とする姿勢は、義和団戦争派遣戦隊司令官への指示書にも明記されていた。ÖStA/KA MS/OK 1900, II-4/1, Information für den Commandanten der k. u. k. Escadre in Ost-Asien, 19. 7. 1900, Nr.1529.

(36) ÖStA/KA MS/OK 1902, V-6/14, MT an MS, 1. 7. 1902, Nr.116 Bl.142-143; *Der Ostasiatische Lloyd*, 4. 7. 1902 [16. Jahrg., S. 537].

(37) ÖStA/KA MS/OK 1912, V-2/3, S. M. S. Franz Josef I (Nauta) an MS, 16. 6. 1912, Nr.110, 1913, V-2/3, S. M. S. Franz Josef I (Nauta) an MS, 15. 6. 1913, Nr.91, 1914, V-2/3, S. M. S. Kaiserin Elisabeth (Makoviz) an MS, 31. 5. 1914, Nr.75; *The North-China Herald*, Jun. 6. 1914 [p. 766].

(38) Rudolf Agstner, Austria (-Hungary) and Her Consulate in Hong Kong 1854-1914, in: Gaeta (ed.), *Servus Hong Kong*, p. 20.

(39) 当時日本で発行された有力な英字新聞の一つであり、国際色豊かな神戸の様子を伝える同紙の概略については以下を参照。堀博、小出石史郎共訳、土居晴夫解説『ジャパン・クロニクル紙　ジュビリーナンバー　神戸外国人居留地』神戸新聞総合出版センター、1980年、84頁。

(40) *The Japan Chronicle*, 14. January 1903, No. 54 (Old No. 289), The Austrian Cruiser 'Kaiser Karl VI.'. この記事に見られる相互招待を通じた神戸外国人社会との親密な交流の様子は、司令官の定例報告からも確認できる。ÖStA/KA MS/OK 1903, V-6/4, KK an MS, 15. 1. 1903, Nr.10.

(41) ÖStA/KA MS/OK 1902, V-6/9, MT an MS, 6. 4. 1902, Nr.75 Bl.71, V-6/15, MT an MS, 16. 7. 1902, Nr.126 Bl.150; ÖStA/KA MS/OK 1903, V-6/2, KK an MS, 18. 11. 1902, Nr.101, V-6/5, KK an MS, 4. 2. 1903, Nr.27, V-6/6, KK an MS, 1. 3. 1903, Nr.39, V-6/7 KK an MS, 16. 3. 1903, Nr.55, V-6/9, KK an MS, 4. 5. 1903, Nr.96; ÖStA/KA MS/OK 1904, V-6/1, AS an MS, 16. 12. 1903, Nr.200. 当時、東アジアには、香港、上海、天津、神戸、横浜、シンガポールの各都市にドイツ・クラブが存在しており、それ以外の都市でも、インターナショナル・クラブで現地在住のドイツ人と接触する機会があった。Von der ostasiatischen Station. Dienstliches und Außerdienstliches, in: *Marine Rundschau*, 11-4 (1900), S. 434; Ricardo K. S. Mak, Nineteenth-Century German Community, in: Cindy Yik-yi Chu (ed.), *Foreign Communities in Hong Kong, 1840s-1950s* (New York, 2005), p.74.

(42) 数多くの軍艦を海外に展開したイギリス海軍を例にとっても、軍楽隊に関する研究は未だ本格的に進められていない。Trevor Herbert/ Helen Barlow, *Music & the British Military in the Long Nineteenth Century* (Oxford, 2013), p.15. 海外の植民地に駐屯するイギリス陸軍連隊付の軍楽隊に関しては、同書の第11章を参照。一方、近年盛んなグローバル史の研究においても、その「モビリティ」の対象となる音楽アクターは個人の演奏家

や歌手に限られ、軍艦と行動をともにする楽隊の「移動」には目が向けられていない。Jürgen Osterhammel, Globale Horizonte europäischer Kunstmusik, 1860-1930, in: *Geschichte und Gesellschaft*, 38-1 (2012).

(43) Emil Rameis, *Die österreichische Militärmusik. Von Ihren Anfängen bis zum Jahren 1918* (Tutzing, 1976); Eugen Brixel/ Gunther Martin/ Gottfried Pils, *Das ist Österreichs Militärmusik. Von der „Türkischen Musik“ zu den Philharmonikern in Uniform* (Graz/ Wien/ Köln, 1982). ハプスブルク帝国軍楽隊史の代表的な著作である上記2書を例にとると、海軍軍楽隊をテーマとする項目は、前者が全207頁のうち計8頁（S. 117-124）、後者は全384頁のうち計5頁（S. 179-183）に過ぎず、大半は陸軍軍楽隊に関する記述で埋められている。

(44) 筆者は海軍関係文書のその他のカテゴリー内も手探りで精査したが、軍楽隊の全容を解き明かす史料群は発見することができなかった。また、同文書館の海軍史料担当責任者であるベルンハルト・ヴェニンク博士（Dr. Bernhard Wenning）にもその所在を尋ねてみたが、同氏も把握していないとの回答を受けた。

(45) 上尾信也『音楽のヨーロッパ史』講談社現代新書、2000年。

(46) Ludwig Degele, *Die Miliärmusik. Ihr Werden und Wesen, ihre kulturelle und nationale Bedeutung* (Wolfenbüttel, 1937), S. 111-114.

(47) 近代の軍楽隊の有する主要な機能として、シュラムは以下の諸点を挙げている。つまり、(1) 情報と命令の伝達、(2) 軍隊生活上の合図と行進の歩調リズムの創生、(3) 軍隊内の指揮官や上下構造の権威づけ、(4) 兵士の潜在意識への精神的働きかけ、(5) 連隊行進曲による部隊ごとのアイデンティティ確立と連帯性の促進、および軍隊と国民の統合作用、という機能である。Michael Schramm, Musik und Truppenzeremoniell in Deutschland, in: Hans Ehlert (Hrsg.), *Militärisches Zeremoniell in Deutschland* (Potsdam, 2008), S. 11-15.

(48) Stephan Vajda, *Mir san vom k. u. k.... Die kuriose Geschichte der österreichischen Militärmusik* (Heidelberg, 1977).

(49) Eduard Hanslick, *Aus dem Concertsaal. Kritiken und Schilderungen aus den letzten 20 Jahren des Wiener Musiklebens* (Wien, 1870), S. 53.

(50) Degele, *Die Miliärmusik*, S.130; Bernhard Höfele, *Kleine Geschichte des Militärmusik-Festivals in Deutschland* (Norderstedt, 2008), S. 26-31.

(51) Rameis, *Die österreichische Militärmusik*, S. 117-120.

(52) Ebenda, S. 121-122.

(53) Brixel/ Martin/ Pils, *Das ist Österreichs Militärmusik*, S. 183.

(54) Rameis, *Die österreichische Militärmusik*, S. 122-123; Brixel/ Martin/ Pils, *Das ist Österreichs Militärmusik*, S. 182. ラマイスの記述では、中国の青島に一隊が駐留したとあるが、墺独両国の文書館史料を考証した限りその事実は確認することができない。

(55) とはいえ、当時の世界的な建艦競争を反映して帝国海軍は急激な拡張期を迎えており、また、金管・弦楽器の導入によりメンバーの増員が必要となっていたため、1914年4月に150名への増員が決定された。ÖStA/KA MS/PK 1914, IX-3/1, Präsidialkanzlei, 14. 4. 1914, Nr.1590.

(56) ÖStA/KA MS/PK 1914, IX-3/1, Marine Attaché London (Musikverhältnisse in der k. u. k.

Kriegsmarine), 8. 1. 1914, Nr.30.

(57) Ebenda.

(58) *Der Ostasiatische Lloyd*, 16. 1. 1903 [17. Jahrg., S. 118].

(59) *The North-China Herald*, Nov. 20. 1901 [p. 980].

(60) 榎本泰子『上海オーケストラ物語　西洋人音楽家たちの夢』春秋社、2006 年。

(61) *Der Ostasiatische Lloyd*, 17. 10. 1902 [16. Jahrg., S. 850].

(62) ハプスブルク帝国の軍艦は、自国民がほとんど居住しない福州に寄港の折にも軍楽隊の演奏会を開いている。日頃から西洋の音楽や娯楽に触れる機会が少ないこうした地方都市において、来港する軍楽隊の演奏は欧米人社会から特に重宝されていたと思われる。Ebenda, 16. 5. 1902 [16. Jahrg., S. 404-405], 6. 3. 1903 [17. Jahrg., S. 398].

(63) ÖStA/KA MS/OK 1903, V-6/6, KK an MS, 1. 3. 1903, Nr.39.

(64) ÖStA/KA MS/OK 1903, V-6/7, KK an MS, 16. 3. 1903, Nr.55.

(65) ÖStA/HHStA, Gesandtschaft Peking 99, Stationär 142-03, Oesterr.-Ung. General-Consulat an k. u. k. Gesandtschaft Peking, 20. 3. 1903, Nr.432, Stationär 397-03, Oesterr.-Ung. General-Consulat an k. u. k. Gesandtschaft Peking, 11. 8. 1903, Nr.1235, Stationär 42-04, Oesterr.-Ung. General-Consulat an k. u. k. Gesandtschaft Peking, 26. 1. 1904, Nr.110.

(66) *Der Ostasiatische Lloyd*, 14. 11. 1902 [16. Jahrg., S. 934].

(67)『大阪朝日新聞』明治 36 年 5 月 8 日付、9 日付、10 日付、11 日付、14 日付。

(68) *The Japan Chronicle*, 20. May 1903, No. 72 (Old No. 307), The Austrian Section at Osaka Exhibition.

(69) ÖStA/KA MS/PK 1908, IX-3/1, Präsidialkanzlei, 22. 8. 1908, Nr.2504.

(70) ÖStA/KA MS/PK 1910, IX-3/1, Präsidialkanzlei, 7. 7. 1910, Nr.2916. ちなみに、主力艦への軍楽隊の搭乗が開始された 19 世紀半ばの規定では、一艦当たりの定員は 12 名と定められていた。Brixel/ Martin/ Pils, *Das ist Österreichs Militärmusik*, S. 182-183. なお、他国の例を挙げれば、ドイツの東アジア巡洋艦隊に所属する軍楽隊の一団は 16 名から構成されていた。小楽団としての克服しがたい限界は抱えていたものの、各所で活躍するその姿は『東アジア・ロイド』紙や『ノースチャイナ・ヘラルド』紙に頻繁に登場する。*Der Ostasiatische Lloyd*, 6. 3. 1903 [17. Jahrg., S.401]; *The North-China Herald*, Oct. 2. 1901 [p. 629], Oct. 30. 1901 [p. 841] などを参照。

(71) 音楽を単なる一芸術の歴史として扱うのではなく、その社会的なコミュニケーションのあり方や共同体形成の問題として捉えることの重要性に関しては以下の論考を参照。Sven Oliver Müller/ Jürgen Osterhammel, Geschichtswissenschaft und Musik, in: *Geschichte und Gesellschaft*, 38-1 (2012).

(72) Sven Oliver Müller, *Das Publikum macht die Musik. Musikleben in Berlin, London und Wien im 19. Jahrhundert* (Göttingen, 2014), S. 369.

(73) 浅田進史『ドイツ統治下の青島　経済的自由主義と植民地社会秩序』東京大学出版会、2011 年。

(74) Andreas Exenberger, Globalization and Austria: Past and Present, in: Günter Bischof/ Fritz Plasser (eds.), *Global Austria: Austria's Place in Europe and the World* (New Orleans, 2011).

(75) たとえば、諸国の蛮行を痛烈に批判し、中国人と親和を図ったハプスブルク帝国外

交官の姿勢がそこではクローズアップされる。また、東アジア海域への軍艦の度重なる派遣は、「平和な使命を帯び」た親善外交の使節として捉えられていた。Kaminski/ Unterrieder, *Von Österreichern und Chinesen*, S. 404-424; Pantzer, *Japan und Österreich-Ungarn*, S. 162〔邦訳：171 頁〕.

終章

（1）Emil Tietze, Rede am Sarge Holub's, in: *MGGW*, 45 (1902), S. 99.

（2）Hassinger, *Österreichs Anteil an der Erforschung der Erde*, S. 14.

（3）Michael Wallisch, Expeditionen der k. k. Geographischen Gesellschaft in Wien, in: Kretschmer/ Fasching (Hrsg.), *Österreich in der Welt*, S. 270.

（4）Walter Sauer, Jenseits der Entdeckungsgeschichte. Forschungsergebnisse und Perspektiven, in: Ders. (Hrsg.), *k. u. k. kolonial*, S. 7ff.

（5）Kerstin S. Jobst/ Julia Obertreis/ Ricarda Vulpius, Neue Imperiumsforschung in der Osteuropäischen Geschichte. Die Habsburgermonarchie, das Russländische Reich und die Sowjetunion, in: *Comparativ. Zeitschrift für Globalgeschichte und vergleichende Gesellschaftsforschung*, 18-2 (2008); Ilya Vinkovetsky, *Russian America: An Overseas Colony of a Continental Empire, 1804-1867* (Oxford/ New York, 2011).

利用文献一覧

未公刊史料

＜オーストリア国立公文書館／軍事文書館＞

Österreichisches Staatsarchiv/ Kriegsarchiv（ÖStA/KA）

帝国共通国防省海軍部文書 Das k. u. k. Reichs-Kriegs-Ministerium, Marine Sektion（MS）

　官房文書 Präsidialkanzlei（MS/PK）

　作戦文書 Operationskanzlei（MS/OK）

＜オーストリア国立公文書館／王家・宮廷・国家文書館＞

Österreichisches Staatsarchiv/ Haus-, Hof- und Staatsarchiv（ÖStA/HHStA）

　外務省公使館文書　北京　Gesandtschaft Peking

同時代新聞

Augsburger Allgemeine Zeitung (Augsburg)

Der Ostasiatische Lloyd (Shanghai)

Die Presse (Wien)

Kölnische Zeitung (Köln)

Leipziger Illustrirte Zeitung (Leipzig)

National Zeitung (Berlin)

Neue Freie Presse (Wien)

Staats und Gelehrte Zeitung des Hamburgischen unpartheiischen Correspondenten (Hamburg)

The Japan Chronicle (Kobe)

The North-China Herald (Shanghai)

The Times (London)

Über Land und Meer. Allgemeine Illustrirte Zeitung (Stuttgart)

Vossische Zeitung (Berlin)

Weser Zeitung (Bremen)

Wiener Zeitung (Wien)

『大阪朝日新聞』（大阪）

同時代雑誌

Abhandlungen der königlichen Akademie der Wissenschaften in Berlin

Annalen des k. k. Naturhistorischen Hofmuseums

Annalen des Naturhistorischen Museums in Wien

Archiv für Anthropologie

Das Ausland

Dr. A. Petermann's Mittheilungen aus Justus Perthes' Geographischer Anstalt

Gedenkblätter der k. und k. Kriegs-Marine
Journal of the Anthropological Society
Marine Rundschau
Mitteilungen des naturwissenschaftlichen Vereines an der Universität Wien
Mittheilungen der Anthropologischen Gesellschaft in Wien [Bd. 33 (1903) 以降：*Mitteilungen der Anthropologischen Gesellschaft in Wien*]
Mittheilungen der kaiserlich-königlichen geographischen Gesellschaft in Wien
Monatsberichte der königlichen Preuss. Akademie der Wissenschaften zu Berlin
Report of the 30th Meeting of the British Association for the Advancement of Science
Sitzungsberichte der kaiserlichen Akademie der Wissenschaften. Mathematisch-Naturwissenschaftliche Classe
The Geographical Journal
The Journal of the Indian Archipelago and Eastern Asia
The New Zealand Journal of Science
Verhandlungen der kaiserlich-königlichen Zoologisch-Botanischen Gesellschaft in Wien
Westermann's Illustrirte Deutsche Monatshefte
Zeitschrift für allgemeine Erdkunde. Neue Folge
Zeitschrift für Ethnologie

同時代公刊文献

[Adalbert, Prinz von Preußen], *Denkschrift über die Bildung einer Deutschen Kriegsflotte* (Frankfurt a. M., 1848)

Alcock, Rutherford, *The Capital of the Tycoon: A Narrative of a Three Year's Residence in Japan*, 2 Vol. (New York, 1863)［邦訳：オールコック著、山口光朔訳『大君の都　幕末日本滞在記』上・中・下巻、岩波文庫、1962 年］

Andersson, Nils Johan [übers. von K. L. Kannegießer], *Eine Weltumsegelung mit der Schwedischen Kriegsfregatte Eugenie (1851-1853)* (Leipzig, 1854)

Anonymous, Sketches at the Nicobars, in: *The Journal of the Indian Archipelago and Eastern Asia*, 3 (1849), pp. 261-270

Anonymus, Racenmessungen auf der Erdfahrt der Fregatte Novara, in: *Das Ausland*, 41 (1868), S. 115-118

Attlmayr, Ferdinand von, Erzherzog Ferdinand Max. Eine Lebensskizze, in: *Gedenkblätter der k. und k. Kriegs-Marine*, 1 (1898), S. 1-27

Baer, Karl Ernst von/ Rudolph Wagner (Hrsg.), *Bericht über die Zusammenkunft einiger Anthropologen im September 1861 in Göttingen. Zum Zwecke Gemeinsamer Besprechungen* (Leipzig, 1861)

Baumann, Oscar, *Durch Massailand zur Nilquelle. Reisen und Forschungen der Massai-Expedition des deutschen Antisklaverei-Komite in den Jahren 1891-1893* (New York, 1968 [org. 1894])

Bemerkungen und Anweisungen für die Naturforscher, welche die Expedition von Sr. k. k. Apost. Maj. Fregatte „Novara" unter dem Commando des Herrn Obersten Bernhard v. Wüllerstorf-Urbair, begleiten (Wien, 1857)

Benko, Jerolim von, *Reise S. M. Schiffes „Zrinyi" über Malta, Tanger und Teneriffa nach Westindien in den Jahren 1885 und 1886* (Pola, 1887)

——, *Die Reise S. M. Schiffes „Frundsberg" in Rothen Meere und den Küsten von Vorderindien und Ceylon in den Jahren 1885-1886* (Pola, 1888)

——, *Reise S. M. Schiffes „Albatros" unter Commando des k. k. Fregatten-Kapitäns Arthur Müldner nach Süd-Amerika, dem Caplande und West-Afrika 1885-1886* (Pola, 1889)

——, *Die Schiffs-Station der k. und k. Kriegs-Marine in Ost-Asien. Reise S. M. Schiffe „Nautilus" und „Aurora" 1884-1888* (Wien, 1892)

——, *Die Reise S. M. Schiffes „Zriny" nach Ost-Asien 1890-1891* (Wien, 1893)

——, *Admiral Max Freiherr von Sterneck. Erinnerungen aus den Jahren 1847-1897* [hrsg. von seiner Witwe] (Wien/ Pest/ Leipzig, 1901)

Bernatzik, Hugo A. (Hrsg.), *Die große Völkerkunde. Sitten, Gebräuche und Wesen fremder Völker*, 3 Bde. (Leipzig, 1939)

Bille, Steen, *Steen Bille's Bericht über die Reise der Corvette Galathea um die Welt in den Jahren 1845, 1846 und 1847, aus dem Dänischen übersetzt, und theilweise bearbeitet von W. v. Rosen*, 2 Bde. (Leipzig, 1852)

Busch, H., *H. Busch's Journal of a Cruise amongst the Nicobar Islands* (Calcutta, 1845)

Chopard, J. M., A Few Particulars Respecting the Nicobar Islands, in: *The Journal of the Indian Archipelago and Eastern Asia*, 3 (1849), pp. 271-275

Colquhoun, Patrick, *Entwurf zur Bildung einer deutschen Kriegsflotte nebst Kostenanschlag derselben* (Leipzig, 1849)

Darwin, Charles, *On the Origin of Species by Means of Natural Selection, or the Preservation of Favoured Races in the Struggle for Life* (London, 1859)［邦訳：ダーウィン著、八杉龍一訳『種の起原』改版、上・下巻、岩波文庫、1990 年］

——, *The Descent of Man, and Selection in Relation to Sex* (London, 1871)［邦訳：チャールズ・ダーウィン著、長谷川眞理子訳『人間の進化と性淘汰』1・2 巻、文一総合出版、1999-2000 年］

Die Preussische Expedition nach Ost-Asien. Nach Amtlichen Quellen, 4 Bde. (Berlin, 1864-1873)

Dorn, Alexander, *Kriegsmarine und Volkswirthschaft in Oesterreich-Ungarn* (Wien, 1885)

Erichsen, P., *Die Ostindische Mission der Triester Börse. Summarischer Bericht* (Triest, 1846)

Fabri, Friedrich, *Bedarf Deutschland der Colonien?* (Gotha, 1879)

Fontana, Nikolaus, *Tagebuch der Reise des kais. kön. Schiffes Joseph und Theresia nach den neuen österreichischen Pflanzorten in Asia und Afrika* (Dessau/ Leipzig, 1782)

Franz Ferdinand Erzherzog von Österreich-Este, *Tagebuch meiner Reise um die Erde 1892-1893*, 2 Bde. (Wien, 1895-1896)

Frauenfeld, Georg von, Herr Secretär Georg Ritter von Frauenfeld sprach über den Aufenthalt von Sr. Majestät Fregatte Novara auf den Stuartsinseln, in: *Verhandlungen der Kaiserlich-Königlichen Zoologisch-Botanischen Gesellschaft in Wien*, 10 (1860), S. 27-30

——, *Die naturhistorischen und ethnographischen Sammlungen erworben während der Weltfahrt SR. k. k. apost. Majestät Kriegsfregatte »Novara« unter Commando des Commodore Freiherren Bernhard*

von Wüllerstorf-Urbair (Wien, 1863)

——, *Nicobariana. Beleuchtung der in der K. K. zoologisch-botanischen Gesellschaft zu Wien an Werken norddeutscher Autoren geübten Kritik, als Beantwortung des vom Dr. Georg Ritter von Frauenfeld gegen Franz Maurer gerichteten Angriffes in Sachen seiner und der Ritter Karl von Scherzer'schen Arbeit über die Nicobaren* (Berlin, 1868)

Friedel, C., *Beiträge zur Kenntniss des Klimas und der Krankheiten Ost-Asiens, gesammelt auf der Preuss. Expedition in den Jahren 1860, 1861 und 1862* (Berlin, 1863)

Friedel, Ernst, *Die Gründung preußisch-deutscher Colonien im Indischen und Großen Ozean mit besonderer Rücksicht auf das östliche Asien. Eine Studie im Gebiete der Handels- und Wirtschaftspolitik* (Berlin, 1867)

Galton, Francis, *Hereditary Genius: An Inquiry into Its Laws and Consequences* (London, 1869) [邦訳：ゴールトン著、甘粕石介訳『天才と遺傳』岩波文庫、1935年]

Grunow, A., u. a., *Reise der österreichischen Fregatte Novara um die Erde in den Jahren 1857, 1858, 1859 unter den Befehlen des Commodore B. von Wüllerstorf-Urbair*, Botanischer Theil, Bd. 1 (Wien, 1870)

Haast, Julius von, In Memoriam: Ferdinand Ritter von Hochstetter, in: *The New Zealand Journal of Science*, 2 (1884), pp. 202-220

Haeckel, Ernst, *Natürliche Schöpfungsgeschichte. Gemeinverständliche wissenschaftliche Vorträge über die Entwicklungslehre im Allgemeinen und diejenige von Darwin, Goethe und Lamarck im Besonderen, über die Anwendung derselben auf den Ursprung des Menschen und andere damit zusammenhängende Grundfragen der Naturwissenschaft* (Berlin, 1868)

Haensel, John Gottfried, *Letters on the Nicobar Islands: Their Natural Productions, and the Manners, Customs, and Superstitions of the Natives* (London, 1812)

Haidinger, W., Das dritte und letzte Jahr der Erdumseglung der k. k. Fregatte „Novara" von Dr. K. Scherzer, in: *Mittheilungen der kaiserlich-königlichen geographischen Gesellschaft in Wien*, 3 (1859), S. 94-95

Hanslick, Eduard, *Aus dem Concertsaal. Kritiken und Schilderungen aus den letzten 20 Jahren des Wiener Musiklebens* (Wien, 1870)

Hauer, Franz von, Jahresbericht für 1886, in: *Annalen des k. k. Naturhistorischen Hofmuseums*, 2 (1887), Notizen S. 1-132

Hegel, Georg Wilhelm Friedrich, *Werke in zwanzig Bänden, 10. Enzyklopädie der philosophischen Wissenschaften III* [Auf der Grundlage der Werke von 1832-1845 neu edierte Ausg. Red.: Eva Moldenhauer und Karl Markus Michel] (Frankfurt a. M., 1970) [邦訳：G・W・F・ヘーゲル著、長谷川宏訳『精神哲学　哲学の集大成・要綱第三部』作品社、2006年]

Heger, Franz, Aus den Sammlungen der anthropologisch-ethnographischen Abtheilung des k. k. naturhistorischen Hofmuseums in Wien, in: *Mittheilungen der Anthropologischen Gesellschaft in Wien*, 9 (1880), S. 132-142

——, Vorwort, in: *Annalen des k. k. Naturhistorischen Hofmuseums*, 3 (1888), S. 83-85

——, Die Zukunft der ethnographischen Museen, in: Adolf Bastian [Gefeiert], *Festschrift für Adolf Bastian zu seinem 70. Geburtstage, 26. Juni 1896* (Berlin, 1896), S. 585-593

Hochstetter, Ferdinand von, Schreiben an Alexander von Humboldt, in: *Sitzungsberichte der kaiserlichen Akademie der Wissenschaften. Mathematisch-Naturwissenschaftliche Classe*, 36 (1859), S. 121-143

——, *Neu-Seeland* (Stuttgart, 1863)

——, *New Zealand: Its Physical Geography, Geology and Natural History* (Stuttgart, 1867)

——, *Asien, seine Zukunftsbahnen und seine Kohlenschätze* (Wien, 1876)

——, Zwei neu angefertigte neuseeländische Mere aus Nephrit, in: *Mittheilungen der Anthropologischen Gesellschaft in Wien*, 14 (1884), S. 25-26

——, *Ferdinand v. Hochstetter's Gesammelte Reise-Berichte von der Erdumsegelung der Fregatte „Novara" 1857-1859* (Wien, 1885)

—— [edited by C. A. Fleming], *Geology of New Zealand: Contribution to the Geology of the Provinces of Auckland and Nelson* (Wellington, 1959)

Humboldt, Alexander von, *Kosmos. Entwurf einer physischen Weltbeschreibung*, 5 Bde. (Stuttgart, 1845-1862)

Huschke, Emil, *Schaedel, Hirn und Seele des Menschen und der Thiere nach Alter, Geschlecht und Race* (Jena, 1854)

Huxley, Thomas H., *Evidence as to Man's Place in Nature* (London, 1863) ［邦訳：ハックスレー著、八杉龍一、小野寺好之訳『自然における人間の位置』河出書房、1955 年］

Hydrographischen Amt des Reichs-Marine-Amts, *Die Forschungsreise S. M. S. „Gazelle" in den Jahren 1874 bis 1876 unter Kommando des Kapitän zur See Freiherrn von Schleinitz*, 5 Theile (Berlin, 1888-1890)

Hydrographischen Amte der kaiserlichen und königlichen Kriegs-Marine, Abthlg. Seekarten-Depot (Hrsg.), *Kundmachungen für Seefahrer*, Jahrgang 1892 (Pola, 1892)

Jedina, Leopold von, *Um Afrika. Skizzen von der Reise Sr. Majestät Corvette „Helgoland" in den Jahren 1873-75* (Wien/ Pest/ Leipzig, 1877)

——, *An Asiens Küsten und Fürstenhöfen. Tagebuchblätter von der Reise Sr. Maj. Schiffes „Fasana" und über den Aufenthalt an asiatischen Höfen in den Jahren 1887, 1888 und 1889* (Wien/ Olmütz, 1891)

Kipling, Rudyard, The White Man's Burden, in: *McClure's Magazine*, 12-4 (1899)

K. k. Marine-technischen Comité, *Transoceanische Reise S. M. Corvette „Saida" in den Jahren 1884-1886* (Pola, 1886)

Klencke, Hermann, *Alexander von Humboldt. Ein biographisches Denkmal*, 3. Aufl. (Leipzig, 1859)

Komitee zur Errichtung eines Dr. Karl Ritter von Scherzer-Denkmales in Wien, *Dr. Karl Ritter von Scherzer. Eine Biographische Skizze* (Wien, 1907)

Koudelka, Alfred von, *Unsere Kriegs-Marine* (Wien, 1899)

Kuefstein, Franz Graf von, *Die Entwicklung zur Weltwirtschaft und der österreichisch-ungarische Ausgleich* (Wien, 1899)

Lehnert, Josef von, *Um die Erde. Reiseskizzen von der Erdumseglung mit S. M. Corvette „Erzherzog Friedrich" in den Jahren 1874, 1875 und 1876*, 2 Bde. (Wien, 1878)

Marchetti, Hermann, *Die Erdumsegelung S. M. Schiffes „Saida" in den Jahren 1890, 1891, 1892* (Wien,

1894)

Maron, Hermann, *Japan und China. Reiseskizzen, entworfen während der preußischen Expedition nach Ost-Asien*, 2 Bde. (Berlin, 1863) [抜粋邦訳：H・マローン著、眞田収一郎訳『マローン日本と中国』雄松堂出版、2002 年]

Martens, Eduard von (Bearb.), *Die preussiche Expedition nach Ost-Asien, nach amtlichen Quellen*, Zoologischer Theil, 2 Bde. (Berlin, 1867-1876)

Martens, Georg von (Bearb.), *Die preussiche Expedition nach Ost-Asien, nach amtlichen Quellen*, Botanischer Theil, Die Tange (Berlin, 1866)

Mauler, J. von/ Wilhelm Kesslitz, Die Missions-Reise S. M. Schiff «Albatros» 1895-1898, in: *Abhandlungen der k. k. geographischen Gesellschaft in Wien*, 1 (1899), S. 373-438

Maurer, Franz, *Die Nikobaren. Colonial-Geschichte und Beschreibung nebst motivirtem Vorschlage zur Colonisation dieser Inseln durch Preussen* (Berlin, 1867)

Meyen, F. J. F., *Reise um die Erde ausgeführt auf dem königlich preussischen Seehandlungs-Schiffe Prinzess Louise, commandirt von Capitain W. Wendt, in den Jahren 1830, 1831 und 1832*, 2 Theile (Berlin, 1834-1835)

Meyer, Adolf Bernhard, Einige Bemerkungen über den Werth, welcher im Allgemeinen den Angaben in Betreff der Herkunft menschlicher Schädel aus dem ostindischen Archipel beizumessen ist, in: *Mittheilungen der Anthropologischen Gesellschaft in Wien*, 4 (1874), S. 234-243

Müller, Friedrich, *Reise der österreichischen Fregatte Novara um die Erde in den Jahren 1857, 1858, 1859*, Anthropologischer Theil 3, Ethnographie (Wien, 1868)

Neumann-Spallart, F. X. von, *Oesterreichs Maritime Entwicklung und die Hebung von Triest. Eine Volkswirthschaftliche Studie* (Stuttgart, 1882)

Nopitsch, W. H., *Kaufmännische Berichte, gesammelt auf einer Reise um die Welt mit der Kriegs-Corvette Galathea, in den Jahren 1845, 46 und 47* (Hamburg, 1849)

Notizen. Die Österreichische Novara-Expedition, von Ceylon bis Schanghai, 8. Januar bis 9. August 1858, in: *Dr. A. Petermann's Mittheilungen aus Justus Perthes' Geographischer Anstalt*, 3 (1858), S. 479-480

Pauline, Nostitz, *Johann Helfer's Reisen in Vorderasien und Indien. Zwei Theile*, Repr. Th. 2 (Berlin, 2004 [org. 1873-1877])

Pfeiffer, Hans Ernst (Hrsg.), *Heiß war der Tag. Das Kolonialbuch für das junge Deutschland*, 2. umgearb. Aufl. (Leipzig, [1938])

Pöch, Rudolf, Erster Bericht von meiner Reise nach Neu-Guinea über die Zeit vom 6. Juni 1904 bis zum 25. März 1905, in: *Sitzungsbericht der kaiserlichen Akademie der Wissenschaften in Wien. Mathematisch-naturwissenschaftlichen Classe*. Erste Abtheilung, 114 (1905), S. 437-449

——, Zweiter Bericht über meine Reise nach Neu-Guinea über die Zeit vom 26. März 1905 bis zum 21. Juni (Bismarck-Archipel, 20. März bis 14. Juni) 1905, in: *Sitzungsbericht der kaiserlichen Akademie der Wissenschaften in Wien. Mathematisch-naturwissenschaftlichen Classe*. Erste Abtheilung, 114 (1905), S. 689-698

——, Dritter Bericht über meine Reise nach Neu-Guinea (Neu-Süd-Wales, vom 21. Juni bis 6. September 1905, Britisch-Salomonsinseln und Britisch-Neu-Guinea bis zum 31. Jänner 1906), in: *Sitzungsbericht*

der kaiserlichen Akademie der Wissenschaften in Wien. Mathematisch-naturwissenschaftlichen Classe. Erste Abtheilung, 115 (1906), S. 601-615

——, Travels in German, British, and Dutch New Guinea, in: *The Geographical Journal*, 30 (1907), pp. 609-616

——, Naturwissenschaftliche und Anthropologische Beobachtungen auf einer zweijährigen Reise durch Neu-Guinea und Australien. Vortrag mit Demonstration von Objekten und Vorführung von Lichtbildern, gehalten von Dr. RUDOLF PÖCH am 7. Mai 1907, in: *Mitteilungen des naturwissenschaftlichen Vereines an der Universität Wien*, 5 (1907), S. 123-126

——, *Studien an Eingeborenen von Neu-Südwales und an australischen Schädeln* (Wien, 1915)

Publizistisches Bureau des Österreichischen Lloyd (Hrsg.), *Fünfundsiebzig Jahre Österreichischer Lloyd. 1836-1911* (Triest, 1911)

Rathschläge für anthropologische Untersuchungen auf Expeditionen der Marine. Auf Veranlassung des Chefs der Kaiserlich Deutschen Admiralität ausgearbeitet von der Berliner Gesellschaft für Anthropologie, Ethnologie und Urgeschichte, in: *Zeitschrift für Ethnologie*, 4 (1872), S. 325-328

Redaction der „Mittheilungen aus dem Gebiete des Seewesens", *Reise S. M. Kanonenboot „Albatros" in rothen Meere, in den ostindischen und chinesischen Gewässern in den Jahren 1884-1885* (Pola, 1885)

Reichs-Marine-Amt, *Forschungsreise S. M. S. „Planet" 1906/07*, 5 Bde. (Berlin, 1909)

Reischek, Andreas (Hrsg. von seinem Sohn), *Sterbende Welt. Zwölf Jahre Forscherleben auf Neuseeland* (Leipzig, 1924)

Revoltella-Comité, *Berichte über Oesterreich's ungünstige Stellung im Welthandel und die Mittel der Abhilfe* (Triest, 1865)

Revoltella, Pasquale, *Oesterreich's Betheiligung am Welthandel* (Triest, 1863)

Rink, Hinrich, *Die Nikobarischen Inseln. Eine geographische Skizze, mit specieller Berücksichtigung der Geognosie* (Kopenhagen, 1847)

Rokitansky, Carl, Eröffnungsrede, gehalten in der constituirenden Versammlung der anthropologischen Gesellschaft in Wien am 13. Februar 1870, in: *Mittheilungen der Anthropologischen Gesellschaft in Wien*, 1 (1870), S. 1-10

Scherzer, Karl [Carl] [von], Die Novara-Expedition und ihre wissenschaftlichen Aussichten, in: *Westermann's Illustrirte Deutsche Monatshefte* (1857), S. 278-290

——, Die Eingebornen der Nikobaren. Ein Beitrag zur Kenntniss der Bewohner dieser Inselgruppe, in: *Mittheilungen der kaiserlich-königlichen geographischen Gesellschaft*, 2 (1858), S. 246-276

——, Mittheilungen aus Shanghai an die k. k. geographische Gesellschaft in Wien über die erste österreichische Erdumsegelungs-Expedition mit der k. k. Fregatte Novara unter den Befehlen des Herrn Commdore B. von Wüllerstorf-Urbair, in: *Mittheilungen der k. k. Geographischen Gesellschaft in Wien*, 2 (1858), S. 295-305

——, Das erste Jahr der Erdumsegelung S. M. Fregatte Novara, in: *Mittheilungen der k. k. Geographischen Gesellschaft in Wien*, 2 (1858), S. 305-315

—— / Eduard Schwarz, Ueber Körpermessungen als Behelf zur Diagnostik der Menschenracen, in: *Mittheilungen der kaiserlich-königlichen geographischen Gesellschaft*, 3 (1859), S. 11-31

——, *Narrative of the Circumnavigation of the Globe by the Austrian Frigate Novara: Undertaken by Order of the Imperial Government, in the Years 1857, 1858, and 1859 etc.*, 3 Vol. (London, 1861-1863)

——, *Viaggio Intorno al globo della fregatta Austriaca Novara, negli anni 1857, 1858, 1859 sotto al commando del commodore B. de Wüllerstorf-Urbair*, 3 Vol. (Vienna, 1862-1865)

—— (Bearb.), *Reise der österreichischen Fregatte Novara um die Erde, in den Jahren 1857, 1858, 1859, unter den Befehlen des Commodore B. von Wüllerstorf-Urbair*. Beschreibender Theil, Volksausgabe, 2 Bde. (Wien, 1864-1866)

——, *Fachmännische Berichte österreichisch-ungarische Expedition nach Siam, China und Japan (1868-1871)* (Stuttgart, 1872)

——, *Wirthschaftliche Thatsachen zum Nachdenken* (Leipzig, 1881)

——, Novara-Reminiszenzen (1857-1882), in: *Das Ausland*, 55 (1882), S. 561-568

——, *Moritz Wagner. Ein deutsches Forscherleben* (München, 1888)

——, Nekrolog (Aus der Allgemeinen Zeitung), in: Bernhard von Wüllerstorf-Urbair (Hrsg. von seiner Witwe), *Vermischte Schriften des k. k. Vice-Admirals Bernhard Freih. v. Wüllerstorf-Urbair* (Graz, 1889), S. V-XXIII

Schreibers, Karl von (Hrsg.), *Nachrichten von den kaiserl. österreichischen Naturforschern in Brasilien und den Resultaten ihrer Betriebsamkeit* (Brünn, 1820)

Schroft, Richard, *Die österr.-ungar. überseeische Culturarbeit und Auswanderung* (Wien, 1894)

Schwarz, Eduard, *Reise der österreichischen Fregatte Novara um die Erde in den Jahren 1857, 1858, 1859*, Medizinischer Teil (Wien, 1861)

Selleny, Joseph, Das Novara Tagebuch des Joseph Selleny, in: Carl Kraus (Red.), *Der freie weite Horizont. Die Weltumseglung der Novara und Maximilians Mexikanischer Traum. Eine Ausstellung des Landesmuseums Schloss Tirol 10.7.-14.11. 2004* (Bozen, 2004), S. 193-201

Skogman, G. [übers. von Anton von Etzel], *Erdumsegelung der Königl. Schwedischen Fregatte Eugenie*, 2 Bde. (Berlin, 1856)

Spencer, Herbert, *The Principles of Sociology*, Vol. 1 [Reprint of the Edition 1904] (Osnabrück, 1966)

Spieß, Gustav, *Die Preußische Expedition nach Ostasien während der Jahre 1860-1862. Reise-Skizzen aus Japan, China, Siam und der indischen Inselwelt* (Berlin/ Leipzig, 1864)［日本滞在部邦訳：小澤敏夫訳註『シュピースのプロシア日本遠征記』奥川書房、1934 年］

Spitzka, Johann, *Übersichtliche Darstellung der unter dem Titel: „Reise der österreichischen Fregatte Novara um die Erde in den Jahren 1857, 1858, 1859 unter den Befehlen des Commodore B. von Wüllerstorf-Urbair“* erschienenen Publicationen (Wien, 1877)

Spix, Johann Baptist von/ Carl Friedrich von Martius, *Reise in Brasilien auf Befehl Sr. Majestät Maximilian Joseph I. Königs von Baiern in den Jahren 1817 bis 1820 gemacht und beschrieben*, 3 Bde. (München, 1823-1831)［英訳：Baptist von Johann Spix/ Carl Friedrich von Martius, *Travels in Brazil in the Years 1817-1820*, 2 Vol. Translated by H. E. Lloyd (London, 1824)］

Svoboda, Dr., Ein kurzer Besuch auf den Nicobaren. Von der Reise S. M. Corvette Aurora nach Ostasien, in: *Mittheilungen der kaiserlich-königlichen geographischen Gesellschaft in Wien*, 31 (1888), S. 261-286

Tietze, Emil, Rede am Sarge Holub's, in: *Mittheilungen der k. k. Geographischen Gesellschaft in Wien*, 45 (1902), S. 99-100

Virchow, Rudolf, *Untersuchungen über die Entwicklung des Schädelgrundes im gesunden und krankhaften Zustande und über den Einfluss derselben auf Schädelform, Gesichtsbildung und Gehirnbau* (Berlin, 1857)

Vogt, Carl, *Vorlesungen über den Menschen, seine Stellung in der Schöpfung und in der Geschichte der Erde*, 2 Bde. (Giessen, 1863)

Wallace, Alfred R., The Origin of Human Races and the Antiquity of Man Deduced from the Theory of "Natural Selection", in: *Journal of the Anthropological Society*, 2 (1864), pp. 158-187

Weisbach, A., *Reise der österreichischen Fregatte Novara um die Erde in den Jahren 1857, 1858, 1859*, Anthropologischer Theil 2, Körpermessungen (Wien, 1867)

――, Körpermessungen verschiedener Menschenrassen, in: *Zeitschrift für Ethnologie*, 9 (1877), S. 1-8

Welcker, H., Referate. Reise der österreichischen Fregatte „Novara" um die Erde. Anthropologischer Theil, dritte Abtheilung: Ethnographie, in: *Archiv für Anthropologie*, 3-3 (1868), S. 303-306

Werner, Reinhold, *Die Preussische Expedition nach China, Japan und Siam in den Jahren 1860, 1861 und 1862*, 2. Aufl. (Leipzig, 1873) [日本滞在部邦訳：R・ヴェルナー著、金森誠也、安藤勉訳『エルベ号艦長幕末記』新人物往来社、1990 年]

Wichura, Max, *Aus vier Welttheilen. Ein Reise-Tagebuch in Briefen* (Breslau, 1868)

Wilkes, Charles, *Narrative of the United States Exploring Expedition during the Years 1838, 1839, 1840, 1841, 1842*, 5 Vol. (Philadelphia, 1845)

[Wimpffen, Victor], *Skizzen aus einem Tagebuche. Aufgezeichnet an Bord der k. k. Corvette Caroline während der Reise nach Brasilien, den La Plata-Staaten und den portugiesischen Besitzungen an der Westküste Afrika's, 1857-1858* (Laibach, 1859)

Winterhalder, Theodor von, *Kämpfe in China. Eine Darstellung der Wirren und der Betheiligung von Österreich-Ungarns Seemacht an ihrer Niederwerfung in den Jahren 1900-1901* (Wien/ Budapest, 1902)

Wüllerstorf-Urbair, Bernhard von, *Mittheilungen über den Handel in den verschiedenen von Sr. Majestät Fregatte „Novara" berührten Ländern der Erde* (Wien, 1861)

――, Project einer Expedition zu handelspolitischen Zwecken nach Siam, China und Japan, in: Bernhard von Wüllerstorf-Urbair (Hrsg. von seiner Witwe), *Vermischte Schriften des k. k. Vice-Admirals Bernhard Freih. v. Wüllerstorf-Urbair* (Graz, 1889), S. 208-235

Wurzbach, Constant, *Biographisches Lexikon des Kaiserthums Oesterreich*, Teil. 58 (Wien, 1873) [First reprinting New York, 1966]

Zeunes, August, *Über die Schädelbildung zur festern Begründung der Menschenrassen* (Berlin, 1846)

Zuckerkandl, Emil, *Reise der österreichischen Fregatte Novara um die Erde in den Jahren 1857, 1858, 1859*, Anthropologischer Theil 1, Cranien der Novara-Sammlung (Wien, 1865)

――, Beiträge zur Lehre des menschlichen Schädels, in: *Mittheilungen der Anthropologischen Gesellschaft in Wien*, 4 (1874), S. 31-71

――, Nachtrag zur Anatomie der Schädelnähte, in: *Mittheilungen der Anthropologischen Gesellschaft in Wien*, 4 (1874), S. 144-152

——, Beiträge zur Craniologie der Deutschen in Oesterreich, in: *Mittheilungen der Anthropologischen Gesellschaft in Wien*, 13 (1883), S. 89-118
ビュフォン著、菅谷暁訳『自然の諸時期』法政大学出版局、1994 年
モンテスキュー著、野田良之他訳『法の精神』上・中・下巻、岩波文庫、1989 年
横濱税關『清國貿易視察復命書　清國芝罘、威海衛、旅順口、青泥窪、牛莊、膠洲及上海視察報告書』1904 年

公刊史料集

Boelcke, Willi, *So kam das Meer zu uns. Die preußisch-deutsche Kriegsmarine in Übersee 1822 bis 1914* (Frankfurt a. M./ Berlin/ Wien, 1981)

研究文献

（外国語文献）

Abbie, A. A., Rudolf Pöch, in: *Oceania*, 33-2 (1962), pp. 128-130
Adas, Michael, *Machines as the Measure of Men: Science, Technology, and Ideologies of Western Dominance* (Ithaca, NY/ London, 1989)
Agstner, Rudolf, Austria (-Hungary) and Her Consulate in Hong Kong 1854-1914, in: Gordian Gaeta (ed.), *Servus Hong Kong: Austria in and around the Pearl of the Orient* (Hong Kong, 2004), pp. 10-23
Aldrich, Winthrop/ Ronald E. Coons/ Pascal James Imperato, Introduction, in: Ludwig Ritter von Höhnel, *Over Land and Sea: Memoirs of Austrian Rear Admiral's Life in Europe and Africa 1857-1909* (New York/ London, 2000), pp. xiii-xxvi
Allen, David Elliston, *The Naturalist in Britain: A Social History* (Harmondsworth, 1976)［邦訳：D・E・アレン著、阿部治訳『ナチュラリストの誕生　イギリス博物学の社会史』平凡社、1990 年］
Allmayer-Beck, Johann Christoph, Die Geschichte von Österreichs Seemacht als historiographisches Problem, in: *Österreich zur See. Schriften des Heeresgeschichtlichen Museums in Wien*, 8 (1980), S. 7-21
Anderson, Kay, *Race and the Crisis of Humanism* (London, 2007)
Arenhold, L. [neu hrsg. von Uwe Greve], *Die deutsche Reichsflotte 1848-1852* (Berlin, 1995 [org. 1906])
Aretin, Karl Otmar Fr., Fürst Kaunitz und die österreichisch-ostindische Handelskompagnie von 1775, in: *Vierteljahrschrift für Sozial- und Wirtschaftsgeschichte*, 46 (1959), S. 361-377
Arnold, David, *The Problem of Nature: Environment, Culture and European Expansion* (Oxford, 1996)
Asad, Talal, *Anthropology & the Colonial Encounter* (New York, 1973)
A Vienna Journal , in: *Te Ao Hou: The New World*, 24 (1958), pp. 40-43, 25 (1958), pp. 20-27
Bade, James N., Andreas Reischek, in: James N. Bade (Hrsg.), *Eine Welt für sich. Deutschsprachige Siedler und Reisende in Neuseeland im neunzehnten Jahrhundert* (Bremen, 1998), S. 215-226
Bakondy, Vida/ Renée Winter, *„Nicht alle Weißen schießen.“ Afrika-Repräsentationen im Österreich*

der 1950er Jahre im Kontext von (Post-) Kolonialismus und (Post-) Nationalsozialismus (Innsbruck/ Wien/ Bozen, 2007)

Ballhausen, Thomas, Die (weiße) Spur führt zurück. Ein Routenplaner von der Novara zu Freud, in: *Mitteilungen der Anthropologischen Gesellschaft in Wien*, 136/137 (2006/2007), S. 67-74

Barber, Lynn, *The Heyday of Natural History, 1820-1870* (London, 1980)［邦訳：リン・バーバー著、高山宏訳『博物学の黄金時代』国書刊行会、1995 年］

Basch-Ritter, Renate, *Österreich auf allen Meeren. Geschichte der k. (u.) k. Kriegsmarine von 1382 bis 1918* (Graz/ Wien/ Köln, 1987)

——, *Die Weltumsegelung der Novara 1857-1859. Österreich auf allen Meeren* (Graz, 2008)

Baumgartner, Lothar (Hrsg.), *Denn Österreich lag einst am Meer. Das Leben des Admirals Alfred von Koudelka* (Graz, 1987)

Bechtloff, Dagmar, Bremer Kaufleute im Asienhandel während des 19. Jahrhunderts, in: Hartmut Roder (Hrsg.), *Bremen-Ostasien. Eine Beziehung im Wandel* (Bremen, 2001), S. 44-53

Beck, Hanno, Geographie und Reisen im 19. Jahrhundert. Prolegomena zu einer allgemeinen Geschichte der Reisen, in: *Petermanns Geographische Mitteilungen*, 101 (1957), S. 1-17

——, Das Ziel der grossen Reise Alexander von Humboldts, in: *Erdkunde. Archiv für wissenschaftliche Geographie*, 7-1 (1958), S. 42-50

——, *Alexander von Humboldt*, 2 Bde. (Wiesbaden, 1959-1961)

Behnen, Michael, Deutscher und österreichischer informeller Imperialismus auf dem Balkan, in: Helmut Rumpler/ Jan Paul Niederkorn (Hrsg.), *Der „Zweibund" 1879. Das deutsch-österreichisch-ungarische Bündnis und die europäische Diplomatie. Historikergespräch Österreich-Bundesrepublik Deutschland 1994* (Wien, 1996), S. 221-241

Bender, Klaus, Vossische Zeitung (1617-1934), in: Heinz-Dietrich Fischer (Hrsg.), *Deutsche Zeitungen des 17. bis 20. Jahrhunderts* (Pullach bei München, 1972), S. 25-39

Bennett, Brett M./ Joseph M. Hodge (eds.), *Science and Empire: Knowledge and Networks of Science across the British Empire, 1800-1970* (Basingstoke, 2011)

Berman, Russell A., *Enlightenment or Empire: Colonial Discourse in German Culture* (Lincoln/ London, 1998)

Botzenhart, Manfred, Die österreichische Frage in der deutschen Nationalversammlung 1848/49, in: Michael Gehler/ Rainer F. Schmidt, u. a. (Hrsg.), *Ungleiche Partner? Österreich und Deutschland in ihrer gegenseitigen Wahrnehmung. Historische Analysen und Vergleiche aus dem 19. und 20. Jahrhundert* (Stuttgart, 1996), S. 115-134

Bowden, Brett, *The Empire of Civilization: The Evolution of an Imperial Idea* (Chicago/ London, 2009)

Braund, James, Introduction: Ferdinand Hochstetter in Context, in: James Braund (ed.), *Ferdinand Hochstetter and the Contribution of German-Speaking Scientists to New Zealand Natural History in the Nineteenth Century* (Frankfurt a. M., 2012), pp. 1-25

——, Doing Fieldwork in a Young Colony: Ferdinand Hochstetter in New Zealand, in: James Braund (ed.), *Ferdinand Hochstetter and the Contribution of German-Speaking Scientists to New Zealand Natural History in the Nineteenth Century* (Frankfurt a. M., 2012), pp. 217-240

Brechenmacher, Thomas, „Österreich steht außer Deutschland, aber es gehört zu Deutschland." Aspekte

der Bewertung des Faktors Österreich in der deutschen Historiographie, in: Michael Gehler/ Rainer F. Schmidt, u. a. (Hrsg.), *Ungleiche Partner? Österreich und Deutschland in ihrer gegenseitigen Wahrnehmung. Historische Analysen und Vergleiche aus dem 19. und 20. Jahrhundert* (Stuttgart, 1996), S. 31-53

Brednich, Rolf W., Augustus Koch (1834-1901) and Hochstetter's North Island Expedition, in: James Braund (ed.), *Ferdinand Hochstetter and the Contribution of German-Speaking Scientists to New Zealand Natural History in the Nineteenth Century* (Frankfurt a. M., 2012), pp. 271-284

Bridge, F. R., Tarde venientibus ossa: Austro-Hungarian Colonial Aspirations in Asia Minor 1913-14, in: *Middle Eastern Studies*, 6-3 (1970), pp. 319-330

Brixel, Eugen/ Gunther Martin/ Gottfried Pils, *Das ist Österreichs Militärmusik. Von der „Türkischen Musik" zu den Philharmonikern in Uniform* (Graz/ Wien/ Köln, 1982)

Bunzl, Matti/ H. Glenn Penny, Introduction: Rethinking German Anthropology, Colonialism, and Race, in: H. Glenn Penny/ Matti Bunzl (eds.), *Worldly Provincialism: German Anthropology in the Age of Empire* (Ann Arbor, Mich., 2003), pp. 1-30

Cable, James, *Gunboat Diplomacy 1919-1991: Political Applications of Limited Naval Force* (Basingstoke, 1994)

Canis, Konrad, Probleme der Imperialismusentwicklung in Deutschland und Österreich-Ungarn, in: Helmut Konrad (Hrsg.), *Imperialismus und Arbeiterbewegung in Deutschland und Österreich. Protokoll des 4. bilateralen Symposiums DDR-Österreich vom 3. bis 7. Juni 1985 in Graz* (Wien, 1985), S. 5-26

Chakrabarti, Pratik, *Medicine and Empire 1600-1960* (Basingstoke/ New York, 2014)

Corfield, Richard, *The Silent Landscape: The Scientific Voyage of HMS Challenger* (Washington D. C., 2003)

Crosland, Maurice, Studies Aspects of International Scientific Collaboration and Organization before 1900, in: Maurice Crosland, *Studies in the Culture of Science in France and Britain since the Enlightenment* (Aldershot, 1995), pp. 1-15

Das Museum für Völkerkunde in Wien, *Das Museum für Völkerkunde in Wien* (Salzburg, 1980)

Daum, Andreas W., *Wissenschaftspopularisierung im 19. Jahrhundert. Bürgerliche Kultur, naturwissenschaftliche Bildung und die deutsche Öffentlichkeit 1848-1914* (München, 1998)

Degele, Ludwig, *Die Miliärmusik. Ihr Werden und Wesen, ihre kulturelle und nationale Bedeutung* (Wolfenbüttel, 1937)

Derndarsky, Michael, Österreich und die Deutsche Frage zwischen 1848 und 1866/71. Konzeptionelles Dilemma und situative Probleme der Donaumonarchie gegenüber Deutschland, in: Josef Becker/ Andreas Hillgruber (Hrsg.), *Die Deutsche Frage im 19. und 20. Jahrhundert* (München, 1983), S. 63-90

Deutsche Historiker-Gesellschaft [unter Leitung von Fritz Klein], *Österreich-Ungarn in der Weltpolitik 1900 bis 1918* (Berlin, 1965)

Dienstl, Karl, Die außereuropäischen Fahrten der österreichischen Flotte nach 1848, Diss., Uni. Wien (1949)

Diller, Stephan, *Die Dänen in Indien, Südostasien und China, 1620-1845* (Wiesbaden, 1999)

Donko, Wilhelm, *Österreichs Kriegsmarine in Fernost. Alle Fahrten von Schiffen der k.(u.)k. Kriegsmarine nach Ostasien, Australien und Ozeanien von 1820 bis 1914* (Berlin, 2013)

——, *Japan im Krieg gegen Österreich-Ungarn 1914-18. Die k. u. k. Kriegsmarine im Kampf gegen Japans Streitkräfte in Ostasien und im Mittelmeer* (Berlin, 2014)

Dörflinger, J., Scherzer Karl von, in: Österreichischen Akademie der Wissenschaften, *Österreichisches Biographisches Lexikon 1815-1950*, Bd. 10 (Wien, 1994), S. 93-94

Drayton, Richard, Science and the European Empires, in: *The Journal of Imperial and Commonwealth History*, 23-3 (1995), pp. 503-510

Driver, Felix, *Geography Militant: Cultures of Exploration and Empire* (Oxford, 2001)

Duppler, Jörg, *Der Juniorpartner. England und die Entwicklung der Deutschen Marine 1848-1890* (Herford, 1985)

——, *Prinz Adalbert von Preußen. Gründer der deutschen Marine* (Herford, 1986)

Dürbeck, Gabriele, *Stereotype Paradiese. Ozeanismus in der deutschen Südseeliteratur 1815-1914* (Tübingen, 2007)

Eberspächer, Cord, *Die deutsche Yangtse-Patrouille. Deutsche Kanonenbootpolitik in China im Zeitalter des Imperialismus 1900-1914* (Bochum, 2004)

Eberstein, Bernd, *Hamburg-China. Geschichte einer Partnerschaft* (Hamburg, 1988)

Eckart, Wolfgang U., *Medizin und Kolonialimperialismus Deutschland 1884-1945* (Paderborn/ München/ Wien/ Zürich, 1997)

Egghardt, Hanne, *Österreicher entdecken die Welt. Forscher, Abenteurer, Idealisten* (Wien, 2000)

Ehrenpreis, Petronilla, Die „reichsweite" Presse in der Habsburgermonarchie, in: Helmut Rumpler/ Peter Urbanitsch (Hrsg.), *Die Presse als Faktor der Politischen Mobilisierung* [*Die Habsburgermonarchie 1848-1918*, Bd. 8, Politische Öffentlichkeit und Zivilgesellschaft 2. Teilbd.] (Wien, 2006), S. 1715-1818

Elias, Norbert, *Über den Prozeß der Zivilisation. Soziogenetische und psychogenetische Untersuchungen*, 2 Bde., 2. um eine Einleitung verm. Aufl. (Bern/ München, 1969)［邦訳：ノルベルト・エリアス著、赤井慧爾、中村元保、吉田正勝訳『文明化の過程』上・下巻、法政大学出版局、1977-1978 年］

Erdmann, Karl Dietrich, *Die Spur Österreichs in der deutschen Geschichte. Drei Staaten, zwei Nationen, ein Volk?* (Zürich, 1989)

Exenberger, Andreas, Globalization and Austria: Past and Present, in: Günter Bischof/ Fritz Plasser (eds.), *Global Austria: Austria's Place in Europe and the World* (New Orleans, 2011), pp. 26-45

Fairbank, John, *Trade and Diplomacy on the China Coast: The Opening of the Treaty Ports, 1842-1854* (Cambridge, 1953)

Feest, Christian F., Cook Voyage Material in Vienna before and after 1806: Some Possibilities and Improbalities [sic], in: *Archiv für Völkerkunde*, 32 (1978), pp. 89-99

——, The Origins of Professional Anthropology in Vienna, in: Britta Rupp-Eisenreich/ Justin Stagl (Hrsg.), *Kulturwissenschaft im Vielvölkerstaat. Zur Geschichte der Ethnologie und verwandter Gebiete in Österreich, ca. 1780-1918* (Wien/ Bohlau, 1995), S. 113-131

Feichtinger, Johannes/ Ursula Prutsch/ Moritz Csáky (Hrsg.), *Habsburg postcolonial. Machtstrukturen*

und kollektives Gedächtnis (Innsbruck/ Wien/ München/ Bozen, 2003)

Fenske, Hans, Imperialistische Ansätze in Österreich im 19. Jh., in: Hans Fenske/ Wolfgang Reinhard/ Ernst Schulin (Hrsg.), *Historia Integra. Festschrift für Erich Hassinger zum 70. Geburtstag* (Berlin, 1977), S. 245-263

——, Lorenz Stein über Weltpolitik und Kolonien, in: *Der Staat*, 16 (1977), S. 539-556

——, Imperialistische Tendenzen in Deutschland vor 1866. Auswanderung, überseeische Bestrebungen, Weltmachtträume, in: *Historisches Jahrbuch Görres Gesellschaft*, 97/98 (1978), S. 336-383

——, Lorenz von Stein und Bernhard von Wüllerstorf. Zwei Weltpolitische Denkschriften aus den Jahren 1857/58, in: *Jahrbuch der Heimatgemeinschaft des Kreises Eckernförde*, 36 (1978), S. 166-180

——, Ungeduldige Zuschauer. Die deutschen und die europäische Expansion 1815-1880, in: Wolfgang Reinhard (Hrsg.), *Imperialistische Kontinuität und nationale Ungeduld im 19. Jahrhundert* (Frankfurt a. M., 1991), S. 87-123

Fiedler, Matthias, *Zwischen Abenteuer, Wissenschaft und Kolonialismus. Der deutsche Afrikadiskurs im 18. und 19. Jahrhundert* (Köln, 2005)

Fischer, Heinz-Dietrich, *Handbuch der politischen Presse in Deutschland 1480-1980* (Düsseldorf, 1981)

Fitzpatrick, Matthew, *Liberal Imperialism in Germany: Expansionism and Nationalism 1848-1884* (New York/ Oxford, 2008)

Fletcher, John, From the Waikato to Vienna and Back: How Two Maoris Learned to Print, in: *Bulletin of the Bibliographical Society of Australia and New Zealand*, 8 (1984), pp. 147-155

——, Karl Scherzer and the Visit of the 'Novara' to Sydney, 1858, in: *Journal of the Royal Australian History Society*, 71 (1985), pp. 189-206

——, The "Novara" in Sydney, November-December 1858: On Unlooking a Time-Warp, in: Boyd W. Rayward (ed.), *Australian Library History in Context: Papers for the Third Forum on Australian Library History, University of New South Wales, 17 and 18 July 1987* (Sydney, 1988), pp. 7-25

Friedrichsmeyer, Sara/ Sara Lennox/ Susanne Zantop (eds.), *The Imperialist Imagination: German Colonialism and Its Legacy* (Ann Arbor, 1998)

Fuchs, Brigitte, *»Rasse«, »Volk«, Geschlecht. Anthropologische Diskurse in Österreich 1850-1960* (Frankfurt a. M./ New York, 2003)

Gaeta, Gordian, Austria in Hong Kong: Travel and Trade Perspectives 1821-1914, in: Gordian Gaeta (ed.), *Servus Hong Kong: Austria in and around the Pearl of the Orient* (Hong Kong, 2004), pp. 24-44

Geologische Bundesanstalt, *Die Geologische Bundesanstalt in Wien. 150 Jahre Geologie im Dienste Österreichs, 1849-1999* (Wien, 1999)

Glade, Dieter, *Bremen und der Ferne Osten* (Bremen, 1966)

Gliboff, Sander, *H. G. Bronn, Ernst Haeckel, and the Origins of German Darwinism: A Study in Translation and Transformation* (Cambridge, Mass./ London, 2008)

Gogg, Karl, *Österreichs Kriegsmarine 1848-1918* (Salzburg/ Stuttgart, 1967)

——, *Österreichs Kriegsmarine 1440-1848* (Salzburg/ Stuttgart/ Zürich, 1972)

Goodman, Dena, *The Republic of Letters: A Cultural History of the French Enlightenment* (Ithaca, NY, 1994)

Gould, Stephen Jay, *The Mismeasure of Man* (New York, 1981)［邦訳：スティーヴン・J・グールド著、鈴木善次、森脇靖子訳『人間の測りまちがい　差別の科学史』増補改訂版、河出書房新社、1998 年］

Grabner, Sabine, Vom exotischen Motiv zur Orientmode. Der Rezeption des Fremden in der österreichischen Malerei des 19. Jahrhunderts, in: Walter Sauer (Hrsg.), *Vom Paradies zum Krisenkontinent. Afrika, Österreich und Europa in der Neuzeit* (Wien, 2010), S. 132-155

Grießmer, Axel, Die Kaiserliche Marine entdeckt die Welt. Forschungsreisen und Vermessungsfahrten im Spannungsfeld von Militär und Wissenschaft (1874 bis 1914), in: *Militärgeschichtliche Zeitschrift*, 59 (2000), S. 61-98

Grigorowicz, Andreas, Zufall und Notwendigkeit bei der Entstehung ethnographischer Sammlungen, in: *Archiv für Völkerkunde*, 32 (1978), S. 101-126

Gruber, Karl, *Seemacht unter rot weiß roter Flagge*, 2 Bde. (Salzburg, 2005-2006)

Gründer, Horst (Hrsg.), *»...da und dort ein junges Deutschland gründen« Rassismus, Kolonien und kolonialer Gedanke vom 16. bis zum 20. Jahrhundert* (München, 1999)

Gschwendtner, Andreas, Frühe Wurzeln für Rassismus und Ideologie in der Anthropologie der Jahrhundertwende am Beispiel des wissenschaftlichen Werkes des Anthropologen und Ethnographen Rudolf Pöch, in: Claudia Lepp (Hrsg.), *Von Grenzen und Ausgrenzung. Interdisziplinäre Beiträge zum Thema Minderheiten und Fremdenfeindlichkeit* (Marburg, 1997), S. 136-158

Hagan, Kenneth J., *American Gunboat Diplomacy and the Old Navy 1877-1889* (Westport, Conn./ London, 1973)

Ham, Claudia/ Christian Ortner (Hrsg.), *Mit S. M. S. Zenta in China. „Mich hatte auch dismal der Tod nicht gewollt." Aus dem Tagebuch eines k. u. k. Matrosen während des Boxeraufstands* (Wien, 2000)

Hamann, Günther, Prinz Eugen und die Wissenschaften, in: *Österreich in Geschichte und Literatur*, Sondernummer (1963), S. 28-42

——, Österreich-Ungarns Anteil an Reisen und Forschungen in den Ländern des Britischen Weltreichs, in: Otto Hietsch (Hrsg.), *Österreich und die angelsächsische Welt. Kulturbegegnungen und Vergleiche*, Bd. 2 (Wien/ Stuttgart, 1968), S. 202-236

——, *Das Naturhistorische Museum in Wien. Die Geschichte der Wiener naturhistorischen Sammlungen bis zum Ende der Monarchie* (Wien, 1976)

——, Die österreichische Kriegsmarine in Dienst der Wissenschaften, in: *Revue Internationale d'Histoire Militaire*, 45 (1980), S. 59-90

——, Forschungsreisen, in: *Katalog des Niederösterreichischen Landesmuseums*, Neue Folge, 147, Bd. 1 (1984), S. 418-431

——, Ludwig Ritter von Höhnel als Forschungsreisender. Eine Würdigung aus Anlaß der hundertsten Wiederkehr der Entdeckung des Rudolf-See (Lake Turkana) in Ostafrika durch Teleki und Höhnel, in: *Mitteilungen der Österreichischen Geographischen Gesellschaft*, 130 (1988), S. 10-38

Handel-Mazzetti, Peter, Die Auslandsmissionen der einstigen k. k. Kriegsmarine von ihren Anfängen bis zur Auflösung der Donaumonarchie, in: *Nauticus. Jahrbuch für Deutschlands Seeinteressen*, 26

(1943), S. 98-122

Hárs, Endre/ Wolfgang Müller-Funk/ Ursula Reber/ Clemens Ruthner (Hrsg.), *Zentren, Peripherien und kollektive Identitäten in Österreich-Ungarn* (Tübingen/ Basel, 2006)

Hassinger, Hugo, *Österreichs Anteil an der Erforschung der Erde. Ein Beitrag zur Kulturgeschichte Österreichs* (Wien, [1949])

Häußler, Hans-Joachim, Küstenschutz und deutsche Flotte 1859-64, in: *Forschungen zur brandenburgischen und preussischen Geschichte*, 51 (1939), S. 311-343

Heenemann, Horst, *Die Auflagenhöhen der deutschen Zeitungen. Ihre Entwicklung und ihre Probleme* (Berlin, 1929)

Heinsius, Paul, Anfänge der Deutschen Marine, in: Walther Hubatsch, u. a., *Die erste deutsche Flotte 1848-1853* (Herford/ Bonn, 1981), S. 13-27

——, Die erste Deutsche Marine in Überlieferung und Wirklichkeit, in: Walther Hubatsch, u. a., *Die erste deutsche Flotte 1848-1853* (Herford/ Bonn, 1981), S. 73-77

——, Die deutsche Marine. Eine Schöpfung des Jahres 1848, in: Deutsches Marine Institut und Deutsche Marine-Akademie, *Die Deutsche Marine. Historisches Selbstverständnis und Standortbestimmung* (Herford/ Bonn, 1983), S. 25-34

Herbert, Trevor/ Helen Barlow, *Music & the British Military in the Long Nineteenth Century* (Oxford, 2013)

Höbelt, Lothar, Die Marine, in: Adam Wandruszka/ Peter Urbanitsch (Hrsg.), *Die bewaffnete Macht* [*Die Habsburgermonarchie 1848-1918*, Bd. 5] (Wien, 1987), S. 687-763

——, Die Deutsche Presselandschaft, in: Helmut Rumpler/ Peter Urbanitsch (Hrsg.), *Die Presse als Faktor der Politischen Mobilisierung* [*Die Habsburgermonarchie 1848-1918*, Bd. 8, Politische Öffentlichkeit und Zivilgesellschaft 2. Teilbd.] (Wien, 2006), S. 1819-1894

Höfele, Bernhard, *Kleine Geschichte des Militärmusik-Festivals in Deutschland* (Norderstedt, 2008)

Hogan, Helen M., *Bravo, Neu Zeeland: Two Maori in Vienna 1859-1860* (Christchurch, 2003)

Honold, Alexander/ Oliver Simons (Hrsg.), *Kolonialismus als Kultur. Literatur, Medien, Wissenschaft in der deutschen Gründerzeit des Fremden* (Tübingen/ Basel, 2002)

——, Kakanien kolonial. Auf der Suche nach Welt-Österreich, in: Wolfgang Müller-Funk/ Peter Plener/ Clemens Ruthner (Hrsg.), *Kakanien revisited. Das Eigene und Fremde (in) der österreichisch-ungarischen Monarchie* (Tübingen/ Basel, 2002), S. 104 -120

Horowitz, Emilie, Die R. Poech'sche Sammlung von Schädeln aus Deutsch-Neu-Guinea, Diss., Uni. Wien (1924)

Hoßfeld, Uwe, *Geschichte der biologischen Anthropologie in Deutschland. Von den Anfängen bis in die Nachkriegszeit* (Stuttgart, 2005)

Hubatsch, Walther, Die deutsche Reichsflotte 1848 und der Deutsche Bund, in: Walther Hubatsch, u. a., *Die erste deutsche Flotte 1848-1853* (Herford/ Bonn, 1981), S. 29-40

Jackson Jr., John P./ Nadine M. Weidman, *Race, Racism, and Science: Social Impact and Interaction* (New Brunswick, 2006)

Jankowski, Jan, *Die Nikobaren als Objekt kolonialer Bestrebungen*, Studienarbeit (Norderstedt, 2011)

Jessen, Ralph/ Jakob Vogel, Die Naturwissenschaft und die Nation. Perspektiven einer Wechselbeziehung

in der europäischen Geschichte, in: Ralph Jessen/ Jakob Vogel (Hrsg.), *Wissenschaft und Nation in der europäischen Geschichte* (Frankfurt a. M./ New York, 2002), S. 7-37

Jobst, Kerstin S./ Julia Obertreis/ Ricarda Vulpius, Neue Imperiumsforschung in der Osteuropäischen Geschichte. Die Habsburgermonarchie, das Russländische Reich und die Sowjetunion, in: *Comparativ. Zeitschrift für Globalgeschichte und vergleichende Gesellschaftsforschung*, 18-2 (2008), S. 27-56

Johnston, Michael, 'I have called it Dunite': Dr Hochstetter in Nelson - 4 August to 2 October 1859, in: James Braund (ed.), *Ferdinand Hochstetter and the Contribution of German-Speaking Scientists to New Zealand Natural History in the Nineteenth Century* (Frankfurt a. M., 2012), pp. 241-270

Johnston-Arthur, Araba Evelyn, Schwarze Erfahrungen der jungen afrikanischen Diaspora in Österreich, in: Karl A. Kumpfmüller (Hrsg.), *Europas langer Schatten. Afrikanische Identitäten zwischen Selbst- und Fremdbestimmung* (Frankfurt a. M., 2000), S. 153-159

Jung, Peter, „Archivalien auf Tauchstation." Tatsächliche und vermeintliche Aktenverluste der k. u. k. Kriegsmarine nach 1918, in: *Mitteilungen des Österreichischen Staatsarchivs*, 49 (2001), S. 161-182

Kahl, Jürgen, National-Zeitung (1848-1938), in: Heinz-Dietrich Fischer (Hrsg.), *Deutsche Zeitungen des 17. bis 20. Jahrhunderts* (Pullach bei München, 1972), S. 177-189

Kaminski, Gerd/ Else Unterrieder, *Von Österreichern und Chinesen* (Wien/ München/ Zürich, 1980)

——, Die k. u. k. Kriegsmarine in China. Aoguo Bing Ting Hao, in: *Militaria Austriaca*, 13 (1993), S. 5-45

——, Das Chinabild der Österreicher, in: Gerd Kaminski/ Barbara Kreissl (Hrsg.), *Österreich-China. Geschichte einer 300 jährigen Beziehung* (Wien, 1996), S. 32-49

——, *Der Boxeraufstand, entlarvter Mythos. Mit Beiträgen österreichischer Augenzeugen* (Wien, 2000)

Kann, Robert A., Trends toward Colonialism in the Habsburg Empire, 1878-1918: The Case of Bosnia-Hercegovina, 1878-1914, in: Don Karl Rowney/ G. Edward Orchard (eds.), *Russian and Slavic History* (Columbus, Ohio, 1977), pp. 164-180

Kasper, Franziska, Kolonialland Österreich. Die Österreichisch-Ostindische Handelskompagnie und William Bolts (1740-1808), in: Irmgard Kirchner/ Gerhard Pfeisinger (Hrsg.), *Welt-Reisende. ÖsterreicherInnen in der Fremde* (Wien, 1996), S. 37-47

——, Die österreichischen [sic] Kolonie auf den Nikobaren 1778-1783. Eine ethnohistorische Untersuchung des kolonisatorischen Unternehmens Österreichs im Indischen Ozean Ende des 18. Jahrhunderts mit einer Bewertung der Ethnographica aus dem 19. Jahrhundert, 2 Bde., Diss., Uni. Wien (2002)

Kermode, Les, Ferdinand von Hochstetter, in: James N. Bade (Hrsg.), *Eine Welt für sich. Deutschsprachige Siedler und Reisende in Neuseeland im neunzehnten Jahrhundert* (Bremen, 1998), S. 203-214

Kerst, Georg, *Die Anfänge der Erschließung Japans im Spiegel der zeitgenössischen Publizistik. Untersucht auf Grund der Veröffentlichungen der Kölnischen Zeitung* (Hamburg, 1953)

King, Michael, *The Collector: Andreas Reischek: A Biography* (Auckland/ London/ Sydney, 1981)

Kirchberger, Ulrike, Deutsche Naturwissenschaftler im britischen Empire. Die Erforschung der

außereuropäischen Welt im Spannungsfeld zwischen deutschem und britischem Imperialismus, in: *Historische Zeitschrift*, 271 (2000), S. 621-660

Klein, Fritz, Weltpolitische Ambitionen Österreich-Ungarns vor 1914, in: *Jahrbuch für Geschichte*, 29 (1984), S. 263-289

Klemun, Marianne (Hrsg.), *Wissenschaft und Kolonialismus* [*Wiener Zeitschrift zur Geschichte der Neuzeit*, 9-2] (Innsbruck, 2009)

Kludas, Arnold, Die Kriegsschiffe des Deutschen Bundes 1848 bis 1853, in: Walther Hubatsch, u. a., *Die erste deutsche Flotte 1848-1853* (Herford/ Bonn, 1981), S. 51-60

Koburger, Charles W., *The Central Powers in the Adriatic, 1914-1918: War in a Narrow Sea* (Westport, Conn., 2001)

Köfler, Barbara, Oscar Baumann. Die Wechselseitige Beziehung zwischen Forschungs- und Kolonialinteressen, in: Walter Sauer (Hrsg.), *k. u. k. kolonial. Habsburgermonarchie und europäische Herrschaft in Afrika* (Wien/ Köln/ Weimar, 2002), S. 197-223

Kohl, Karl-Heinz, *Entzauberter Blick. Das Bild vom Guten Wilden und die Erfahrung der Zivilisation*, 1. Aufl. (Frankfurt a. M., 1986)

Kolig, Erich, Collector or Thief: Andreas Reischek in New Zealand and the Problem of Scientific Ethics in the 19th Century, in: *Archiv für Völkerkunde*, 39 (1985), pp. 127-146

——, Andreas Reischek and the Maori: Villainy on the Nineteenth-Century Scientific Ethos?, in: *Pacific Studies*, 10-1 (1986), pp. 55-78

——, *Umstrittene Würde. Andreas Reischek, der Neuseeland-Forscher aus dem Oberösterreichischen Mühlviertel (1845-1902)* [*Wiener Ethnohistorische Blätter*, Heft 41] (Wien, 1996)

——, Der Österreicher Andreas Reischek in Neuseeland. Ehrenhäuptling oder Erzfeind der Maori?, in: *Novara. Mitteilungen der Österreichisch-Südpazifischen Gesellschaft*, Bd. 1, Österreicher im Pazifik (1998), S. 41-55

Kolm, Evelyn, *Die Ambitionen Österreich-Ungarns im Zeitalter des Hochimperialismus* (Frankfurt a. M., 2001)

Koszyk, Kurt, *Deutsche Presse im 19. Jahrhundert* (Berlin, 1966)

Kraus, Carl (Red.), *Der freie weite Horizont. Die Weltumseglung der Novara und Maximilians Mexikanischer Traum. Eine Ausstellung des Landesmuseums Schloss Tirol 10.7.-14.11. 2004* (Bozen, 2004)

Kretschmann, Carsten, *Räume öffnen sich. Naturhistorische Museen im Deutschland des 19. Jahrhunderts* (Berlin, 2006)

Kretschmer, Ingrid, 150 Jahre. Geographische Gesellschaft in Wien, in: Ingrid Kretschmer/ Gerhard Fasching (Hrsg.), *Österreich in der Welt. Die Welt in Österreich. Chronik der Österreichischen Geographischen Gesellschaft 150 Jahre, 1856-2006* (Wien, 2006), S. 67- 112

——, Protektor der Österreichischen Geographischen Gesellschaft und ihrer Vorgängergesellschaften, in: Ingrid Kretschmer/ Gerhard Fasching (Hrsg.), *Österreich in der Welt. Die Welt in Österreich. Chronik der Österreichischen Geographischen Gesellschaft 150 Jahre, 1856-2006* (Wien, 2006), S. 15-23

——, Präsidenten der Österreichischen Geographischen Gesellschaft und ihrer Vorgängergesellschaften, in: Ingrid Kretschmer/ Gerhard Fasching (Hrsg.), *Österreich in der Welt. Die Welt in Österreich.*

Chronik der Österreichischen Geographischen Gesellschaft 150 Jahre, 1856-2006 (Wien, 2006), S. 24-66

Křížek, Jurij, *Die Wirtschaftlichen Grundzüge des österreichisch-ungarischen Imperialismus in der Vorkriegszeit (1900-1914)* (Praha, 1963)

――, Beitrag zur Geschichte der Entstehung und des Einflusses des Finanzkapitals in der Habsburger Monarchie in den Jahren 1900-1914, in: *Die Frage des Finanzkapitals in der Österreichisch-Ungarischen Monarchie 1900-1918. Mitteilungen auf der Konferenz der Geschichtswissenschaftler. Budapest, 4.-9. Mai 1964* (Bukarest, 1965), S. 5-51

Krobb, Florian, 'The starting point for the civilization of the Dark Continent': Austrians in the Sudan: Ernst Marno and Rudolf Slatin as Agents of African Conquest, in: *Austrian Studies*, 20 (2012), pp. 142-160

Krüger, Reinhard, Vorwort. Anthropometrie und Rassismus im anthropologisch-ethnologischen Diskurs des 19. Jahrhunderts, in: Augustin Weisbach [Hrsg. von Reinhard Krüger], *Körpermessungen verschiedener Menschenrassen. Europäischer Rassenwahn und Anthropometrie im 19. Jahrhundert* (Berlin, 2002 [org. 1878]), S. I-XLII

Kundrus, Birthe (Hrsg.), *Phantasiereiche. Zur Kulturgeschichte des deutschen Kolonialismus* (Frankfurt a. M./ New York, 2003)

Langewiesche, Dieter, *Nation, Nationalismus, Nationalstaat in Deutschland und Europa* (München, 2000)

Le Rider, Jacques, *La Mitteleuropa* (Paris, 1994)［邦訳：ジャック・ル・リデー著、田口晃、板橋拓己訳『中欧論　帝国から EU へ』白水社、2004 年］

Lee, Kyu Ha, China und Österreich-Ungarn. Die politischen, diplomatischen, militärischen, wirtschaftlichen und kulturellen Beziehungen von ihrer Aufnahme (1869) bis zum Ausbruch des Ersten Weltkrieges, Diss., Uni. Wien (1971)

Lehner, Georg, Beiträge zur Geschichte der k. (u.) k. Konsularvertretungen in China. Von der Mitte des 19. Jahrhunderts bis zum Ende des Ersten Weltkrieges, Diss., Uni. Wien (1995)

―― / Monika Lehner, *Österreich-Ungarn und der „Boxeraufstand" in China* (Innsbruck/ Wien/ München/ Bozen, 2002)

Lemmen, Sarah, Globale Selbst- und Fremdverortungen auf Reisen. Tschechische Positionierungsstrategien vor und nach 1918, in: *Comparativ. Zeitschrift für Globalgeschichte und vergleichende Gesellschaftsforschung*, 20-1/2 (2010), S. 124-143

Lepenies, Wolf, *Das Ende der Naturgeschichte. Wandel kultureller Selbstverständlichkeiten in den Wissenschaften des 18. und 19. Jahrhunderts* (München, 1976)［邦訳：ヴォルフ・レペニース著、山村直資訳『自然誌の終焉　18 世紀と 19 世紀の諸科学における文化的自明概念の変遷』法政大学出版局、1992 年］

Leuer, Eric A., *Die k. u. k. Kriegsmarine als Ausdruck kolonialer Großmachtpolitik Österreich-Ungarns*. Studienarbeit (München, 2009)

Liebersohn, Harry, *The Traveler's World: Europe to the Pacific* (Cambridge, Mass./ London, 2006)

Lieven, Dominic, *Empire: The Russian Empire and Its Rivals* (New Haven/ London, 2000)［邦訳：ドミニク・リーベン著、袴田茂樹監修、松井秀和訳『帝国の興亡 上巻　グローバルにみ

たパワーと帝国』日本経済新聞社、2002 年]
Livingstone, David N., The Moral Discourse of Climate: Historical Considerations on Race, Place and Virtue, in: *Journal of Historical Geography*, 17-4 (1991), pp. 413-434
——, *The Geographical Tradition: Episodes in the History of a Contested Enterprise* (Oxford, 1992)
——, Climate's Moral Economy: Science, Race and Place in Post-Darwinian British and American Geography, in: Anne Godlewska/ Neil Smith (eds.), *Geography and Empire* (Oxford, 1994), pp. 132-154
Loidl, Simon, Colonialism through Emigration: Publications and Activities of the Österreichisch-Ungarische Kolonialgesellschaft (1894-1918), in: *Austrian Studies*, 20 (2012), pp. 161-175
Lorenz, Reinhold, *Japan und Mitteleuropa. Von Solferino bis zur Wiener Weltausstellung 1859-73* (Brünn/ München/ Wien, 1944)
MacKenzie, John M. (ed.), *Imperialism and Popular Culture* (Manchester, 1986)
——, *Orientalism: History, Theory and the Arts* (Manchester/ New York, 1995)
MacLeod, Ray, Introduction, in: Ray MacLeod (ed.), *Nature and Empire: Science and the Colonial Enterprise* (Chicago, 2001), pp. 1-13
Mak, Ricardo K. S., Nineteenth-Century German Community, in: Cindy Yik-yi Chu (ed.), *Foreign Communities in Hong Kong, 1840s-1950s* (New York, 2005), pp. 61-84
Mann, Michael, Empirische Eilande. Inseln als Laboratorien der europäischen Expansion, in: *Jahrbuch für Europäische Überseegeschichte*, 5 (2005), S. 27-53
Markov, Walter, Die koloniale Versuchung. Österreichs zweite Ostindienkompanie. Supplementa zu F. von Pollack-Parnau, in: *Österreich im Europa der Aufklärung. Kontinuität und Zäsur in Europa zur Zeit Maria Theresias und Joseph II. Internationales Symposion in Wien 20.-23. Oktober 1980* (Wien, 1985), S. 593-604
Martin, Bernd, Die Preußische Ostasienexpedition in China. Zur Vorgeschichte der Freundschafts-, Handels- und Schiffahrts-Vertrages vom 2. September 1861, in: Heng-yü Kuo/ Mechthild Leutner (Hrsg.), *Deutsch-chinesische Beziehungen vom 19. Jahrhundert bis zur Gegenwart. Beiträge des Internationalen Symposiums in Berlin* (München, 1991), S. 209-240
——, Die Preußische Ostasien-Expedition und der Vertrag über Freundschaft, Handel und Schiffahrt mit Japan (24. Januar 1861), in: Gerhard Krebs (Hrsg.), *Japan und Preußen* (München, 2002), S. 77-101
Martin, Werner, *Deutsche Kolonialpolitik unter Bismarck. Das Für und Wider eines staatlich-formellen Kolonialismus* (München, 2006)
Matsch, Erwin, *Der Auswärtige Dienst von Österreich (-Ungarn) 1720-1920* (Wien/ Köln/ Graz, 1986)
Mauthe, Gabriele, Die Österreichische Brasilienexpedition 1817-1836, in: Jörg Helbig (Hrsg.), *Brasilianische Reise 1817-1820. Carl Friedrich Philipp von Martius zum 200. Geburtstag* (München, 1994), S. 13-27
Mayer, Andreas/ Klaus Taschwer, »Rassismus« im Museum. Zur Popularisierung anthropologischen Wissens im Wiener Naturhistorischen Museum, in: *Forum*, 42. Jg. Nr. 496-498 (1995), S. 76-81
Mayer, Horst F./ Dieter Winkler, *Als die Adria Österreich war. Österreich-Ungarns Seemacht*, 3. Aufl. (Wien, 1987)
—— / Dieter Winkler, *Als Österreich die Welt entdeckte. Expeditionen und Missionen der Kriegsmarine*

(Wien, 1991)

—— / Dieter Winkler, *Rot-weiß-rote Weltreisen. Expeditionen der k. k. Marine* (Wien, 1998)

McCracken, Donal P., Fraternity in the Age of Jingoism: The British Imperial Botanic and Forestry Network, in: Benedikt Stuchtey (ed.), *Science across the European Empires 1800-1950* (Oxford, 2005), pp. 49-62

McCreery, Cindy, Neighbourly Relations: Nineteenth-Century Western Navies' Interactions in the Asia-Pacific Region, in: Robert Aldrich/ Kirsten McKenzie (eds.), *The Routledge History of Western Empires* (London/ New York, 2014), pp. 194-207

McGibbon, Ian, Besuche der deutschen Kriegsmarine in Neuseeland, in: James N. Bade (Hrsg.), *Eine Welt für sich. Deutschsprachige Siedler und Reisende in Neuseeland im neunzehnten Jahrhundert* (Bremen, 1998), S. 24-31

Meister, Richard, *Geschichte der Akademie der Wissenschaften in Wien 1847-1947* (Wien, 1947)

Middendorff, Wolf, *Maximilian, Kaiser von Mexiko. Sein Leben und sein Prozeß in historischer und Psychologischer Sicht* (Köln, 1981)

Mielke, Otto/ Albert Röhr, *Österreichisches Kanonenboot »Albatros«. Kampf mit melanesischen Kannibalen* (München, 1958)

Miyake, Masaki, Die Erschließung Japans am Ende der Tokugawa-Zeit mit besonderer Berücksichtigung der Forschungen von Dr. Georg Kerst, in: *The Bulletin of the Institute of Social Sciences*, Meiji Uni., 17-3 (1994), S. 1-27

Moltmann, Günter, Die deutsche Flotte von 1848/49 im historisch-politischen Kontext, in: Deutsches Marine Institut/ Militärgeschichtliches Forschungsamt, *Die deutsche Flotte im Spannungsfeld der Politik 1848-1985* (Herford, 1985), S. 21-51

Moschner, Irmgard, Die Wiener Cook-Sammlung, Südsee-Teil, in: *Archiv für Völkerkunde*, 10 (1955), S. 136-253

——, Bemerkenswerte Objekte der Sammlung Franz Ferdinand von Österreich-Este aus Melanesien, in: *Archiv für Völkerkunde*, 19 (1964/65), S. 102-119

Mraz, Gottfried, Österreich und Übersee in der Neuzeit bis zur Revolution von 1848, in: Amt der Burgenländischen Landesregierung, Abt. Ⅻ/1, *Abenteuer Ostafrika. Der Anteil Österreich-Ungarns an der Erforschung Ostafrikas. Ausstellung in Schloss Halbturn 11. Mai bis 28. Oktober 1988* (Eisenstadt, 1988), S. 161-170

Mückler, Hermann, Baron Anatol von Hügel in Fiji 1875-1877, in: *Novara. Mitteilungen der Österreichisch-Südpazifischen Gesellschaft*, Bd. 1, Österreicher im Pazifik (1998), S. 21-40

——, Utopias and Visions: Austria's Unsuccessful Attempts at Overseas Colonisation in the Eighteenth and Nineteenth Centuries, and the Role of the Novara Expedition, in: James Braund (ed.), *Ferdinand Hochstetter and the Contribution of German-Speaking Scientists to New Zealand Natural History in the Nineteenth Century* (Frankfurt a. M., 2012), pp. 127-136

Müller, Sven Oliver/ Jürgen Osterhammel, Geschichtswissenschaft und Musik, in: *Geschichte und Gesellschaft*, 38-1 (2012), S. 5-20

——, *Das Publikum macht die Musik. Musikleben in Berlin, London und Wien im 19. Jahrhundert* (Göttingen, 2014)

Müller-Funk, Wolfgang/ Peter Plener/ Clemens Ruthner (Hrsg.), *Kakanien revisited. Das Eigene und Fremde (in) der österreichisch-ungarischen Monarchie* (Tübingen/ Basel, 2002)

Müller-Scheeßel, Nils, To See Is to Know. Materielle Kultur als Garant von Authentizität auf Weltausstellungen des 19. Jahrhunderts, in: Stefanie Samida (Hrsg.), *Inszenierte Wissenschaft. Zur Popularisierung von Wissen im 19. Jahrhundert* (Bielefeld, 2011), S. 157-176

Museum für Völkerkunde, *Ozeanien, Australien. Museum für Völkerkunde, Wien* (Wien, 1967)

Na'aman, Shlomo, *Der Deutsche Nationalverein. Die politische Konstituierung des deutschen Bürgertums 1859-1867* (Düsseldorf, 1987)

Nolden, Sascha, Ferdinand Hochstetter (1829-1884) und die Novara-Expedition in Neuseeland, in: *Mitteilungen der Anthropologischen Gesellschaft in Wien*, 136/137 (2006/2007), S. 15-30

Oberhummer, Eugen, Rudolf Pöch (gestorben am 4. März 1921), in: *Mitteilungen der Anthropologischen Gesellschaft in Wien*, 51 (1921), S. 95-104

Okey, Robin, *Taming Balkan Nationalism: The Habsburg 'Civilizing Mission' in Bosnia, 1878-1914* (New York, 2007)

Oppolzer, Albin, Karl Scherzer, Diss., Uni. Wien (1949)

Organ, Michael, 'Österreich in Australien': Ferdinand von Hochstetter and the Austrian Novara Scientific Expedition 1858-9, in: *Historical Records of Australian Science*, 12-1 (1998), pp. 1-13

Osterhammel, Jürgen, *Kolonialismus. Geschichte-Formen-Folgen*, 4. Aufl. (München, 2003)［邦訳：ユルゲン・オースタハメル著、石井良訳『植民地主義とは何か』論創社、2005 年］

——, Globale Horizonte europäischer Kunstmusik, 1860-1930, in: *Geschichte und Gesellschaft*, 38-1 (2012), S. 116-123

Padrutt, Christian, Allgemeine Zeitung (1798-1929), in: Heinz-Dietrich Fischer (Hrsg.), *Deutsche Zeitungen des 17. bis 20. Jahrhunderts* (Pullach bei München, 1972), S. 131-144

Palla, Rudi, *Die Weltreise seiner Majestät Korvette Saida in den Jahren 1884-1886* (Wien/ München, 2011)

Palmberg, Mai, The Nordic Colonial Mind, in: Suvi Keskinen/ Salla Tuori/ Sari Irni/ Diana Mulinari (eds.), *Complying with Colonialism: Gender, Race and Ethnicity in the Nordic Region* (Farnham, 2009), pp. 35-50

Pantzer, Peter, *Hundert Jahre Japan-Österreich* (Tokyo, 1970)〔邦訳：ペーター・パンツァー著、竹内精一、芹沢ユリア訳『日本オーストリア関係史』創造社、1984 年〕

——, *Japan und Österreich-Ungarn. Die diplomatischen, wirtschaftlichen und kulturellen Beziehungen von ihrer Aufnahme bis zum Ersten Weltkrieg* (Wien, 1973)〔邦訳：ペーター・パンツァー著、竹内精一、芹沢ユリア訳『日本オーストリア関係史』創造社、1984 年〕

——, Mit der k. u. k. Kriegsmarine zu Besuch im Japanischen Kaiserreich. Vom Beginn der Beziehungen 1869 bis zum Untergang der Donaumonarchie, in: *Viribus Unitis*, Jahresbericht 2012 (2013), S. 45-72

Patka, Frederic J., Eine Studie über die k. (u.) k. Marinepost 1789-1914. In Friedenszeiten, während der militärischen Operationen und auf den Auslandreisen, Diss., Uni. Wien (1989)

Paupié, Kurt, *Handbuch der österreichischen Pressegeschichte 1848-1959* (Wien, 1960)

Pawlik, Georg, *Im Taifun beinahe gekentert. Die abenteuerliche Reise der k. u. k. Korvette Fasana in*

den Jahren 1891-1895 (Wien, 2002)

Peck, Joachim, *Kolonialismus ohne Kolonien. Der deutsche Imperialismus und China 1937* (Berlin, 1961)

Penny, H. Glenn, *Objects of Culture: Ethnology and Ethnographic Museums in Imperial Germany* (Chapel Hill/ London, 2002)

Peter, Hanns, Zur Geschichte der Wiener Polynesien-Sammlung, in: Hanns Peter (Hrsg.), *Polynesier, Vikinger der Südsee. Katalog zur gleichnamigen Ausstellung des Museums für Völkerkunde Wien* (Wien, 1992), S. 11-52

Petter, Wolfgang, *Die überseeische Stützpunktpolitik der preußisch-deutschen Kriegsmarine 1859-1883* (Freiburg, 1975)

——, Deutsche Flottenrüstung von Wallenstein bis Tirpitz, in: Militärgeschichtliches Forschungsamt, *Deutsche Militärgeschichte in sechs Bänden 1648-1939*, Bd. 5 (München, 1983), S. 13-262

Pfundner, Johann, Die österreichische Handelsschiffahrt im Ausland von 1850-1870, Diss., Uni. Wien (1953)

Philbrick, Nathaniel, *Sea of Glory: America's Voyage of Discovery, the U. S. Exploring Expedition, 1838-1842* (New York, 2003)

Pils, Robert, Botany and Botanists (Ferdinand Hochstetter, Georg Frauenfeld, Anton Jelinek, Eduard Schwarz) on the Circumnavigation of the Globe by the Austrian Frigate Novara, in: James Braund (ed.), *Ferdinand Hochstetter and the Contribution of German-Speaking Scientists to New Zealand Natural History in the Nineteenth Century* (Frankfurt a. M., 2012), pp. 197-210

Plankensteiner, Barbara, Endstation Museum. Österreichische Afrikareisende sammeln Ethnographica, in: Walter Sauer (Hrsg.), *k. u. k. kolonial. Habsburgermonarchie und europäische Herrschaft in Afrika* (Wien/ Köln/ Weimar, 2002), S. 257-288

Plaschka, Richard Georg, Von Pola nach Taku. Der Druck der Mächte auf China 1900 und Österreich-Ungarns Beteiligung an der Maritimen Intervention, in: *Österreich zur See* [*Schriften des Heeresgeschichtlichen Museums*, 8] (1980), S. 43-57

——, Das Meer im Süden. Ein Gemeinsamer Akzent der ungarischen und österreichischen Geschichte, in: Österreichisches Ost- und Südosteuropa-Institut, *Nationalismus – Staatsgewalt – Widerstand. Aspekte nationaler und sozialer Entwicklung in Ostmittel- und Südosteuropa. Festgabe zum 60. Geburtstag* (Wien, 1985), S. 43-58

Pollack-Parnau, Franz von, *Eine österreichisch-ostindische Handelscompagnie 1775-1785. Ein Beitrag zur österreichischen Wirtschaftsgeschichte unter Maria Theresia und Joseph II.* (Stuttgart, 1927)

Popelka, Liselotte, *Ein österreichischer Maler segelt um die Welt. Joseph Selleny und seine Aquarelle von der Weltreise der Novara 1857-1859* (Graz/ Köln, 1964)

Porter, Andrew Neil, *European Imperialism, 1860-1914* (London, 1994)［邦訳：アンドリュー・ポーター著、福井憲彦訳『帝国主義』岩波書店、2006 年］

Potschka, Georg, Kölnische Zeitung (1802-1945), in: Heinz-Dietrich Fischer (Hrsg.), *Deutsche Zeitungen des 17. bis 20. Jahrhunderts* (Pullach bei München, 1972), S. 145-158

Pusman, Karl, *Die „wissenschaften vom Menschen" auf Wiener Boden (1870-1959). Die Anthropologische Gesellschaft in Wien und die anthropologischen Disziplinen im Fokus von*

Wissenschaftsgeschichte, Wissenschafts- und Verdrängungspolitik (Wien/ Berlin, 2008)

Quelle, Otto, Deutsch-Österreichs See- und Kolonialpolitik. Ein Geschichtlicher Rückblick, in: Egmont Zechlin (Hrsg.), *Völker und Meere. Aufsätze und Vorträge* (Leipzig, 1944), S. 203-280

Raby, Peter, *Bright Paradise: Victorian Scientific Travellers* (London, 1996)［邦訳：ピーター・レイビー著、高田朔訳『大探検時代の博物学者たち』河出書房新社、2000 年］

Radtke, Wolfgang, *Die Preussische Seehandlung zwischen Staat und Wirtschaft in der Frühphase der Industrialisierung* (Berlin, 1981)

Rameis, Emil, *Die österreichische Militärmusik. Von Ihren Anfängen bis zum Jahren 1918* (Tutzing, 1976)

Regele, Ludwig Walter, Bernhard von Wüllerstorf-Urbair im Sternenheer und Weltenmeer, in: Carl Kraus (Red.), *Der freie weite Horizont. Die Weltumseglung der Novara und Maximilians Mexikanischer Traum. Eine Ausstellung des Landesmuseums Schloss Tirol 10.7.-14.11. 2004* (Bozen, 2004), S. 434-445

Riedl-Dorn, Christa, *Das Haus der Wunder. Zur Geschichte des Naturhistorischen Museums in Wien* (Wien, 1998)

——, Die Brasilienreise von Erzherzog Ferdinand Max, in: Wilfried Seipel (Hrsg.), *Die Entdeckung der Welt. Österreichische Forscher, Sammler, Abenteurer* (Milano, 2001), S. 139-146

——, Die sogenannte 'Ostasiatische Expedition' der Fregatte Donau, in: Wilfried Seipel (Hrsg.), *Die Entdeckung der Welt. Österreichische Forscher, Sammler, Abenteurer* (Milano, 2001), S. 147-154

——, Ferdinand von Hochstetter (1829-1884). Dem Reich der Natur und seiner Erforschung, in: Daniela Claudia Angetter (Hrsg.), *Glücklich, wer den Grund der Dinge zu erkennen vermag. Österreichische Mediziner, Naturwissenschafter und Techniker im 19. und 20. Jahrhundert* (Frankfurt a. M./ Berlin/ Bern/ Wien u. a., 2003), S. 111-128

——, Austrian Scientists in New Zealand - with an Emphasis on Three Lesser Known Members (Frauenfeld, Jelinek, Selleny) of the Novara Expedition, in: James Braund (ed.), *Ferdinand Hochstetter and the Contribution of German-Speaking Scientists to New Zealand Natural History in the Nineteenth Century* (Frankfurt a. M., 2012), pp. 161-196

Rosenberg, Hans, *Die Weltwirtschaftskrise 1857-1859* (Göttingen, 1974)

Rumpler, Helmut, Die rechtlich-organisatorischen und sozialen Rahmenbedingungen für die Aussenpolitik der Habsburgermonarchie 1848-1918, in: Adam Wandruszka/ Peter Urbanitsch (Hrsg.), *Die Habsburgermonarchie im System der Internationalen Beziehungen*, 1. Teilband [*Die Habsburgermonarchie 1848-1918*, Bd. 6/1] (Wien, 1989), S. 1-121

Rupke, Nicolaas A., *Alexander von Humboldt: A Metabiography* (Chicago, 2005)

Ruthner, Clemens/ Diana Reynolds Cordileone/ Ursula Reber/ Raymond Detrez (eds.), *WechselWirkungen: Austria-Hungary, Bosnia-Herzegovina, and the Western Balkans, 1878-1918* (New York [u.a.], 2015)

Said, Edward W., *Orientalism* (New York, 1978)［邦訳：エドワード・W・サイード著、今沢紀子訳『オリエンタリズム』平凡社、1986 年］

——, *Culture and Imperialism* (London, 1994)［邦訳：エドワード・W・サイード著、大橋洋一訳『文化と帝国主義』Ⅰ・Ⅱ、みすず書房、1998-2001 年］

Sattmann, Helmut/ Verena Stagl, Die österreichisch-ungarischen Tiefsee-Expedition mit dem Schiff Pola, in: Wilfried Seipel (Hrsg.), *Die Entdeckung der Welt. Österreichische Forscher, Sammler, Abenteurer* (Milano, 2001), S. 155-160

Sauer, Georg, Zwei Maoris in Wien in den Jahren 1859-1860 im Spiegel zeitgenössischer Pressestimmen, in: *Novara. Mitteilungen der Österreichisch-Südpazifischen Gesellschaft*, Bd. 1, Österreicher im Pazifik (1999), S. 57-70

——, Der Aufenthalt zweier Maoris aus Neuseeland in Wien in den Jahren 1859-1860. Eine ethnohistorische Darstellung, Diss., Uni. Wien (2002)

Sauer, Walter (Hrsg.), *k. u. k. kolonial. Habsburgermonarchie und europäische Herrschaft in Afrika* (Wien/ Köln/ Weimar, 2002)

——, Jenseits der „Entdeckungsgeschichte". Forschungsergebnisse und Perspektiven, in: Walter Sauer (Hrsg.), *k. u. k. kolonial. Habsburgermonarchie und europäische Herrschaft in Afrika* (Wien/ Köln/ Weimar, 2002), S. 7-15

——, Schwarz Gelb in Afrika. Habsburgermonarchie und koloniale Frage, in: Walter Sauer (Hrsg.), *k. u. k. kolonial. Habsburgermonarchie und europäische Herrschaft in Afrika* (Wien/ Köln/ Weimar, 2002), S. 17-78

—— (Hrsg.), *Von Soliman zu Omofuma. Afrikanische Diaspora in Österreich 17. bis 20. Jahrhundert* (Innsbruck/ Wien/ Bozen, 2007)

—— / Andrea Wiesböck, Sklaven, Freie, Fremde. Wiener „Mohren" des 17. und 18. Jahrhunderts, in: Walter Sauer (Hrsg.), *Von Soliman zu Omofuma. Afrikanische Diaspora in Österreich 17. bis 20. Jahrhundert* (Innsbruck/ Wien/ Bozen, 2007), S. 23-56

——, Afrikaklischees in der österreichischen Kunst im Zeitalter des Imperialismus, in: Walter Sauer (Hrsg.), *Vom Paradies zum Krisenkontinent. Afrika, Österreich und Europa in der Neuzeit* (Wien, 2010), S 105-131

——, Habsburg Colonial: Austria-Hungary's Role in European Overseas Expansion Reconsidered, in: *Austrian Studies*, 20 (2012), pp. 5-23

Schade, Anette, Fragen, Sammeln, Fotografieren. Die Deutsche Marine-Expedition nach Neuirland (1907-1909), in: Markus Schindlbeck (Hrsg.), *Expeditionen in die Südsee. Begleitbuch zur Ausstellung und Geschichte der Südsee-Sammlung des Ethnologischen Museums* (Berlin, 2007), S. 91-118

Schadewaldt, Hans, Die letzte Weltumsegelung alten Stils. Die medizinischen Erfahrungen auf der Weltreise der österreichischen Fregatte »Novara« von 1857 bis 1860, in: *Schiff und Zeit. Panorama maritim*, 6 (1977), S. 13-25

Schifko, Georg, Überlegungen zur unterschiedlichen Präsentation von Andreas Reischeks anthropologischer Sammeltätigkeit in *Sterbende Welt* (1924) und *Weißer Häuptling der Maori* (1955). Ein Beitrag zur Biographieforschung, in: *Baessler-Archiv*, 52 (2004), S. 37-46

——, Eine Untersuchung zur Rezeption von Ferdinand v. Hochstetters Schrifttum zu Neuseeland in Jules Vernes Roman „Die Kinder des Kapitäns Grant", in: *Annalen des Naturhistorischen Museums in Wien*. Serie B, 106 (2005), S. 11-25

——, Überlegungen zum möglichen Einfluss von Ferdinand v. Hochstetter auf Andreas Reischeks

anthropologische Sammeltätigkeit, in: *Mitteilungen der Anthropologischen Gesellschaft in Wien*, 136/137 (2006/2007), S. 31-39

Schlag, Gerald, Koloniale Pläne Österreich-Ungarns in Ostafrika im 19. Jahrhundert, in: Amt der Burgenländischen Landesregierung, Abt.XII/1, *Abenteuer Ostafrika. Der Anteil Österreich-Ungarns an der Erforschung Ostafrikas. Ausstellung in Schloss Halbturn 11. Mai bis 28. Oktober 1988* (Eisenstadt, 1988), S. 171-186

Schmidt-Brentano, Antonio, Österreichs Weg zur Seemacht. Die Marinepolitik Österreichs in der Ära Erzherzog Ferdinand Maximilian 1854-1864, in: *Mitteilungen des Österreichischen Staatsarchivs*, 30 (1977), S. 119-152

Schmutzer, Kurt, *Der Liebe zur Naturgeschichte halber. Johann Natterers Reisen in Brasilien 1817-1836* (Wien, 2011)

Schneider, Sylk, *Goethes Reise nach Brasilien. Gedankenreise eines Genies* (Weimar, 2008)

Scholler, Hubert, *Naturhistorisches Museum in Wien, Die Geschichte der Wiener naturhistorischen Sammlungen* (Wien, 1958)

Schramm, Michael, Musik und Truppenzeremoniell in Deutschland, in: Hans Ehlert (Hrsg.), *Militärisches Zeremoniell in Deutschland* (Potsdam, 2008), S. 9-20

Schrecker, John, *Imperialism and Chinese Nationalism: Germany in Shantung* (Cambridge, 1971)

Schröder, Wolfgang M., Mission impossible? Begriff, Modelle und Begründungen der „civilizing mission“ aus philosophischer Sicht, in: Boris Barth/ Jürgen Osterhammel (Hrsg.), *Zivilisierungsmissionen. Imperiale Weltverbesserung seit dem 18. Jahrhundert* (Konstanz, 2005), S. 13-32

Schütz-Müller, Ingfrid, Zwischen Staatsraison, Kooperation und Wettbewerb. Betrachtungen über Weltumsegler und Entdecker, in: *Novara. Mitteilungen der Österreichisch-Südpazifischen Gesellschaft*, Bd. 2, Österreicher im Pazifik II (1999), S. 161-184

Schwarz, Werner Michael, *Anthropologische Spektakel. Zur Schaustellung »exotischer« Menschen, Wien 1870-1910* (Wien, 2001)

Schwarz, Angela, Intersecting Anglo-German Network in Popular Science and Their Functions in the Late Nineteenth Century, in: Heather Ellis/ Ulrike Kirchberger (eds.), *Anglo-German Scholarly Networks in the Long Nineteenth Century* (Leiden/ Boston, 2014), pp. 65-83

Sheehan, James, What is German History? Reflections on the Role of the Nation in German History and Historiography, in: *The Journal of Modern History*, 53-1 (1981), pp. 1-23

Sieche, Erwin, *Rot-Weiss-Rot auf Gelbem Meer. Tsingtau 1914* [*Österreichische Militärgeschichte*, 1996, Folge 4] (Wien, 1996)

Siemers, Bruno, Preußische Kolonialpolitik 1861-62, in: *Nippon. Zeitschrift für Japanologie*, 3 (1937), S. 20-26

Singh, Simron Jit, *In the Sea of Influence: A World System Perspective of the Nicobar Islands* (Lund, 2003)

Sokol, Anthony Eugene, *The Imperial and Royal Austro-Hungarian Navy* (Annapolis, 1968)

——, *Seemacht Österreich. Die kaiserliche und königliche Kriegsmarine 1382-1918* (Wien/ München/ Zürich, 1972)

Sondhaus, Lawrence, Mitteleuropa zur See? Austria and the German Navy Question 1848-52, in: *Central European History*, 20-2 (1987), pp. 125-144

——, *The Habsburg Empire and the Sea: Austrian Naval Policy 1797-1866* (West Lafayette, 1989)

——, Croatians in the Habsburg Navy 1797-1918, in: *East European Quarterly*, 26 (1992), pp. 149-161

——, *The Naval Policy of Austria-Hungary, 1867-1918: Navalism, Industrial Development, and the Politics of Dualism* (West Lafayette, 1994)

——, 'The Spirit of the Army' at Sea: The Prussian-German Naval Officer Corps, 1847-1897, in: *The International History Review*, 17 (1995), pp. 459-484

——, *Preparing for Weltpolitik: German Sea Power before the Tirpitz Era* (Annapolis, 1997)

Stafford, Robert A., Scientific Exploration and Empire, in: Andrew Porter (ed.), *The Nineteenth Century* [*The Oxford History of the British Empire*, Vol. 3] (Oxford, 1999), pp. 294-319

Stagl, Verena, Die Weltumsegelung der Fregatte Novara (1857-1859) im Spiegel zoologischer Sammlungen, in: *Mitteilungen der Anthropologischen Gesellschaft in Wien*, 136/137 (2006/2007), S. 1-14

Stahncke, Holmer, *Die diplomatischen Beziehungen zwischen Deutschland und Japan 1854-1868* (Stuttgart, 1987)

Stamprech, Franz, *Die älteste Tageszeitung der Welt. Werden und Entwicklung der „Wiener Zeitung"* (Wien, [1974])

Staudacher, Christian, „Ad honorem causa". Ehrungen, Auszeichnungen und wissenschaftliche Preise, in: Ingrid Kretschmer/ Gerhard Fasching (Hrsg.), *Österreich in der Welt. Die Welt in Österreich. Chronik der Österreichischen Geographischen Gesellschaft 150 Jahre, 1856-2006* (Wien, 2006), S. 143-190

Stöber, Rudolf, *Deutsche Pressegeschichte*, 2. Aufl. (Konstanz, 2005)

Stoecker, Helmuth, *Deutschland und China im 19. Jahrhundert. Das Eindringen des deutschen Kapitalismus* (Berlin, 1958)

Stuchtey, Benedikt, Introduction: Towards a Comparative History of Science and Tropical Medicine in Imperial Cultures since 1800, in: Benedikt Stuchtey (ed.), *Science across the European Empires 1800-1950* (Oxford, 2005), pp. 1-45

Suffa-Friedel, Frank, Die Preußische Expedition nach Ostasien. Verhandlungen, Verzögerungen und Vertragsabschluß, in: Heng-yü Kuo (Hrsg.), *Berlin und China. Dreihundert Jahre wechselvolle Beziehungen* (Berlin, 1987), S. 57-70

Suppan, Arnold, Zur Frage eines österreichisch-ungarischen Imperialismus in Südosteuropa. Regierungspolitik und öffentliche Meinung um die Annexion Bosniens und der Herzegowina, in: Adam Wandruszka/ Richard G. Plaschka (Hrsg.), *Die Donaumonarchie und die Südslawische Frage von 1848 bis 1918* (Wien, 1978), S. 103-136

Szilvássy, Johann, *Anthropologie. Entwicklung des Menschen. Rassen des Menschen Führer durch die Anthropologische Schausammlung* (Wien, 1978)

—— / Paul Spindler/ Herbert Kritscher, Rudolf Pöch. Arzt, Anthropologe und Ethnograph, in: *Annalen des Naturhistorischen Museums in Wien*, 83 (1980), S. 743-762

Teschler-Nicola, Maria, „...der Barbar in der färbigen Hautdecke" Anthropologische Objekt- und

Datenakquisition im Rahmen der Novara-Forschungsreise, in: *Mitteilungen der Anthropologischen Gesellschaft in Wien*, 136/137 (2006/2007), S. 41-65

Theye, Thomas, „Mathematische Racenmasken" — Messen und Abbilden auf der Erdumseglung der K. K. Fregatte „Novara" in den Jahren 1857-1859, in: *Novara. Mitteilungen der Österreichisch-Südpazifischen Gesellschaft*, Bd. 2, Österreicher im Pazifik II (1999), S. 121-160

Thomas, Dominic (ed.), *Museums in Postcolonial Europe* (London/ New York, 2010)

Thomas, Martin, What Is an Expedition? An Introduction, in: Martin Thomas (ed.), *Expedition into Empire: Exploratory Journeys and the Making of the Modern World* (New York/ London, 2015), pp. 1-24

Treffer, Günter (Hrsg./ Bearb./ Komm.), *Karl von Scherzer. Die Weltumseglung der Novara 1857-59* (Wien/ München/ Zürich, 1973)

Treue, Wilhelm, Das österreichisch-mitteldeutsche und das norddeutschestaats- und privatwirtschaftliche Interesse am Bau des Suez-Kanals, in: *Vierteljahrschrift für Sozial- und Wirtschaftsgeschichte*, 57 (1970), S. 534-555

Trupp, Friedrich, Oesterreichische Kolonien. Kolonialversuche Oesterreichs im 18. Jahrhundert, in: *Jahresbericht der Hauptschule Lenzing*, 28 (1977), S. 7-26

Vajda, Stephan, *Mir san vom k.u.k... Die kuriose Geschichte der österreichischen Militärmusik* (Heidelberg, 1977)

Vego, Milan N., *Austro-Hungarian Naval Policy 1904-14* (London, 1996)

Verdery, Katherine, Internal Colonialism in Austria-Hungary, in: *Ethnic and Racial Studies*, 2-3 (1979), pp. 378-399

Vinkovetsky, Ilya, Circumnavigation, Empire, Modernity, Race: The Impact of Round-the-World Voyages on Russia's Imperial Consciousness, in: *Ab Imperio*, 1-2/2001 (2001), pp. 191-210

——, *Russian America: An Overseas Colony of a Continental Empire, 1804-1867* (Oxford/ New York, 2011)

Voß, Jan-Henning, *Medizinische Erkenntnisse auf der Weltreise der k. k. Österreichischen Fregatte „Novara" in den Jahren 1857, 1858 und 1859* (Düsseldorf, 1979)

Vuorela, Ulla, Colonial Complicity: The 'Postcolonial' in a Nordic Context, in: Suvi Keskinen/ Salla Tuori/ Sari Irni/ Diana Mulinari (eds.), *Complying with Colonialism: Gender, Race and Ethnicity in the Nordic Region* (Farnham, 2009), pp. 19-33

Wagner, Johann, Österreichische Kolonialversuche in der zweiten Hälfte des neunzehnten Jahrhunderts, Diss., Uni. Wien (1955)

Wagner, Walter, Das Archiv der k. u. k. Kriegsmarine im Kriegsarchiv Wien, in: *Revue Internationale d'Histoire Militaire*, 45 (1980), S. 91-107

Wallisch, Friedrich, *Sein Schiff hiess Novara. Bernhard von Wüllerstorf, Admiral u. Minister* (Wien/ München, 1966)

Wallisch, Michael, Expeditionen der k. k. Geographischen Gesellschaft in Wien, in: Ingrid Kretschmer/ Gerhard Fasching (Hrsg.), *Österreich in der Welt. Die Welt in Österreich. Chronik der Österreichischen Geographischen Gesellschaft 150 Jahre, 1856-2006* (Wien, 2006), S. 269-288

Walsh, Stephen A., On Slippery Ice: Discovery, Imperium, and the Austro-Hungarian North Polar

Expedition (1872-4), in: Martin Thomas (ed.), *Expedition into Empire: Exploratory Journeys and the Making of the Modern World* (New York/ London, 2015), pp. 148-170

Wandruszka, Adam, Neue Freie Presse (1848-1939), in: Heinz-Dietrich Fischer (Hrsg.), *Deutsche Zeitungen des 17. bis 20. Jahrhunderts* (Pullach bei München, 1972), S. 225-239

Wastl, Josef, *Neu-Guinea, Land und Leute. Mit einer Lebensbeschreibung des ostmärkischen Forschers Rudolf Pöch* (Wien, 1940)

Weeks, Gregory, Die Rolle der „Ostmark" in der deutschen Kolonialpolitik 1918-1945, Diss., Uni. Graz (2002)

Wehler, Hans-Ulrich, *Bismarck und der Imperialismus* (Köln, 1969)

Weiss, David G. L./ Gerd Schilddorfer, *Die Novara. Österreichs Traum von der Weltmacht* (Wien, 2010)

Weninger, Josef, Das Denkmal für Rudolf Pöch an der Wiener Universität, in: *Mitteilungen der Anthropologischen Gesellschaft in Wien*, 63 (1933), S. 252

——, 25 Jahre Anthropologisches Institut an der Universität in Wien, in: *Mitteilungen der Anthropologischen Gesellschaft in Wien*, 68 (1938), S. 191-205

Wieden, Helge Bei der, Die mecklenburgischen Häfen und die deutsche Flotte 1848/49, in: Helge Bei der Wieden (Hrsg.), *Beiträge zur mecklenburgischen Seefahrtsgeschichte* (Köln, 1981), S. 47-58

Wingfield, Nancy M. (ed.), *Creating the Other: Ethnic Conflict and Nationalism in Habsburg Central Europe* (New York, 2003)

Winkler, Dieter/ Georg Pawlik, *Der österreichische Lloyd 1836 bis heute* (Graz, 1989)

Winkler, Heinrich August, *Der lange Weg nach Westen*, 2 Bde. (München, 2000)［邦訳：H・A・ヴィンクラー著、後藤俊明、奥田隆男、中谷毅、野田昌吾訳『自由と統一への長い道　ドイツ近現代史』Ⅰ・Ⅱ、昭和堂、2008 年］

Winter, Karin, *Österreichische Spuren in der Südsee. Die Missionsreise von S. M. S. Albatros in den Jahren 1895-1898 und ihre ökonomischen Hintergründe* (Wien/ Graz, 2005)

Wintle, Claire, *Colonial Collecting and Display: Encounters with Material Culture from the Andaman and Nicobar Islands* (New York/ Oxford, 2013)

Wippich, Rolf-Harald, *Japan und die deutsche Fernostpolitik 1894-1898. Vom Ausbruch des Chinesisch-Japanischen Krieges bis zur Besetzung der Kiautschou-Bucht. Ein Beitrag zur Wilhelminischen Weltpolitik* (Stuttgart, 1987)

Withers, Charles W. J., *Geography and Science in Britain, 1831-1939: A Study of the British Association for the Advancement of Science* (Manchester/ New York, 2010)

Woolf, Leonard, *Economic Imperialism* (London, 1921)

Zach, Michael H., Ignaz Pallme. Ein unbekannter Kolonialentwurf für Nordostafrika aus dem Jahr 1851, in: Walter Sauer (Hrsg.), *k. u. k. kolonial. Habsburgermonarchie und europäische Herrschaft in Afrika* (Wien/ Köln/ Weimar, 2002), S. 79-110

Zantop, Susanne, *Colonial Fantasies: Conquest, Family, and Nation in Precolonial Germany, 1770-1870* (Durham/ London, 1997)

Zöllner, Erich, Die Österreichische Akademie der Wissenschaften 1847 bis 1947, in: Otto Hittmair/ Herbert Hunger (Hrsg.), *Akademie der Wissenschaften. Entwicklung einer österreichischen Forschungsinstitution* (Wien, 1997), S. 13-19

250 Jahre Wiener Zeitung. Eine Festschrift (Wien, 1953)
50 Jahre Museum für Völkerkunde Wien [*Sonderdruck aus Archiv für Völkerkunde*, 32] (Wien, 1978)

（日本語文献）
相澤淳「東アジアの覇権と海軍力」和田春樹他編『岩波講座　東アジア近現代通史　日露戦争と韓国併合 19 世紀末— 1900 年代』岩波書店、2010 年、45-68 頁
上尾信也『音楽のヨーロッパ史』講談社現代新書、2000 年
浅田進史『ドイツ統治下の青島　経済的自由主義と植民地社会秩序』東京大学出版会、2011 年
荒俣宏「博物学」『現代思想』13-2、1985 年、50-63 頁
飯島渉、脇村孝平「近代アジアにおける帝国主義と医療・公衆衛生」見市雅俊他編『疾病・開発・帝国医療　アジアにおける病気と医療の歴史学』東京大学出版会、2001 年、75-95 頁
板橋拓己「ドイツ問題と中欧連邦構想　コンスタンティン・フランツを中心に」『北大法学論集』57-6、2007 年、312-277 頁
今宮新『初期日独通交史の研究』鹿島研究所出版会、1971 年
上野聖薫「オイレンブルク使節団との条約締結交渉からみた清朝外交」『現代中国研究』24、2009 年、48-61 頁
榎本泰子『上海オーケストラ物語　西洋人音楽家たちの夢』春秋社、2006 年
大井知範「19 世紀中葉のドイツにおける『ライプツィヒ絵入り新聞』の登場とその意義　ノヴァラ号の世界周航（1857 — 59）に関する報道を事例として」『政治学研究論集』（明治大学）22、2005 年、171-190 頁
———「19 世紀末ドイツ帝国の膠州湾獲得」『政治学研究論集』（明治大学）27、2007 年、47-66 頁
———「第一次世界大戦前のアジア・太平洋地域におけるドイツ海軍　東洋巡洋艦隊の平時の活動と役割」『政経論叢』（明治大学）77-3/4、2009 年、517-549 頁
———「ドイツ海軍　海軍の創建と世界展開」三宅正樹、石津朋之、新谷卓、中島浩貴編『ドイツ史と戦争　「軍事史」と「戦争史」』彩流社、2011 年、231-253 頁
———「第一次世界大戦前のドイツ海軍と太平洋のイギリス植民地　海軍を媒介とする帝国支配者の協調」『現代史研究』61、2015 年、17-30 頁
———「太平洋におけるドイツ植民地帝国の電信ネットワーク　コミュニケーション環境から見たグローバル帝国の実像」『政治経済史学』588、2015 年、1-33 頁
———「東アジア国際秩序における海軍の協働　辛亥革命時の国際連携とドイツ東アジア巡洋艦隊」『専修史学』60、2016 年、26-42 頁
大内宏一「ナツィオナール・ツァイトゥングと 1880 年代のドイツ自由主義」『早稲田大学大学院文学研究科紀要　哲学・史学編』37、1991 年、145-159 頁
大鹿武『世界一周史物語』近代文藝社、1995 年
大島隆雄「ドイツ産業革命期の羊毛工業概観」『西洋史学』76、1967 年、57-69 頁
大津留厚『ハプスブルク帝国』山川出版社、1996 年
———『増補改訂ハプスブルクの実験　多文化共存を目指して』春風社、2007 年

———、藤原龍雄、福島幸宏『青野原俘虜収容所の世界　第一次世界大戦とオーストリア捕虜兵』山川出版社、2007 年
———、奥村弘、長野順子『捕虜として姫路・青野原を生きる 1914-1919　箱庭の国際社会』神戸新聞総合出版センター、2011 年
———、水野博子、河野淳、岩崎周一編『ハプスブルク史研究入門　歴史のラビリンスへの招待』昭和堂、2013 年
大西健夫『オイレンブルク伯「バンコク日記」 ドイツ、アジアで覇権を競う』リブロポート、1990 年
大野誠『ジェントルマンと科学』山川出版社、1998 年
岡倉登志『「野蛮」の発見　西欧近代のみたアフリカ』講談社現代新書、1990 年
籠谷直人、脇村孝平編『帝国とアジア・ネットワーク　長期の 19 世紀』世界思想社、2009 年
春日直樹編『オセアニア・オリエンタリズム』世界思想社、1999 年
北村次一『植民地主義と経済発展』啓文社、1970 年
木村陽二郎『ナチュラリストの系譜　近代生物学の成立史』中公新書、1983 年
工藤庸子『ヨーロッパ文明批判序説　植民地・共和国・オリエンタリズム』東京大学出版会、2003 年
熊谷一男「レーニンによる『ユンカー的＝ブルジョア的ドイツ』の把握について　付論・レーニンによる『オーストリア＝ハンガリー帝国主義』の把握について」『経営論集』(明治大学) 18-1・2・3、1971 年、117-149 頁
栗本英世、井野瀬久美恵他著『植民地経験　人類学と歴史学からのアプローチ』人文書院、1999 年
近藤潤三「ドイツにおける大衆ジャーナリズムの成立　第二帝制期の新聞の統計的研究」『社会科学論集』(愛知教育大学) 30、1990 年、23-137 頁
佐々木博『最後の博物学者アレクサンダー＝フォン＝フンボルトの生涯』古今書院、2015 年
佐々木洋子「オーストリア・ロイド社と『公益性』 19 世紀オーストリアにおける海運会社の設立と営業の特質」『歴史評論』660、2005 年、73-89 頁
———『ハプスブルク帝国の鉄道と汽船　19 世紀の鉄道建設と河川・海運航行』刀水書房、2013 年
島田昌幸「オーストリア＝ハンガリーの『六国借款団』加入問題 (1912)　その背景・目的と列強諸国の反応」『法学政治学論究』(慶應義塾大学) 60、2004 年、357-391 頁
———「オーストリア＝ハンガリー外交における日本の位置付け　ボスニア併合危機期を中心に (1908 ～ 1909)」『法学政治学論究』(慶應義塾大学) 62、2004 年、199-232 頁
清水昭俊他『思想化される周辺世界』［青木保他編『岩波講座　文化人類学第 12 巻』］岩波書店、1996 年
———「植民地的状況と人類学」清水昭俊他『思想化される周辺世界』［青木保他編『岩波講座　文化人類学第 12 巻』］岩波書店、1996 年、1-29 頁
末川清「オーストリア政府の『大ドイツ』連邦改革構想」『愛知学院大学文学部紀要』31、2001 年、322-303 頁
杉本淑彦『文明の帝国　ジュール・ヴェルヌとフランス帝国主義文化』山川出版社、1995 年

鈴木楠緒子「オイレンブルク使節団とプロイセン自由主義者　小ドイツ主義的統一国家建設との関連で」『史学雑誌』112-1、2003 年、75-98 頁
───『ドイツ帝国の成立と東アジア　遅れてきたプロイセンによる「開国」』ミネルヴァ書房、2012 年
鈴木将史「フォス新聞　ドイツ語圏最初の教養新聞」『小樽商科大学人文研究』（その一）99、2000 年、61-83 頁、（その二）100、2000 年、151-177 頁
園田英弘『世界一周の誕生　グローバリズムの起源』文春新書、2003 年
高田茂臣「オーストリア・ロイドの創業と発展」『経営論集』（大東文化大学）16、2008 年、27-45 頁
多木浩二『ヨーロッパ人の描いた世界　コロンブスからクックまで』岩波書店、1991 年
田所昌幸編『ロイヤル・ネイヴィーとパクス・ブリタニカ』有斐閣、2006 年
東田雅博『大英帝国のアジアイメージ』ミネルヴァ書房、1996 年
中井晶夫「プロイセン艦隊の東アジア遠征（1860 ― 62）」『上智史学』13、1968 年、112-135 頁
中生勝美編『植民地人類学の展望』風響社、2000 年
永原陽子編『「植民地責任」論　脱植民地化の比較史』青木書店、2009 年
西川長夫『＜新＞植民地主義論　グローバル化時代の植民地主義を問う』平凡社、2006 年
───、高橋秀寿編『グローバリゼーションと植民地主義』人文書院、2009 年
西村三郎『リンネとその使徒たち　探検博物学の夜明け』朝日新聞社、1997 年
───『文明のなかの博物学　西欧と日本』上・下巻、紀伊國屋書店、1999 年
馬場優『オーストリア＝ハンガリーとバルカン戦争　第一次世界大戦への道』法政大学出版局、2006 年
濱口忠大「1848 年革命期におけるトリエステの動向　トリエステ人協会を中心に」『関学西洋史論集』24、2001 年、55-65 頁
平野千果子『フランス植民地主義の歴史　奴隷制廃止から植民地帝国の崩壊まで』人文書院、2002 年
福岡万里子『プロイセン東アジア遠征と幕末外交』東京大学出版会、2013 年
ベーン、マックス・フォン著、飯塚信雄他訳『ビーダーマイヤー時代　ドイツ 19 世紀前半の文化と社会』三修社、2000 年
堀博、小出石史郎共訳、土居晴夫解説『ジャパン・クロニクル紙　ジュビリーナンバー　神戸外国人居留地』神戸新聞総合出版センター、1980 年
松浦章『汽船の時代　近代東アジア海域』清文堂、2013 年
村上衛『海の近代中国　福建人の活動とイギリス・清朝』名古屋大学出版会、2013 年
松本彰「ドイツ近代における『民族と国家』」歴史学研究会編『歴史学研究別冊特集　世界史認識における民族と国家』青木書店、1978 年、2-18 頁
───「ドイツ史における帝国＝国民国家の理念と現実　Reich, Nation, Volk」松本彰、立石博高編『国民国家と帝国　ヨーロッパ諸国民の創造』山川出版社、2005 年、151-185 頁
三宅正樹「ドイツの歴史学と極東　(3) ゲオルク・ケルストの幕末日本研究」『人文研究』（神奈川大学）37、1967 年、85-202 頁
村上陽一郎「工場からもう一度劇場へ」『現代思想』13-2、1985 年、44-47 頁

矢島國雄「植民地と博物館」寺内威太郎他著『植民地主義と歴史学　そのまなざしが残したもの』刀水書房、2004 年、237-277 頁
安田純一「ノヴァラ号の世界一周航海（1857 — 1859 年）と墺洪帝国医学界」『医譚』64、1993 年、3811-3816 頁
———「ノヴァラ号遠征に対する墺国医学界の要望と指示　1・2」『医譚』（1）66、1994 年、3901-3909 頁、（2）67、1994 年、3949-3953 頁
———「ノヴァラ号軍医 Eduard Schwarz 博士の漢方薬蒐集（遺稿）」『医譚』70、1996 年、4089-4094 頁
山路勝彦、田中雅一編著『植民地主義と人類学』関西学院大学出版会、2002 年
山下晋司、山本真鳥編『植民地主義と文化　人類学のパースペクティヴ』新曜社、1997 年
山中速人『ヨーロッパからみた太平洋』山川出版社、2004 年
弓削尚子「ドイツ啓蒙期以降の『人種』概念の系譜」『人文論集』（早稲田大学）47、2008 年、109-133 頁
横井勝彦『アジアの海の大英帝国　19 世紀海洋支配の構図』講談社学術文庫、2004 年
吉見俊哉『博覧会の政治学　まなざしの近代』中公新書、1992 年
ルクレール、G 著、宮治一雄・美江子訳『人類学と植民地主義』平凡社、1976 年
ワイリー、ピーター・ブース著、興梠一郎訳『黒船が見た幕末日本　徳川慶喜とペリーの時代』TBS ブリタニカ、1998 年